国家社科基金项目

民主革命时期党的
历次全国代表大会研究

李 颖 杨 凯 陈郝杰 著

人民出版社

引　言

李　颖

　　本书是研究民主革命时期党的历次全国代表大会的著作,是国家社科基金一般项目"民主革命时期党的历次全国代表大会研究"(项目批准号:12BDJ008)的最终成果。

　　《中国共产党章程》规定:"党的最高领导机关,是党的全国代表大会和它所产生的中央委员会。"作为最高领导机关,党的全国代表大会在党和国家事业发展中占有十分重要的地位。深化和丰富党代会研究,对我们理解认识中国共产党百年征程,对学习领会马克思主义及其中国化创新理论,对坚定不移推进党的建设新的伟大工程,对反击历史虚无主义,都十分有益。可以说,这一选题的政治意义和学术意义都很重大。

　　早在民主革命时期,对党的全国代表大会的研究就已开始,但都是在党史研究中有所涉及,没有专门的研究成果。党的一大后不久,就有人起草了《中国共产党第一次代表大会》①一文,对党的一大的召开情况进行了简述。但严格来说,这还不能算是研究成果。1926年,蔡和森撰写了《中国共产党史的发展》,对党的一大至四大的情况进行了简要评述。他认为,党的一大时没有决定什么政策,"只有宣传和党纲的规定",到党的二大时"党已有政策,开始作政治的宣传"。党的三大召开的大背景是"无论客观上与主观上都有加

---

① 《中国共产党第一次代表大会》(1921年),中共中央文献研究室、中央档案馆编:《建党以来重要文献选编(1921—1949)》第1册,中央文献出版社2011年版,第21页。该文译自中共驻共产国际代表团档案的俄文稿。原文没有署名,也没有标明时间。根据内容判断,作者为参加党的一大的代表,成文时间当在1921年下半年。

入国民党找得政治上的同盟者"的必要,国民党的改组"证明了我们第三次大会之成功",但三大通过的"工人运动之决议案多是保守"。蔡和森对党的四大给予了高度评价,认为"我们的党已有很大的进步",理论根据和党的政策"都非常真确",党内的各种错误倾向也减少了,党内力量虽然还只有一千多名党员,但是党的政策"走到行动的时期了",所以党的四大"是形成群众党的开始的基础,因此在党的历史上有很大的意义"。① 1929 年冬至 1930 年春,瞿秋白在莫斯科担任中共中央驻共产国际代表团负责人期间撰写了《中国共产党历史概论》,这是他在莫斯科列宁学院作中共党史报告时的讲课大纲,现存是一份残缺的大纲,没有留下记录稿。在这份大纲中,瞿秋白对党的一大至四大的情况有简要记录。② 一大代表陈公博在 1923 年底完成了《共产主义运动在中国》的论文,并以此于 1924 年初获得哥伦比亚大学硕士学位。在这篇论文中,陈公博对党的一大、二大和三大的相关情况进行了不尽客观的记录和评述③,"虽然在某些地方反映了史实,却未能完全反映历史的本质"④。此外,蔡和森的《党的机会主义史》、李立三的《党史报告》《一九二五年至一九二七年中国大革命的教训》、张闻天的《中国革命基本问题》、邓中夏的《中国职工运动简史》、华岗 1931 年出版的《中国大革命史》⑤、米夫 1936 年出版的《英勇奋斗的十五年》⑥、卡拉乔夫的《中国共

---

① 蔡和森:《中国共产党史的发展(提纲)——中国共产党的发展及其使命》(1926 年),中央档案馆编:《中共党史报告选编》,中共中央党校出版社 1982 年版,第 35、50—52、60、64 页。

② 《中国共产党历史概论》(1929 年 12 月—1930 年 6 月),瞿秋白:《瞿秋白文集·政治理论编》第 6 卷,人民出版社 1996 年版,第 874—924 页。

③ 《共产主义运动在中国》,中共一大会址纪念馆编:《中共一大代表早期文稿选编(1917.11—1923.7)》(下册),上海人民出版社 2011 年版,第 1348—1384 页。

④ 周一平:《试论陈公博的〈共产主义运动在中国〉》,上海革命历史博物馆(筹)编:《上海革命史研究资料——纪念建党 70 周年》,生活·读书·新知三联书店 1991 年版,第 158 页。

⑤ 蔡和森:《党的机会主义史》(1927 年 9 月)、李立三:《党史报告》(1930 年 2 月 1 日)、李立三:《一九二五年至一九二七年中国大革命的教训》、张闻天:《中国革命基本问题》、邓中夏:《中国职工运动简史》,中央档案馆编:《中共党史报告选编》,中共中央党校出版社 1982 年版,第 77—150、204—277、278—322、323—451 页;《邓中夏文集》,人民出版社 1983 年版,第 423—639 页;华岗:《中国大革命史1925—1927》,文史资料出版社 1982 年版。

⑥ 转引自中共中央党史研究室、中央档案馆编:《中国共产党第二次全国代表大会档案文献选编》,中共党史出版社 2014 年版,第 155—156 页。

产党历史概述》①等也都对党的全国代表大会有所涉及,在此不做赘述。

在延安时期,党中央开始重视党史资料搜集整理和党史相关问题的研究工作,党的全国代表大会的资料整理和相关研究随之得到深化,开始有了专门的研究成果。1942年3月30日,毛泽东在中共中央领导层的中央学习组作《如何研究中共党史》的报告,对中共党史研究的对象、任务、目的和方法进行了阐述。在此前后,《六大以来》《六大以前》和《两条路线》等资料分别编辑完成,为包括党的全国代表大会在内的党史研究提供了基本资料。在此基础上,形成了一批研究成果,涉及党的全国代表大会的最具代表性的成果是周恩来1944年3月在中共中央党校所作的《关于党的"六大"的研究》报告,这个报告应该是对党的全国代表大会进行专题研究的开山之作。周恩来以亲历者的身份,以近两万字的规模对党的六大相关情况进行了阐释。报告认为,六大的总路线基本上是对的,大会正确地解决了中国革命的性质、任务、前途等问题,缺点是没有把中国政治、经济发展不平衡的问题同农民战争联系起来,对中国革命的长期性也认识不足。②这一时期影响力最大的成果是党的六届七中全会通过的《关于若干历史问题的决议》,该决议直到现在还是我们研究党史国史的重要遵循。决议对党的六大的评价与周恩来的报告基本一致,指出党的六大的总路线基本上是正确的,"它正确地肯定了中国社会是半殖民地半封建社会,指出了引起现代中国革命的基本矛盾一个也没有解决……另一方面,第六次大会也有其缺点和错误。它对于中间阶级的两面性和反动势力的内部矛盾,缺乏正确的估计和政策",但缺点和错误"不足以掩盖第六次大会的主要方面的正确性"。③

---

① 《中国共产党历史概述(卡拉乔夫同志在中国研究组会议上作的报告)》,马贵凡译,中共中央党史研究室、中央档案馆编:《中共党史资料》第81辑,中共党史出版社2002年版。

② 参见《关于党的"六大"的研究》(1944年3月3日、4日),《周恩来选集》(上卷),人民出版社1980年版,第157—187页。

③ 《关于若干历史问题的决议》(1945年4月20日中国共产党第六届中央委员会扩大的第七次全体会议通过),中共中央文献研究室、中央档案馆编:《建党以来重要文献选编(1921—1949)》第22册,中央文献出版社2011年版,第78页。

新中国成立后至改革开放前,全国高等院校和其他各类学校开设了中国革命史、中共党史课程,至"文化大革命"发动前,党史研究成果不断,但遗憾的是,就目前所见,未有专门的党的全国代表大会研究专著出版。这一时期代表性的资料成果要数《毛泽东选集》第一至四卷的出版,有力推动了党史研究工作的开展。代表性的著作有胡乔木的《中国共产党的三十年》、胡华编著的《中国新民主主义革命史》、李新等主编的《中国新民主主义革命时期通史》、何干之主编的《中国现代革命史讲义》、缪楚黄编著的《中国共产党简要历史》、王实等编著的《中国共产党历史简编》等。胡乔木在《中国共产党的三十年》中,对民主革命时期历次党的全国代表大会都进行了述评,比如,党的一大召开的意义,是"在中国出现了完全新式的、以共产主义为目的、以马克思列宁主义为行动指南的、统一的工人阶级的政党"。党的二大在"中国人民面前破天荒地提出了真正革命的民主主义的口号",二大宣言的缺点,"是没有指出民主革命必须由无产阶级领导,没有提出工人农民的政权要求和农民的土地要求,只是号召工人农民参加民主革命和争取自己的权利"。党的七大,"中国共产党表现了空前的团结一致",这个团结一致"是一九三五年一月党的遵义会议以来中国革命在党中央正确领导下的胜利发展所形成的。一九四二年全党的整风运动,在第七次大会之前在党的干部中展开的关于党的历史经验的讨论,党的六届七中全会所通过的《关于若干历史问题的决议》,对于加强党内的团结,都发生了重要的积极的作用"。[①] 胡乔木对党的全国代表大会的评述,是这一时期党代会研究成果的代表。

改革开放后,党史学科出现大发展大繁荣的局面,关于民主革命时期党的全国代表大会的专题研究成果不断涌现。研究内容既有党的全国代表大会的发展历程、党的各次全国代表大会、党的全国代表大会的相关制度,又有党的全国代表大会与党内民主关系、与国外政党代表大会的比较,还有对党的全国代表大会的性质、地位、职能等方面的探讨,极大丰富了我们对党

---

① 胡乔木:《中国共产党的三十年》,人民出版社 2008 年版,第 7、8、56—57 页。

的全国代表大会的认识。由于改革开放后出版的相关资料和研究成果众多,以下所举专指与民主革命时期党的全国代表大会专题相关的著作和论文,仅列举书名和篇目。代表性的史料主要有中共中央文献研究室和中央档案馆合编的《建党以来重要文献选编》(中央文献出版社2011年版)、中共中央党史研究室第一研究部编译出版的《共产国际、联共(布)与中国革命档案资料丛书》(1997年至2012年先后由北京图书馆出版社、中央文献出版社、中共党史出版社分批出版,2020年由中共党史出版社再版)、中国社会科学院现代史研究室和中国革命博物馆党史研究室选编的《"一大"前后——中国共产党第一次代表大会前后资料选编》(第一至三册由人民出版社1980年至1984年陆续出版)、中国社会科学院现代史研究室选编的《"二大"和"三大"——中国共产党第二、三次代表大会资料选编》(中国社会科学出版社1985年版)、广东革命历史博物馆编的《中共"三大"资料》(广东人民出版社1985年版)、中共四大史料编纂委员会编的《中国共产党第四次全国代表大会》(中共党史出版社2004年版)、中共二大史料编纂委员会编的《中国共产党第二次全国代表大会》(中共党史出版社2006年版)、中共武汉市委党史研究室和中共五大会址纪念馆编著的《中国共产党第五次全国代表大会》(中共党史出版社2007年版),以及中共中央党史研究室和中央档案馆合编的"中国共产党第一次至第七次全国代表大会档案文献选编"丛书(2014年至2015年由中共党史出版社陆续出版),这些史料的出版对党的全国代表大会的研究起到了不可替代的推动作用。代表性的研究著作主要有张静如主编,赵勇民、李颖副主编的《中国共产党全国代表大会史丛书》(万卷出版公司2008年版)、中国社会科学院现代史研究室编著的《中国共产党历次代表大会(新民主主义革命时期)》(中共中央党校出版社1982年版)、张希贤等编著的《中国向何处去?——中国共产党历次全国代表大会动态分析》(山西人民出版社1993年版)、李君如主编的《中国共产党历次全国代表大会研究》(东方出版中心2007年版)等、王健英的《民主革命时期中共历届中央领导集体述评》(中共党史出版社2007年版)等。代表性的研究论文主要有曲青山的《党的历次全国代表大会述评(上、下)》(《上海党史与党建》2012 年第 3、4 期)、吴德刚的《党的全国代表大会制度形成及历史经验》(《中共党史研究》2018 年第 4 期)、杨胜群的《历史转折关头的责任担当和战略思维——谈中共七大的历史意义和启示》(《中共党史研究》2015 年第 6 期)、李忠杰的《中国共产党全国代表大会制度的发展和历史经验》(《中共中央党校学报》2007 年第 5 期)、陈晋的《"在最坏的可能性上建立我们的政策"——毛泽东为什么在七大会议上讲 17 条困难》(《党的文献》2005 年第 3 期)、王国敏和王慧的《党的代表大会制度建设的历史演进与现实启示》(《河南师范大学学报(哲学社会科学版)》2014 年第 6 期)等。经过 40 年来相关专家学者的共同努力,总体来看,第一,关于民主革命时期党的全国代表大会的基本史实大都已研究清楚,部分存在研究空白和难点疑点;第二,关于该专题的研究逐步深入,取得了很多成果,但相关研究还存在一些明显不足。① 比如,在《中国共产党的七十年》、《中国共产党的九十年》、《中国共产党历史》第一卷等关于民主革命时期通史性党史基本著作早已出版的情况下,缺乏研究民主革命时期党的历次全国代表大会的学术专著,不能不说是学界的遗憾,这也是本书写作的动因之一。

以上所列各类史料和研究成果,均为本书的写作提供了重要参考。

本书的写作是建立在大量的前期工作基础之上的。早在 1997 年至 2002 年笔者参加《中国共产党历史》(上卷)修订及 2000 年撰写博士学位论文《陈独秀与共产国际》(后由湖南人民出版社 2005 年版)时,就注意到党的全国代表大会在党史国史上的重要地位,所以在之后的学术生涯中对此问题进行了跟踪研究,迄今已历 20 余年,其间时有所得。主要如下:著作有《从一大到十六大》(中央文献出版社 2002 年版)、《从一大到十七大(1921—2007)》(中央文献出版社 2008 年版)、《党代会现场:99 个历史深处的细节》(党建读物出版社 2012 年版,系新闻出版总署迎接党的十八大主题出版重点出版物,获第五届中华优秀出版物奖图书提名奖)、《党代

---

① 王珂:《党的代表大会研究综述》,《中共济南市委党校学报》2013 年第 6 期。

会历史细节：从一大到十八大》（党建读物出版社 2017 年版，系中央宣传部、国家新闻出版广电总局 2017 年主题出版重点出版物）、《国共合作：中国共产党第三次全国代表大会》（万卷出版公司 2008 年版，迎接党的十七大主题出版重点出版物）、《路在何方：中国共产党第五次全国代表大会》（万卷出版公司 2008 年版，迎接党的十七大主题出版重点出版物）、《中共创立掀起革命洪流（1921—1927）》（北京人民出版社 2011 年版）；担任《中国共产党全国代表大会史丛书》（万卷出版公司 2008 年版）副主编；参与编写《中国共产党八十年重大会议实录》（湖南人民出版社 2001 年版）、《中国共产党第七次全国代表大会研究》（上海人民出版社 2006 年版）；参与中央党史研究室与中央档案馆合编的"中国共产党第一次至第七次全国代表大会档案文献选编"丛书（中共党史出版社 2014 年至 2015 年陆续出版）编辑出版工作；参与中央党史研究室第一研究部编译的《共产国际、联共（布）与中国革命档案资料丛书》的翻译和编辑出版工作。论文有《共产国际与中共五大》（《中共党史研究》2003 年第 4 期）、《陈独秀与中共五大》（《安徽史学》2004 年第 2 期）、《共产国际、陈独秀与中国共产党的创建》（《安徽史学》2005 年第 2 期）、《共产国际（苏联）与中共七大》（《北京党史》2005 年第 6 期）、《联共（布）、共产国际与中共五大、六大关系的比较研究》（《中共党史研究》2011 年第 2 期）、《民主革命时期党的全国代表大会制度研究》（《党的文献》2011 年第 6 期）、《党代会上的"普通人"》（《秘书工作》2012 年第 10 期）、《走进中共六大》（《光明日报》2013 年 3 月 28 日）、《走进中共三大》（《百年潮》2013 年第 6 期）、《中共四大历史意义探析》（《中共党史研究》2015 年第 1 期）、《试论党的全国代表大会的历史作用和贡献》（《中国延安干部学院学报》2017 年第 4 期）、《党代会报告及其形成过程》（《秘书工作》2017 年第 10 期）、《党的全国代表大会与马克思主义中国化》（《中共党史研究》2018 年第 6 期）等。除此之外，笔者因为工作关系和常年因研究党代会而为同行知晓，多次应邀参与民主革命时期党的全国代表大会纪念场馆展陈的审核把关和学术研讨会的主办承办等工作，对该课题的研究动态和最新进展比较了解。以上均为本书的写作奠定了扎实基础。

　　本书的创新之处主要有以下三点:第一,运用新史料。20世纪80年代和21世纪头十年,曾零散出版过一些党的全国代表大会的史料,以及中央党史研究室第一研究部编译的《共产国际、联共(布)与中国革命档案资料丛书》,为学界较广泛引用。但一直缺乏关于此问题的系统史料的发掘工作。直到2014年和2015年,由笔者所在的原中央党史研究室和中央档案馆共同编辑出版了《中国共产党第一次全国代表大会档案文献选编》、《中国共产党第二次全国代表大会档案文献选编》、《中国共产党第三次全国代表大会档案文献选编》、《中国共产党第四次全国代表大会档案文献选编》、《中国共产党第五次全国代表大会档案文献选编》、《中国共产党第六次全国代表大会档案文献选编》(上、下卷)、《中国共产党第七次全国代表大会档案文献选编》,这是新中国成立以来出版的关于民主革命时期党的全国代表大会最为系统最为齐全的一套资料,尤其是《中国共产党第六次全国代表大会档案文献选编》(上、下卷)和《中国共产党第七次全国代表大会档案文献选编》,披露了大量由中央档案馆保存的之前从未公开的新档案以及一批从俄罗斯收集翻译而来的珍贵档案资料,本书在对以前出版史料深入研究的基础上,对这些新披露的史料充分吸收运用,在诸多问题的研究上取得了新成果。比如,从新披露的六大政治谈话会材料,可以了解到当时党内一般干部对指导机关工人化的意见和看法;从七大的代表发言中,则可以了解到党内对毛泽东核心地位的一致认识。第二,采用新视角。2010年7月,习近平同志在首次全国党史工作会议上发表重要讲话,首次把党的历史精练概括为党的不懈奋斗史、党的理论探索史和党的自身建设史(以下简称"三史"),这为我们进一步深化党史研究提供了基本遵循,但目前尚未看到从党的"三史"的角度研究党的全国代表大会的成果。本书首次采用这一新视角,把党的全国代表大会放入党的"三史"之中进行考察,对民主革命时期党的历次全国代表大会进行纵向的历史考辨、贯通的全面分析和系统的比较研究,以丰富学界对这一问题的认识。第三,填补新空白。如前所述,改革开放以来,关于民主革命时期党的全国代表大会的研究虽然成果繁多,但或专一于单次党的全国代表大会,或仅侧重于某一专题,虽不乏有见地的论文、观点,却缺乏整体性和系统性的研究专著。本书在借鉴前人研究成果和在大量前期准备工作的基础上,力图填补这一学术空白。

本书除引言外,分为五章。第一章为民主革命时期党的全国代表大会制度的历史沿革和发展特点,对民主革命时期党的全国代表大会制度的发展变化进行评述,在此基础上分析其呈现出的各种特点。第二章为民主革命时期党的历次全国代表大会对党和国家事业发展的重大意义,从总结历史经验、分析判断形势、制定重大方针政策、选举产生中央领导集体等四个方面进行论证。这一章在呈现党的全国代表大会重要作用的同时,将党的不懈奋斗史作为一根红线贯穿其中。第三章为民主革命时期党的历次全国代表大会与党的理论探索历程,以历次党的全国代表大会为节点,分析呈现党在中国革命实践中是如何坚持马克思主义,并不断丰富和发展马克思主义的。第四章为民主革命时期党的历次全国代表大会与党的自身建设,重点从党的自身建设史的角度来探讨党的全国代表大会与党不断从胜利走向胜利的内在联系。综合来看,以上四个方面认真梳理了民主革命时期党的全国代表大会的沿革、特点、地位、作用、贡献,使我们全方位、多角度地深化了对民主革命时期党的全国代表大会的认知。第五章为结论和启示,从民主革命时期党的历次全国代表大会的历史回顾中总结宝贵经验和现实启示。

“合抱之木,生于毫末;九层之台,起于累土。”本课题自2012年立项,2019年4月结项,之后又经过一年多修改完善,迄今已是第十个年头。如从1997年开始参加《中国共产党历史》(上卷)修订以及2002年编辑出版《从一大到十六大》一书算起,实是聚20年之积累点滴而成,其间甘苦自知。尽管做了较大努力,但限于中共党史史料之浩瀚和自身学力之有限,难免挂一漏万,不足之处还恳请读者批评指正。

同时,本书出版正值全党全国各族人民隆重庆祝中国共产党成立100

周年之际。2021 年 7 月 1 日,习近平总书记在庆祝中国共产党成立 100 周年大会上的重要讲话中指出:

"一百年前,中国共产党成立时只有 50 多名党员,今天已经成为拥有 9500 多万名党员、领导着 14 亿多人口大国、具有重大全球影响力的世界第一大执政党。

一百年前,中华民族呈现在世界面前的是一派衰败凋零的景象。今天,中华民族向世界展现的是一派欣欣向荣的气象,正以不可阻挡的步伐迈向伟大复兴。

过去一百年,中国共产党向人民、向历史交出了一份优异的答卷。现在,中国共产党团结带领中国人民又踏上了实现第二个百年奋斗目标新的赶考之路。"①

中国共产党立志于中华民族千秋伟业,百年恰是风华正茂!

回首过去,展望未来,我们相信,有以习近平同志为核心的党中央的坚强领导,有全国各族人民的紧密团结,全面建成社会主义现代化强国的目标一定能够实现,中华民族伟大复兴的中国梦一定能够实现!

2021 年 1 月初稿

2021 年 7 月定稿

---

① 习近平:《在庆祝中国共产党成立 100 周年大会上的讲话》,人民出版社 2021 年版,第 21—22 页。

目　　录

第 一 章

民主革命时期党的全国代表大会
制度的历史沿革和发展特点

中国共产党全国代表大会是中国共产党的最高领导机关,党的全国代表大会制度是中国共产党一项极其重要的基本制度。党的全国代表大会制度,不仅指党的全国代表大会的会议制度本身,而且指以代表大会为核心和主要内容的一整套组织形式和制度。其基本内容大体包括两个方面:一是关于党的全国代表大会本身的产生、组织、职权及其运行程序等一系列规定和制度;二是关于党的全国代表大会与党员、与党的中央委员会等其他领导机构的关系的一系列规定和制度。总的来看,在民主革命时期,党的全国代表大会制度经历了从产生到发展,再到基本完善的过程,为中华人民共和国成立后的进一步完善奠定了基础。民主革命时期党的全国代表大会制度发展的历史进程呈现出以下特点:一是会前准备越来越充分;二是代表由指派推荐向民主选举发展;三是规模逐渐扩大;四是相关制度规定逐步规范;五是选举产生中央领导机构走向制度化、民主化;六是长期受共产国际深刻影响后最终走向独立自主。

第一节　党的全国代表大会制度的历史沿革

在民主革命时期,中国共产党"团结带领人民找到了一条以农村包围城市、武装夺取政权的正确革命道路,进行了二十八年浴血奋战,完成了新民主主义革命,一九四九年建立了中华人民共和国,实现了中国从几千年封建专制政治向人民民主的伟大飞跃"①。在这个过程中,党的全国代表大会制度也经历了从创建到发展、再到基本完善的过程。

一、党的全国代表大会制度的产生

从中国政治史的角度来看,政党的全国代表大会制度源于国外,是舶来品。从国际共产主义运动史来看,中国共产党全国代表大会制度的产生形成,是遵循马克思恩格斯关于无产阶级政党的制度设计,借鉴列宁在苏俄实践经验的结果。

早在 1847 年,马克思、恩格斯参与创建世界上第一个无产阶级政党共产主义者同盟时,就非常重视党的代表大会的制度建设。共产主义者同盟第一次代表大会通过的《共产主义者同盟章程》规定:"代表大会是同盟的立法机关"②,每年于 8 月举行同盟代表大会,遇紧急情况中央委员会有权召集非常代表大会。还规定所有盟员一律平等,都有选举权和被选举权;同盟各级组织的领导人都由选举产生,并且可以随时撤换。1847 年 11 月召开的共产主义者同盟二大,对于原来草案中规定的"同盟的最高领导机关是作为权力执行机关的中央委员会"的说法进行了讨论,决定删去"最高领导机关",改为"中央委员会是全盟的权力执行机关,向代表大会报告工作"③,对党的代表大会和中央委员会在党内的地位作出了区分和确认,这样就明确了代表大会的性质和最高机关的地位。可见,马克思、恩格斯在建立无产阶级政党之初就已经开始对代表大会的性质、代表大会年会制、如何

① 习近平:《决胜全面建成小康社会,夺取新时代中国特色社会主义伟大胜利——在中国共产党第十九次全国代表大会上的报告》,人民出版社 2017 年版,第 14 页。

② 《章程草案》(共产主义者同盟第一次代表大会通过,1847 年 6 月 9 日),张文红主编:《国际共产主义运动历史文献·共产主义者同盟文献》(2),中央编译出版社 2011 年版,第 27 页。

③ 《共产主义者同盟章程》(约 1847 年 11 月底 12 月初),张文红主编:《国际共产主义运动历史文献·共产主义者同盟文献》(2),中央编译出版社 2011 年版,第 556—557 页。

运用代表大会制度实现党内民主等问题进行了探索。

列宁在俄国建立无产阶级政党的过程中,对马克思、恩格斯设计的代表大会制度进行了继承和发展。1903 年 7 月至 8 月,俄国社会民主工党第二次代表大会通过列宁提交大会的党章草案,明确规定:"党的最高机关是党代表大会。代表大会由党总委员会召开(尽可能至少每两年一次)。"①1905年由列宁主持的党的三大通过新的党章,将代表大会召开时间改为每年召开一次。大会结束后不久,列宁又指出,"党的最高机关应当是代表大会,即一切享有全权的组织的代表的会议,这些代表作出的决定应当是最后的决定(这是民主代表制度的原则……)。"②1917 年十月革命胜利后,布尔什维克党作为执政党,在列宁领导下,按照党章规定,坚持党的代表大会年会制,从 1918 年至 1923 年先后定期举行了六次党的全国代表大会。

作为中国政治的新生力量,中国共产党的创建获得了共产国际的支持和帮助,其代表大会制度也深受苏俄影响,但刚成立的中国共产党党员数量少,力量还很薄弱,各方面制度的建立和完善还需要一个过程。

中国共产党第一次全国代表大会的召开标志着中国共产党全国代表大会制度的产生。1921 年 7 月 23 日晚,党的一大在上海法租界望志路 106 号(今兴业路 76 号)开幕。最后一天的会议转移到浙江嘉兴南湖举行。大会经过讨论,通过《中国共产党第一个纲领》和《中国共产党第一个决议》。纲领虽然提到了党纲和党章的部分内容,但还称不上是一个独立的党章,也没有对党的全国代表大会的地位、职权以及运行规则等作出明确规定。不过,纲领对代表大会在全党的领导地位已经有所体现。《中国共产党第一个纲领》第十五条规定:"本纲领须经全国代表大会三分之二代表同意,始得修改。"纲领即为后来党章的前身。党章作为党的总章程,是党的根本大法,具有崇高地位,这一规定明确了党纲及以后的党章,必须经过党的全国代表

① 《俄国社会民主工党第二次代表大会》,中共中央马克思恩格斯列宁斯大林著作编译局译:《苏联共产党代表大会、代表会议和中央全会决议汇编》第 1 分册,人民出版社 1964 年版,第 44 页。
② 《〈工人论党内分裂〉一书序言》(1905 年 7 月),《列宁全集》第 11 卷,人民出版社 1987 年版,第 154—155 页。

大会三分之二的多数同意才能修改,这无疑蕴含了全国代表大会是党的最高领导机关的意涵。另外,第十三条对全国代表会议进行了规定:"委员会的党员人数超过五百,或同一地方设有五个委员会时,应由全国代表会议委派十人组成执行委员会。如上述要求不能实现,应成立临时中央执行委员会。"①这就在一定程度上明确了中央执行委员会(临时中央执行委员会)是由全国代表会议所产生,即明确了党的中央机构的权力来源。

党的一大的召开宣告了中国共产党正式成立,也标志着党的全国代表大会制度的产生。但此时的这种制度,还仅仅处于最初的萌芽状态。

二、党的全国代表大会制度的逐步发展

1922 年 7 月 16 日至 23 日,中国共产党第二次全国代表大会在上海召开,大会制定并通过《中国共产党章程》。与一大通过的《中国共产党第一个纲领》相比,章程对党的全国代表大会制度有了一些明确规定。第一,对大会地位、作用和职权的规定:"全国代表大会为本党最高机关","全国大会及中央执行委员会之决议,本党党员皆须绝对服从之"等。第二,对大会基本原则的规定:"本党一切会议均取决多数,少数绝对服从多数。"第三,对选举的规定:"中央执行委员会由全国代表大会选举五人组织之,并选举候补委员三人"。第四,对大会召开时限和人数的规定:"每年由中央执行委员会定期召集一次",人数"由中央执行委员会临时定之"。第五,对召集全国代表临时会议的规定:"中央执行委员会认为必要时,得召集全国代表临时会议。有过半数区之请求,中央执行委员会亦必须召集临时会议。"②这些最初的几条原则性制度规定,清楚地表明了党的全国代表大会在党内权力结构中的最高地位、基本原则、召开时间以及它与党员及中央执行委员

---

① 《中国共产党第一个纲领》(1921 年 7 月),中共中央文献研究室、中央档案馆编:《建党以来重要文献选编(1921—1949)》第 1 册,中央文献出版社 2011 年版,第 3、2 页。

② 《中国共产党章程》(1922 年 7 月),中共中央文献研究室、中央档案馆编:《建党以来重要文献选编(1921—1949)》第 1 册,中央文献出版社 2011 年版,第 165—167 页。

会之间的关系,等等。党的全国代表大会制度的基本要素已经具备,重要缺项是大会工作内容(即职权)表述还不够全面,也没有讲到代表产生办法等问题。但这时的党的全国代表大会制度已具雏形。

根据国内外形势的变化和共产国际执委会于 1923 年 1 月作出的《关于中国共产党与国民党的关系问题的决议》精神,1923 年 6 月 12 日至 20 日,中国共产党第三次全国代表大会在广州召开,主要议题是讨论共产党员加入国民党问题。

与一大、二大相比,党的三大在大会程序上有所突破,在大会开幕前特意安排了预备会。据梁复然回忆,其中一项议程是由各地齐聚广州的参会代表进一步选举出大会代表,候选代表名单事先已经列好,经大会以举手表决的方式通过,未选上的人都可以作为列席代表参加会议。① 预备会还讨论了中央委员人选和党的三大各个决议案的起草情况,马林还传达了共产国际关于国共合作问题的意见,报告了国际形势。

党的三大对《中国共产党章程》进行了修订,通过《中国共产党第一次修正章程》,在关于全国代表大会方面,除了继续保留二大章程中的相关规定外,有一些补充和修改,如:将中央执行委员会委员和候补委员人数分别调整为 9 人和 5 人。此外,首次对代表人数、人员分配方法、代表表决权等作出具体规定:"每地方必须派代表一人,但人数在四十人以上者得派二人,六十人以上者得派三人,以上每加四十人得加派代表一人。每地方十人有一票表决权。未成地方之处,中央执行委员会认为必要时,得令其派出代表一人,但有无表决权由大会决定。"②

党的四大的组织流程更加完备。按照党章规定的每年召开一次全国代表大会的要求,四大的筹备工作早在 1924 年 8 月底就提上了日程,中共中央致电各区各地方委员和各独立组长,提出各地同志将一年来的各种工作

① 《梁复然的回忆》(1972 年 5 月),《"二大"和"三大"——中国共产党第二、三次代表大会资料选编》,中国社会科学出版社 1985 年版,第 607 页。

② 《中国共产党第一次修正章程》(1923 年 6 月),中共中央文献研究室、中央档案馆编:《建党以来重要文献选编(1921—1949)》第 1 册,中央文献出版社 2011 年版,第 272—273 页。

情况及意见建议报送中央,旅莫支部收到该电后,要求"各位同志有意见时,请赶快整理,预备开大会时发表至盼"①。9月,中共中央再次致电各地党组织,提出四大召开时间定于11月,要求按地区推举代表参加。1924年12月初,陈独秀与彭述之、维经斯基等人组成了起草委员会,进行党的四大的文件起草工作。各委员对此工作都高度重视,各种草案都经过了起草委员会的充分讨论,有的草案因"各委员的见解颇不能一致",最终不得不互相妥协。② 除起草委员会外,瞿秋白、李维汉等人还组成了草案审查小组③,对各草案进行审查。

由于1924年事情较多,党的四大推迟至1925年1月11日至22日召开④。党的四大通过的《中国共产党第二次修正章程》对表决权作出新的规定:"各代表表决权以其所代表人数计算。"同时,将各地代表人数分配方案改为:100人以上派2人,200人以上派3人,以上每加100人加派1人。未成地方之处,中央执行委员会认为必要时,得令其派出代表1人出席。⑤

按照党章每年召开一次全国代表大会的规定,党的五大本应在1925年至1926年之间召开,但由于国内外形势的变化等各种原因,导致五大未能如期召开。

1927年4月27日至5月9日,党的五大在武汉开幕。与一大至四大相比,五大在会议制度上有一个创新之处,就是在会议的第一天选举产生大会主席团,此后历次党的全国代表大会都设有大会主席团,并逐渐形成凡是有关大会的重大问题都必须经过大会主席团全体会议讨论决定的制度。第五次代表大会主席团成员有陈独秀、张国焘、蔡和森、瞿秋白、罗章龙、周恩来、

---

① 《中共中央关于召开四大致各地党组织的信》(1924年8月31日),中共中央党史研究室、中央档案馆编:《中国共产党第四次全国代表大会档案文献选编》,中共党史出版社2014年版,第55页。

② 《关于党的第四次全国代表大会——彭述之给中共旅莫支部全体同志的信》(1925年2月2日),中共中央党史资料征集委员会、中共中央党史研究室编:《中共党史资料》1982年第3辑,中共中央党校出版社1982年版,第17—18页。

③ 李维汉:《回忆与研究》(上),中共党史出版社2013年版,第39页。

④ 郑超麟:《关于中共四大的回忆与评价》(1980年1月7日),中共中央党史研究室、中央档案馆编:《中国共产党第四次全国代表大会档案文献选编》,中共党史出版社2014年版,第97页。

⑤ 参见《中国共产党第二次修正章程》(1925年2月),中共中央文献研究室、中央档案馆编:《建党以来重要文献选编(1921—1949)》第2册,中央文献出版社2011年版,第264—265页。

李立三、谭平山、苏兆征、顾顺章、李维汉、张金保(女)等 15 人。①

党的五大决定修改党的章程。五大通过的《组织问题议决案》指出："根据本党自第四次大会以来党员数量激增这一事实,并根据本党目前的任务,第五次大会认定必须改正并补充旧时党章。"②会后的 6 月 1 日,中央政治局会议通过《中国共产党第三次修正章程决案》,对党章作了较大的补充和修订,特别是对党的全国代表大会制度作出了比较完整的规定。第一,首次单列一条明确党的全国代表大会的工作内容为:一是讨论与批准中央委员会、中央监察委员会及其他中央各部工作的报告。二是审查与修改党纲及党章。三是决定一切重要问题政策的方针。四是改选中央委员会及监察委员会及其他等等。第二,首次明确大会召集与议程事先公布制度:"党的最高机关为全国代表大会,全国代表大会每年由中央委员会召集一次……全国党的代表大会之召集与大会之议事日程,中央委员会须在大会前一个半月公布"。第三,首次设立中央委员会,规定其选举和组成原则:"中央委员会,选举正式中央委员一人为总书记及中央正式委员若干人组织中央政治局,指导全国一切政治工作……全体中央委员会议得改组中央政治局,中央政治局互推若干人组织中央常务委员会(Secretariat)处理党的日常事务。"第四,进一步明确了全国代表大会的最高领导地位:"各级党部最高的机关为:全体党员大会及代表大会","全体党员大会及各级代表大会选举各级委员会。委员会在大会闭会期间为该级党部最高权力机关,执行并指导党务及政策",就全国而言,党的组织系统为:"全国——全国代表大会——中央委员会"。第五,新增或修订了一些细则:一是规定"全国代表大会须有代表全体党员之过半数方为合法";二是面对党员人数激增,修改了代表人数产生的比例——"代表人数百分率由中央委员会规定之"。③

① 王健英编:《中国共产党组织史资料汇编——领导机构沿革和成员名录》,红旗出版社 1983 年版,第 59 页。

② 《组织问题议决案》(1927 年 4 月 27 日—5 月 9 日),中共中央文献研究室、中央档案馆编:《建党以来重要文献选编(1921—1949)》第 4 册,中央文献出版社 2011 年版,第 208 页。

③ 《中国共产党第三次修正章程决案》(1927 年 6 月 1 日中共中央政治局会议议决案),中共中央文献研究室、中央档案馆编:《建党以来重要文献选编(1921—1949)》第 4 册,中央文献出版社 2011 年版,第 268—271 页。

　　大革命失败后,如何总结失败的经验教训,正确认识和分析形势,制定符合实际的路线方针政策,对中国共产党接下来的生存发展和革命成败至关重要。因此,在八七会议上,中央临时政治局就提出:"应在六个月内准备召集第六次全国代表大会。"①

　　1928年6月18日至7月11日,党的第六次全国代表大会在苏联莫斯科南部纳罗法明斯克地区五一村召开。六大制定并通过《中国共产党党章》,第一条修改为:"(一)定名:中国共产党为共产国际之一部分,命名为:中国共产党,共产国际支部。"这一修改奠定了这次党章修改中强调共产国际作用的总基调。其中第九章"党的全国大会"对大会的召开、职权和选举等作出详细规定,其主要修改和补充之处是:第一,突出共产国际的领导地位。中国共产党全国代表大会的召开须得到共产国际的同意:"党的全国大会是党的最高机关。按通常规例每年开会一次,由中央委员会得共产国际之同意后召集之。"共产国际同意的情况下,可以以临时全国大会代替党的全国代表大会:"党的全国大会,如得共产国际执行委员会之同意,可以党的临时全国大会代替之。"连党的全国大会的临时大会的召集,都"必须经过共产国际执行委员会之批准"。原来完全由中国共产党自定的代表选举比率,现在也可由共产国际决定:"党的全国大会的选举率由共产国际执委决定,或由中央委员会决定,或由党的全国大会之前开会的党的会议决定。"第二,首次明确规定由省代表大会选举产生代表,但共产国际同意的话,也可以直接派遣:"党的全国大会的代表,应由党的省代表大会选举之。但在秘密工作的条件之下,得共产国际委员会之同意,则代表可由省委员会派遣之。"第三,对全国代表大会职权的表述作了调整:"(1)接受并审查中央委员会及中央审查委员会的报告。(2)决定党的党纲上的问题。(3)决定一切政治、策略及组织等问题的决议案。(4)选举中央委员会、中央审查

────────────

　　① 《党的组织问题议决案》(1927年8月7日),中共中央文献研究室、中央档案馆编:《建党以来重要文献选编(1921—1949)》第4册,中央文献出版社2011年版,第448页。

委员会等。"①虽然党的二大就明确作出中国共产党加入共产国际的决议，但纵观民主革命时期历次党的全国代表大会对党章的修订，六大的这次修改是最突出共产国际作用的一次。

综上所述，党的二大到六大通过的党章，对党的全国代表大会的代表推选、召开时间、条件、程序、职权、选举等逐渐作了更加明确的规定，在召开的程序和制度上也在实践中有所创新，如三大在召开前进行了预备会，五大在召开时先选举产生大会主席团，等等。党的全国代表大会制度在实践中得到逐步发展。

三、党的全国代表大会制度的基本完善

大革命失败后，国内革命形势急剧恶化，党被迫转入地下。从 1928 年党的六大到 1945 年党的七大，其间只召开过一些党的中央全会和中央政治局（扩大）会议。党的全国代表大会未能发挥应有的作用。

按照党章规定，中央委员会负责召集党的全国代表大会，但从六大通过的党章就可以看出，共产国际对包括全国代表大会在内的中国共产党的事务，具有很大的发言权，所以共产国际和中共中央都对七大的召集作过工作。米夫在六大刚结束后不久就提出了七大的一项任务。1928 年 10 月，共产国际东方部副部长米夫撰写了《中国共产党第六次代表大会》一文，其中谈到中共党纲的问题，指出中共"第六次代表大会并未准备通过党纲。因此它作出了一项决议，委托新选出的中央委员会拟定中国共产党纲领草案，以便经地方组织事先讨论后，提请第七次代表大会审查和批准"②。1928 年 11 月 12 日，具体承担共产国际指导中国事务使命的共产国际东方书记处中国委员会宣告成立。于是，为中共七大起草一个中国共产党党纲

① 《中国共产党党章》(1928 年 7 月 10 日通过)，中共中央文献研究室、中央档案馆编：《建党以来重要文献选编(1921—1949)》第 5 册，中央文献出版社 2011 年版，第 470—479 页。
② 米夫：《中国共产党第六次代表大会》(1928 年 10 月)，中共中央党史研究室、中央档案馆编：《中国共产党第六次全国代表大会档案文献选编》(下卷)，中共党史出版社 2015 年版，第 1036 页。

草案的任务很快便成为该机构的一项重要任务,即"制定中国共产党纲领草案,研究关于民族问题的材料,以便在以后的中国共产党第七次代表大会上提出这个问题"。① 1929 年 7 月,中共中央鉴于国内形势发展的需要,准备在 1930 年内召开七大,并写信给中共中央驻共产国际代表团,指定在莫斯科的同志负责起草党纲,但这封信辗转到代表团的手里已是该年年底。对此,共产国际的意见是暂定 1930 年七八月仍在莫斯科召开,请中共中央考虑决定。但这时,代表团由于受到莫斯科中山大学王明宗派的攻击,处境十分困难,此事没有认真执行。② 之后,1931 年 1 月,党的六届四中全会提出要召开七大,但由于国民党军队对中央苏区的连续大规模"围剿",致使七大未能召开。全民族抗战爆发后,1937 年 12 月中共中央政治局会议决定近期召开七大,并成立以毛泽东为主席的准备委员会,负责大会筹备工作。1938 年 3 月,中央政治局会议讨论了七大召开的问题。11 月,党的六届六中全会再次通过决议,指出七大的中心任务是讨论坚持抗战、争取和保证抗日战争的最后胜利等问题。1941 年和 1943 年,中共中央两次讨论七大的问题,但因战争环境及其他条件不成熟,七大的召开继续延期。直到党的六届七中全会上才确定了党的七大的召开日期。

1945 年 4 月 23 日至 6 月 11 日,中国共产党第七次全国代表大会在延安召开。党的七大制定并通过新的党章,全国代表大会的制度建设进一步规范完善。党章第二十九条将每年召集一次大会改为每三年召集一次,但又规定了两种特别情况,一是"在特殊情况下,由中央委员会决定延期或提前召集"。二是"如有代表半数党员以上之党的地方组织要求召集全国代表大会时,中央委员会必须召集之"。第三十一条规定"党的中央委员会的员额,由全国代表大会决定,并选举之"。第三十条规定了全国代表大会的职权,与五大后通过的《中国共产党第三次修正章程决案》相比,对大会职

① 《米夫在共产国际执行委员会东方书记处中国委员会第一次会议上的发言》(1928 年 11 月 12 日于莫斯科),中共中央党史研究室第一研究部译:《共产国际、联共(布)与中国革命档案资料丛书》第 8 卷,中央文献出版社 2002 年版,第 38 页。
② 陈清泉:《陆定一与共产国际(续)》,《人物》1997 年第 3 期。

权的表述基本相同,都是四项,但表述更为科学严谨。即"(一)听取、讨论和批准中央委员会及中央其他机关的报告。(二)决定和修改党的纲领与党章。(三)决定党的基本方针和政策。(四)选举中央委员会"。另外,七大党章还比较完整地构建了党的全国代表会议制度。其实,党的二大章程中就有对"全国代表临时会议"的简单规定,七大党章的规定则更具体更明确,规定"在前后两届全国代表大会期间,中央委员会得召集各地方党委代表举行党的全国代表会议若干次,讨论并决定当前的党的政策问题"。"党的全国代表会议的代表,由各省委、边区党委及中央直属之其他各党委的全体委员会议上选举之。代表数额,由中央规定。"党的全国代表会议也有相当的权力,"有权撤换个别不能履行自己责任的中央委员及候补中央委员,并有权补选部分候补中央委员。但每次撤换之中央委员及候补中央委员或补选之候补中央委员的数额,均不得超过中央委员及候补中央委员总数的五分之一"。并且,"党的全国代表会议所通过的决议及撤换与补选之中央委员及候补中央委员,须经中央委员会批准后,方能发生效力"。"经中央委员会批准之全国代表会议的决议,一切党的组织,都必须执行。"①这样,全国代表大会及其相关机制已经达到了基本成熟的状态。

党的七大制定了更加全面、系统的党章,对党的全国代表大会的机制、民主选举和组织制度等作出一系列重要规定,把民主革命时期党的全国代表大会制度的发展推向了最高点,标志着党的全国代表大会制度的基本完善。但是,由于革命战争的异常紧张激烈和新中国成立初期各项任务的纷繁复杂,无论是党的全国代表大会制度,还是党的全国代表会议制度,都未能按七大党章规定坚持实行。到1956年9月党的八大召开时,与七大相隔了11年,这两次大会期间,也只在1955年3月召开过一次党的全国代表会议。

---

① 《中国共产党党章》(1945年6月11日中国共产党第七次全国代表大会通过),中共中央文献研究室、中央档案馆编:《建党以来重要文献选编(1921—1949)》第22册,中央文献出版社2011年版,第541—543页。

第二节　党的全国代表大会制度的发展特点

民主革命时期党的全国代表大会制度的发展,是一个从无到有,从产生、发展到逐步完善的历史过程,这个过程中呈现出诸多特点。

一、会前准备越来越充分

会前准备包括以会前统一思想的方式为大会成功召开创造条件的思想准备和广大党员代表民意的共识载体——会议材料的准备两个方面。

(一)思想准备:以会前统一思想的方式为大会的成功召开创造条件

思想的统一是党的全国代表大会成功召开的重要前提。面对中国革命进程中出现的各种问题和中国共产党在艰苦奋斗中遇到的种种困难,都需要在大会上进行解答。但由于大会会期有限,党在民主革命时期又长期处于地下状态,召集代表大会有很多现实困难。所以,为保证大会的顺利进行,会前统一思想逐渐成为不成文的惯例。

提前召开预备会议,为大会的召开做准备,是从三大开始的。罗章龙回忆说,三大前夕,在广州召开了预备会议,"有二届中委和一些省的负责人参加","内容主要是就有关大会问题交换意见"①。

党的五大召开前也进行了统一思想的工作,共产国际在其中起着主导作用。1926 年 11 月 22 日至 12 月 16 日,共产国际执行委员会召开第七次扩大全会,中国革命问题成为此次会议的中心议题。共产国际负责人布哈林在全会上作的政治报告,以及斯大林和布哈林在全会中国委员会中的发

---

① 《罗章龙回忆中共"三大"》(1980 年 2 月),《"二大"和"三大"——中国共产党第二、三次代表大会资料选编》,中国社会科学出版社 1985 年版,第 681 页。

言,为全会在中国问题上的政治方针定下了基调。斯大林还积极参与了对全会于 12 月 16 日所通过的《关于中国形势问题的决议》的审订。斯大林和布哈林的发言以及全会关于中国问题的决议指出,中国革命要向非资本主义发展轨道即社会主义发展轨道过渡,今后革命的动力是无产阶级领导下的工人、农民和小资产阶级的联盟,革命的中心任务是开展土地革命。根据这一战略方针,确定了近期的策略方针。对基本策略的探索是围绕一个主要问题进行的,这就是如何把国民革命统一战线策略同农民土地革命方针结合起来。

　　1927 年 1 月,共产国际决议传到中国。时在上海的共产国际代表维经斯基马上着手将其组织翻译成中文和布置中共中央的讨论工作,"力争使决议的分析部分真正成为党员骨干的财富",强调"首先要使中央委员会正确理解这一决议,完全接受决议的观点"[1]。于是,中共中央很快作出《中共中央政治局对于〈共产国际执行委员会第七次扩大全体会议关于中国问题决议案〉的解释》,决定接受这个决议。该解释指出:"中央政治局已经过详细讨论与辩难之后,接受国际这个提案;并决定不必俟第五次全国大会之讨论,一切政策及工作计划,即须依据此提案的方针与战略而进行。"[2]中共中央把共产国际的决议案和中央政治局关于接受国际决议的解释发至各区委、地委和特区讨论。以湖南区委为例,就为此开过三次讨论会,一致赞同国际的决议和中央政治局的解释,也提出了自己的一些见解,认为国际决议指出中国革命的非资本主义前途的发展方向,是非常必要的。同时认为,"现在是国民革命时期,不是社会革命工农专政时期";分配土地作为党的中心工作,完全符合湖南农村的实际需要,"农民运动绝不是超过国民革命的运动";"土地问题的解决,是推翻封建阶级的最后胜利,是民

---

　　[1] 《维经斯基给联共(布)驻共产国际执行委员会代表团的信》(1927 年 1 月 21 日于上海),中共中央党史研究室第一研究部译:《共产国际、联共(布)与中国革命档案资料丛书》第 4 卷,北京图书馆出版社 1998 年版,第 99 页。
　　[2] 《中共中央政治局对于〈共产国际执行委员会第七次扩大全体会议关于中国问题决议案〉的解释》(1927 年初),中共中央文献研究室、中央档案馆编:《建党以来重要文献选编(1921—1949)》第 4 册,中央文献出版社 2011 年版,第 21—22 页。

主革命的最后完成"。①

　　全党这次对国际决议的讨论,为党的五大的召开作了思想准备,对肃清党内普遍存在的"二次革命论"的思想,增强全党在国民革命运动中与资产阶级争夺领导权斗争的自觉性,确有一定的帮助。但在批判"二次革命论"的同时,又出现了所谓"一次革命论"的偏差,助长了在工农运动中存在的某些"左"的情绪。此外,无产阶级要真正能够夺取革命的领导权,必须手中有枪杆子,对于这个在客观上虽然为时已晚但却十分迫切的根本问题,当时党在主观上仍然认识相当不足。

　　大革命失败后,中国革命的斗争经验亟待总结,党内关于中国革命诸问题的分析亟待厘清。为统一认识,共产国际执委会主席团在六大会前与中共领导人举行多次会谈。党的六大代表陆续到达莫斯科后,1928 年 6 月 9 日,斯大林会见瞿秋白、苏兆征、李立三、向忠发、周恩来等党的领导人。针对党的领导人在中国革命问题上的不同看法,斯大林指出,中国革命仍然是资产阶级民主革命。斯大林明确表示不赞成革命高潮快要到来的乐观估计,认为现在"只是革命准备时期。如一壶水在未开前,亦有波动,海潮亦有起伏,但不是高潮",中国革命是处于两个高潮之间,"假使我们(掌)握住主要城市,此时才可说高涨"。斯大林指出,目前中国共产党的任务是"宣传教育、工人运动、农村斗争,以及训练军事人才",其中最重要的是农民运动,而"最重要在于农民土地革命的重要结果在(是)建立红军"。② 为加强对党的六大的指导工作,共产国际执行委员会专门成立由布哈林、安贝尔-德罗、库西宁、陶里亚蒂和米夫组成的委员会。6 月 14 日至 15 日,布哈林召集部分党的六大代表举行"政治谈话会",参加的代表有瞿秋白、周恩来、邓中夏、苏兆征、王若飞、张国焘、李立三、蔡和森、向忠发等共 21 人。布哈林在会上要求大家主要就三个问题发表意见:一是关于当前革

---

　　① 李维汉:《回忆与研究》(上),中共党史出版社 2013 年版,第 83 页。
　　② 《周恩来对斯大林同瞿秋白和中共其他领导人会见情况的记录》(1928 年 6 月 9 日于莫斯科),中共中央党史研究室第一研究部译:《共产国际、联共(布)与中国革命档案资料丛书》第 7 卷,中央文献出版社 2002 年版,第 477—482 页。

命形势的估计;二是关于过去的经验教训即党的机会主义错误问题;三是党在今后的任务和方针。这次"政治谈话会"实际上是一次小范围的预备会议,"其目的是希望通过这种方式消除代表们在对大革命失败的教训、责任和中国革命的形势等重大问题的认识上存在的严重分歧,以使会议能够顺利进行"①。斯大林、布哈林等与中国代表的谈话,对澄清党内在革命性质和革命形势问题上的模糊认识,对党的六大的召开,具有重要的指导意义。

党的七大开创了对重大历史问题提前讨论的先例。会前思想是否统一不仅影响党的全国代表大会是否顺利举行,甚至会影响大会是否能够按期召开,七大的多次推迟召开,除了战争环境和代表不易集中外,实际上还反映了党内思想上的不一致。怎样看待六大以来党的路线是非,成为七大绕不开的问题。面对王明对中央集中统一领导的种种挑衅行为,为了统一党内思想认识,从1940年下半年起,毛泽东亲自主持收集、编辑和研究党的六大以来的重要历史文献,作为召开七大时总结历史经验的材料准备,并开始集中研究党内"左"倾错误及其给中国革命造成的危害。1941年5月19日,毛泽东在延安高级干部会议上作《改造我们的学习》的报告,尖锐批评了党内理论脱离实际的主观主义,特别是教条主义,随后决定组织高级干部整风学习,通过学习马克思主义经典著作、阅读和研究党的历史文献集《六大以来》,使大家在结合实际进行比较分析中,对党的路线是非认识逐渐趋于一致。9月10日至10月22日的中央政治局扩大会议明确了从1931年初至遵义会议前,党的领导机关所犯的"左"倾错误,是政治路线错误,从而在中央领导层对这段分歧较大的历史问题的认识达成基本一致。1942年2月,毛泽东先后作《整顿党的作风》和《反对党八股》讲演,标志着全党普遍整风学习的开始。

为了加强中央的集中统一领导,1943年3月20日,中央政治局决定调整精简中央机构。推定毛泽东为中央政治局主席,并决定他为书记处主席。

---

① 张秋实:《瞿秋白与共产国际》,中共党史出版社2004年版,第228页。

规定"在两次中央全会之间,中央政治局担负领导整个党工作的责任,有权决定一切重大问题","书记处是根据政治局所决定的方针处理日常工作的办事机关,它在组织上服从政治局,但在政治局方针下有权处理和决定一切日常性质的问题",书记处"会议中所讨论的问题,主席有最后决定之权"。①这次重要的人事调整,不仅在思想上而且在组织上进一步巩固了毛泽东在全党的领导地位。

7月8日,王稼祥在《中国共产党与中国民族解放的道路》一文中,首次提出"毛泽东思想"的概念,并为全党许多同志所接受,进一步统一了全党对毛泽东领导地位的认识。

为进一步讨论党的历史问题,1943年9月起,中央政治局召开扩大会议,讨论党的路线问题。鉴于王明一直声称抗战以来中央的路线是错的,所以这次会议在继续深入揭发批判王明"左"倾错误的同时,着重讨论抗战时期中央的路线是非。会议期间,通过开展批评与自我批评,清理和批判了王明的错误,许多同志进行了深刻的自我反省,从而进一步在中央高层形成了对党的领导核心的统一认识。

随着党内高级干部对党的历史上路线是非问题逐渐形成共识,1943年12月28日,中央政治局致电各中央局和分局,指出将在党的七大时总结建党以来的经验,同时也将批判党在过去某些历史时期中所犯曾经严重危害过党与革命的"左"、右倾机会主义错误。指示指出王明在抗战时期犯有四项错误:"(一)主张速胜论,反对持久战;(二)迷信国民党,反对统一战线中的独立自主;(三)主张运动战,反对游击战;(四)在武汉形成事实上的第二中央,并提倡党内闹独立性,破坏党纪军纪。"指示要求在一般干部中目前不要传达,还指出党的七大要达成的目标:"经过七大,我党将达到思想上政治上组织上更大与更高度的一致,向着彻底战胜敌人解放中国的大路

---

① 中共中央文献研究室编:《毛泽东年谱(1893—1949)》(修订本)(中卷),中央文献出版社2013年版,第430页。

迈进。"①

1944年2月24日,中共中央书记处会议讨论党的历史问题,达成如下决定:(一)王明、博古的错误应视为党内问题;(二)临时中央与六届五中全会因有共产国际承认,应承认是合法的,但必须指出其手续不完备;(三)学习路线时,对于历史上的思想问题要弄清楚,对结论必须力求宽大,目前是应该强调团结,以便团结一切同志共同工作;(四)在学习路线时,须指出党的六大的基本方针是正确的,六大是起了进步作用的;(五)对四中全会到遵义会议期间,也不采取一切否定的态度,凡做得对的,也应承认它。②

在深入总结党的历史经验的基础上,1944年5月21日至1945年4月20日,中共中央在延安召开扩大的六届七中全会。在此期间,任弼时主持起草"历史决议",在整风运动的基础上全面总结党的历史经验,这一决议的起草,经多次讨论,数易其稿,毛泽东先后进行七次修改,最终形成《关于若干历史问题的决议》草案。经六届七中全会主席团决定,并征得准备参加七大的各代表团同意,原本要作为七大的一项重要日程的关于历史决议的讨论,改在这次全会上讨论通过,以便七大集中讨论当前问题。对此,毛泽东说,这个历史决议原来是准备交七大的,后来决定交七中全会,"这样可以避免大会把重心放在历史问题上"③。任弼时也说,六届七中全会通过《关于若干历史问题的决议》,这种思想上的准备,"其意义是非常伟大的"④,这样可以使七大集中精力"注意当前的问题"。4月20日,六届七中全会举行最后一次全体会议,任弼时报告历史决议起草经过,

---

① 《中共中央政治局关于学习〈反对统一战线中的机会主义〉的指示》(1943年12月28日),中共中央文献研究室、中央档案馆编:《建党以来重要文献选编(1921—1949)》第20册,中央文献出版社2011年版,第684页。

② 参见中共中央文献研究室编:《毛泽东年谱(1893—1949)》(修订本)(中卷),中央文献出版社2013年版,第496页。

③ 《对〈关于若干历史问题的决议〉草案的说明》(1945年4月20日),《毛泽东文集》第三卷,人民出版社1996年版,第283页。

④ 任弼时:《在中国共产党第七次全国代表大会预备会议上关于七大准备工作的通知》(1945年4月21日),中共中央党史研究室、中央档案馆编:《中国共产党第七次全国代表大会档案文献选编》,中共党史出版社2015年版,第131页。

毛泽东作决议草案说明。全会一致决定原则通过《关于若干历史问题的决议》，个别意见委托七大以后的中央去采纳修改。

《关于若干历史问题的决议》总结了建党以来，特别是六届四中全会至遵义会议前这一阶段党的历史及其基本经验教训，系统阐述了历次"左"倾错误在政治、军事、组织、思想等各方面的表现及其造成的严重危害。决议高度评价了毛泽东运用马列主义基本原理解决中国革命问题的杰出贡献，肯定了确立毛泽东在全党的领导地位的重大意义，"到了今天，全党已经空前一致地认识了毛泽东同志的路线的正确性，空前自觉地团结在毛泽东的旗帜下了。以毛泽东同志为代表的马克思列宁主义的思想更普遍地更深入地掌握干部、党员和人民群众的结果，必将给党和中国革命带来伟大的进步和不可战胜的力量"①。《关于若干历史问题的决议》的通过，使全党尤其是党的高级干部对中国民主革命的基本问题的认识达到在马克思列宁主义基础上的一致，为七大的召开创造了充分的思想条件。把历史问题解决于前，减少分歧，奠定团结的基础，七大就可以全力以赴地面向未来。这种会前统一思想的做法，成为此后历次党的全国代表大会的惯例。

（二）主要材料准备：会前思想统一后以文字形式生成的共识载体

大会主要材料是指提交大会讨论的各项报告、决议案等文字材料，为使大会顺利进行，这些材料由会中起草逐渐变为会前完成起草工作。主要材料的准备其实是会前统一思想的另一种表现形式，即在思想统一后以文字形式生成的共识载体。这样一个载体因为已经会前充分讨论，形成了一定共识，所以在会议之中大多没有大的修改，这些决议或者报告一经大会通过，就变成了接下来全党应该遵循的纲领性文件。可以说，以文字材料作为载体虽然是形式的，但其目的是要起到实质性作用的，所以大会主要材料的起草工作十分重要。

---

① 《关于若干历史问题的决议》（1945 年 4 月 20 日中国共产党第六届中央委员会扩大的第七次全体会议通过），中共中央文献研究室、中央档案馆编：《建党以来重要文献选编（1921—1949）》第 22 册，中央文献出版社 2011 年版，第 111 页。

党的一大召开前,就进行了会议材料的起草工作,但不能反映与会代表的共识。据张国焘回忆,因参与会议筹备工作,他提前到达上海,但李汉俊告诉他"至于议程和议案等问题不妨等各代表到齐之后再行商定"。代表陆续到达上海后,经过商讨,"党纲与政纲是难于拟订的,但我们都觉得非有这一文件不可",代表们还认为不必有一个详细的党章,只要有一个简明的党章就够用了。陈公博参会时携带有陈独秀致大会的信件,陈独秀在信中就组织和政策问题向大会提了四点意见。张国焘汇集了陈独秀和各位代表的意见,先行拟出了两个草案,交由李汉俊、刘仁静、周佛海等共同审查。李汉俊等人虽不完全同意政纲草案,但认为可以作为讨论的基础,马林虽认为草案没有明确规定共产党现阶段的纲领,但没提出具体修改意见。在大会讨论中,代表们觉得政纲草案不够成熟,大会决定由各代表先行发言,报告各地工作状况,讨论后再行选人起草宣言。[1] 另据董必武回忆,一大没有筹备会,但他参与了主要文件的起草工作。经查,董必武在 1921 年赴沪参加党的一大前,当年并没有来过上海,[2]他应该是在会议期间参加的起草工作。所以,党的一大的会前和会中都进行了文件起草工作。

党的二大是在会议召开期间进行的材料起草工作。据张国焘回忆,党的二大在大会召开之后才成立了专门的起草委员会,为避免多次召开会议引起当局的注意,决定由陈独秀、蔡和森和张国焘组成大会宣言起草委员会,起草完毕后,再召开大会讨论通过。实际执笔人为陈独秀,他花了两天时间起草初稿,起草委员会为草案开会讨论数次,蔡和森提出了许多补充和修改的意见,张国焘也提出了一些意见,共计起草了约一周时间。[3] 最终,大会讨论通过起草委员会起草的宣言草案。

---

① 张国焘:《我的回忆》第一册,东方出版社 1991 年版,第 132—138 页。
② 董必武:《中国共产党"一大"的主要问题》(1961 年 6 月 28 日)、《董必武谈中国共产党第一次全国代表大会和湖北共产主义小组》(1971 年 8 月 4 日),中共中央党史研究室、中央档案馆编:《中国共产党第一次全国代表大会档案文献选编》,中共党史出版社 2015 年版,第 116、119 页;《董必武年谱》编纂组:《董必武年谱》,中央文献出版社 1991 年版,第 41—48 页。
③ 张国焘:《我的回忆》第一册,东方出版社 1991 年版,第 236 页。

党的三大筹备较早，在会前起草了部分文件。从 1923 年初开始，中共中央就着手进行三大筹备工作，"主要由第三国际代表和二届中央委员会主持"，一个重要事项就是对大会的内容和议题进行研究，并成立了文件起草小组。根据共产国际执委会 1923 年 1 月 12 日决议精神，陈独秀为党的三大起草了《关于国民运动及国民党问题的议决案》。中共中央和共产国际代表马林就国共合作等大会议题，征求了各地党组织和党员的意见。尤其是对国共合作的问题，专门召开了起草委员会会议讨论。1923 年 6 月上旬，党的三大预备会议在广州东山的春园召开。会议讨论了中央委员人选和党的三大各个决议案的起草情况。马林和陈独秀等党的主要领导人经常在春园 24 号楼二楼和三楼客厅研究问题，探讨国共合作的方针策略，修改中国共产党党纲、党章，起草党的三大的宣言和各项决议草案。罗章龙回忆说："中共'三大'前夕，在广州开的预备会议我参加了，开了两天，先后在陈独秀的家（太平沙看云楼），马林住的春园召开的，预备会由二届中央委员和一些省的负责人参加……内容主要是对有关大会问题交换意见。"罗章龙还说，大会召开前进行了筹备工作，其中一项就是为大会准备决议案和报告，如工运、农运、青运、妇运决议案等。但紧接着又说，在代表大会上"还成立了若干小组，起草文件"。[①] 另据徐梅坤回忆，党章是事先写好的，由毛泽东、蔡和森、张太雷、陈独秀、瞿秋白以及马林参加起草。其他决议案是开会时才提出来的，边讨论边起草决议案。关于共产国际"四大"决议案及大会宣言，由马林起草；农民问题决议案由毛泽东、谭平山起草；妇女问题决议案由向警予起草；关于国共合作决议案由毛泽东起草；青年运动决议案由张太雷、刘仁静起草；劳动运动决议案是集体起草。[②] 罗章龙的回忆和徐梅坤的回忆有所出入，但总的来看，在三大召开前，中共中央和共产国际已经为大会主要文件的起草进行了讨论，

① 《罗章龙谈中共"三大"的前后情况》，广东革命历史博物馆编：《中共"三大"资料》，广东人民出版社 1985 年版，第 173 页；罗章龙：《回忆中共"三大"》（1980 年 2 月），中共中央党史研究室、中央档案馆编：《中国共产党第三次全国代表大会档案文献选编》，中共党史出版社 2014 年版，第 129 页。
② 《徐梅坤回忆中共"三大"》（1980 年 3 月），《"二大"和"三大"——中国共产党第二、三次代表大会资料选编》，中国社会科学出版社 1985 年版，第 677 页。

并起草了部分文件的草案。

党的四大的材料起草工作较之前更为规范,不但在起草过程中充分进行了讨论,形成了一定共识,还专门发文征求各地党组织的意见。1924年8月底,中共中央致电各区各地方委员和各独立组长,指出"第四次全国大会开会为期不远,各地同志对于本党一年来各种政策,工农,青年,国民党各种实际运动及党内教育上组织上各事必有许多意见,望各区各地方委员会各独立组组长发表其所见;并于每个小组会议时将上述各点提出讨论,以其结果报告中央局",个人有意见者也可直接汇寄中央局,"中央接到此项报告及意见书,即于最近期(第五、六期)党报上发表以为第四次大会各项讨论决议之材料",要求"此次报告及意见书寄来以速为好"。① 从档案材料来看,在9月中旬之前,第三届中央委员会就已经初步起草了一些草案发给各地,所以中共中央于9月15日致电青年团及各地党组会,要求各地同志对大会"提议各案及前次扩大委员会所议决关于国民党劳动运动及S.Y.问题各议案详加讨论",要求"尽量发表意见"。②

12月初,陈独秀与彭述之、维经斯基等人组成了起草委员会,进行党的四大的文件起草工作。各种草案都经起草委员会讨论,其中"尤以民族革命运动的草案讨论得更为详细,争点亦较多"。该草案又"尤以关于民族革命的性质问题,各委员的见解颇不能一致"。陈独秀与彭述之意见"略同",认为是资产阶级革命,而维经斯基则持异议,认为"民族革命运动的性质不能确定,须看将来的成功如何"。另外,关于无产阶级在国民革命中的领导地位问题,彭述之不同意陈独秀、瞿秋白等"把无产阶级在国民革命中的力量看得太低,把资产阶级的[力量]看得太高"的观点,认为"中国工人阶级比任何阶级要革命,并且是国民革命中之必然的领导

---

① 《中共中央关于召开四大致各地党组织的信》(1924年8月31日),中共中央党史研究室、中央档案馆编:《中国共产党第四次全国代表大会档案文献选编》,中共党史出版社2014年版,第55页。

② 《中共中央关于召开四大的通知》(1924年9月15日),中共中央党史研究室、中央档案馆编:《中国共产党第四次全国代表大会档案文献选编》,中共党史出版社2014年版,第62页。

者"。有的草案因"各委员的见解颇不能一致",①最终不得不互相妥协。除起草委员会外,瞿秋白、李维汉等人还组成了草案审查小组②,对各草案进行审查。从目前所了解到的材料来看,审查小组的设置属于首次。作为共产国际代表参加党的四大的维经斯基也在会前审定了大会的"基本材料、提纲等"③。

党的五大的主要材料的起草工作没能延续四大民主讨论的发展趋向,而是基本按照共产国际的旨意进行的。1926年9月,远东局俄国代表团会议决定:确定党的五大不晚于1927年1月召开,决定立即着手起草党的五大提纲,并提名陈独秀起草总纲,瞿秋白起草关于资产阶级作用的提纲,托切尔尼亚克起草关于无产阶级运动的提纲。④ 11月初,共产国际执行委员会第七次扩大全会召开前,远东局向全会委员会呈交了土地纲领草案(即后来修改后在五大上通过的《中国共产党关于农民政纲的草案》),该草案是共产国际代表维经斯基与中共中央一起为即将召开的党的五大制定的。⑤ 此时,维经斯基与中共中央共同起草的关于党纲的报告也已完成,"这个报告是纲领草案的基础,将由在代表大会上选举产生的纲领委员会进行讨论"⑥。共产国际执委会远东局对要提交五大的土地纲领草案进行

---

① 《关于党的第四次全国代表大会——彭述之给中共旅莫支部全体同志的信》(1925年2月2日),中共中央党史资料征集委员会、中共中央党史研究室编:《中共党史资料》1982年第3辑,中共中央党校出版社1982年版,第17—18页。

② 参见李维汉:《回忆与研究》(上),中共党史出版社2013年版,第39页。

③ 《维经斯基给拉斯科尔尼科夫的信(摘录)》(1924年12月19日于上海),中共中央党史研究室第一研究部译:《共产国际、联共(布)与中国革命档案资料丛书》第1卷,北京图书馆出版社1997年版,第561页。

④ 参见《共产国际执行委员会远东局俄国代表团会议第19号记录(摘录)》(1926年9月18、19、21日于上海),中共中央党史研究室第一研究部译:《共产国际、联共(布)与中国革命档案资料丛书》第3卷,北京图书馆出版社1998年版,第517页。

⑤ 参见《共产国际执行委员会远东局俄国代表团会议记录(摘录)》(1926年11月5日于上海),中共中央党史研究室第一研究部译:《共产国际、联共(布)与中国革命档案资料丛书》第3卷,北京图书馆出版社1998年版,第607—608页。

⑥ 《维经斯基给联共(布)驻共产国际执行委员会代表团的信》(1926年11月26日于上海),中共中央党史研究室第一研究部译:《共产国际、联共(布)与中国革命档案资料丛书》第3卷,北京图书馆出版社1998年版,第619页。

了讨论,在尊重陈独秀意见的情况下通过了草案。① 1927 年 1 月 19 日,共产国际执行委员会政治书记处通过《关于中国共产党的组织任务》的决议。决议指示,"中国共产党必须自上而下重新考虑自己的工作方法",为此应当把组织问题列入即将举行的党的五大的议程。由于组织问题十分重要,"代表大会应突出这个问题,或者单独作一个报告,或者作为对中央政治报告的补充的副报告"。② 五大的议案起草工作起步早,共产国际和中共中央也十分重视,但作为中国共产党的代表大会,其大会议案的设想、起草甚至定稿通过,都是由共产国际主导,自然难免会产生水土不服的现象。并且其起草过程中,也并未经过党内充分讨论,所以在五大会上的讨论中出现了相当争议。

为统一思想,形成共识,自八七会议确定要召开六大后,党中央即开始了会议文件的准备。1927 年 11 月中央临时政治局扩大会议前,中央指定瞿秋白起草了《中国共产党土地问题党纲草案》。11 月扩大会议时要求各级党组织和一般同志参加讨论这一草案,提出书面的增改意见,同时要搜集当地的土地问题材料以及一切关于土地问题的理论或分析的意见,把这些意见和材料随时上报中央,在党报上讨论这一草案及增改的意见,以待六大作最终的决定。③ 1928 年 1 月 18 日,中共临时中央政治局会议确定了要准备提交六大的六个文件,分别是由共青团中央负责起草的共青团问题讨论大纲,罗亦农负责起草的党务组织问题讨论大纲,工委负责起草的工会问题讨论大纲,瞿秋白负责起草的土地问题讨论大纲,瞿秋白、罗亦农共同负责起草的党纲草案和瞿秋白负责起草的政策问题讨论大纲。会议要求两个星

① 参见《拉菲斯关于共产国际执行委员会远东局工作的报告》(1926 年 12 月 14 日于莫斯科),中共中央党史研究室第一研究部译:《共产国际、联共(布)与中国革命档案资料丛书》第 4 卷,北京图书馆出版社 1998 年版,第 47—48 页。
② 《共产国际执行委员会政治书记处〈关于中国共产党的组织任务〉的决议(摘录)》(不早于1927 年 1 月 19 日于莫斯科),中共中央党史研究室第一研究部译:《共产国际、联共(布)与中国革命档案资料丛书》第 4 卷,北京图书馆出版社 1998 年版,第 77 页。
③ 参见《关于土地问题党纲草案的决议》(1927 年 11 月),中共中央文献研究室、中央档案馆编:《建党以来重要文献选编(1921—1949)》第 4 册,中央文献出版社 2011 年版,第 650 页。

期内起草好讨论大纲,一个月内起草好提案。①

　　大会文件的起草,得到了共产国际的帮助和指导。确定六大在苏联境内召开后,共产国际决定由东方书记处负责人米夫负责,有沃林、约尔克、塔尔汉诺夫、弗雷耶尔、加伦、马马耶夫等人参加大会的筹备。为给大会准备各项文件,东方书记处还把相关人员分为 11 个起草小组:"章程"由瓦西里耶夫、诺林、沃尔克、贝尔曼、苏兆征、向忠发、米夫等参加起草;"土地纲领"由沃林、约尔克、弗雷耶尔、马季亚尔、休卡里、苏兆征、向忠发、米夫等参加起草;"农民运动"由沃林、约尔克、弗雷耶尔、苏兆征、向忠发、米夫等参加起草;"军事决议"和"军事工作训令"由贝尔津、盖利斯、布留赫尔、马马耶夫、阿片、安德烈、瓦西里耶夫、向忠发、苏兆征、米夫等参加起草;"职工运动"由洛佐夫斯基、格列尔、斯莫良斯基、奥尔加等参加起草;"组织决议"由库丘莫夫、瓦西里耶夫、米夫、彼得罗相等参加起草;"苏维埃建设"由纳索诺夫、瓦西里耶夫、阿片等参加起草;"宣传鼓动工作"由诺林、沃尔克、库丘莫夫、王明、基泰戈罗茨基、多格马罗夫等参加起草;"妇女运动"由国际妇女书记处负责起草;"中共纲领草案"由瓦尔加起草(该草案后被取消)。上述文件起草后,交中共中央政治局讨论。6 月 14 日,米夫将起草好的 11 个决议分送斯大林、布哈林、皮亚特尼斯基、伏罗希洛夫、加拉罕等共产国际和苏共领导人征求意见。②

　　1928 年 5 月间,参加党的六大的代表陆续到达莫斯科后,相继投入到为大会起草决议草案的工作中。瞿秋白、周恩来、李立三、苏兆征、向忠发等分别参加了起草工作。6 月 7 日,瞿秋白、苏兆征、周恩来等召集已到莫斯科的近 60 名代表开谈话会。会议讨论了政治、组织、职工、农运等决议草案的起草问题,确定 6 月 12 日前后成立大会秘书处和各个委员会并开始工

---

　　①　瞿秋白:《第六次代表大会问题(节录)》(1928 年 1 月 18 日),中共中央党史研究室、中央档案馆编:《中国共产党第六次全国代表大会档案文献选编》(上卷),中共党史出版社 2015 年版,第 7 页。
　　②　《米夫给斯大林、布哈林、皮亚特尼茨基、伏罗希洛夫和加拉罕的信》(1928 年 6 月 14 日于莫斯科),中共中央党史研究室第一研究部译:《共产国际、联共(布)与中国革命档案资料丛书》第 7 卷,中央文献出版社 2002 年版,第 496—497 页。

作。大会材料的起草工作总体是顺利的,6 月 16 日,大会筹备处发出通告,称"大会材料已有许多印出"①;17 日,各地代表团书记联席会议决定将"土地政纲草案请印好先交各代表"②。虽然共产国际在党的六大主要材料的起草工作中起了重要引导作用,但具体起草过程征求了很多代表的意见,是集思广益的结果,并且在这个过程中,共产国际领导人对与会代表做了大量的思想工作,统一了与会代表对中国革命的认识,所以六大的主要材料基本反映了与会代表的共识。

党的七大的主要材料的起草工作虽经历过中断,但是其起草过程是民主革命时期历次党的全国代表大会的典范。大会主要材料由主要领导同志亲自动手撰写,广泛征求意见,最大限度反映了与会代表的共识。早在1937 年 12 月,中共中央就成立了七大准备委员会,下设秘书处作为日常办事机构,进行七大的准备工作。③ 1938 年 2 月底至 3 月初的中央政治局会议讨论了七大的筹备工作,王明提出,由政治局及中央相关同志起草六大以来十年党的总报告、统一战线的报告、军事工作报告、职工运动报告、组织报告等材料。④

1940 年 3 月,任弼时从苏联回国后,受中共中央委托,负责党的七大的筹备工作。此前的准备委员会已名存实亡。1941 年 3 月 12 日,中央政治局会议确定大会秘书处等会议机构,任命任弼时为大会秘书长,王若飞、李富春为副秘书长,统揽大会文件的准备工作。

在筹备七大会议材料的过程中,中央要求各地各部门提供各方面的资

---

① 《大会筹备处第二号通告》(1928 年 6 月 16 日),中共中央党史研究室、中央档案馆编:《中国共产党第六次全国代表大会档案文献选编》(上卷),中共党史出版社 2015 年版,第 114 页。

② 《各地代表团书记联席会议第一次会议决议记录》(1928 年 6 月 17 日),中共中央党史研究室、中央档案馆编:《中国共产党第六次全国代表大会档案文献选编》(上卷),中共党史出版社 2015 年版,第 116 页。

③ 参见《中共中央政治局关于召集第七次全国代表大会的决议》(1937 年 12 月 13 日),中共中央党史研究室、中央档案馆编:《中国共产党第七次全国代表大会档案文献选编》,中共党史出版社 2015 年版,第 3—4 页。

④ 参见《中共中央政治局讨论七大准备工作》(1938 年 2 月 27 日至 3 月 1 日),中共中央党史研究室、中央档案馆编:《中国共产党第七次全国代表大会档案文献选编》,中共党史出版社 2015 年版,第 8 页。

料,包括组织工作、军事工作、宣传工作、职工运动、青年运动、妇女运动、财政经济工作、统一战线和华侨工作、政权工作和锄奸工作,以及各根据地和南方国统区的工作,等等。1938 年 11 月,中央书记处发出关于冀南工作的指示,认为"党在冀南获得了很大成绩",其中一项主要成绩是在反摩擦斗争中坚持了游击战争,要求冀南地区"须要总结过去的经验以供七大讨论的材料"。① 1939 年 8 月,中央北方分局书记彭真为准备迎接党的七大召开,主持撰写中共中央北方分局《关于二十个月来党的工作总结报告提纲》,上报中央。报告提纲对当前的发展与巩固的问题、党的支部问题、领导问题、干部问题、作风问题、加强党内教育问题、党的秘密工作问题、游击区党的工作问题、党的团结问题等提出了意见。② 1940 年 10 月,中央政治局会议决定由中央相关同志准备七大各种材料,如陈云负责准备组织问题,张闻天负责准备宣传问题,王明负责准备妇女问题和南方工作问题,等等。③ 1941 年 9 月,中央青年工作委员会专门致电各地方局,要求各地为准备七大报告内容,收集相关材料,包括"所属区内男女青年儿童数量及青救会员、儿童团员、青抗先、青年自卫军数量及其比例"④等 8 项内容,并要求各地至少每 3 个月汇报一次。

1944 年 5 月 10 日,中共中央书记处会议决定:为党的七大的召开,组织下列报告准备委员会:军事问题报告准备委员会,由朱德负责召集;组织问题报告准备委员会,由刘少奇负责召集;党内历史问题决议准备委员会,由任弼时负责召集;周恩来准备在大会作一次关于统战工作的报告,统战工作报告准备委员会由周恩来负责召集。⑤ 关于报告内容,会议决定各种公

① 《中共中央书记处关于冀南工作的指示》(1938 年 11 月 23 日),中共中央文献研究室、中央档案馆编:《建党以来重要文献选编(1921—1949)》第 15 册,中央文献出版社 2011 年版,第 787 页。
② 参见《彭真传》编写组编:《彭真年谱(1902—1948)》第 1 卷,中央文献出版社 2012 年版,第126 页。
③ 《中共中央政治局会议决定》(1940 年 10 月 16 日),中共中央党史研究室、中央档案馆编:《中国共产党第七次全国代表大会档案文献选编》,中共党史出版社 2015 年版,第 54 页。
④ 《中共青委关于收集材料准备七大报告的通知》(1941 年 9 月 8 日),中共中央党史研究室、中央档案馆编:《中国共产党第七次全国代表大会档案文献选编》,中共党史出版社 2015 年版,第 57 页。
⑤ 参见中共中央文献研究室编:《毛泽东年谱(1893—1949)》(修订本)(中卷),中央文献出版社2013 年版,第 510 页。

开的决议及发表的演讲内容必须是能给党员、民众和中外人士看的;必须是说理的,人家驳不倒的;必须是已经成熟的中心问题。会议还要求在月内写出大会报告及指定发言的提纲,6月上半月写成文字。

5月21日,任弼时在六届七中全会第一次会议上通告各种委员会的组成,除政治报告不设委员会外,军事、组织、统战工作和历史问题等四项报告均设准备委员会,由报告人负责召集:军事报告委员会由朱德、彭德怀、陈毅、叶剑英、贺龙、林彪、刘伯承、聂荣臻、徐向前、谭政、萧克组成,朱德负责召集;组织问题报告及党章问题委员会由刘少奇、周恩来、彭真、高岗、谭政、王若飞组成,刘少奇负责召集;党的历史问题决议准备委员会由任弼时、刘少奇、康生、周恩来、秦邦宪、张闻天、彭真、高岗组成,任弼时负责召集;周恩来准备在大会上作统战工作报告,统战工作报告准备委员会由周恩来、邓颖超、陈毅、王若飞、薄一波、贾拓夫、林伯渠、林彪组成,周恩来负责召集。①

各报告准备委员成立后,在起草过程中,主要领导同志亲自起草,在写作过程中集思广益。据参加七大的曹瑛回忆,七大报告的起草工作主要是领导同志亲自动手。毛泽东的《论联合政府》、刘少奇的《关于修改党章的报告》、朱德的《论解放区战场》、周恩来的《论统一战线》和任弼时主持的《关于若干历史问题的决议》,都是自己动手。当然,他们也需要有人帮助找资料、查文献,刘少奇《关于修改党章的报告》第一稿是王发武抄写的,任弼时起草的《关于若干历史问题的决议》是张树德帮助记录和抄写的。"文件写好后,中央书记处要开会讨论研究加以修改,而且要经过反复的修改。一个文件一个文件的讨论","我都参加了,都是我做记录"。每次会议结束后,都把记录交送文书科抄写清楚,然后送毛泽东、刘少奇、朱德、周恩来、任弼时五位领导审阅。② 在起草过程中,各主要起草人都注意广泛听取意见。

① 参见胡乔木:《我所知道的党的七大》,中共中央党史研究室第一研究部编:《七大代表忆七大》(上),上海人民出版社2006年版,第56页。
② 参见曹瑛:《在延安参加整风运动和七大》,中共中央党史研究室编:《中共党史资料》第58辑,中共党史出版社1996年版,第14—15页。

例如,七大关于军事报告的起草,据伍修权回忆,除了准备委员会的同志,中央军委总参谋部的同志也提供和整理了一些材料,还参加报告初稿的起草工作,叶剑英等同志也参加这个报告的修改和定稿工作。① 1945 年 1 月 17 日、18 日,党的六届七中全会主席团召开座谈会,目的是为起草七大的军事文件集思广益,听取大家意见。② 马文瑞回忆,刘少奇在撰写修改党章的报告时,"曾征求在延安的我们好多人的意见"③。七大政治报告虽没有设立准备委员会,但在党的六届七中全会上也广泛听取了意见。任弼时认真阅读毛泽东《论联合政府》的政治报告并提交了书面意见,他建议在国民党统治区有关段落中分析一下国民党的成分,"区别其领导的统治成分和下层广大党员群众之不同",说明统治集团代表的是大地主和买办阶层的利益;强调"中共是中国政治生活中的主要决定因素";说明中国人民在抗战胜利中应完全摆脱帝国主义的束缚压迫;关于党的建设论述;等等。这些意见和建议"受到毛泽东的重视和采纳"④。

　　1944 年 5 月 20 日至 1945 年 4 月 20 日召开的六届七中全会,多次讨论了七大的政治报告草案、修改党章草案、军事报告以及历史问题报告。毛泽东就《论联合政府》、刘少奇就修改党章的报告、朱德就军事报告分别向全会进行了说明,在讨论中,与会同志都表示完全同意毛泽东的报告和说明意见,并对报告作了高度评价。陈伯钧在日记里写道:总的印象,是七大的会议准备非常充分,具体做法也十分审慎,大家对《论联合政府》学习讨论很积极,普遍认为写得很好,陈赓提出除"拍案叫绝"而毫无意见。⑤ 董必武说:我们提得纲领这样完善,蒋介石他们再提也很难超过我们的范围。吴玉章认为,毛泽东的报告可比于列宁的"四月提纲"。全

① 参见伍修权:《我的历程(1908—1949)》,解放军出版社 1984 年版,第 160—161 页。
② 参见中共中央文献研究室编:《毛泽东年谱(1893—1949)》(修订本)(中卷),中央文献出版社 2013 年版,第 574 页。
③ 马文瑞:《七大——划时代的盛会》,中共中央党史研究室第一研究部编:《七大代表忆七大》(上),上海人民出版社 2006 年版,第 74 页。
④ 中共中央文献研究室编:《任弼时传》(下),中央文献出版社 2014 年版,第 653—655 页。
⑤ 参见陈伯钧:《七大日志》,中共中央党史研究室第一研究部编:《七大代表忆七大》(上),上海人民出版社 2006 年版,第 462、467 页。

会一致通过刘少奇准备提交七大讨论的党章草案,一致通过朱德拟向七大所作军事报告的基本内容。[①] 至此,七大会前,主要文件的起草工作顺利完成。

综上所述,大会的会前准备工作,包括统一思想和材料准备都是不成文的规定,但因为有利于大会的顺利召开,于是在实践中逐渐形成惯例,并且总体上越往后执行得越好。到了七大召开前,不论在思想上还是会议材料上,都在会前形成了充分共识,为党的七大开成"团结的大会,胜利的大会"打下基础。在这其中,从一大到七大的会前筹备过程看,共产国际既发挥过积极作用,也发挥过消极作用。

二、代表由指派推荐向民主选举发展

既然是全国代表大会,那么,大会代表的产生过程,就成为党的全国代表大会制度运行状况的一个重要反映。通过考察,可以看到,民主革命时期党的历次全国代表大会代表的推举形式多样,总体是由指派推荐向民主选举发展,这是党的全国代表大会制度发展的一个重要特点。

参加党的一大的代表,是以地区为代表进行选派。最初是李达和李汉俊代表上海党的早期组织写信给各地党的早期组织,通知他们各派两名代表来上海。[②] 接到上海方面的通知后,由于当时党内尚无统一章程或者组织规则,加上各地政治状况和活动条件也各不相同,所以产生代表的方法也不一样。旅法华人中党的早期组织接到通知后,因为路途遥远,来不及派代表回国参会。其他各地党的早期组织接到通知后,积极响应。北京党的早期组织接到上海的通知后,马上在西城暑期补习学校开会。刘仁静回忆说:"在会上,有的人叫邓中夏去上海开会,邓中夏说他不能去,罗章龙也说不

---

① 参见胡乔木:《我所知道的党的七大》,中共中央党史研究室第一研究部编:《七大代表忆七大》(上),上海人民出版社 2006 年版,第 59—60 页。

② 参见李达:《中国共产党的发起和第一次第二次代表大会经过的回忆》(1955 年 8 月 2 日),中共中央党史研究室、中央档案馆编:《中国共产党第一次全国代表大会档案文献选编》,中共党史出版社 2015 年版,第 106 页。

能去。于是就决定由我和张国焘两个人去出席'一大'。"①广州党的早期组织成员陈公博回忆说,"上海利用着暑假,要举行第一次代表大会,广东遂举了我出席"②。在日本的周佛海回忆说:"接着上海同志的信,知道七月间要开代表大会了。凑巧是暑假期中,我便回到上海。""我便算是日本留学生的代表。"③总的来看,由于当时尚无任何关于代表选举的规定,所以一大代表的选举是非制度性行为,但其分配已经考虑到要有充分代表性,所以在党员数量少的情况下是以地区为标准进行选派。

出席党的二大的代表,有中央局成员、党的地方组织的代表和参加远东各国共产党及民族革命团体第一次代表大会后回国的部分代表。据李达回忆,出席这次代表大会的代表也不是选举产生,"而是由陈独秀、张国焘指定从莫斯科回国的是那省的人就作为那省的代表"④。由于党的一大通过的《中国共产党第一个纲领》和《中国共产党第一个决议》中没有关于党的全国代表大会代表产生的规定,所以二大代表的产生仍然无制度可循,但参照了一大按地区分配的先例,又加上了具体指派。应该说,一大、二大的代表虽不是选举产生,但在党员数量较少的情况下,这些人还是很有代表性的。

到了党的三大,情况有所改变。虽然二大通过的《中国共产党章程》中依然没有大会代表产生的相关规定,但三大代表的产生是经过了一番组织程序的。中共中央决定召开第三次全国代表大会后,各地依照中央的通知精神,按民主程序进行大会代表的推选工作。当时中共中央下设北方、两湖、江浙和广东四个区,区党组织的名称叫区委员会,各区委员会都接到中央通知,要求选派代表参加党的三大。据当时北方区委负责人

---

① 刘仁静:《回忆党的"一大"》,中共中央党史资料征集委员会编:《共产主义小组》(上),中共党史资料出版社 1987 年版,第 325 页。

② 《陈公博回忆中国共产党的成立》(1944 年),《"一大"前后——中国共产党第一次代表大会前后资料选编》(二),人民出版社 1980 年版,第 419 页。

③ 《周佛海回忆中国共产党的成立》(1942 年 1 月),《"一大"前后——中国共产党第一次代表大会前后资料选编》(二),人民出版社 1980 年版,第 491 页。

④ 李达:《第二次代表大会经过的回忆》(1955 年 8 月 2 日),中共中央党史研究室、中央档案馆编:《中国共产党第二次全国代表大会档案文献选编》,中共党史出版社 2014 年版,第 145 页。

之一的罗章龙回忆,1923 年 5 月间,中共中央从上海来信,内容是关于召开党的三大的问题,要求北方区按照中央的规定选派代表参加。根据中央通知,北方区委进行了讨论,并向铁路、矿山和北方区各大城市党支部下达通知,说明中央召开三大的意图,要求各支部重视这一工作,重要的地方如长辛店、天津、唐山、保定等产业工人都要派人去参加。中央规定参加三大的条件是:第一,主要是产业工人;第二,各区委书记可以来,但不要都来;第三,工运负责人。罗章龙回忆说,中央关于召开三大的通知文件到达后不久,"中英"(中央代号)又单独写了一封信给时任北方区委书记李大钊和他,内容是了解北方区参加三大的准备工作,并要求李大钊和罗章龙前去参加三大。最终,北方区委决定选出李大钊、罗章龙、王荷波、王仲一、王俊等 12 人为代表,其中绝大多数是工人,共青团组织也派出负责人参加,这是全国各区代表中人数最多的。① 但据江浙区委书记徐梅坤回忆,他接到派代表参加三大的通知是口头的,除他本人作为区委书记被指定为当然代表外,没有规定代表的具体条件,于是他又指定了王振一一同参会。② 这就说明代表推选已经较前有所进步,但制度化选举还没有在所有地区统一要求,执行情况也有较大弹性。其他区也或者指定或者选举,派出了代表。最终,两湖区有毛泽东、陈潭秋、项英等,江浙区有徐梅坤、王振一、于树德等,广东区有谭平山、冯菊坡、阮啸仙等。中央代表为陈独秀、张国焘、张太雷。此外,从法国回来的蔡和森、向警予,从苏联回来的瞿秋白也参加了会议。刘仁静作为出席共产国际第四次代表大会的代表,马林作为共产国际的代表出席会议。马林在 1923 年 6 月 25 日向共产国际执行委员会、工会国际和共产国际执行委员会东方部远东局的报告中说:"出席大会的代表来自北京、唐山、长辛店、哈尔滨、山东(济南府)、浦口、上海、杭州、汉口、长沙和平江(湖南)、广州和莫斯科(旅莫学

_____

① 参见《罗章龙回忆中共"三大"》(1980 年 2 月),《"二大"和"三大"——中国共产党第二、三次代表大会资料选编》,中国社会科学出版社 1985 年版,第 680—681 页。
② 参见《徐梅坤回忆中共"三大"》(1980 年 3 月),《"二大"和"三大"——中国共产党第二、三次代表大会资料选编》,中国社会科学出版社 1985 年版,第 672—673 页。

生支部)。"①这说明,三大部分代表经党员选举产生,同时兼顾了地区分布,具有广泛的代表性,能够代表全国 420 余名党员的意志。

在党的四大召开前,1924 年 9 月 15 日,中共中央向各区地方委员会、各独立组组长发出《关于召开四大的通知》,这个通知不仅规定了有哪些单位出席代表,而且还规定了出席人数。通知指出:出席代表定为"每地方 1 人",计:广州、上海、南京、济南、北京、唐山、天津、武汉、长沙、安源各 1 人,旅俄组、旅法组、青年团各 1 人,特别邀请 1 人,共计 14 人。通知还特别强调了组织程序,指出代表的推选应"召集同志大会(不能开大会处召集组长会议)"。② 这与三大通过的《中国共产党第一次修正章程》的要求并不完全一致。该章程第十四条规定:"全国代表大会或临时会议之代表人数,每地方必须派代表一人,但人数在四十人以上者得派二人,六十人以上者得派三人,以上每加四十人得加派代表一人。每地方十人有一票表决权。未成地方之处,中央执行委员会认为必要时,得令其派出代表一人,但有无表决权由大会决定。"③对此,《通知》给出各地都只派 1 名代表的理由是"因经费和方便原因"。可见,党的三大、四大的代表产生虽比之前更加民主,也更加制度化,但仍没有严格按照制度运作。

党的五大的筹备,最早在 1926 年 9 月上海远东局俄国代表团会议上正式提出。1927 年 1 月 21 日,维经斯基致电共产国际,提出"拟于 3 月 15 日在汉口或长沙举行党的第五次代表大会",以党员总数 25000 人的规模,"每 300 名党员选出 1 名代表"。④ 各地参加党的五大代表基本上是按照中

---

① 《向共产国际执行委员会、工会国际和共产国际执行委员会东方部远东局的报告》(1923 年 6 月 25 日广州),中共中央党史研究室第一研究部编:《共产国际、联共(布)与中国革命档案资料丛书》第 2 卷,北京图书馆出版社 1997 年版,第 492 页。

② 《中共中央关于召开四大的通知》(1924 年 9 月 15 日),中共中央党史研究室、中央档案馆编:《中国共产党第四次全国代表大会档案文献选编》,中共党史出版社 2014 年版,第 62—63 页。

③ 《中国共产党第一次修正章程》(1923 年 6 月),中共中央文献研究室、中央档案馆编:《建党以来重要文献选编(1921—1949)》第 1 册,中央文献出版社 2011 年版,第 272—273 页。

④ 《维经斯基给联共(布)驻共产国际执行委员会代表团的信》(1927 年 1 月 21 日于上海),中共中央党史研究室第一研究部译:《共产国际、联共(布)与中国革命档案资料丛书》第 4 卷,北京图书馆出版社 1998 年版,第 97 页。

央要求进行的会议推选。据区梦觉回忆,1927 年 2 月,中共广东区委根据中央的通知精神召开会议,"研究推选五大代表的问题。会议选举了陈延年、彭湃、苏兆征、黄平、李鸣和我等作为广东的代表出席大会"①。4 月 17日,中共上海区委主席团召开会议,第一项议程便是五大的"代表大会代表问题"。最后决定人选是:"亦农、佐臣、文恭、济、培生、阿根、复地、顺章、根英、林钧",以及"宁波农运 1 人""南京 1 人(尹宽明天去南京视察选派)"、"妇女 1 人"。②

　　出席五大的正式代表有 82 人(即有表决权的代表),按照陈独秀在大会报告的 57967 名党员来计算,则平均约 700 名党员才有 1 名正式代表,这与党的四大通过的《中国共产党第二次修正章程决案》中的相关规定——"百人以上者得派二人,二百人以上者得派三人,以上每加百人得加派代表一人。未成地方之处,中央执行委员会认为必要时,得令其派出代表一人出席"——有很大差距,这种差距当然与前述维经斯基根据估算 25000 人的党员数圈定的代表产生比率有关。另外,原中央分配各地正式代表的人数是94 人,具体为北方 10 人,山西 1 人,山东 1 人,河南 2 人,四川 2 人,湖北 15人,湖南 14 人,广东 14 人,江西 5 人,安徽 1 人,上海 14 人,青年团 15 人。③如果此数字准确的话,实际参会人数是原中央分配人数的 87%。不管从哪一方面来看,全国代表大会的代表产生工作基本上是按照中央的要求来执行的,但与党的四大一样,距离党章的规定还有较大差距。

　　大革命失败后,1927 年 11 月中央临时政治局扩大会议通过的《关于第六次全党代表大会之决议》,规定了准备召开的党的六大的诸项事宜。决定于 1928 年 3 月初至 3 月半之间召集六大,并就大会召开前的准备工作进行了布置。关于代表选举作出如下规定:一是各省党部负责选举有表决权

　　① 区梦觉:《大革命时期的回忆(节录)》,中共中央党史研究室、中央档案馆编:《中国共产党第五次全国代表大会档案文献选编》,中共党史出版社 2015 年版,第 310 页。
　　② 《中共上海区委主席团会议记录(节录)》(1927 年 4 月 17 日),中共中央党史研究室、中央档案馆编:《中国共产党第五次全国代表大会档案文献选编》,中共党史出版社 2015 年版,第 188 页。
　　③ 赵朴:《中国共产党组织史资料(六)——五次大会前后》,中共中央党史研究室、中央档案馆编:《中国共产党第五次全国代表大会档案文献选编》,中共党史出版社 2015 年版,第 362 页。

的代表,"代表应由各省党部代表大会选出,如因秘密组织的环境关系,不能开代表大会,则由各省委全体会议派出代表,然而应当尽可能由扩大的省委全体会议选派"。二是改变了代表人数百分率,"各省党部派选代表以五百党员选出一代表为标准,五百人以下的党部,亦得选一有表决权的代表;无表决权的代表各省党部亦得选派,但必得中央的同意"。三是对中央委员和中央候补委员进行了专门规定,"中央委员或中央候补委员如果没有被某一省党部选为代表,因而无表决权,则可以无表决权的参加大会"。四是其他规定,"共产青年团中央委员会得派五人出席大会","出席大会代表必须入党一年以上的方能当选"。①虽然处在白色恐怖之下,但该代表产生办法与党的五大后通过的《中国共产党第三次修正章程决案》一致:全国代表大会"代表人数百分率由中央委员会规定之",也正是这种在实践中逐渐形成的更有回旋余地的规定,使代表产生的制度与代表产生的实践更加一致。

党的六大决定在苏联境内召开后,原定选举办法也随之发生变化。1928年3月15日和4月2日,中央临时政治局两次开会讨论六大代表名额的分配和代表人选问题,传达了共产国际的意见。共产国际提出代表人数应为100人至110人。根据这个总人数,会议决定党员多的省份和大省,每500名党员选派1名代表,各省青年团出席人数为广东、江西、湖南、湖北、江苏、顺直等省各2人,河南、山东、陕西、四川、福建、浙江、满洲等省各1人。会后,正式发出通告给各省,进行代表的推举。而据周恩来回忆,代表中"只有广东来的是开会选出的,其他大多数是中央指定的"②。李维汉也说,"除了广东、河南等省的代表是开会选出来的,其余大多数是中央指定的"③。秦曼云回忆说:"中共六大代表不是通过全体党员选举产生的。有些代表由中央指定。其他均由各级党组织推选,报经中央批准。中央

① 《关于第六次全党代表大会之决议》(1927年11月),中共中央文献研究室、中央档案馆编:《建党以来重要文献选编(1921—1949)》第4册,中央文献出版社2011年版,第648页。
② 《关于党的"六大"的研究》(1944年3月3日、4日),《周恩来选集》(上卷),人民出版社1980年版,第186页。
③ 李维汉:《回忆与研究》(上),中共党史出版社2013年版,第184页。

委员只要能离得开工作岗位,有足够时间去出席大会的,就自动具备代表资格。此外,保留了一定指标,作为党的各种外围组织如职工会中的党员人士的代表名额。"①最终,实际到会的各省代表为 88 人,其中广西 1 人、广东 19 人(表决数 15 票)、直隶 9 人、江苏 12 人、湖南 8 人、江西 3 人、四川 2 人、河南 2 人、湖北 7 人、福建 3 人、浙江 5 人、团中央 5 人、云南 1 人、安徽 1 人、山西 1 人、东三省 3 人、内蒙古 1 人、中央委员 4 人、特约 1 人。② 周恩来后来总结六大代表的产生工作时说:确定六大代表人选的工作是有缺点的,主要有两条:一是太重视工人成分,二是没有把当时有革命经验的干部集中起来参加六大。③ 六大一开始制定的代表产生办法是出于履行制度的好的出发点,但在各种因素交织下,制度的执行不得不屈从于实际的困难,在国内白色恐怖下,党的全国代表大会的相关制度难以不打折扣地执行。

由于召开七大多次被提上工作日程,七大代表的产生,前后大致可以分为三批,即 1939 年、1943 年、1945 年初各一批,这三批都是根据中央提出的代表要求,由各地选拔或选派而来。

早在 1938 年 1 月 20 日,党的七大准备委员会秘书处就发出通知,要求各地要"物色培养与训练党的优秀干部准备为出席大会代表的候选人"④。1938 年 2 月底至 3 月 1 日的中共中央政治局会议讨论了代表的选举产生工作。⑤ 1938 年 10 月,毛泽东在六届六中全会上专门讲到了七大的召集问

① 《秦曼云在六大》,中共中央党史研究室第一研究部编:《中共六大代表回忆录》,中共党史出版社 2014 年版,第 214 页。

② 参见《大会秘书处报告》(1928 年 6 月),中共中央党史研究室、中央档案馆编:《中国共产党第六次全国代表大会档案文献选编》(上卷),中共党史出版社 2015 年版,第 122—123 页。

③ 参见《关于党的"六大"的研究》(1944 年 3 月 3 日、4 日),《周恩来选集》(上卷),人民出版社 1980 年版,第 185 页。

④ 《中共七大准备委员会秘书处关于地方党筹备七大工作的第一号通知》(1938 年 1 月 20 日),中共中央党史研究室、中央档案馆编:《中国共产党第七次全国代表大会档案文献选编》,中共党史出版社 2015 年版,第 6 页。

⑤ 参见《中共中央政治局讨论七大准备工作》(1938 年 2 月 27 日至 3 月 1 日),中共中央党史研究室、中央档案馆编:《中国共产党第七次全国代表大会档案文献选编》,中共党史出版社 2015 年版,第 8 页。

题,关于代表产生工作,他说:"扩大的六中全会闭幕之后,诸位同志回到各地工作,便应在努力发展党与巩固党的基础之上,依照民主的方法,适时地进行选举,使那些最优秀的最为党员群众所信托的干部与党员有机会当选为大会的代表,使七次大会能够集全党优秀代表于一堂,保证大会的成功。"①全会通过的《关于召集第七次全国代表大会的决议》对代表如何分配进行了规定:"各地参加大会代表的名额,依各地党员的数量、质量和各地在抗日战争中作用的重要性分配之。代表的产出,除了某些因环境关系不能进行民主选举的地区外,须尽可能作到用民主方法选举代表。""各地代表由各地省的或区的代表大会选出。八路军、新四军的代表,由师的党代表大会或支队党代表大会选出。在特殊条件下,不能召集上述代表会议时,由各地中央局或军队的政治部按照实际情况酌定办法。"②

随着时局变化,中央对代表数额数次增加,对代表质量也一再严格要求。党的六届六中全会时曾按照 1937 年 12 月政治局会议的提议,规定七大代表人数为 350 人。③ 1939 年 6 月,中共中央书记处对七大代表选举的数量质量及各地分配名额均提出了具体明确的要求,增加代表 100 名,大会代表共 450 人。其中,北方局 74 人,八路军 95 人,新四军 50 人,南方局(包括四川在内)56 人,边区(中央机关、留守兵团在内)100 人,中原局 50 人,陕西省委 15 人,东北 3 人,华侨 3 人(改为特别旁听),新疆兰州 4 人。对代表质量要求政治上绝对可靠:"代表质量要慎重选择:政治上绝对可靠、一年以上的正式党员、真正能代表该地组织、反映该地工作的各级干部、代表年龄一般的为 20 岁以上。""选举或指定代表时,要加紧提高警惕性,精密的考查人选。各地绝对保证不让敌探、奸细、叛徒等阶级敌人、暗害分子混入。"对代表成分也进行了规定,"尽可能求得工人百分之二十,妇女、青年百分之十,工人成分尽可能

---

① 《论新阶段(节录)》(1938 年 10 月 12 日至 14 日),中共中央党史研究室、中央档案馆编:《中国共产党第七次全国代表大会档案文献选编》,中共党史出版社 2015 年版,第 15 页。

② 中共中央文献研究室、中央档案馆编:《建党以来重要文献选编(1921—1949)》第 15 册,中央文献出版社 2011 年版,第 778 页。

③ 任弼时:《七大预备会议日程及通知事项》(1945 年 4 月),中共中央党史研究室、中央档案馆编:《中国共产党第七次全国代表大会档案文献选编》,中共党史出版社 2015 年版,第 129 页。

求得其中有大城市、大产业、铁路、海员、矿山等工人参加"。[①] 7 月 21 日,中共中央书记处发出第三号通知,要求各地除选出正式代表外,还应选出三分之一的候补代表约 150 名,这样七大的代表名额增加至 600 名左右,"遇正式代表因工作不能出席时,候补代表可按次递补为正式代表,在未得补为正式代表之候补代表亦可出席大会,但无表决权",代表质量除第二号规定外,"同时应注意选举当地有信仰的党与群众领袖",还规定"全体中央委员分配在各地选出,其名额不在各地原定代表的名额数目之内"。[②] 中央还指定了一些中央委员须在当选区域当选,如"新四军大会须选项英、邓发为七大代表;东南局党大会须选陈绍禹、任弼时为七大代表……"[③],等等。

各系统对代表的选举工作高度重视。七大的代表由各个单位选举产生,中央直属机关的代表是由中央直属机关选举产生。中直代表团秘书长赵毅敏回忆,在选举前,"中央组织部分析研究了各单位的情况,考虑哪几个单位可能选出几名代表,再由这些单位去民主选举。能否选上,是正式的代表还是候补的代表,完全由票数的多少来决定。后来选举中央委员、候补中央委员也是这样,严格按照选票的多少入选。七大的选举完全是民主的,选举人、被选举人互相都认识"[④]。地方党组织也按照中央要求,通过召开党代会的形式选举产生七大代表。在陕甘宁边区,1939 年 11 月至 12 月,中共陕甘宁边区第二次代表大会在徐家沟召开。会议选举产生了第二届中共陕甘宁边区党委,同时选举产生了参加党的七大的陕甘宁边区代表团。时任陕甘宁边区神府分区司令员兼第一河防区司令员的黄罗斌回忆:"和我

---

① 《中共中央书记处关于第七次全国代表大会通知第二号——选举代表的数量质量及各地分配名额》(1939 年 6 月 14 日),中共中央党史研究室、中央档案馆编:《中国共产党第七次全国代表大会档案文献选编》,中共党史出版社 2015 年版,第 17—18 页。

② 《中共中央书记处关于第七次全国代表大会通知第三号——关于选举问题的决定》(1939 年 7 月 21 日),中共中央党史研究室、中央档案馆编:《中国共产党第七次全国代表大会档案文献选编》,中共党史出版社 2015 年版,第 21 页。

③ 《中央委员分配当选区域》(1939 年),中共中央党史研究室、中央档案馆编:《中国共产党第七次全国代表大会档案文献选编》,中共党史出版社 2015 年版,第 38 页。

④ 赵毅敏:《七大的往事永远在我心中》,中共中央党史研究室第一研究部编:《七大代表忆七大》(上),上海人民出版社 2006 年版,第 4 页。

一同当选的,记得有林伯渠、贺龙、李富春、谢觉哉、关向应、萧劲光、王维舟、李维汉、谭政、余秋里等原中央红军和中央根据地的知名人物;还有高岗、汪锋、马文瑞、王世泰、张德生、张秀山、贺晋年、阎红彦、刘景范、高朗亭、贾拓夫、高维嵩、陈国栋、张仲良、吴岱峰、康健民、李培福等西北革命根据地的同志,而且,原西北革命根据地的同志占了大多数。代表团的代表还有像吴满有、申长林这样的劳动模范。陕甘宁代表团的代表年龄最大的53岁,最小的只有21岁,包括了党、政、军、民各阶层的代表,可以说,具有非常广泛的代表性。"①在晋绥,1939年10月,中共晋西北区第一次代表大会召开。区党委书记赵林当选为七大代表,除了他还有罗贵波、刘俊秀、慕纯农、张兰明、刘笃庆等当选为七大代表。② 军队系统也认真落实中央精神,1939年6月25日,中央军委总政治部致电各兵团政治机关,布置七大代表选举工作,要求"旅或师为选举单位,由支部直接选出代表出席旅的代表会,再由旅选出全国大会的代表",代表分配数额为:115师19名、120师19名、129师20名、晋察冀20名、山东纵队7名、总部10名,共95名。华中部队的代表数目由中原局分配,新四军由东南局分配。各选举单位包括其直属与附属单位,华北抗大两分校归并入所在地单位。代表质量"要慎重选择政治上绝对可靠,一年党龄以上的正式党员,真能代表所属组织及反映各部工作,领导正确,具有威望的各级干部,并尽可能求得百分之二十的工人成分和适当数量的下级干部,并须精密考察严防奸细叛徒混入"。③ 各部队接到通知后,即按此要求进行选举。如八路军129师东进纵队政委刘志坚回忆,自己是由部队的党员会议直接开会选出的,选出后报129师,129师报中央,中

---

① 黄罗斌:《当选七大代表》,中共中央党史研究室第一研究部编:《七大代表忆七大》(上),上海人民出版社2006年版,第82页。
② 参见赵林:《历史的回顾》,中共中央党史研究室第一研究部编:《七大代表忆七大》(上),上海人民出版社2006年版,第296页。
③ 《王稼祥、谭政致各兵团政治机关电——关于党的七大选举工作的指示》(1939年6月25日),中共中央党史研究室、中央档案馆编:《中国共产党第七次全国代表大会档案文献选编》,中共党史出版社2015年版,第20页。

央同意后当选。① 新四军军部直属教导队政治教员罗琼也回忆说,自己是在全军党的代表大会上当选为候补代表,后补为正式代表。② 1939 年,山东纵队第一支队政治部组织科科长朱春和在第一支队的党代表大会上当选为七大代表,第一支队共选出两名代表,除了朱春和作为基层战斗部队的同志,还有一位是连指导员张次宾。"并且当时山东纵队有 5 个支队,每个支队都选了七大代表。"③

　　在抗日战争中,中国共产党的力量得到空前的发展壮大,关于七大代表名额也再次调整,1943 年 8 月,中央又决定增加 120 名代表名额,加上原定的 600 人,共计 720 人,增加的名额主要分配给华北各抗日根据地及陕甘宁边区,由于时间有限,这次增加的代表不一定非经会议通过。8 月 1 日,中央政治局致电华北各地方局,要求"太行、太岳、晋察冀各根据地各再推选代表 10 人至 15 人,山东、冀鲁豫、冀中、冀南各再推选代表 5 人至 10 人来延出席大会",这次增加的代表不用再经大会选举,"各地名额由北方局及各分局决定分配及推选",要求"各地代表须各区党委或地委或部队的负责同志,但任何有政治问题的人均不得为代表"。④ 10 月 9 日,中央书记处致电晋绥分局,要求晋绥分局增加七大代表 20 人,由分局拟定名单。如年内有高级干部会,则提交干部会讨论通过;如果没有,那么可以不必经过会议讨论而由分局直接通过。⑤ 8 月 12 日,中央书记处复电冀察晋分局,也指出重选的代表可以指派,"你处重选代表可以由分局从直属机关学校及北岳冀中两区就近指派,以质量好,能回去传达大会精神为主要条件。并告北岳

　　① 参见刘志坚:《七大与全国解放的胜利》,中共中央党史研究室第一研究部编:《七大代表忆七大》(下),上海人民出版社 2006 年版,第 759 页。
　　② 参见罗琼:《七大教育铭刻终身》,中共中央党史研究室第一研究部编:《七大代表忆七大》(下),上海人民出版社 2006 年版,第 1027 页。
　　③ 朱春和:《忆七大,发扬党的优良传统》,中共中央党史研究室第一研究部编:《七大代表忆七大》(下),上海人民出版社 2006 年版,第 859 页。
　　④ 《中央政治局关于七大代表赴延安出席大会的指示》(1943 年 8 月 1 日),中共中央党史研究室、中央档案馆编:《中国共产党第七次全国代表大会档案文献选编》,中共党史出版社 2015 年版,第 60 页。
　　⑤ 参见《中央书记处致晋绥分局电》(1943 年 10 月 9 日),中共中央党史研究室、中央档案馆编:《中国共产党第七次全国代表大会档案文献选编》,中共党史出版社 2015 年版,第 69 页。

局、太行分局、山东分局、冀鲁豫区党委"①。

1945 年七大召开前夕,全国党员比 1943 年又有所发展。为弄清全国党员数量,以利于代表人数的确定,2 月 18 日,刘少奇为中央组织部起草致各中央分局的电报,指示:"七大即将举行,各地党员总数(部队党、地方党及沦陷区党),望于三月五日以前电告。"②中央根据各地的报告,汇总后全国党员共 1211186 人,根据这个数字,中央将代表数目增加到 809 名,其中正式代表 570 人,候补代表 239 人。由于时间紧迫,中央决定,各代表团增补或候补的代表,由各代表团在延安的干部中提出名单,用电报报告所代表的地区,由那里的党委批准,作为代表。

当选的代表有的人因交通不畅没能到达延安,有的代表已经牺牲或是逝世,还有的代表没有通过资格审查。大会开幕后,又增加正式代表 2 人,候补代表 1 人。最终,七大合格的正式代表 547 人,候补代表 208 人,合计755 人,其中 506 名代表是 1939 年选举产生的。在这 506 名代表中,384 人是原来各地区代表会议干部会议选举出来的,122 人为当地党委推选出来的。七大代表资格审查委员会认为,这些代表"差不多百分之七十六,是原来民主选举的,党委推选的只占百分之二十四点一。经过这样民主选举产生的代表团补选的代表,自然也是民主的,而且这样选的名单又经过原地党委批准,因此这些代表也是民主选举的,能够代表那个地区的党,是合乎组织原则的,是民主的,也是合法的"③。

综上所述,在民主革命时期,在七大召开前,由于党还没完全成熟,再加上国内战争环境以及共产国际的影响等各种因素交织下,大会代表的产生虽不能完全按照制度运行,但基本上都考虑到了代表的广泛性和代表性。党的七大召开时,其代表的产生,体现了广泛的民主,再没有出现由组织甚

---

①《中央书记处致冀察晋分局电——重选七大代表条件》(1943 年 8 月 12 日),中共中央党史研究室、中央档案馆编:《中国共产党第七次全国代表大会档案文献选编》,中共党史出版社 2015 年版,第 61 页。

② 中共中央文献研究室编:《刘少奇传(1898—1969)》(上),中央文献出版社 2008 年版,第 465 页。

③ 彭真:《关于代表资格审查的报告》(1945 年 4 月 23 日),中共中央党史研究室、中央档案馆编:《中国共产党第七次全国代表大会档案文献选编》,中共党史出版社 2015 年版,第 174—175 页。

至个人指派的现象,最紧急的一批代表也经历了必要的组织程序:电报报告所代表的地区——那里的党委批准——从而成为七大的代表,在程序上完全实现了制度化。

三、规模逐渐扩大

表 1-1　民主革命时期党的历次全国代表大会一览表

党的全国代表大会	地点	起止时间	代表人数(全国党员人数)	选举的中央机构名称	选举的党的最高领导人	中央委员人数(候补中央委员人数)	通过党章(章程)	党的指导思想的确立和重大理论问题的提出
一大	上海	1921.7.23—7月底8月初	13(50余人)	中央局	陈独秀	3(中央局成员)	无	以马克思列宁主义为行动指南
二大	上海	1922.7.16—7.23	12(195)	中央执行委员会	陈独秀	5(中央执行委员)、3(候补中央执行委员)	《中国共产党章程》	制定民主革命纲领
三大	广州	1923.6.12—6.20	40(420)	中央执行委员会	陈独秀	9(中央执行委员)、5(候补中央执行委员)	《中国共产党第一次修正章程》	确定国共合作方针
四大	上海	1925.1.11—1.22	20(994)	中央执行委员会	陈独秀	9(中央执行委员)、5(候补中央执行委员)	《中国共产党第二次修正章程》	提出无产阶级在民主革命中的领导权和工农联盟问题
五大	武汉	1927.4.27—5.9	82(57967)	中央委员会	陈独秀	34(中央委员)、14(候补中央委员)	《中国共产党第三次修正章程决案》(1927年6月1日中央政治局会议议决案)	提出争取无产阶级领导权和建立革命民主政权的思想

续表

党的全国代表大会	地点	起止时间	代表人数(全国党员人数)	选举的中央机构名称	选举的党的最高领导人	中央委员人数(候补中央委员人数)	通过党章(章程)	党的指导思想的确立和重大理论问题的提出
六大	莫斯科	1928.6.18—7.11	142(有选举权代表84)(当时全国党员统计没有准确数字)	中央委员会	向忠发	23(中央委员)、13(候补中央委员)	《中国共产党党章》(1928年7月10日)	中国仍然是半殖民地半封建社会,中国革命现在阶段的性质是资产阶级民主革命
七大	延安	1945.4.23—6.11	755(正式代表547,候补代表208)(全国121万)	中央委员会	毛泽东	44(中央委员)、33(候补中央委员)	《中国共产党党章》(1945年6月11日)	确立毛泽东思想为党的指导思想

通过表1-1,我们可以看出,民主革命时期党的历次全国代表大会规模逐渐扩大。第一,会期逐渐延长。一大到三大是8天至9天,四大至五大是十几天,六大的召开是在莫斯科,大革命失败后,经验教训该如何总结,中国革命该向何处去?为统一全党思想,大会会期变长,为24天。七大召开时距六大已有17年,国内国外党内党外的形势已经有了非常大的变化,有一系列的问题需要解决和处理,七大的会期为历次党的全国代表大会最长,达50天。第二,代表人数总体呈增长趋势,与党员人数的增长趋势一致。代表人数从一大至四大的十几个人、几十个人,到五大时增至82人,再到六大时的142人,到了七大召开前,中共党员人数已经有了空前的增长,达121万人,代表人数也增至755人。第三,中央委员人数整体呈增多趋势,这也与党员和代表人数的增多趋势一致。一大时中央局成员是3人,没有候补成员。二大开始有了候补中央执行委员,中央委员人数逐渐增多。大革命失

败后,六大时,中央委员人数一度有所减少,但到七大时中央委员增加到 44 人,候补中央委员增加到 33 人。总体来看,民主革命时期党的全国代表大会规模呈现逐步扩大的趋势。

四、相关制度规定逐步规范

从党的一大到七大,党的全国代表大会的相关制度规定逐步增多,渐成体系。

第一,相关制度规定在党章中的内容逐渐增多。关于党的全国代表大会,一大《中国共产党第一个纲领》中只提到一句话:"本纲领须经全国代表大会三分之二代表同意,始得修改。"对全国代表会议,也只有一句话:"委员会的党员人数超过五百,或同一地方设有五个委员会时,应由全国代表会议委派十人组成执行委员会。如上述要求不能实现,应成立临时中央执行委员会。"二大、三大、四大通过的党章中对党的全国代表大会的制度均有所涉及,但不是专门单列,而是分散在各章。党的二大通过的《中国共产党章程》,对党的全国代表大会相关规定分散在第二、三、四、六章中的第 7、11、13、17、28 条;党的三大通过的《中国共产党第一次修正章程》,对党的全国代表大会相关规定分散在第二、三、四、六章中的第 8、12、14、18、29 条;党的四大通过的《中国共产党第二次修正章程》,对党的全国代表大会相关规定分散在第二、三、四、六章中的第 8、12、14、18、21、30 条。五大会后 6 月 1 日的中央政治局会议通过的《中国共产党第三次修正章程决案》中,首次单列一条即第三章第 22 条,明确规定党的全国代表大会的职权。党的六大通过的《中国共产党党章》专列一章即第九章"党的全国大会",对大会的召开、职权和选举等作出详细规定。党的七大通过的党章第三章"党的中央组织",也是专讲党的全国代表大会和全国代表会议。总体来看,相关制度性规定在党章中的内容逐渐增多。

第二,从年会制到非年会制的转变。从党的一大到六大,基本上是按党章规定,坚持每年召开一次党的全国代表大会。在党的初创时期,在全国党员人数较少、党内各方面经验还很缺乏、各种制度还不健全的情况下,党的全国代表大会实行年会制,有利于代表们及时完善各种规定和行使对党的重大问题的决策权。大革命失败后,党长期处于战争环境,战争是一种极端状态,为赢得战争的胜利,很多政策需要临机而变,各项规章制度难以常态化运行,再加上一年一度的选举也容易造成党中央领导层的不稳定,不利于战争环境下所需的集中统一领导。于是,七大党章根据新情况新任务,把党的全国代表大会改为每三年召集一次,这就避免了因一年一度的选举而造成的党中央领导层的频繁变化,从而使党的全国代表大会制度更有可能适应党所处的战争环境。但遗憾的是,因为各种原因,这一规定也未得到贯彻落实。

第三,建立党代表资格审查制度。审查代表资格是确保代表质量,开好大会的重要组织措施。早在 1940 年上半年,中共中央就指定部分党和军队政治、组织部门的领导同志成立了七大代表资格审查委员会,由任弼时主持负责此事。从 1940 年 5 月 29 日召开第一次审查工作会议,到 1941 年 4 月,先后召开 20 多次会议,审查了 252 名正式和候补代表的资格。[①] 此后,中央军委总政治部、党校一部、西北局组织部、联政(陕甘宁晋绥联防军)组织部等部门和单位也进行过一些审查。

七大召开前,再次成立由彭真为主任的代表资格审查委员会,对代表资格进行审查。这次的审查分为各代表团审查和代表资格审查委员会审查两个环节。各代表团"不是按公式教条,而是按一个人一个人的情况性质来处理的。处理得很客观、灵活,照顾了组织的原则性,又照顾到大会的严肃性。各方面处理得都很谨慎"[②]。以各代表团的审查为基础,审查委员会又进行了最后审查,审查结果是:合格的正式和候补代表合计 755 人,其中新增补的 246 人,由各代表团决定,经审委会同意,被停止或取消代表资格的,或被原来的选举单位撤销的有 49 人。

---

① 参见中共中央文献研究室编:《任弼时传》(下),中央文献出版社 2014 年版,第 540 页。
② 彭真:《关于代表资格审查的报告》(1945 年 4 月 23 日),中共中央党史研究室、中央档案馆编:《中国共产党第七次全国代表大会档案文献选编》,中共党史出版社 2015 年版,第 173—174 页。

　　第四,建立主席团制度。五大开始设立大会主席团。张金保回忆说:"陈独秀、瞿秋白、蔡和森、李立三、罗章龙、李维汉、顾顺章、向忠发等都坐在主席台上。我也当选为大会主席团成员。"①郑超麟也回忆说:"选举主席团是很有意义的事情。刚刚宣布开会后,湖北省代表团主席罗章龙就站起来提出主席团名单。我不记得人数和人名,但记得除陈独秀外都是反对派(即反对陈独秀的人),一切忠实执行上海中央路线的人都不在名单之内。"②共产国际驻中国代表团团长罗易回忆主席团在大会期间有重大决策权,甚至与中共中央并提,"陈独秀做完报告后,代表大会主席团和中共中央立即建议共产国际执行委员会代表团就共产国际执行委员会的提纲发言"③。

　　大会主席团对大会顺畅运行承担重要责任,从六大相关档案可以看到,凡是有关大会的重大问题,都必须经过大会主席团全体会议讨论决定。党的六大开幕当天,宣布开幕和唱国际歌后,就要选举通过大会主席团名单。④ 从大会主席团会议记录来看,大会的议程、会场规则、议事细则、审查委员会的名单、各委员会名单都由大会主席团商定,大会主席团从6月18日至7月9日共开会15次,约一天半就要开一次会。⑤ 六大主席团成员为曾文甫、项英、徐锡根、余茂怀、关向应、向忠发、王凤飞、李立三、王灼、蔡和森、杨殷、邓中夏、胡福田、周秀珠、毛简青、王藻文、苏兆征、周恩来、瞿秋白、斯大林、布哈林等。⑥

　　① 张金保:《出席党的五大》(1985年8月),中共中央党史研究室、中央档案馆编:《中国共产党第五次全国代表大会档案文献选编》,中共党史出版社2015年版,第309页。

　　② 《郑超麟回忆录》(上),东方出版社2004年版,第251页。

　　③ 罗易:《中国共产党第五次全国代表大会》,中共中央党史研究室、中央档案馆编:《中国共产党第五次全国代表大会档案文献选编》,中共党史出版社2015年版,第216页。

　　④ 参见《大会程序》(1928年6至7月),中共中央党史研究室、中央档案馆编:《中国共产党第六次全国代表大会档案文献选编》(上卷),中共党史出版社2015年版,第138页。

　　⑤ 参见《大会主席团会议记录》(1928年6月18日至7月9日),中共中央党史研究室、中央档案馆编:《中国共产党第六次全国代表大会档案文献选编》(上卷),中共党史出版社2015年版,第165—180页。

　　⑥ 参见《中共六大主席团名单》,中共中央党史研究室、中央档案馆编:《中国共产党第六次全国代表大会档案文献选编》(上卷),中共党史出版社2015年版,第129—130页。

党的七大的主席团选举与五大、六大不同,不是在七大开幕后选出,而是在六届七中全会上拟出,交由七大预备会议上选出,并且规定"大会主席团产生后,六大以来的中央委员会就不存在了,其职权就移交给大会主席团"①。这就进一步把两次代表大会之间的职权交接明确化,使党的全国代表大会和大会主席团的运行更加制度化。经过表决,全体一致通过大会主席团名单:毛泽东、朱德、刘少奇、周恩来、林伯渠、彭德怀、康生、陈云、陈毅、贺龙、徐向前、高岗、张闻天、彭真、任弼时共 15 人,主席团以毛泽东、朱德、刘少奇、周恩来、任弼时 5 人组成主席团常委会。这样,大会开幕前先选举产生主席团主持大会工作由此开始制度化。

五、选举产生中央领导机构逐步走向制度化、民主化

选举产生新的中央领导机构,是历次党的全国代表大会的重要议程。选举产生的中央领导机构,是大会闭会之后,两次代表大会之间全党的最高领导机构,肩负着领导全党贯彻落实党的全国代表大会所制定的路线方针政策的重任,因此,中央领导机构的选举对中国共产党的发展有着非常重要的意义。其中,一大选举产生的中央领导机构名称为"中央局",二大至四大选举产生的中央领导机构名称为"中央执行委员会",五大之后选举产生的中央领导机构名称为"中央委员会"。

党的领导机构必须由民主选举产生,这是马克思主义政党的一项基本原则。党自创立起,就是以民主选举方式产生中央领导机构,并把这一选举制度写入党纲和党章。党的一大召开时,党内尚无选举中央领导机构的规定,但大会自觉采用无记名投票的方式,民主选举产生中央局。据刘仁静回忆,现场还进行了唱票,当唱票人念到李汉俊的名字时,董必武马上问:"是谁选的?"刘仁静回答说是他选的。后来蔡和森对此进行了高度评价,认为

---

① 任弼时:《七大预备会议日程及通知事项》(1945 年 4 月)、任弼时:《在中国共产党第七次全国代表大会预备会议上关于七大准备工作的通知》(1945 年 4 月 21 日),中共中央党史研究室、中央档案馆编:《中国共产党第七次全国代表大会档案文献选编》,中共党史出版社 2015 年版,第 129—134 页。

刘仁静此举对党的领导机构的民主选举制度具有历史意义,"因为那时选举好像事先有默契,选谁每人心中都有数"①。

党的二大通过的《中国共产党章程》是中国共产党成立后的第一个党章,明确规定中央执行委员会由全国代表大会选举产生,党的领导机构的产生自此有规可依。在会上,大会依据章程,选举产生中央执行委员会。

党的三大在进行新的中央执行委员会选举前还征求了部分代表的意见,并以举手表决的方式进行民主选举。据徐梅坤回忆,在选举前,主持人提出几个人选征求代表们的意见,"然后举手表决"②。瞿秋白记下了当时的选举票数:"独秀(40),和森(37),守常(37),荷波(34),泽东(34),朱少连(32),平山(30),项英(27),章龙(25)。候补:邓培,张连光(潜逃),梅坤,李汉俊,邓中夏。"③三大选举产生的中央领导机构有如下特点:第一,第二届中央领导成员中的多数,如陈独秀、蔡和森、李大钊、李汉俊、邓中夏继续当选,而且陈独秀、蔡和森和李大钊都是高票当选;第二,张国焘因为搞小组织活动,激烈反对国共党内合作而落选;第三,高君宇因为北京区委的罗章龙和邓培当选而落选。总的来看,三大选举产生的中央领导机构实现了中央领导层面的整体连贯性和稳定性,通过民主集中的方式有力地排除了小组织活动的干扰,又充分照顾了各个方面。

党的四大继续"照章选举"④,按照党章规定选举产生了以陈独秀为总书记的新一届中央领导机构。其制度创新之处是选举前先制定候选人名单,具体是陈独秀向大会分别提交中央执行委员会正式委员候选名单和候补委员候选名单,由与会代表进行表决。在会上,山东代表尹宽对正式委员名单中的候选人张国焘提出异议,说他在动身前,山东同志有一项意见,就

①　刘仁静:《回忆党的"一大"》(1979 年 3 月 14 日、17 日),中共中央党史研究室、中央档案馆编:《中国共产党第一次全国代表大会档案文献选编》,中共党史出版社 2015 年版,第 148 页。

②　《徐梅坤回忆中共"三大"》(1980 年 3 月),《"二大"和"三大"——中国共产党第二、次代表大会资料选编》,中国社会科学出版社 1985 年版,第 678 页。

③　瞿秋白:《中国共产党历史概论》,中央档案馆编:《中共党史报告选编》,中共中央党校出版社 1982 年版,第 176 页。

④　《中国共产党第四届中央委员会通告第一号》(1925 年 1 月 24 日),中共中央党史研究室、中央档案馆编:《中国共产党第四次全国代表大会档案文献选编》,中共党史出版社 2014 年版,第 71 页。

是反对张国焘任中委。陈独秀对此进行了解释,认为现在党中央人才有限,"用人只能取其能力和贡献,难以顾虑他的缺点,如过分苛求,会丧失一些有用人才"①。之后,尹宽没有坚持自己的意见,大会通过了陈独秀提交的候选人名单。通过现有资料来看,正式选举中央领导机构前先制定候选人名单,并允许大会对候选人名单发表意见,再进行选举,这在党的全国代表大会上是首次,为之后采用这种方式提供了借鉴。

党的五大选举产生中央领导机构又进行了创新,即不是由会议主持人,而是由大会主席团集体酝酿提出中央领导机构候选人名单,再由参会代表进行讨论,最后进行选举。郑超麟回忆道:"选举那天,大会主席团提出名单来,过去在上海区和北方区负重要工作的同志都不在这个名单内。过去与陈独秀接近的人也都不在这个名单内。陈独秀在这个名单内。这个名单的倾向性如此明显,以致国际代表团主任鲁易(即罗易——引者注,下同)不得不站起来抗议。鲁易说了很多的话,最后说:'像彼特洛夫(即彭述之)和布哈洛夫(即罗亦农)两同志,这个名单里面竟没有列入。他们过去负了如此重要责任,即使错误了,新领导机关仍须他们参加的。'有国际代表如此干涉,这两个名字终于加入名单内了,表决时也通过了。"②这就反映了当时在党内有相当部分的同志对陈独秀的领导不满。李维汉就对王若飞说,他知道主席团的用意,他们采取的是"清君侧"策略。所谓"清君侧",就是封建专制时代一种反抗策略。人们不敢反对皇帝,只排斥皇帝重用的大臣;不敢说皇帝错误,只说是大臣陷皇帝于错误。郑超麟又说:"瞿秋白的反彭述之主义小册子就应用这个策略。他反对的是陈独秀,但拿彭述之做替身。……陈独秀仍是总书记,但执行着鲍罗廷的路线。"张金保回忆说,中央委员的选举,先是由大会主席团讨论中央委员候选人名单,后经大会代表举手方式进行选举。③ 但易礼容回忆是大会发了预选名单后,由投票而不

---

① 李逸:《中共四大会议琐议》(1990 年),中共中央党史研究室、中央档案馆编:《中国共产党第四次全国代表大会档案文献选编》,中共党史出版社 2014 年版,第 106 页。

② 《郑超麟回忆录》(上),东方出版社 2004 年版,第 253—254 页。

③ 参见张金保:《出席党的五大》(1985 年 8 月),中共中央党史研究室、中央档案馆编:《中国共产党第五次全国代表大会档案文献选编》,中共党史出版社 2015 年版,第 309 页。

是举手方式进行选举。①

可见,党的五大虽然在制度上进行了创新,在形式上仍然延续了民主选举的办法,但在选举前却没能充分听取意见,对反对意见也没有充分尊重。

党的六大对中央委员会的选举更加民主,其制度创新之处是提出数量超过选举数额的候选人名单,进行差额选举。1928 年 7 月 4 日,大会主席团召开第十一次会议,成立由蔡和森、李立三、瞿秋白、苏兆征等 7 人组成的中央委员会选举委员会。规定由委员会先提出 40—45 人的候选名单,由大会主席团交各代表团征求意见,之后由主席团根据大家的意见,制定最终候选名单交由大会表决。② 经过大会主席团研究,决定新一届中央委员会由中央委员 21 人、候补委员 11 人组成。由主席团提出 51 人的名单交各代表团讨论,各代表团从候选名单中决定 21 名中央委员候选人和 11 名候补委员候选人,如代表团另有人选,也可提出。③ 7 月 8 日和 9 日,大会对第六届中央委员会的候选人进行了反复酝酿,人数最终确定为正式中央委员 23 人、候补中央委员 13 人。

在制定候选人名单时充分考虑了各方面的意见。据罗章龙回忆,由于代表团是按照地区划分,大会规定代表人数较少的省份可以联合几个单位提名,按代表党员比例决定提名人数。各代表团选举人名单汇齐后,先交选举小组审查。之后还要召集各代表团负责人共同进行协商,调剂盈虚,考虑对妇女、青年进行照顾。再经小组讨论同意后,打印成中央委员选举人名单,然后发给大会各代表圈定。圈定后把选票送小组核对无误,据此公布。④

---

① 参见《访问易礼容谈话记录(节录)》(1984 年 9 月 26 日),中共中央党史研究室、中央档案馆编:《中国共产党第五次全国代表大会档案文献选编》,中共党史出版社 2015 年版,第 311 页。

② 参见《大会主席团第十一次会议记录》(1928 年 7 月 4 日晚 7 时),中共中央党史研究室、中央档案馆编:《中国共产党第六次全国代表大会档案文献选编》(上卷),中共党史出版社 2015 年版,第 176—177 页。

③ 参见《中共第六届中央委员选举法》(1928 年 7 月 9 日),中共中央党史研究室、中央档案馆编:《中国共产党第六次全国代表大会档案文献选编》(下卷),中共党史出版社 2015 年版,第 836 页。

④ 参见罗章龙:《参加中共六大》,中共中央党史研究室、中央档案馆编:《中共党史资料》第 77 辑,中共党史出版社 2001 年版,第 41—42 页。

7月10日,大会进行选举。周恩来向大会报告各代表团对第六届中央委员会的预选结果。随后大会选出杨殷、顾顺章、向忠发、彭湃等中央委员23人;徐兰芝、王凤飞等候补中央委员13人。与大会主席团提交大会的51人名单①对比,实际当选的中央委员张金保、候补委员刘坚予(刘愿庵)都不在名单内,可能是后来代表团讨论人选时补充进去的,或者大会主席团讨论时有人提议后补充进去的,可见中央委员的选举程序的民主性得到充分保证。

党的七大对中央领导机构的选举比之前党的历史上任何一次党的中央领导机构的选举都要民主,体现了党内在高度民主基础上的高度集中。七大的创新之处是在选举前专门制定了选举产生新的中央领导机构的党内法规——《中国共产党第七次全国代表大会选举新的中央委员会的条例》,这就在党章对选举产生中央领导机构规定的基础上,结合历史经验和现实情况,对选举产生的具体办法进行了明确规定,使七大的选举在每一项程序上都有法可循、有规可依。

为使新选举产生的中央委员会最大限度地体现民意,在选举条例制定阶段大会主席团就广泛听取意见。1945年5月17日,七大主席团常委与各代表团主任联席会议讨论选举问题,主要是研究中央委员的名额与提名方式。会议决定由任弼时、刘少奇、周恩来、彭真、李富春组成一个非正式的委员会,与各代表团主任提出中央委员的候选名单,并拟定选举条例。5月19日,七大主席团和各代表团主任又召开会议,通过选举中央委员会条例草案,并印发各代表团讨论。各代表团又分小组对选举条例草案进行了热烈的讨论。讨论方式基本上是由专人逐条宣读条例草案,大家逐条评议,提出建议或者问题,再由专人记录。讨论后,各代表团或汇总,或按照小组将讨论结果归纳总结后报大会主席团。各代表团对草案的讨论十分重视,提出的意见十分详细具体。例如,中直代表团提出了十条意见:一是新中央委员会委员以精干

---

①　参见《大会主席团提出之五十一人名单》(1928年7月9日),中共中央党史研究室、中央档案馆编:《中国共产党第六次全国代表大会档案文献选编》(下卷),中共党史出版社2015年版,第837—838页。

为好,可有五六十人;二是如果有同志当选中央委员尚觉勉强,宁可多设几名候补委员,以便给全党以考察机会;三是正式和候补委员候选名单可同时提出,但选举必须分别举行,先选正式委员,落选者可列入候补委员的候选名单内,还有人提出两个候选名单可以同时进行表决,如某人不赞成某候选人为正式委员可将其填入候选委员名单,反之亦可;四是正式委员选举的结果如不足额,提议不再增选;五是主席团所提出的初步候选名单在各代表团预选时,提议亦采用不记名投票法,以便确实了解各代表的意向;六是主席团提出候选名单于大会后,大会代表有权对整个候选名单或其中某个人提出异议,但须有附议者若干人;七是选举条例草案中关于废票的说明不够清楚;八是正式或候补委员的候选人中某些为大多数同志所不熟悉的,提议先将其材料用书面介绍给代表,并将其政治态度加以说明(即不仅介绍其过去的职务,且要说明过去是否犯过政治错误);九是部分同志提议多提出一些候选人以便给大家以选择的余地;十是选举时的检票人,应是候选人以外的代表,且在九个检票人中最好设正副主任各一人以示郑重。① 中直代表团对该草案提出的问题涉及选举的方方面面,可见与会代表对中央领导机构的选举高度重视,也体现了党内畅所欲言的民主作风。

　　收到各代表团的具体意见后,主席团对选举条例草案进行了进一步的修改。5 月 23 日,七大主席团和各代表团主任举行会议。首先由任弼时向会议报告各代表团对选举中央委员会的意见:大家提出中央委员要少而精;有人提出不要照顾山头;还有人提到王明是否列入中央委员候选人名单;等等。针对上述意见,毛泽东提出三条方针:一是少而精的思想是好的,但这只是理想,太精会脱离群众;二是山头是要照顾的;三是还要照顾到犯错误的同志。会议通过关于党的七大中央委员选举条例。② 24 日,在七大的第17 次会议上,毛泽东代表主席团在大会上作关于中央委员会选举方针的报

---

　　① 参见《中直代表团对选举条例草案的意见》(1945 年 5 月),中共中央党史研究室、中央档案馆编:《中国共产党第七次全国代表大会档案文献选编》,中共党史出版社 2015 年版,第 579 页。
　　② 参见中共中央文献研究室编:《任弼时年谱(1904—1950)》,中央文献出版社 2014 年版,第483 页。

告,重申了以上方针。周恩来在会上作关于选举条例草案的解释,主要是针对各代表团小组讨论时对草案提出的建议和问题进行解释说明。在听取周恩来的解释后,仍有一些代表存在疑问,于是,现场又以口头或以递纸条的方式向大会主席团进行提问,所提问题涉及了选举的全过程及各个环节,至少有 50 余人以各种形式提出问题。讨论完毕后,会议根据代表意见,对条例草案进行了三项修改,随后,会议投票通过选举条例草案,通过时无反对票,只有两票怀疑票①。

经过充分讨论后,会议通过《关于选举条例草案的几个议案》和《关于选举新的中央委员会的条例》。《关于选举条例草案的几个议案》主要内容为:第一,主席团提出的预选的候选名单,比应选中委(包括正式候补)的人数多三分之一。第二,主席团提出的正式候选名单,即按应选人数提出,不多提名,并区分正式和候补。第三,大会正式选举时,正式和候补中央委员分两次选举,先选正式,后选候补,落选的中委候选人可作为候补中委的候选人。第四,选举条例草案,加上上述三条内容后通过,文字交大会主席团斟酌修改。第五,全体一致通过毛泽东提议的中央委员 70 人左右的建议,其中正式中央委员 40 人左右,候补中央委员 30 人左右。经修改后的《关于选举新的中央委员会的条例》共 6 条,主要内容如下:第一,由大会主席团提出应选中央委员和候补中央委员的名额,得出席正式代表过半数的同意即被认为通过。第二,大会通过中央委员及候补中央委员名额后,主席团应提出初步候选名单,其人数应超过原定名额的三分之一,不区分正式和候补,交各代表团会议讨论,并逐一介绍,进行预选。如各代表团会议对候选名单的任何人有不同意见,要提出新的候选人进行讨论,如得该代表团多数同意,即应改变之。预选时采用无记名投票,依照大会原定名额,区分正式和候补进行选举。第三,主席团根据各代表团预选票数和党内情况,区分正式和候补中央委员,制定提交大会的候选名单。第四,主席团提出候选名单后,大会须即进行讨论并加介绍。大会代表有权对整个候选名单或对候选名单

---

① 参见《关于选举条例草案的几个议案》(1945 年 5 月 24 日大会通过),中共中央党史研究室、中央档案馆编:《中国共产党第七次全国代表大会档案文献选编》,中共党史出版社 2015 年版,第 604 页。

中任何人提出异议,并有权提出自己的候选名单或变更主席团提出的候选名单中任何人选,得大会出席代表之半数以上通过即被认为正式候选名单的通过。第五,大会通过正式候选名单后,应即依照正式和候补两项,分开先后,进行无记名投票。票选方法是:由主席团先将大会通过的候选名单印发给出席大会的正式代表每人一份,由各人在候选名单上圈出自己愿意选举之人,画掉自己不愿选举之人,并填写在此名单之外的自己所愿选举人的姓名,但总数不得超过原定正式或候补名额。第六,大会票选结果经检查和计算后,即应依照大会通过的名额和大会出席正式代表过半数的票选最多数,依次向大会宣布新的中央委员和候补中央委员的当选,选举即告完成。①

由上可见,全党和中央对此次选举十分重视,从一开始的征求意见,到后来选举条例的确定,都是会下会上充分发挥民主,广泛吸纳大会代表各种意见和建议的结果,大会最终形成选举产生新一届中央委员会的制度。从条例本身的内容来看,对选举的每个环节都作了详细的规定,这样,整个选举过程都在法规管理之下,以法规的形式保障了民主的实施,使每位代表的选举权和知情权都得到最大限度的尊重和保障。

之后,大会严格根据《关于选举新的中央委员会的条例》进行了选举,共选出毛泽东、朱德、刘少奇、林伯渠等正式中央委员 44 人,廖承志、王稼祥、陈伯达、黄克诚等候补中央委员 33 人。

党的七大对中央领导机构的选举充分展现了中国共产党的优良民主作风。一是选举办法经过反复讨论。先是大会主席团就条例草案征求了各代表团的意见,之后在 24 日的会议上再次现场答疑,最终大会主席团在广泛吸收各代表意见的情况下,形成《关于选举新的中央委员会的条例》。二是中央委员会候选名单经过反复酝酿。先是大会主席团提出一个初步候选名单,供各代表团讨论,之后,再根据主席团和各代表团的意见,形成正式候选名单,并且不管是初步候选名单的讨论,还是正式候选名单的选举时,都允

---

① 参见《关于选举条例草案的几个议案》(1945 年 5 月 24 日大会通过)、《关于选举新的中央委员会的条例》(1945 年 5 月 24 日通过),中共中央党史研究室、中央档案馆编:《中国共产党第七次全国代表大会档案文献选编》,中共党史出版社 2015 年版,第 604—605 页。

许对候选名单之外的人投票。三是代表的意愿得到充分尊重。代表凡有意见或者疑问,可以在小到小组,中到代表团,大到大会上充分表达;代表凡有需要了解的情况,大会都充分满足,"在小组会上,代表团会上,任何代表都可以提名候选人,没有任何指定,没有任何限制"。"对候选名单中的任何一个人有不同意见,可以提;有不了解的地方,可以问。"①

邓颖超对七大的选举制度给予了高度评价。她说,七届中央委员会的选举,在当时的条件下,最充分地发扬了党内民主。选举过程和选举结果充分体现了代表的意志。"这种选举办法,既是高度民主的,又是高度集中的;它充分体现了群众路线;从群众中来,到群众中去。"②

纵观党的一大至七大对中央领导机构的选举,呈现出两个特点。第一,制度不断完善。从最初简单的举手表决,到四大、五大时提出了候选人名单,再到六大成立中央委员会选举委员会,提出适当超出确定选额的名单供大会代表讨论进行差额选举,最终到七大通过集体意志,制定了《关于选举新的中央委员会的条例》,对选举的各个环节、各方面涉及的重要事项以党内法规的形式予以规定,这就使中央领导机构的选举有法可依。第二,民主不断得到保障。总体来看,党的一大至六大对中央领导机构的选举,也是以民主的方式来进行的,但在实际操作中,或多或少会遇到或共产国际或陈独秀个人意志的左右,并且在民主程序上也不够完备,直到七大才彻底解决了这一问题。制度的完善本质上是为了民主得到充分保障,作为矢志带领中国人民走向民族独立、人民解放的政党,中国共产党有这样的自觉意识和意愿,把在革命实践中形成的好的方法和惯例,如无记名投票、差额选举、正式和候补分开选举等以法规的形式进行确定,以在全党进行贯彻,从而保障了中央领导机构产生过程的民主化和制度化。

---

① 郑天翔:《盛会相逢喜空前》,中共中央党史研究室第一研究部编:《七大代表忆七大》(上),上海人民出版社 2006 年版,第 545—546 页。

② 中央文献研究室第二编研部、周恩来思想生平研究会编著:《邓颖超自述》,解放军出版社 2014 年版,第 114 页。

六、长期受共产国际深刻影响后最终走向独立自主

在民主革命时期,共产国际与中国共产党的创建和发展有着密不可分、千丝万缕的联系,反映到党的全国代表大会上也是如此,回顾党的一大到六大,无一例外地深深印刻着共产国际的烙印。只是到了抗日战争胜利的前夜,党才独立自主地召开了七大。

早在 1920 年春,共产国际就在中国开展工作。[①] 1921 年 6 月初,共产国际代表马林和共产国际远东书记处代表尼克尔斯基到达上海后,与上海的共产党早期组织成员李达、李汉俊建立了联系,经过商讨,他们一致认为应该尽快召开全国代表大会,正式成立中国共产党。李达、李汉俊同陈独秀、李大钊通过书信商议,决定在上海召开中国共产党第一次全国代表大会。随即,他们写信通知北京、武汉等各地党组织,各派两名代表到上海出席会议。马林和尼克尔斯基参加了一大期间的上海会议。在会议开幕当天,马林致辞,对中国共产党成立表示祝贺。他介绍了共产国际的概况,并建议把会议的进程及时报告共产国际远东书记处。总体来看,一大是在共产国际、俄共(布)的帮助下,在共产国际代表马林等人的直接指导下召开的。一大通过的《中国共产党第一个决议》专列一章"党与第三国际的联系",指出:"党中央委员会应每月向第三国际报告工作。在必要时,应派一特命全权代表前往设在伊尔库茨克的第三国际远东书记处。此外,应派代表赴远东各国,以便商讨发展和配合今后阶级斗争的进程。"[②]共产国际和苏(俄)与中国共产党的特殊关系在一大前就已经开启,在中国共产党的第一个决议中就有了明显体现。

党的二大在多个方面受到共产国际的影响。首先是参会的部分代表即

---

① 参见《关于俄共(布)中央西伯利亚局东方民族处的机构和工作问题给共产国际执委会的报告(摘录)》(1920 年 12 月 21 日于伊尔库茨克),中共中央党史研究室第一研究部译:《共产国际、联共(布)与中国革命档案资料丛书》第 1 卷,北京图书馆出版社 1997 年版,第 50 页。

② 《中国共产党第一个决议》(1921 年 7 月),中共中央文献研究室、中央档案馆编:《建党以来重要文献选编(1921—1949)》第 1 册,中央文献出版社 2011 年版,第 6 页。

是参加共产国际 1922 年 1 月至 2 月召开的远东各国共产党及民族革命团体第一次代表大会的代表。在会上，出席远东民族大会的中国代表团团长张国焘报告了远东民族大会的情况，传达了共产国际东方局的指示以及列宁关于民族和殖民地问题的理论，提出中国革命属于殖民地革命的范畴，这个革命的对象是侵略着中国的资本帝国主义，以及和帝国主义相勾结的封建势力。这样性质的革命是资产阶级民主主义革命，这个革命的主体是资产阶级，我们无产阶级和贫苦农民，应援助这个民主主义革命，使它早日取得胜利。民主主义革命胜利之后，资产阶级可以很快地发展起来，同时无产阶级也可以得到自由与权利，也同样地可以很快地发展起来，我们无产阶级就进一步团结大多数劳苦农民去对抗资产阶级，实行社会主义革命。根据列宁的民族殖民地革命理论和中国社会的政治经济状况，以及远东各民族代表大会的精神，大会讨论通过了《中国共产党第二次全国代表大会宣言》《中国共产党章程》等文件。

二大通过的《中国共产党加入第三国际决议案》指出，中国革命"要和世界无产阶级联合起来，才足以增加革命的效力"。中国共产党是代表中国无产阶级的政党，"完全承认第三国际所决议的加入条件二十一条"，[1]宣布中国共产党正式加入共产国际，成为其下属的一个支部。共产国际从此与中国共产党确立了上下级的直接工作关系。

党的三大召开前，1923 年 1 月 12 日，共产国际执委会通过《关于中国共产党与国民党的关系问题的决议》。该决议全面论述了共产国际对于中国国共合作问题的观点，并指出，"中国唯一重大的民族革命集团是国民党，它既依靠自由资产阶级民主派和小资产阶级，又依靠知识分子和工人"，"中国的中心任务是反对帝国主义者及其在中国的封建代理人的民族革命"。尽管决议再度强调，共产党人要组织和教育工人群众，建立工会，以便为建立强大的群众性的共产党准备基础，并称这是"重要而特殊的任务"。但是，决议又特别提醒中国共产党：中国工人阶级"尚未完全

---

① 《中国共产党加入第三国际决议案》(1922 年 7 月)，中共中央文献研究室、中央档案馆编：《建党以来重要文献选编(1921—1949)》第 1 册，中央文献出版社 2011 年版，第 141 页。

形成独立的社会力量",所以,"国民党与年青的中国共产党合作是必要的","中国共产党党员留在国民党内是适宜的",以便"对国民党施加影响,以期将它和苏维埃俄国的力量联合起来,共同进行反对欧洲、美国和日本帝国主义的斗争"。① 根据这一决议精神,陈独秀为党的三大起草了《关于国民运动及国民党问题的议决案》。中共中央和共产国际代表马林就国共合作等大会议题,征求了各地党组织和党员的意见。尤其是对国共合作的问题,专门召开了起草委员会会议讨论。

三大的筹备工作"主要由第三国际代表和二届中央委员会主持"。会前,共产国际代表马林事先找各地代表谈话,"内容主要是交代和解释国共合作的必要性"。除此之外,"马林还向代表谈到了下届中央的组织安排,党章和决议的准备情况,并不厌其详地反复说明为什么要这样做的理由"。② 在三大预备会上,马林还传达了共产国际关于国共合作问题的意见,报告了国际形势。大会开幕后,马林自始至终参加了大会。针对大会对国共合作问题产生的不同意见,马林认为:"共产国际执行委员会的提纲本应是讨论的基础。共产国际执行委员会是国际运动的总参谋部,共产国际执行委员会发出的指示应是党必须遵循的命令。"马林说:"这届党代表大会的任务只是以共产国际执行委员会的提纲为基础勾勒党明年的策略。我们应努力予以回答的问题,并不是应否加入国民党,我们的党员是应通过加入这个国民党去完成共产党的任务抑或是应将我党人力集中起来去为尚未分化成完全独立的力基的工人阶级建立一个工人党。共产国际执行委员会的两个决议解决的并不是加入国民党的问题,所以我建议像张国焘在共产国际执行委员会内以及他与国际运动最重要的领导人多次讨论之后所说的

---

　　① 《共产国际执行委员会关于中国共产党与国民党的关系问题的决议》(1923 年 1 月 12 日),中共中央党史研究室第一研究部编:《共产国际、联共(布)与中国革命档案资料丛书》第 2 卷,北京图书馆出版社 1997 年版,第 436—437 页。
　　② 罗章龙:《椿园载记》,东方出版社 1989 年版,第 270—271 页。

那样——执行既定指示。"①最终,党的三大服从共产国际的指示,同意中共党员以个人身份加入国民党的方式实现国共合作。

党的四大的筹备与召开也与共产国际密不可分。1924年12月初,维经斯基作为共产国际代表就与陈独秀、彭述之等组成起草委员会,进行党的四大的文件起草工作。各种草案都经起草委员会讨论,其中"尤以民族革命运动的草案讨论得更为详细,争点亦较多。其中尤以关于民族革命的性质问题,各委员的见解颇不能一致"。陈独秀与彭述之意见"略同",认为是资产阶级革命,而维经斯基则持异议,认为"民族革命运动的性质不能确定,须看将来的成功如何"。②《对于民族革命运动之议决案》最终定稿为:中国民族革命运动,"是十月革命后,广大的世界革命之一部分"。至于民族革命胜利后,能否接着就是无产阶级的革命,是否必须经过资产阶级民主制度,决定于"无产阶级在民族革命中自己阶级的革命准备至何种程度及那时的社会的客观条件",而"那时的世界政治状况也有很大的影响"。③ 可见,党的四大议决案融合了陈独秀和维经斯基双方的观点。会前,维经斯基还说,应当"改变我们在民族解放运动中的作用。这首先应该表现为,更多地深入工农群众,更彻底地揭露国民党人同军阀的妥协趋向和更公开地反对国民党右派",所以,"代表大会的中心议题是党渗透到城市工人群众中去的问题","同时,代表大会应该找到把群众集中和组织起来的各种方式"。关于国共两党关系,维经斯基说:"虽然国共两党关系不能说尽如人意,但我们在会上还是不全面提出这个问题。我认为,我们还应该帮助国民

---

① 《斯内夫利特笔记:中国共产党第三次代表大会关于国共两党关系的讨论》(1923年6月12日至20日之间),中共中央党史研究室、中央档案馆编:《中国共产党第三次全国代表大会档案文献选编》,中共党史出版社2014年版,第49页。

② 《关于党的第四次全国代表代表大会——彭述之给中共旅莫支部全体同志的信》(1925年2月2日),中共中央党史研究室、中央档案馆编:《中国共产党第四次全国代表大会档案文献选编》,中共党史出版社2014年版,第73页。

③ 《对于民族革命运动之议决案》(1925年1月),中共中央文献研究室、中央档案馆编:《建党以来重要文献选编(1921—1949)》第2册,中央文献出版社2011年版,第222页。

党,以便尽可能广泛地掀起反帝运动浪潮。"①

在四大会上,维经斯基作为共产国际代表出席大会并作报告。共产国际五大成为党的四大提出无产阶级领导权问题的先导。四大通过的《对于出席共产国际第五次大会代表报告之议决案》指出:"大会听了出席共产国际第五次大会代表的报告之后,完全同意于共产国际第五次大会对于各种政策的决定。"②维经斯基还在大会上提出以中国共产党第四次全国代表大会的名义谴责托洛茨基的决议案,"决议案提出后,大会好久没有人说话",可见大家都觉得此事有不妥之处,最起码是大家对托洛茨基不够了解,最后"彭述之站起来,说明托洛茨基如何不好,如何应当谴责",③代表们于是才一致通过这个决议案。

党的五大从确定召开到何时何地召开、会议人数、议事日程,再到大会纲领的起草、政治决议和组织决议原则的确定,无一不是共产国际的旨意。早在1926年4月27日,蔡和森就在共产国际执行委员会远东书记处会上提出"中共五大应该立即召开"的建议。但共产国际代表维经斯基认为,现在不能召开代表大会,因为"找不到能集合代表1.2万名党员的二三百名代表的合适地点",即使在广州,也不能召开五大,因为"它不是在中国的中心地区,代表大会的条件会很困难"。④ 9月,远东局俄国代表团会议决定:确定党的五大不晚于1927年1月召开。远东局先决定了党的五大的事宜,而后才提出"要在最近几天向中央提出"。会议还决定立即着手起草党的五大提纲,并提名陈独秀起草总纲,瞿秋白起草关于资产阶级作用的提纲,托

① 《维经斯基给拉斯科尔尼科夫的信(摘录)》(1924年12月19日于上海),中共中央党史研究室第一研究部译:《共产国际、联共(布)与中国革命档案资料丛书》第1卷,北京图书馆出版社1997年版,第563页。
② 《对于出席共产国际第五次大会代表报告之议决案》(1925年1月),中共中央文献研究室、中央档案馆编:《建党以来重要文献选编(1921—1949)》第2册,中央文献出版社2011年版,第208页。
③ 郑超麟:《关于中共四大的回忆与评价》(1980年1月7日),中共中央党史研究室、中央档案馆编:《中国共产党第四次全国代表大会档案文献选编》,中共党史出版社2014年版,第98页。
④ 《共产国际执行委员会远东书记处会议第3号记录》(1926年4月27日于莫斯科),中共中央党史研究室第一研究部译:《共产国际、联共(布)与中国革命档案资料丛书》第3卷,北京图书馆出版社1998年版,第230—231页。

切尔尼亚克起草关于无产阶级运动的提纲。① 在此前后,共产国际还多次对五大的筹备发出各种指示,实际上在其中起了主导作用。11 月初,共产国际执行委员会第七次扩大全会召开前,远东局向全会委员会呈交了土地纲领草案,该草案是共产国际代表维经斯基与中共中央一起为即将召开的党的五大制定的。5 日,共产国际远东局向共产国际执委会提出1927 年 1 月召开党的五大的问题,并且明确了会议议程:"(1)中央的政治报告;(2)共产国际执委会代表的报告;(3)关于国民党的问题;(4)农民问题;(5)工人运动问题;(6)党的建设;(7)老头子(指陈独秀——引者注)关于党纲起草问题的报告。"② 此时,维经斯基与中共中央共同起草的关于党纲的报告也已完成,"这个报告是纲领草案的基础,将由在代表大会上选举产生的纲领委员会进行讨论"。③ 12 月 14 日,共产国际执委会远东局书记拉菲斯提出,鉴于 1927 年 1 月即将举行党的五大,维经斯基和陈独秀应赴莫斯科,"以便共同磋商政治性质问题"。同日,拉菲斯提议:"中国党的代表大会拟于明年初召开,在此之前共产国际执委会应给中国共产党发去一封'秘密信',这封信和全会决议一起应成为代表大会的纲领。应派一位负责的领导同志作为共产国际执委会的代表出席代表大会。"④12 月底,共产国际执委会第七次扩大全会闭幕后不久,联共(布)中央政治局就即将举行党的五大的问题作出决定:"责成彼得罗夫同志将就中国共产党召开第五次代表大会给维经斯基同志的指示稿先提交政治局批准,然后提请共产

---

① 参见《共产国际执行委员会远东局俄国代表团会议第 19 号记录(摘录)》(1926 年 9 月 18、19、21 日于上海),中共中央党史研究室第一研究部译:《共产国际、联共(布)与中国革命档案资料丛书》第3 卷,北京图书馆出版社 1998 年版,第 517 页。

② 《共产国际执行委员会远东局俄国代表团会议记录(摘录)》(1926 年 11 月 5 日于上海),中共中央党史研究室第一研究部译:《共产国际、联共(布)与中国革命档案资料丛书》第 3 卷,北京图书馆出版社 1998 年版,第 607—608 页。

③ 《维经斯基给联共(布)驻共产国际执行委员会代表团的信》(1926 年 11 月 6 日于上海),中共中央党史研究室第一研究部译:《共产国际、联共(布)与中国革命档案资料丛书》第 3 卷,北京图书馆出版社 1998 年版,第 619 页。

④ 《拉菲斯关于共产国际执行委员会远东局工作的报告》(1926 年 12 月 14 日于莫斯科)、《拉菲斯关于共产国际执行委员会远东局工作的结论和建议》(1926 年 12 月 14 日于莫斯科),中共中央党史研究室第一研究部译:《共产国际、联共(布)与中国革命档案资料丛书》第 4 卷,北京图书馆出版社 1998 年版,第 48、51 页。

国际执委会通过。"①

到 1927 年 1 月,共产国际执委会政治书记处正式任命了共产国际执委会出席党的五大代表团的成员,他们是维经斯基、多里奥和罗易。1 月 14 日,罗易向斯大林建议:"成立专门委员会来制定给中国党代表大会和共产国际代表的指示。最好您参加这个委员会的工作。我们已经为联共政治局起草了指示。"②1 月 18 日,共产国际执委会远东书记处会议听取"关于中共第五次代表大会的准备工作",决定"责成共产国际执委会代表主持党代表大会。代表共产国际执委会草拟指示信,为此选举彼得罗夫同志(可由赖特同志取代)、谭平山和瓦西里耶夫组成委员会"。1 月 19 日,共产国际执行委员会政治书记处通过《关于中国共产党的组织任务》的决议。决议指示,"中国共产党必须自上而下重新考虑自己的工作方法",为此应当把组织问题列入即将举行的党的五大的议程。由于组织问题十分重要,"代表大会应突出这个问题,或者单独作一个报告,或者作为对中央政治报告的补充的副报告"。同日,共产国际执委会为举行党的五大给维经斯基、罗易和多里奥发出指示,正式确定了代表大会的日程、遵循的原则、需讨论的问题。其中,特别明确了两条原则性的指令:一是党的五大的"一切政治决议都完全应以共产国际执委会第七次扩大全会关于中国问题的决议为依据";二是党的五大的组织决定则以上述共产国际执委会政治书记处《关于中国共产党的组织任务》的决议为依据。③另外,对大会需要讨论的问题,该讨论到如何程度也进行了规定。如提出需要

———————————

①　《联共(布)中央政治局会议第 75 号(特字第 57 号)记录(摘录)》(1926 年 12 月 30 日于莫斯科),中共中央党史研究室第一研究部译:《共产国际、联共(布)与中国革命档案资料丛书》第 4 卷,北京图书馆出版社 1998 年版,第 57 页。

②　《罗易给斯大林的信》(1927 年 1 月 14 日于莫斯科),中共中央党史研究室第一研究部译:《共产国际、联共(布)与中国革命档案资料丛书》第 4 卷,北京图书馆出版社 1998 年版,第 67 页。

③　参见《共产国际执行委员会远东书记处会议记录(摘录)》(1927 年 1 月 18 日于莫斯科)、《共产国际执行委员会政治书记处〈关于中国共产党的组织任务〉的决议(摘录)》(不早于 1927 年 1 月 19 日于莫斯科)、《共产国际执行委员会政治书记处为举行中国共产党第五次代表大会给共产国际执行委员会代表们的指示》(1927 年 1 月 19 日于莫斯科),中共中央党史研究室第一研究部译:《共产国际、联共(布)与中国革命档案资料丛书》第 4 卷,北京图书馆出版社 1998 年版,第 69、77、92 页。

五大"要特别认真讨论"的几个问题,即农民问题、共产党员参加国民革命军的方法问题;"要全面讨论"的问题,即共产党员如何能真正加入国民革命政府;"要特别有分寸地讨论"的问题,即中国共产党和国民党的关系;等等。1月21日,维经斯基致电共产国际,提出"拟于3月15日在汉口或长沙举行党的第五次代表大会",代表大会"将半公开举行","每300名党员选出一名代表",大会将通过中央政治报告、关于组织问题的报告、关于党章问题的报告等7个报告,将设立政治委员会、土地委员会、工会工作委员会、军事委员会、妇女委员会等5个委员会。维经斯基还请求共产国际执委会"加强对我们在中国的工作的领导问题",希望派出具有一定地位,"对土地问题方面的工作和中央农民委员会的实际领导工作有理论素养"的同志。他还特别申明这"也是中共中央书记(陈独秀——引者注)的意见"。①联共(布)中央政治局决定为派遣共产国际执委会参加党的五大的代表团拨款9000卢布,并责成苏联商船队派"因季吉尔卡"号去广州参加党的五大。②

直到1927年4月4日,中共中央执行委员会、中共湖北省委员会和共产国际代表团在汉口召开联席会议,最终确定了4月25日召开党的五大(实际召开日期为4月27日),会议还议定了大会议程,即:共产国际代表关于国际形势和共产国际执委会第七次扩大全会对中国的总结的报告、中央执委会的政治报告、中央执委会的组织报告、关于中共土地纲领的报告、中共的工人政策、关于青年的报告。后经过协商,为了使参加五大的同志"能迅速回到省里工作",共产国际代表同意"将代表大会议程缩减为中央委员会政治报告、关于共产国际执委会全会及其提纲的报告、土地问题分组讨论

---

① 《维经斯基给联共(布)驻共产国际执行委员会代表团的信》(1927年1月21日于上海),中共中央党史研究室第一研究部译:《共产国际、联共(布)与中国革命档案资料丛书》第4卷,北京图书馆出版社1998年版,第97—99页。

② 参见《联共(布)中央政治局会议第84号(特字第63号)记录(摘录)》(1927年2月5日于莫斯科),中共中央党史研究室第一研究部译:《共产国际、联共(布)与中国革命档案资料丛书》第4卷,北京图书馆出版社1998年版,第104—105页。

和工会问题"。①

　　五大会场的实际主导者不是当时党的总书记陈独秀,而是共产国际执行委员会驻华首席代表罗易。罗易从一开始就认定自己的使命是"说服中国共产党第五次代表大会,通过符合共产国际提出的新路线的决议"②。果然,罗易通过党的五大,基本实现了共产国际和他自己的主张。相反,陈独秀在大会上的表现却直接受制于共产国际及其代表。陈独秀在五大作的报告是根据罗易规定的大纲写成的。蔡和森说:"独秀在五次大会中的政治报告,其大纲是鲁易规定的。"③罗易也说:"共产国际执行委员会代表团就代表大会的主要议题,同中共中央进行了磋商,力求使代表大会不发生长时间的争论,力求使代表大会就革命前途及党的领导等问题通过明确具体的决议。"共产国际执行委员会代表团与中共中央联席会议经过长时间的反复磋商决定,中共中央的总结报告应当说明以下问题:(一)大资产阶级在中国过去、现在和将来的革命运动中的作用;(二)小资产阶级的作用;(三)无产阶级的作用;(四)土地改革;(五)国民党;(六)军事因素和社会因素的关系;(七)改编国民革命军,成立新军;(八)建立革命民主政权。罗易认为:"陈独秀同志在自己的报告中涉及了所有这些问题。"但是,报告"是平铺直叙的,对于所有上述基本问题仅仅一带而过"④,并加进了他自己的东西。他提出的一些右倾主张受到了大会的批判,而没有被采纳。

　　罗易在五大先后发表了五次讲话。陈独秀作报告后的第二天,罗易代表共产国际驻中国代表团在会上作了《中国革命问题和无产阶级的作用》

　　①　《中共中央执行委员会委员、中共湖北省委员会委员和共产国际代表团联席会议记录》(1927年4月4日于汉口)、《罗易和多里奥给共产国际执行委员会政治书记处的电报》(1927年4月20日于汉口),中共中央党史研究室第一研究部译:《共产国际、联共(布)与中国革命档案资料丛书》第4卷,北京图书馆出版社1998年版,第170—171、209—210页。

　　②　《罗易对大革命失败的回忆》,《国外中国近代史研究》第7辑,中国社会科学出版社1985年版,第60页。

　　③　蔡和森:《党的机会主义史》,中央档案馆编:《中共党史报告选编》,中共中央党校出版社1982年版,第102页。

　　④　罗易:《中国共产党第五次代表大会》(1927年5月12日),中共武汉市委党史研究室、中共五大会址纪念馆编著:《中国共产党第五次全国代表大会》,中共党史出版社2007年版,第236页。

的长篇讲话。他对陈独秀报告中提到的所有重大问题重新进行了阐述。因
为在他看来，"陈独秀主要是报告过去的工作，对于未来既不分析，也不指
明前途。对于共产国际执行委员会代表团与中共中央联席会议就党的新路
线提出的一些问题，陈独秀根本没有答复。陈独秀在报告结尾部分说这些
问题还有待讨论，从而回避解决问题"①。而罗易的讲话则弥补了陈独秀
报告中的不足之处，明确指出了党应当遵循的纲领、路线和政策。罗易根
据共产国际决议为中国共产党规定的基本纲领是："首先，也是最根本的，
是进行土地革命；第二，武装农民，保卫土地革命的胜利果实；第三，组织
农村自治政府，摧毁农村封建地主的政权；第四，建立国家机构，进而实现
民主专政；第五，建立一支革命军队，不采取把军阀军队变成革命军队的
办法，而是在巩固的社会基础上组成一支革命的军队"②。这样，党的五
大实际上不是围绕陈独秀的报告，而是围绕罗易的讲话进行讨论和作出
决议的。

5月4日，罗易在五大作了关于共产国际执行委员会第七次扩大全会
决议案的报告，并发表题为《国民革命和社会主义》的演说。次日，罗易又
作了题为《非资本主义发展和社会主义，民主专政和无产阶级专政》的长篇
结论性发言。随后几天，大会集中讨论通过各项有关决议。5月9日，大会
结束。罗易又在新选出的中共中央委员会全体会议上发表题为《布尔什维
克的党》的讲话。

上述事实表明，虽不能说罗易包办了党的五大，但罗易在五大所起的重
大作用是显而易见的，可以说是五大的实际操纵者。共产国际和罗易的主
张在党的五大上得到了彻底的贯彻。正如罗易在5月5日的结论性发言中
指出的："我对于共产国际的决议案在这里既没有遭到反对也没有引起严
重怀疑表示满意。这意味着中国共产党第五次代表大会已经同意共产国际

① 罗易：《中国共产党第五次代表大会》(1927年5月12日)，中共武汉市委党史研究室、中共五
大会址纪念馆编著：《中国共产党第五次全国代表大会》，中共党史出版社2007年版，第236页。
② 罗易：《中国革命问题和无产阶级的作用》(1927年4月30日)，中共中央党史研究室、中央档
案馆编：《中国共产党第五次全国代表大会档案文献选编》，中共党史出版社2015年版，第58页。

决议案,并由于以这个决议案为基础开始工作,中国革命史开始了新篇章。"①

党的六大与共产国际(苏联)的关系更是密不可分,这是党的历史上唯一一次在国外召开的全国代表大会。1928 年 1 月 18 日,中央临时政治局召开会议,又一次讨论召开六大的问题,决定 3 月底召开大会。由于国内白色恐怖严重,很难找到一处安全的地方召开全国代表大会。不久,中共中央得知赤色职工国际第四次代表大会和共产国际第六次代表大会将分别于当年春天和夏天在莫斯科召开,少共国际也将在莫斯科召开第五次代表大会时,考虑到届时中国共产党都将派代表团出席这几个大会,而且中共中央也迫切希望得到共产国际的指导,因此认为在苏联境内召开比较合适。1928 年 1 月下旬,共产国际驻中国代表米特凯维奇在给共产国际的信中,说明了中国共产党召开代表大会的必要性和紧迫性,"目前面临的问题很复杂,必须对所有问题作出明确的回答",阐述了在中国召开代表大会的困难局面:"首先是要冒遭受破坏的危险,其次是因为这里没有共产国际执委会的重要代表,第三是因为环境不安宁会带来焦躁情绪,不可能心平气和地、认真地进行工作。"提出"应该不晚于 4 月份召开"代表大会,为避免在苏联境内召开出现脱离党内积极分子的危险,因此应"使同志们花在代表大会上的时间尽量最少,包括旅途在内最多只能用一个半月到两个月的时间。参加代表大会的应该有一个 100 人的代表团"。② 2 月 13 日,中共中央也在给共产国际的信中提出在苏联境内召开党的六大的请求。2 月 22 日,联共(布)驻共产国际执行委员会代表团召开会议,听取关于中共六大召开问题的报告,决定"不反对中国共产党于 4 月底或 5 月中在西伯利亚境内召

---

① 罗易:《非资本主义发展和社会主义,民主专政和无产阶级专政》(1927 年 5 月 5 日),中共中央党史研究室、中央档案馆编:《中国共产党第五次全国代表大会档案文献选编》,中共党史出版社 2015 年版,第 82 页。

② 《米特凯维奇给共产国际执行委员会的信》(1928 年 1 月于上海),中共中央党史研究室第一研究部译:《共产国际、联共(布)与中国革命档案资料丛书》第 7 卷,中央文献出版社 2002 年版,第 296 页。

开代表大会"。① 3月底,共产国际来电同意党的六大在苏联境内召开。

在六大上,6月19日,布哈林代表共产国际作《中国革命与中国共产党的任务》的政治报告。政治报告是大会最重要的议程。布哈林在报告里对中国革命进行了定性分析。他说中国革命现阶段的性质是资产阶级民权革命,中国革命发展必然转变到社会主义的前途,但目前的任务是土地革命和反对帝国主义的斗争。② 之后,瞿秋白代表第五届中央委员会作了题为《中国革命与中国共产党》的政治报告。7月9日,大会修改通过《政治议决案》,该议决案指出:"中国共产党第六次大会完全同意于共产国际执行委员会第七、第八、第九次全体会议对于中国革命性质之估量","中国革命有社会主义的前途",但"中国革命现在阶段的性质是资产阶级性的民权主义革命,如认中国革命目前阶段为已转变到社会主义性质的革命,这是错误的,同样,认为中国现时革命为'无间断革命'也是不对的"。③ 推翻帝国主义及土地革命是革命当前的重大任务。

在共产国际影响下,党的六大统一了全党对形势的认识,对有关中国革命的一系列存在严重争论的根本问题,作出了基本正确的回答。明确中国革命处于低潮,明确中国社会仍然是半殖民地半封建社会。但六大也有明显缺点,受俄国革命经验的束缚和共产国际领导人谈话的影响,大会对中国社会的阶级关系缺乏正确认识,对中国革命的长期性估计不足,仍过分看重城市斗争的意义,在组织上片面强调党员成分无产阶级化和"指导机关之工人化",第六届中央政治局选举工人出身的向忠发为党的最高领导人,实际上他没有能够起到应有的作用。

关于七大的筹备及代表产生的相关问题,中共中央多次向共产国际进

① 《联共(布)驻共产国际执行委员会代表团会议第3号记录》(1928年2月22日于莫斯科),中共中央党史研究室第一研究部译:《共产国际、联共(布)与中国革命档案资料丛书》第7卷,中央文献出版社2002年版,第334页。

② 参见《中国革命与中国共产党的任务——国际代表在中国共产党第六次大会上的政治报告(节录)》,中共中央党史研究室第一研究部编:《共产国际、联共(布)与中国革命档案资料丛书》第11卷,中央文献出版社2002年版,第133—146页。

③ 《政治议决案》(1928年7月9日),中共中央文献研究室、中央档案馆编:《建党以来重要文献选编(1921—1949)》第5册,中央文献出版社2011年版,第377—379页。

行了汇报。如 1938 年 4 月任弼时向共产国际进行汇报、1939 年 6 月中共中央书记处致电季米特洛夫进行汇报,并请"共产国际执委会书记处给我们作出指示"。1939 年 12 月 29 日,在苏联治伤的周恩来为共产国际撰写完成 5.5 万余字的《中国问题备忘录》,详细介绍了中国抗日战争的现状、中国抗日民族统一战线的形式和特点,系统叙述了中共各方面的工作以及八路军、新四军的工作。报告最后介绍了党的七大的准备工作。① 共产国际也多次向中共中央发出指示,如 1940 年 2 月和 3 月,共产国际执行委员会书记处和主席团先后就中共组织和干部工作发来指示,要求七大"要特别注意挑选经过考验和忠诚的人进入党的领导机构"②。无疑这是在党的七大召开前,也是共产国际解散之前,共产国际就中共和中国革命问题所作出的最重要的决议之一。

据时任中共驻共产国际代表团团长任弼时秘书、为周恩来做翻译的师哲回忆,关于党的七大的信息引起了共产国际的普遍关注,"共产国际和苏共中央对此十分重视",为避免引起国民党的敌视,共产国际决定派师哲代表共产国际参加七大,会后返回国际去汇报。③ 后因七大延迟召开,共产国际解散,师哲的使命随之自行消失。

1943 年末,在酝酿七大中央委员候选名单的过程中,毛泽东认为犯错误的同志,如李立三、王明,都可以列入候选人名单,可是李立三于 1930 年被召到共产国际后一直没有回国,还曾于 1938 年被逮捕过。据师哲回忆,关于王明问题,季米特洛夫曾来电表示了支持王明的态度,而对

---

① 参见任弼时:《中国抗日战争的形势与中国共产党的工作和任务(节录)》(1938 年 4 月 14 日)、《中共中央书记处给季米特洛夫和曼努伊尔斯基的电报》(1939 年 6 月 25 日于延安)、《周恩来向共产国际执行委员会主席团所作的关于中国问题的报告(节录)》(1939 年 12 月 29 日于莫斯科),中共中央党史研究室、中央档案馆编:《中国共产党第七次全国代表大会档案文献选编》,中共党史出版社 2015 年版,第 12、19、32 页。
② 《共产国际执行委员会书记处关于中共组织和干部问题的决议》(1940 年 2 月 8 日于莫斯科)、《共产国际执行委员会主席团关于中共组织和干部工作的决议》(1940 年 3 月 3 日于莫斯科),中共中央党史研究室、中央档案馆编:《中国共产党第七次全国代表大会档案文献选编》,中共党史出版社 2015 年版,第 41、42 页。
③ 师哲:《共产国际派我参加七大》,中共中央党史研究室第一研究部编:《七大代表忆七大》(上、下),上海人民出版社 2006 年版,第 49 页。

李立三的问题却只字未提。因此,毛泽东致电莫斯科,说我们正准备召开七大,具体时间尚未最后确定,中央和部分七大代表提议把李立三列入七大中央委员候选名单,"李在莫斯科的情况如何,我们不知道。据说李在那里坐过牢,不知苏方是否知道李被关的原因和主要情节,他的问题是否妨碍提他作中央委员候选人?请把他的问题的具体情节和你们的意见告诉我们"。不久,莫斯科回电说李立三"在苏联这段时间做了些具体工作,但在工作中有些不检点的地方"。收到回电后,中央很快决定李立三为中央委员候选人。后在党的七大上,经过做工作,王明和李立三均当选为中央委员。

尽管毛泽东尊重共产国际的指示,但在如何看待过去十年历史的问题上,中共和共产国际之间明显存在着意见分歧。1937年12月会议最初确定的七大的五项议程中包括对过去十年奋斗的基本总结一条。任弼时1938年5月17日的报告也讲道:"为着总结过去十年的工作,和保证党对抗日战争的领导,中国党决定最近召集党的第七次大会,现在全党正在进行准备工作。"[①]这说明中共准备召开的七大,是以总结过去经验,保证党的领导为基本准则。但从王稼祥回国后的报告中可以看出,共产国际对中共要总结的过去十年的经验持明确否定的态度。在这样的背景下,党的六届六中全会决定七大议事日程中去掉了原议程中的第一条"十年奋斗的基本总结和当前奋斗的基本方针",显然这是吸收共产国际指示的结果。到1941前后,党内现状使毛泽东下决心在全党开展一次整风运动,批判教条主义和经验主义两种形态的主观主义,教育全党干部学会运用马克思主义的立场、观点和方法,来研究和解决中国革命的具体问题。这样,又把总结历史经验的问题提到了全党工作的首位。1943年12月28日,中共中央政治局在给各中央局、中央分局并各区党委的指示中指出,"我党七次大会时,即将总

---

① 任弼时:《中国抗日战争的形势与中国共产党的工作和任务》(1938年5月17日),中共中央文献研究室、中央档案馆编:《建党以来重要文献选编(1921—1949)》第15册,中央文献出版社2011年版,第338页。

结我党二十二年的经验"①。可是,到了六届七中全会召开时,中共中央又决定不将历史决议提交即将召开的党的七大,"以避免大会把重心放在历史问题上",使七大集中精力注意当前的问题。可见,在关于七大议程问题上,对于共产国际的建议,以毛泽东为首的中共中央经历了一个从吸收到否定,再到创造性地吸收这样一个变化发展的过程。其中既有对共产国际指示的尊重和借鉴,又包含着自己独立的思考和创新。

回顾党的一大至六大,无一例外地深深印刻着共产国际和苏俄的烙印。到七大召开时,共产国际已经于1943年宣告解散,中国共产党已经不再是共产国际的一个支部,也不再接受任何外国或国际组织的指导。此时毛泽东已成为全党的领导核心,他始终坚持独立自主原则,凡是有关七大的一切重要问题都由中国共产党自己作主。毛泽东1939年2月会见美国记者时就表示:"中共在中国实行的纲领,是根据中国的需要,而不是共产国际对中共的统治。"②在七大的问题上,毛泽东的态度同样体现了独立自主的精神,不愿意让人牵着鼻子走。七大是中国共产党第一次完全依靠自身力量召开的全国代表大会。七大召开的时间,是以毛泽东为首的中共中央根据战争形势的发展以及党员思想状况的实际,不受任何制约和干涉,最终独立决定的。七大的报告起草,全部靠中国共产党自己的力量,不再像以往的六次全国代表大会,共产国际提供具体帮助甚至全部包办。这对没有太多办会经验的中国共产党来说并非易事。但毛泽东都一一处理,妥善解决。七大独立自主地制定了一部反映毛泽东建党思想和中国共产党建设经验的新党章。此前,由于党还不够成熟和共产国际的某些错误指导,七大以前制定的党章和通过的某些党章修正案,带有较明显的照搬别国党经验或公式的色彩。

---

① 《中共中央政治局关于学习〈反对统一战线中的机会主义〉的指示》(1943年12月28日),中共中央文献研究室、中央档案馆编:《建党以来重要文献选编(1921—1949)》第20册,中央文献出版社2011年版,第683页。
② 中共中央文献研究室编:《毛泽东年谱(1893—1949)》(修订本)(中卷),中央文献出版社2013年版,第112页。

第 二 章

民主革命时期党的历次全国代表大会
对党和国家事业发展的重大意义

　　中国共产党的历史是一部接力探索、不懈奋斗的历史。中国共产党一经成立,就迅速投入到为中国人民谋幸福、为中华民族谋复兴的伟大斗争中。正如习近平总书记指出,历史告诉我们,中国共产党成立以来,"中国走过的历程,中国人民和中华民族走过的历程,是中国共产党和中国人民用鲜血、汗水、泪水写就的,充满着苦难和辉煌、曲折和胜利、付出和收获……"①在中国共产党不懈奋斗的历史中,党的全国代表大会是最好的见证者,也是有力的推动者。在民主革命时期,它见证了中国共产党由小到大、由弱到强,见证了中华民族由内忧外患、灾难深重走向民族独立、人民解放,见证了中华民族从"东亚病夫"到站起来这一伟大飞跃。在这个过程中,党的全国代表大会在总结历史经验、分析判断形势、作出重大方针政策和选举产生中央领导集体等几个方面发挥了重要作用。

第一节　总结历史经验

　　善于总结经验,坚持真理,修正错误,是中国共产党的一项优良传统和

---

　　① 习近平:《在庆祝中国共产党成立 95 周年大会上的讲话》,人民出版社 2016 年版,第 5 页。

好的工作方法。毛泽东同志曾说:"我是靠总结经验吃饭的"。回顾总结过去工作的成绩和缺点、经验和教训,为顺利推进中国革命统一思想、凝聚力量,是历次党的全国代表大会的重要任务。每一次党的全国代表大会,党的领导人都会代表上一届中央委员会向会议作报告,深入总结两次会议之间党的工作,各代表小组、各代表之间也要交流经验教训,为下一阶段的重大决策提供历史借鉴。

党的一大由于是党的成立大会,自然没有党的领导人代表上一届中央委员会向代表大会作报告的议程。由于资料散失,我们已经很难考察大会讨论的全貌,但从现存资料来看,在大会讨论中,各地代表就共产党早期组织成立以来的活动进行了总结交流,这些交流是观察中国共产党初步认识中国国情和中国革命的生动素材。北京地区党组织总结了成立十个月以来的工作情况。他们已经在工人和知识分子中进行了一些宣传和鼓动工作,尤其是在工人群体中,他们对自己工作的不足有清醒认识,一是"都是知识分子出身,与工人阶级的距离很大",二是工人文盲比例很高,"十人当中只有一人能看报",通过印刷品进行宣传的效果自然比较差。为解决这些困难,他们一是在长辛店创办劳动补习学校,通过授课与工人接近,"我们和工人之间逐渐产生了亲密友好的感情";二是成立工会后,引导工会与企业主交锋,为工人谋取正当利益,解决工人的实际困难,这样,"工人才会对自己的工会感兴趣,才相信工会的力量"。他们总结了职工运动工作的四条经验:"第一,在忠实于工人运动的人与工人之间建立友好关系;第二,从工人当中选拔一些领袖;第三,提醒他们不要忘记我们组织的目的,并利用自己的工会同雇主进行斗争,从而使阶级仇恨激化;最后,第四,我们必需利用每一个机会,推动群众举行游行示威和罢工。"对于下一步的工作,他们认为有两点亟待解决:一是怎样使工人和贫民阶级对政治感兴趣,怎样组织他们从事革命工作;二是怎样促使知识分子参加无产阶级革命运动。在汇报的最后,北京党组织提出,大会"应当具体地解决摆在我们面前的一切任务,并制定实际工作计划",所以,"大会的责任看来是不轻的"。[①] 广东地区党组织也进

---

①　《北京共产主义组织的报告》(1921 年 7 月),中共中央文献研究室、中央档案馆编:《建党以来重要文献选编(1921—1949)》第 1 册,中央文献出版社 2011 年版,第 9—15 页。

行了大会交流,与北京地区的党组织相比,广州党组织又有其独特之处:一是广州地区党组织在一开始筹建时,有一些无政府主义者参与其中,直至1921年1月陈独秀和维经斯基到达广州后,才使无政府主义者退出了党组织,但无政府主义思想已经在工会里有所传播;二是国民党在广东地区经营多年,在工农群众中拥有广泛影响力,共产党由于力量弱小,又是刚刚创建,面临进入困难的问题。"去年一年之中,工会已增加到一百多个,但是这些工会都受到无政府主义的熏染,或者为国民党所操纵",当时共产党人已经与国民党有联系,但"仍在极力设法单独组织工会"。① 他们认为,下一步的工作应侧重五个方面:一是吸收新党员;二是成立工会;三是成立工人学校;四是对农民开展宣传工作;五是开展军队工作。

据李达回忆,与会代表互相交换意见,报告各地工作的经验,除北京、广州外,"武汉方面,京汉铁路工人运动及其他各工厂的工人运动也是刚刚开始。长沙小组,宣传与工运都有了初步成绩"②。

党的一大在布置下一阶段工作时,总结吸收了各地工作的经验教训。北京党组织所提出的一大党员几乎完全由知识分子组成的问题也是与会代表的共识,所以大会决定既然要把精力放在工运上,那就"要特别注意组织工人,以共产主义精神教育他们"③。鉴于工人学校在前期工作中起到了良好效果,大会对工人学校对于联络党员和工人的作用十分重视。一大通过的《中国共产党第一个决议》,提出"因工人学校是组织产业工会过程中的一个阶段,所以在一切产业部门均应成立这种学校",并且认为"工人学校应逐渐变成工人政党的中心机构"④,学校的办学方针是提高工人的觉悟,

---

① 《广州共产党的报告》(1921年7月),中共中央文献研究室、中央档案馆编:《建党以来重要文献选编(1921—1949)》第1册,中央文献出版社2011年版,第18—19页。

② 李达:《中国共产党的发起和第一次第二次代表大会经过的回忆》(1955年8月2日),中共中央党史研究室、中央档案馆编:《中国共产党第一次全国代表大会档案文献选编》,中共党史出版社2015年版,第107页。

③ 《中国共产党第一次代表大会》(1921年),中共中央文献研究室、中央档案馆编:《建党以来重要文献选编(1921—1949)》第1册,中央文献出版社2011年版,第24页。

④ 《中国共产党第一个决议》(1921年7月),中共中央文献研究室、中央档案馆编:《建党以来重要文献选编(1921—1949)》第1册,中央文献出版社2011年版,第5页。

使他们认识到成立工会的必要。

党的二大的大会报告未能发现,但大会通过各项议决案都吸取了过往的工作经验。例如《关于"工会运动与共产党"的议决案》就指出,该议决案的根本方针是按照中国劳动运动的现状和"我们过去活动的经验",以及近代欧洲工人运动的教训而提出的。该议决案还指出过去有的同志"也时常有主张工会不做政治运动的",认为这是无政府工团主义的趋势,所以,下一步的工会工作"必须做民族独立政治的和市民的权利与自由(包括普通选举权和废除罢工刑律的运动)的奋斗"。①

现存资料中,最早的党的全国代表大会报告是陈独秀在1923年6月党的三大所作。陈独秀向大会报告了一年来党的各项工作,还就"最近一年的工作提出批评意见"。他指出党的工作存在一些不足,包括:忽略党员的教育工作,宣传工作进行得不够紧张,党内存在严重的个人主义倾向。同时,他还谈到中央委员会的错误,包括:没有组织、缺乏知识、经常改换中央所在地。难能可贵的是陈独秀还做了深刻的自我批评,表示自己由于对时局看法不清楚,再加上容易激动,犯了很多错误。对其他中央领导成员,陈独秀也提出了批评意见,"张国焘同志无疑对党是忠诚的,但是他的思想非常狭隘,所以犯了很多错误。他在党内组织小集团,是个重大的错误"②。党的三大召开时,中国共产党成立不到两年,党的领导人就能如此深入总结党的工作的成绩和缺点,并进行自我批评,又批评其他同志,这为其他代表的发言创造了民主的气氛,也充分体现了中国共产党人对工作极端负责任的态度。全会还总结了工运方面的经验教训,认为二七大罢工是党领导下的重要政治事件,主流是正确的,但也有缺点,"有人认为二七罢工牺牲太

---

① 《关于"工会运动与共产党"的议决案》(1922年7月),中共中央文献研究室、中央档案馆编:《建党以来重要文献选编(1921—1949)》第1册,中央文献出版社2011年版,第150—151页。
② 陈独秀:《在中国共产党第三次全国代表大会上的报告》(1923年6月),中共中央文献研究室、中央档案馆编:《建党以来重要文献选编(1921—1949)》第1册,中央文献出版社2011年版,第245—246页。

大,失业一千多人,有数以百计的工会干部和同志坐牢,是得不偿失"①。最后大会肯定了二七大罢工的意义。

党的四大的大会报告暂未发现,但从大会通过各项决议案中能看出大会对国共合作一年来的经验总结。在工人运动中,指出有的同志出现了"左"倾和右倾的错误。"左"倾错误主要指反对无产阶级参加民族运动,右倾的错误比"左"倾的错误更危险,而且更普遍,主要表现为:一是认为国民运动中,应集中全力于国民党的工作,不必同时进行共产党的工作;二是国民运动中只采取劳资协调的政策,不鼓动阶级斗争;三是主张帮助整个国民党,"不必助长左右派之分裂"。虽然1924年5月的中央执行委员会扩大会议已经指出了这些错误,但这些错误与危险仍旧存在,所以党的四大的一个重要任务就是"指出我们在民族运动中错误的倾向,确定无产阶级在民族运动中的地位与目的"②。在农民运动中,大会指出有三点错误需要注意:一是在宣传上有时太使农民依赖国民党政府的势力,使农民不相信自己有力量;二是有时对农民提出的口号要求太高;三是农会的工作与农民有些脱节。③ 在组织建设上,大会指出中央执行委员会有错误,比如技术上组织的欠缺和执行扩大执行委员会决议的延迟,虽然这里有客观原因,但大会"应嘱新的中央执行委员会注意组织的指导"。对工人运动,大会总结了广东过去一年的经验,指出"阶级斗争足以促进国民运动而国民运动亦足以增厉阶级斗争"④。对于宣传工作,大会认为《向导》《新青年》《前锋》以及《党报》中的宣传,过于推崇资产阶级的力量,中间虽经1924年中央执委会扩大会议的纠正,但实际上在党内外毕竟没有做多少宣传和解释工作,所以很多同志在国共合作的策略上,仍然存在"左"或右的错误倾向。同时,还存在

---

① 罗章龙:《回忆中共三大》(1980年2月),中共中央党史研究室、中央档案馆编:《中国共产党第三次全国代表大会档案文献选编》,中共党史出版社2014年版,第130页。

② 《对于民族革命运动之议决案》(1925年1月),中共中央文献研究室、中央档案馆编:《建党以来重要文献选编(1921—1949)》第2册,中央文献出版社2011年版,第221页。

③ 参见《对于农民运动之议决案》(1925年1月),中共中央文献研究室、中央档案馆编:《建党以来重要文献选编(1921—1949)》第2册,中央文献出版社2011年版,第241—242页。

④ 《对于中央执行委员会报告之议决案》(1925年1月),中共中央文献研究室、中央档案馆编:《建党以来重要文献选编(1921—1949)》第2册,中央文献出版社2011年版,第213—214页。

党内政治教育做得很少,工农宣传不够深入的问题。① 历史经验的正确总结,对于下一阶段政策的提出有重要意义。总的来看,四大对历史经验的总结多指向保持共产党的独立性不够,没有在国民革命中取得领导权,这就为之后的决策提供了历史依据。蔡和森在回忆四大相关政策时就说,"是从经验中求出来的",他还说,四大通过的工农运动的决议案,"特别是较前更好",②在以前是找不着的,是因为在广东已有了很好的农民运动的经验。

大革命失败前夕,面对国内严峻局面,党的五大召开。陈独秀代表第四届中央执行委员会向大会作报告,对四大召开后两年来党的工作的经验教训进行总结。报告比较详细地回顾了两年来历次重大的政治事件,系统阐述了党在这些事件中的策略方针及其得失。他认为中央反对孙中山北上的策略"并不完全是正确的",之所以产生这种错误,不是缺乏工作积极性,而是不了解孙中山北上的意义,没有看到他北上对全国革命发展的影响。认为五卅运动期间,党已经注意到对军队的领导,并决定对军队的先进部分进行工作,"这方面没有任何错误。我们应当进一步加强我们在军队中的工作"。关于国共合作,报告指出发展和巩固国民党左派以反对右派,这点是正确的;而准备退出国民党,这种策略是不正确的。陈独秀认为他本人在这个问题上犯了错误,但共产国际代表的态度也不明确。关于北伐期间农民运动的蓬勃发展,报告认为这个策略没有错误,"我们必须继续实行",并应继续把农民吸收到党内来。关于中山舰事件后,中共中央对蒋介石采取的退让策略,陈独秀认为是正确的,对鲍罗廷等提出的镇压国民党右派以巩固左派联盟的观点,认为"也是正确的",但只是理论上正确,实际上不正确,因为当时中共没有足够的政治力量和军事力量进行反制。关于北伐,他认为党的政策对北伐只是原则上赞成,事实上"从来没有用实际行动积极地坚决地支持过北伐",并且由于把北伐看成是防御性质而态度消极,所以取

①　参见《对于宣传工作之议决案》(1925 年 1 月),中共中央文献研究室、中央档案馆编:《建党以来重要文献选编(1921—1949)》第 2 册,中央文献出版社 2011 年版,第 254—255 页。

②　蔡和森:《第四次大会》(1926 年),中共中央党史研究室、中央档案馆编:《中国共产党第四次全国代表大会档案文献选编》,中共党史出版社 2014 年版,第 88 页。

得的成果不大,等等。

谈到组织工作问题时,陈独秀进行了自我批评。他说,党中央机关很不健全,仅有 9 个中央委员,也不能经常在一起工作。经常在中央一起工作的只有两三个人,有时甚至只剩下一个人。"因此,中央自然而然就产生了独裁"。关于中央各部,他说党的四大后,"由我来主管组织部的工作",但后来组织部实际上是不存在了,因为不论是他还是其他人都没有在组织部里工作过。中央曾一度指派周恩来做组织部的工作,可是上海事件爆发后,周恩来又转做军事工作,因而组织工作又停顿下来了。职工委员会委员当中,李立三同志只是被算作职工委员会委员,实际上,他并没有参加工作。农民委员会委员毛泽东和其他委员划分了各自的所在地,起初没有做任何工作,而现在都聚集在武汉,开始了工作。宣传工作虽然做得比较好,但事实上他们主要是做了出版工作。军事委员会只是做了技术工作。妇女委员会只是增加了通告的数量。所以,关于今后党的组织建设问题,他提出党的五大必须选出更多的同志到中央工作,以加强党中央的领导力;必须把支部建设成真正能进行工作的组织。他还宣布计划创办一个可以收纳 500 人的党校,并准备出版一种党的日报。

其实,对中央机构的不健全,许多人都有同感。王若飞就曾批评说:"当时中央组织机构极不健全,最重要的中央组织部根本无专人负责,甚至连专门的工作人员也没有。陈独秀在政治上和组织上均实行其家长式的领导与机会主义的领导。秘书处是他下面的主要工作机关。"他还说:"应该承认我在当时对许多问题的认识都很幼稚,不能深刻认识陈的错误,盲目的信仰执行。自己应当负一部分很大责任。"①

总的来看,陈独秀的报告共分政治部分和党的部分两大内容。其中"革命的形势及其发展和党的策略",把从四大以来中国革命的发展分为四个时期,逐一分析了每个时期的重大历史事件,对诸如五卅运动和省港大罢工、三二〇事件、退出国民党、北伐等几个有争议的问题讲了自己的意见,承

① 《王若飞自传》,《关山渡若飞——王若飞百年诞辰纪念集》,中共党史出版社 1996 年版,第6页。

认党在一些问题上犯有一定的错误,并作了简单的自我批评。但他没有分析犯错误的原因,特别是关于退出国民党的问题,并没有详细讲明自己的思想,进行深入的分析和中肯的自我批评,更没有说明当时国共两党关系的现状,以及可能发生的变化。可以看出,他对这个问题的检讨自始至终是在一定压力之下的被迫表态,以致有些表述前后混乱,例如报告中说北京扩大会决议曾提出"准备退出国民党",接着又说关于这个问题"没有谈得十分清楚",①但实际上十月扩大会通过的《中国现时的政局与共产党的职任议决案》已经把这一问题表述清楚。罗易也对陈独秀的报告不满,他认为对于共产国际执行委员会代表团与中共中央联席会议就党的新路线提出的一些问题,陈独秀根本没有答复,总的来看,"陈独秀的报告遗留下了许多疑问"②。因为大会报告是根据共产国际执行委员会驻华首席代表罗易所写大纲进行起草,所以大会报告既有共产国际的强力干预,又有陈独秀的个人挣扎,因此,党的五大的大会报告没有能够正确总结经验教训,自然也就很难对大会的政策提供正确帮助。

大革命失败后,关于中国革命的经验教训亟待总结。党的六大对此进行了分析。大会认为,大革命失败的客观原因有五个方面:一是帝国主义力量强大,这是阻碍中国革命发展和胜利的最严重的困难之一;二是民族资产阶级背叛革命;三是地主领导的军队力量强大;四是工农发展的不平衡;五是小资产阶级的动摇。但这些客观原因不必然导致中国革命的失败,中国大革命失败的主观原因是"共产党指导机关的机会主义政策",一是对中国革命性质及联合战线的任务有不正确的观念,不能保持共产党的独立性,不能对革命同盟者实行阶级的批评,不去动员革命力量,准备群众力量,以求战胜自己暂时的同盟者之反动的企图,有时反而去阻止群众运动的发展,以迁就自己对于联合战线的不正确的观点;二是无独立性、无批评性只知让步

---

① 陈独秀:《在中国共产党第五次全国代表大会上的报告》(1927 年 4 月 29 日),中共中央党史研究室、中央档案馆编:《中国共产党第五次全国代表大会档案文献选编》,中共党史出版社 2015 年版,第 35—49 页。

② 罗易:《中国共产党第五次全国代表大会》(1927 年 5 月 12 日),中共中央党史研究室、中央档案馆编:《中国共产党第五次全国代表大会档案文献选编》,中共党史出版社 2015 年版,第 216 页。

政策,阻碍阶级斗争和土地革命,竟是自愿地断送革命的领导权。大会还强调了盲动主义和命令主义的危险性,指出"最主要的危险倾向就是盲动主义和命令主义,他们都是使党脱离群众的"①。

六大对大革命失败的经验教训的总结,基本是正确的,在一定程度上解决了很多党员思想上的疑惑,使他们面对敌强我弱的实际情况有更加清醒的认识。但共产国际的权威仍然高高在上,大会对共产国际对中国革命所起的消极影响,对大革命失败应负的责任丝毫没有提及,这不能不说是历史的遗憾。

党的七大是中国共产党在新民主主义革命时期召开的极其重要的,也是最后一次全国代表大会。大会还在筹备之中时,就明确提出大会要总结历史经验。1931 年 1 月,党的六届四中全会通过的决议案指出,"四中全会认为必须召集党的第七次全国代表大会",这次大会要"对于苏维埃运动经验""工业中心党的工作经验"②进行总结。1937 年 12 月,中央政治局又指出,党的七大"应当对党六次大会以来的革命斗争经验作一个基本的总结"③。

这次大会之所以作为"团结的大会,胜利的大会"载入史册,一个重要原因是在党的七大召开前,六届七中全会通过了《关于若干历史问题的决议》,系统总结了新民主主义革命 20 多年曲折发展的历史经验,克服了党内的错误思想,使全党特别是党的高级干部对中国民主革命的发展规律有了比较明确的认识。毛泽东指出:"总结经验也可以说是算账","把过去历史问题托付给七中全会解决比较好,以便自己集中力量解决抗战建国的任务"。④

---

① 《政治议决案》(1928 年 7 月 9 日),中共中央文献研究室、中央档案馆编:《建党以来重要文献选编(1921—1949)》第 5 册,中央文献出版社 2011 年版,第 391 页。

② 《中共六届四中全体会议决议案(节录)》(1931 年 1 月),中共中央党史研究室、中央档案馆编:《中国共产党第七次全国代表大会档案文献选编》,中共党史出版社 2015 年版,第 3 页。

③ 《中共中央政治局关于召集第七次全国代表大会的决议》(1937 年 12 月 13 日),中共中央党史研究室、中央档案馆编:《中国共产党第七次全国代表大会档案文献选编》,中共党史出版社 2015 年版,第 3 页。

④ 《对〈论联合政府〉的说明》(1945 年 3 月 31 日),《毛泽东文集》第三卷,人民出版社 1996 年版,第 276 页。

毛泽东在党的七大上对七七事变以来中国抗日战争的各项经验进行了总结,并将之概括为"人民战争"。指出共产党领导的抗日军队,之所以取得了空前的增长,之所以"成了中国抗日战争的主力军",是因为"紧紧地和中国人民站在一起,全心全意地为中国人民服务,就是这个军队的唯一的宗旨"。还由于有人民自卫军和民兵这样广大的群众武装组织,和它一道配合作战;由于它将自己划分为主力兵团和地方兵团两部分,前者可以随时执行超地方的作战任务,后者的任务则固定在协同民兵、自卫军保卫地方和进攻当地敌人方面。在全心全意为人民服务的宗旨之下,这个军队具有一往无前的精神,有一个很好的内部和外部的团结,有一个正确的争取敌军官兵和处理俘虏的政策,形成了为人民战争所必需的一系列的战略战术,形成了为人民战争所必需的一系列的政治工作,等等。毛泽东指出:"只有这种人民战争,才能战胜民族敌人。国民党之所以失败,就是因为它拼命地反对人民战争。"①

朱德对此作了进一步补充,指出,在政治上,就是以实行民主政治和改善人民经济生活的方法,实现了全民总动员和巩固的民族团结,合千百万人之心为一心,同仇敌忾,造成人民战争的真正基础。在此基础上,把解放区人民的抗战积极性和民族自信心发扬到最高度;把军民团结和官兵团结发扬到最高度;能够在极困难条件下,实行了精兵简政的政策;能够以深入的政治工作去动摇敌军军心和瓦解与争取伪军;实现了政治的统一、军队的统一以及政治与军事的统一,从而打破了敌伪的"总力战"。在经济上,改善人民的经济生活,首先的和主要的,就是实行减租减息,而另一方面,又规定交租交息,这是保证农民占人口百分之八十到九十的解放区在经济上坚持抗战的基础。在军事上,不是军队单独进行作战,而是以人民大众共同作战的灵活配合来进行。这种战争是主力兵团与地方兵团的配合作战,是正规军与游击队、民兵和人民自卫军的配合作战。朱德指出:"人民的军队、人民的战争、人民的战略战术,三者是一致的东西,这三者一致的东西造成了

---

① 毛泽东:《论联合政府》(1945年4月24日),《毛泽东选集》第三卷,人民出版社1991年版,第1039、1041页。

各解放区战场,又恰是各解放区战场作战的特点。"①

关于统一战线的工作经验,周恩来从敌人、队伍和领导权三个方面进行了总结。周恩来认为,关于敌人,敌人营垒是会变化的。右的观点把昨天是朋友而今天已成为敌人的人仍当作朋友,"左"的观点把昨天是敌人而今天可能成为朋友的人当作敌人,我们应该很好地分析,运用毛泽东同志的利用矛盾、争取多数、反对少数、各个击破的方针,才不会犯"左"的、右的错误。关于队伍,新民主主义统一战线,有无产阶级,有农民,有小资产阶级,有自由资产阶级,甚至有时有些大地主、大资产阶级也来参加,所以这个队伍很大,很复杂,力量不平衡,不容易统一。对这样一个队伍要弄得很清楚,要会分析,懂得怎么争取队伍的大多数,反对这个队伍中和我们争领导权的少数人,同他们斗争。不懂得这一点就要犯错误。关于领导权,是统一战线中最集中的一个问题。右的是放弃领导权,"左"的是把自己孤立起来,成了"无兵司令""空军司令"。可以说右倾是把整个队伍送出去,"左"倾是把整个队伍推出去。② 这些认识是中国共产党艰苦抗战的宝贵经验总结,对大会制定下一阶段的路线方针政策提供了历史参考。

党的七大把党在长期奋斗中形成的优良传统和作风概括为三大作风,即理论和实践相结合的作风,和人民群众紧密联系在一起的作风,自我批评的作风。这是共产党区别于其他政党的显著标志,是使党的路线、方针得以顺利贯彻的根本保证。七大强调:"全心全意地为人民服务,一刻也不脱离群众;一切从人民的利益出发,而不是从个人或小集团的利益出发;向人民负责和向党的领导机关负责的一致性;这些就是我们的出发点。""共产党人的一切言论行动,必须以合乎最广大人民群众的最大利益,为最广大人民群众所拥护为最高标准。"③反对脱离群众的命令主义、官僚主义等错误

① 朱德:《论解放区战场》(1945 年 4 月 25 日),中共中央文献研究室、中央档案馆编:《建党以来重要文献选编(1921—1949)》第 22 册,中央文献出版社 2011 年版,第 259 页。
② 参见周恩来:《论统一战线》(1945 年 4 月 30 日),中共中央文献研究室、中央档案馆编:《建党以来重要文献选编(1921—1949)》第 22 册,中央文献出版社 2011 年版,第 291—319 页。
③ 《论联合政府》(1945 年 4 月 24 日),《毛泽东选集》第三卷,人民出版社 1991 年版,第 1094—1096 页。

倾向。

党的七大总结了中国新民主主义革命20多年曲折发展的历史经验,制定了正确的路线、纲领和策略,克服了党内的错误思想,使全党特别是党的高级干部对中国民主革命的发展规律有了比较明确的认识,从而使全党在马克思列宁主义、毛泽东思想的基础上达到了空前的团结。

综上所述,民主革命时期历次党的全国代表大会都把回顾和总结历史经验放在第一位,对好的工作经验进行总结,对出现的问题实事求是地进行批评,并将这些内容作为制定下一步工作方略的宝贵经验,体现了中国共产党人对历史的尊重,对工作的极端负责,对统一思想、凝聚力量的深刻认识。

第二节　分析判断形势

制定正确的路线方针政策,除了总结经验教训外,还必须建立在对形势的清醒分析判断上。党的历次全国代表大会都注重分析和判断世情国情党情,并以此作为进行下一步决策的重要现实依据。

中国共产党从成立时起就对当时的政治状况进行讨论分析,但由于党还处在幼年时期,这种讨论分析还比较简单。在党的一大上,北京党组织清楚地分析了社会现状:"黑暗的政治局势和包围着我们的腐败的社会,许多令人难以容忍的社会不公平以及悲惨的经济生活状况,所有这一切都是易于引起革命爆发的因素。"所以能否引导工人走上革命的道路,"取决于我们高举红旗进行斗争的努力程度"。① 据李达回忆,大会还讨论了《中国共产党第一次代表大会的宣言》草案,对中国社会进行了分析。认为中国已有产业工人一百余万,手工工人一千余万,这一千多万的工人,能担负着社会革命的使命,工人阶级受着帝国主义与封建势力的双重剥削和压迫,已陷

---

① 《北京共产主义组织的报告》(1921年7月),中共中央文献研究室、中央档案馆编:《建党以来重要文献选编(1921—1949)》第1册,中央文献出版社2011年版,第14页。

于水深火热的境地,只有自己起来革命,推翻旧的国家机关,建立劳工专政的国家,没收内外资本家的资产,建设社会主义经济,才能得到幸福生活。宣言草案中也分析了当时南北政府的本质,主张北洋封建政府必须打倒,但对孙中山的国民政府也表示了不满。有人说"南北政府都是一丘之貉",但多数意见则认为孙中山的政府比较北洋政府是进步的,因而把宣言中的语句修正通过了,但这个宣言后来放在陈独秀的皮包中,没有下落。① 陈潭秋也回忆说,会上对如何看待孙中山有争论,有人认为共产党与孙中山是代表两个不同的阶级,中间不应有任何妥协,因此对孙中山应对北洋军阀一样看待,"甚至要更坏一些"。但这种观点受到多数人的反对,通过讨论,大家更多地认为,"一般的对孙文学说应带有批判性的来对待",对其进步行动应拥护,采取党外形式的合作。陈潭秋认为,大家讨论通过的这一原则,"可以说与今后共党和国民党中间的合作放下了基石,同时也为发展反军阀和反帝运动的基础"。② 除此之外,由于材料缺乏,没有看到更加深入的分析。从与会代表的回忆来看,多位代表都对会上发生的争论有明确回忆,争论的焦点在党的基本任务和组织原则,包括是否应该做官或者国会议员,但没有人回忆称对时局有过争论,由此推断,与会代表对于时局的分析讨论得较少。蔡和森也回忆说,从二大起,"我党才开始分析中国社会的政治经济"③。总的来看,初生的中国共产党对中国国情还了解不多,还不懂得民主革命与社会主义革命的区别和联系。

党的二大对国际国内局势进行了分析讨论。据李达回忆,张国焘根据他从苏联带回来的英文打字的宣传品,分析了国际局势,同时与会代表又研

① 参见李达:《中国共产党的发起和第一次第二次代表大会经过的回忆》(1955 年 8 月 2 日),中共中央党史研究室、中央档案馆编:《中国共产党第一次全国代表大会档案文献选编》,中共党史出版社 2015 年版,第 107—108 页。

② 陈潭秋:《中共第一次大会的回忆》(1936 年六七月),中共中央党史研究室、中央档案馆编:《中国共产党第一次全国代表大会档案文献选编》,中共党史出版社 2015 年版,第 124—125 页。

③ 蔡和森:《中国共产党史的发展(节录)》(1926 年),中共中央党史研究室、中央档案馆编:《中国共产党第二次全国代表大会档案文献选编》,中共党史出版社 2014 年版,第 132 页。

究了国内局势,并据此提出党对时局的主张。① 大会通过《中国共产党第二次全国代表大会宣言》,宣言分析了资本主义、帝国主义列强侵略中国和中国社会演变为半殖民地半封建社会的历史,认为自鸦片战争起,"帝国主义的列强在这八十年侵略中国时期之内,中国已是事实上变成他们共同的殖民地了"。军阀势力也受到帝国主义的操控,阻挠国内资本主义的发展和国家的统一。宣言着重指出:"各种事实证明,加给中国人民(无论是资产阶级、工人或农民)最大的痛苦的是资本帝国主义和军阀官僚的封建势力,因此反对那两种势力的民主主义的革命运动是极有意义的,即因民主主义革命成功,便可得到独立和比较的自由。"② 正是基于对中国国情的正确分析,二大宣言初步阐明了中国革命的性质、对象、动力、策略、任务和目标,指明了中国革命的前途。这就是:革命的性质是民主主义革命;革命的对象是帝国主义和封建军阀;革命的动力是工人、农民和小资产阶级,民族资产阶级也是革命的力量之一;革命的策略是组成各阶级的联合战线;革命的任务和目标是打倒军阀,推翻国际帝国主义的压迫,实现中华民族的独立和中国的统一;革命的前途是向社会主义革命转变。中国共产党成立仅一年的时间,就能对中国的革命形势作出正确的判断,充分体现了马克思主义与中国革命实际相结合的理论威力。

党的三大通过的《中国共产党党纲草案》集中反映了大会对当时局势的分析判断。该草案认为,帝国主义列强在中国取得了治外法权、协定关税等权利,使他们支配了中国重要的经济生活和政治生活。随着列强商品的在华倾销,只有极少数的官僚和财阀趁火打劫得了些便宜,大多数的中产阶级和劳动平民一天天失去了生活保障。失业的人越多,单薄的工商业体系越不能收容,兵和匪就越多。中国军阀大都依赖列强生存,一战后,列强在华冲突更多以其代理人(军阀)之间的战争表现。在此影响下,中国的经

---

① 参见李达:《第二次代表大会经过的回忆》(1955 年 8 月 2 日),中共中央党史研究室、中央档案馆编:《中国共产党第二次全国代表大会档案文献选编》,中共党史出版社 2014 年版,第 145 页。

② 《中国共产党第二次全国代表大会宣言》(1922 年 7 月),中共中央文献研究室、中央档案馆编:《建党以来重要文献选编(1921—1949)》第 1 册,中央文献出版社 2011 年版,第 122、132 页。

济,"在帝国主义及军阀统治之下,永无独立及充分发展之可能,中国幼稚的无产阶级自然亦极难发展集中其争斗力",这种情况的革命,第一步"且仅能行向国民革命"。① 大会对帝国主义和中国军阀的分析基本上是正确的,但受共产国际影响,大会对国共两党及其代表的阶级力量作了片面估计,大会还认为中国工人阶级尚未成为一个"独立的社会势力",革命领导权应属于资产阶级,"中国国民党应该是国民革命之中心势力,更应该立在国民革命之领袖地位"。② 正是在这种认识的基础上,党的三大作出同国民党合作的决议。但因为大会对国民党内的复杂情况和日后可能发生的变化估计不足,多少埋下了后来陈独秀妥协退让错误的种子。这反映了党还处在缺乏经验的幼年时期。

国共合作一年后,党的四大在总结合作经验的基础上,正确分析了国际国内形势。关于国际形势,指出:欧美资本制度发达国家的"无产阶级的社会革命运动"和东方殖民地半殖民地国家的"多阶级的民族革命运动"汇合起来,才是整个的世界革命,其目的都是推翻帝国主义。关于国内形势,认为中国处于"国内军阀政治崩溃速力加增之时期",③表现在旧军阀倒台,新军阀尚未能巩固自己的势力。在这种形势下,中国的国民运动有着更大的发展机会。工人阶级应该趁此机会反守为攻。"因此工人阶级与民族运动到了这个时候,已经开始实际上的结合"④,工人运动要注意保持独立性,工人阶级要坚持领导地位。对于农民运动,大会也进行了正确分析,指出农民是社会的重要组成部分,占全国人口的百分之八十,"所以农民问题在中国尤其在民族革命时代的中国,是特别的重要"。中国共产党和工人阶级要

①　参见《中国共产党党纲草案》(1923 年 6 月),中共中央文献研究室、中央档案馆编:《建党以来重要文献选编(1921—1949)》第 1 册,中央文献出版社 2011 年版,第 248—255 页。

②　《中国共产党第三次全国代表大会宣言》(1923 年 6 月),中共中央文献研究室、中央档案馆编:《建党以来重要文献选编(1921—1949)》第 1 册,中央文献出版社 2011 年版,第 276 页。

③　《对于中央执行委员会报告之议决案》(1925 年 1 月)、《对于民族革命运动之议决案》(1925 年 1 月),中共中央文献研究室、中央档案馆编:《建党以来重要文献选编(1921—1949)》第 2 册,中央文献出版社 2011 年版,第 215、212 页。

④　《对于职工运动之议决案》(1925 年 1 月),中共中央文献研究室、中央档案馆编:《建党以来重要文献选编(1921—1949)》第 2 册,中央文献出版社 2011 年版,第 228 页。

想领导中国革命取得成功,必须尽可能地鼓动并组织各地农民开展经济和政治斗争,指出没有这种努力,"我们希望中国革命成功以及在民族运动中取得领导地位,都是不可能的"。① 大会对局势的分析明确点出了要争取民主革命领导权的问题,同时也提出要重视农民问题,这就为四大的决策提供了现实依据。代表们在会上讨论陈独秀的报告时,完全同意中央执行委员会针对中国政局的分析。讨论国民革命问题时,几乎毫无争议地通过了陈独秀同志的提纲。②

　　党的五大对大革命失败前夕的严峻局势进行了分析,在一些问题上的分析是正确的,但在另外一些问题尤其是总体分析上是不正确的。大会认为,中国农民同时受到两种剥削:封建制度式的剥削和资本主义式的剥削,再加上军阀的榨取,"致使农民陷于永久的饥饿之中",在这中间,帝国主义的侵略与中国农民问题有"极密切的联系"。③ 这个分析是正确的,但大会对资产阶级的分析是有问题的。大会认为资产阶级已经背叛革命,"渐次变成帝国主义在中国的新工具",因而据此分析提出了过于激进的措施,"要极力从政治上经济上向资产阶级勇猛的进攻,一直到要求没收一切银行、矿山、铁路、轮船、大企业、大工厂等归国有的实现"④。大会通过的《政治形势与党的任务议决案》认为,四大以来中共党员数量迅速增长,党的影响日益扩大,"本党已成为群众的党了",认为中国的资产阶级已经背叛,共产党要与国民党争夺国民革命的领导权,中国革命已经发展到建立"工农小资产阶级之民主独裁制"的阶段,"应该以土地革命及民主政权之政纲去号召农民和小资产阶级"⑤,使革命向非资本主义前途发展。大会一方面把

---

① 《对于农民运动之议决案》(1925年1月),中共中央文献研究室、中央档案馆编:《建党以来重要文献选编(1921—1949)》第2册,中央文献出版社2011年版,第239页。

② 参见《瞿秋白给鲍罗廷的信》(1925年1月26日于上海),中共中央党史研究室第一研究部译:《共产国际、联共(布)与中国革命档案资料丛书》第1卷,北京图书馆出版社1997年版,第573页。

③ 《土地问题议决案》(1927年4月27日—5月9日),中共中央文献研究室、中央档案馆编:《建党以来重要文献选编(1921—1949)》第4册,中央文献出版社2011年版,第187、188页。

④ 《职工运动议决案》(1927年4月27日—5月9日),中共中央文献研究室、中央档案馆编:《建党以来重要文献选编(1921—1949)》第4册,中央文献出版社2011年版,第196—197页。

⑤ 《政治形势与党的任务议决案》(1927年4月27日—5月9日),中共中央文献研究室、中央档案馆编:《建党以来重要文献选编(1921—1949)》第4册,中央文献出版社2011年版,第176、182、180页。

蒋介石的叛变看作整个资产阶级的叛变,把民族资产阶级当作革命的对象,从而混淆了民主主义革命同社会主义革命的界限;另一方面把由汪精卫、唐生智等人控制的武汉政府当作工人、农民和小资产阶级的联盟,对他们仍抱有很大幻想,对其公开叛变革命的严重危险缺乏清醒的认识和足够的精神准备,有一种盲目的乐观情绪,在已经发生四一二反革命政变的情况下,大会仍认为"现在是中国国民革命发展到了最高的决战时期"①,客观的环境,无论国内国际,都对于革命是有利的,并且"现时革命的进展,正向着彻底胜利的道路上走去"②。五大对时局的总体判断是不正确的,自然也就不能为正确决策提供依据。在民主革命时期,除五大外,党的全国代表大会基本都能对世情国情党情作出正确的分析和判断,因而促进革命的发展。

在五大的大会讨论中,瞿秋白曾散发自己所写《中国革命中之争论问题》一书,该书针对陈独秀、彭述之等人提出由机会主义的理论和政策,着重论述了无产阶级同资产阶级争夺领导权问题,以及农民土地、武装斗争等问题。一些代表同意瞿秋白书中的观点,但大会对这方面的讨论不够重视。李立三回忆说,瞿秋白"这本小册子在当时并没有能引起全党同志严重的注意,甚至在五次大会时也没有很热烈的讨论,于是党的机会主义的危险,并没有能挽救过来"③。

大革命失败后,在如何认识当时的社会性质,如何看待革命的性质、对象、动力、前途等关系革命成败的重大问题上,党内存在着认识上的分歧和争论。1927年11月,党内出现"左"倾盲动错误,更加表明正确估计形势,正确认识中国革命基本问题的极端重要性。因此,尽快召开党的全国代表大会统一全党思想已刻不容缓。几经周折,共产国际和中共中央决定党的

①　《中国共产党第五次全国代表大会宣言》(1927年5月),中共中央文献研究室、中央档案馆编:《建党以来重要文献选编(1921—1949)》第4册,中央文献出版社2011年版,第223页。

②　《中国共产党第五次全国代表大会为"五一"节纪念告中国民众书》(1927年5月1日),中共中央文献研究室、中央档案馆编:《建党以来重要文献选编(1921—1949)》第4册,中央文献出版社2011年版,第225页。

③　李立三:《一九二五年至一九二七年中国大革命的教训》,中央档案馆编:《中共党史报告选编》,中共中央党校出版社1982年版,第297页。

六大在莫斯科召开。

党的六大对有关中国革命存在争论的一系列问题作出基本正确的回答。布哈林代表共产国际作了大会第一个报告,也是分量最重的政治报告,在革命形势和党的任务问题上,明确指出中国仍然是半殖民地半封建社会,明确中国现阶段的革命是资产阶级民主革命,明确帝国主义的力量很强大,国内反动各阶级也一致压迫革命,革命暂时处于低潮,党的总路线是争取群众。党的中心工作不是千方百计地组织暴动,而是做艰苦的群众工作,积蓄力量,要坚决反对盲动主义和命令主义。① 大会所作决议遵循了共产国际的分析,认为中国革命现在阶段的性质是资产阶级性的民权主义革命。认为中国革命目前阶段为已转变到社会主义性质的革命的观点、认为中国现时革命为"无间断革命"的观点都是错误的。"因为:(一)国家真正的统一并未完成,中国并没有从帝国主义之下解放出来;(二)地主阶级的私有土地制度并没有推翻,一切半封建余孽并没有肃清;(三)现在的政权,是地主、军阀、买办、民族资产阶级的国家政权,这一反动联盟依靠着国际帝国主义之政治的经济的威力"②。

以上分析基本上是正确的,但党的六大对中国革命的长期性估计不足。布哈林在党的六大所作的政治报告中提出关于世界革命形势和任务分为三个时期的想法,并认为1928年以后,进入第三时期,即帝国主义国家之间的帝国主义战争、帝国主义国家的反苏战争、反对帝国主义及帝国主义者武装干涉的民族解放战争和大规模的阶级搏斗的时期。这一时期,资本主义总危机急剧尖锐化必然引起战争,战争引起革命,从而不可避免地导致资本主义制度的总崩溃。为此各国党应当反右倾,实行进攻路线。这一理论实际上反映的是共产国际和斯大林的观点。六大虽然承认当前没有革命高潮,不具备立即举行全国武装起义的条件。但大会接受共产国际关于世界已进

---

① 参见《中国革命与中共任务——共产国际代表布哈林在中国共产党第六次全国代表大会上的政治报告》(1928年6月19日),中共中央党史研究室、中央档案馆编:《中国共产党第六次全国代表大会档案文献选编》上卷,中共党史出版社2015年版,第225—257页。

② 《政治议决案》(1928年7月9日),中共中央文献研究室、中央档案馆编:《建党以来重要文献选编(1921—1949)》第5册,中央文献出版社2011年版,第377页。

入资本主义总危机的"第三时期"理论,对敌我力量对比悬殊和革命低潮的长期性估计不足,认为革命高潮很快就会到来,到那时可以发动武装起义,夺取革命在一省或数省的胜利,以至整个推翻国民党新军阀的统治。

受此影响,瞿秋白在大会上所作书面的政治报告中认为,中国社会当时存在着五大矛盾:第一,帝国主义之间的矛盾。第二,帝国主义和中国的矛盾。第三,豪绅、军阀之间的矛盾。第四,豪绅、地主与资产阶级的矛盾。第五,农民和地主、劳动和资本的根本矛盾。他认为,中国这许多矛盾的错综纠葛,"并没有得着丝毫妥协改良式的解决,并且更加深入与激厉(励)起来,这是很明显的"。据此,他得出结论,广州起义的失败,不但不是全国的失败,而是全国革命胜利的序幕。中国革命显然是高涨的,"武装暴动夺取政权的总策略仍旧是目前的问题,而且更加要求更具体的解答"。① 他在大会的口头政治报告中将中国的革命形势概括为三点:"(一)广州暴动开始革命的新阶段,苏维埃的阶段。(二)革命客观上是走向高潮,是向上涨而非低落,亦非停滞。(三)现在革命的高潮还没有,但是许多高潮将到的象征已经可见。"②党对中国革命形势的错误估量,是后来六大路线未能坚持下去,党内连续发生"左"倾错误的重要原因之一。

党的六大对中国社会的阶级关系缺乏正确认识,否认存在中间营垒,把民族资产阶级当作最危险的敌人。斯大林及共产国际在对党的六大的指导中,没有认识到导致中国共产党对革命基本问题产生错误认识的,正是他的中国革命"三阶段"论中对中国社会阶级的不正确分析。在这种情况下,六大以斯大林的这一理论作为指导,在对中国革命基本问题的认识上出现了矛盾,一方面正确地认定中国革命的性质是资产阶级民主革命,而另一方面则错误地认为民族资产阶级是最危险的敌人。提出"资产阶级性的民权革

---

① 瞿秋白:《中国革命与共产党——关于一九二五年至一九二七年中国革命的报告》(1928年4月),中共中央党史研究室、中央档案馆编:《中国共产党第六次全国代表大会档案文献选编》(上卷),中共党史出版社2015年版,306—310页。

② 瞿秋白:《在中国共产党第六次全国代表大会上的政治报告》(1928年6月20日),中共中央文献研究室、中央档案馆编:《建党以来重要文献选编(1921—1949)》第5册,中央文献出版社2011年版,第292页。

命阶段之中的动力现在只是中国的无产阶级和农民",而中国民族资产阶级已经背叛革命,走到帝国主义、豪绅地主的反革命营垒,因此,中国现时资产阶级性的民权革命必须反对民族资产阶级方能胜利,"因为民族资产阶级是阻碍革命胜利的最危险的敌人之一"。① 这样,在实践中不可避免地会导致把应当争取和可能争取的广大中间阶级、阶层推到敌人一边,在政策上则容易出现混淆革命性质的"左"倾错误。

党的七大召开时已是抗日战争胜利前夕。大会在完全独立自主的情况下,总结了全民族抗战的经验,对抗战胜利前夕复杂的国内外局势进行了正确分析。大会认为,在国际上,苏军已经攻击柏林,英美法联军正在配合打击希特勒残军,意大利人民已经发动了起义。这一切将最终消灭希特勒,希特勒被消灭后,打败日本侵略者就为时不远了。在国内,经过长期战争的锻炼,中国人民已经大大提高了觉悟和团结的程度,而且有了强大的中国解放区和日益高涨的全国性的民主运动,又面临着第二次世界大战胜利的有利的国际形势。因此,同中国近百年来历次人民斗争的失败和挫折相比较,这一次不同了,已经存在着避免失败和取得胜利的一切必要条件。中国人民克服一切困难,实现其具有伟大历史意义的基本要求的时机,已经到来了。这是一个光明的前途。大会同时指出,在中国人民面前,还有很大的困难。这是因为抗战以来国民党与共产党两条不同抗战路线,将造成两种截然不同的结果,使抗日战争在有利的形势下又潜藏着极大的危机。这是一切中国问题的关键所在。大会尖锐地指出:由于国民党继续实行法西斯独裁统治,拒绝进行民主改革,由于它不是将重点放在反对日本侵略者方面,而是放在反人民方面,即使日本侵略者被打败了,中国仍然可能发生内战,将中国拖回到痛苦重重的、不独立、不自由、不民主、不统一、不富强的老状态中去。这就是一个黑暗的前途。中国将面临着两个前途、两种命运的挑战。中国共产党的任务就是和全国人民一道克服各种困难,竭尽全力去争取光明的前途。毛泽东充满自信地说:"一百多年来无数先烈所怀抱的宏大志

---

① 《政治议决案》(1928年7月9日),中共中央文献研究室、中央档案馆编:《建党以来重要文献选编(1921—1949)》第5册,中央文献出版社2011年版,第378页。

愿,一定要由我们这一代人去实现,谁要阻止,到底是阻止不了的。"①正是在对时局正确判断的基础上,大会得出两个前途、两种命运的可能走向,并据此制定了争取光明前途的正确决策。

七大还在党的文件中首次明确要以生产力标准来分析评判一个政党的历史作用。毛泽东指出:"中国一切政党的政策及其实践在中国人民中所表现的作用的好坏、大小,归根到底,看它对于中国人民的生产力的发展是否有帮助及其帮助之大小,看它是束缚生产力的,还是解放生产力的。"②以此标准来看,中国共产党领导中国人民打败日本侵略者,实行土地制度改革以解放农民,中华人民共和国成立后又为中国的工业化和农业近代化而不断奋斗,允许资本主义在内的各种有利于中国社会进步的经济成分存在,都是为了解放和发展中国的社会生产力,归根到底,是为了人民对安定和谐和美好生活的向往。

综上所述,对形势的分析判断,是历次党的全国代表大会的重要任务。但由于党在幼年时期,再加上共产国际的影响,在一大到六大对形势的判断中,有一些不足之处,但从总体来看,党的全国代表大会始终高度重视对国内外局势的判断分析,并在共产国际解散后,实现了完全独立自主的正确分析判断,中国共产党已经从幼年走向成熟。

第三节 制定重大方针政策

作为党的最高领导机关,制定和确立今后一个时期的大政方针和行动纲领是党的全国代表大会的核心任务。

党的一大通过的《中国共产党第一个纲领》,确定党的名称为"中国共

① 《论联合政府》(1945年4月24日),《毛泽东选集》第三卷,人民出版社1991年版,第1053页。
② 《论联合政府》(1945年4月24日),《毛泽东选集》第三卷,人民出版社1991年版,第1079页。

产党",旗帜鲜明地把实现社会主义、共产主义作为自己的奋斗目标,并坚持用革命的手段来实现这个目标。纲领指出,革命军队必须与无产阶级一起推翻资本家阶级的政权;承认无产阶级专政,直到阶级斗争结束,即直到消灭社会的阶级区分;消灭资本家私有制,没收机器、土地、厂房和半成品等生产资料,归社会公有。纲领还明确提出"党的根本政治目的是实行社会革命"。①

在一大会上,因为共产党是工人阶级政党,"大家都认定如何深入到劳工群众中去,如何发动工人和组织工人是我们的党当前的一个重要任务,所以把劳动运动的计划提出作为一个重要的问题来讨论",大家纷纷发言,"这一问题讨论了很久"。② 经过深入讨论,为同纲领规定的奋斗目标相适应,在党员数量很少的情况下,大会要求集中力量领导工人运动,首先是组织工会和教育工人。大会通过《中国共产党第一个决议》,规定"本党的基本任务是成立产业工会"③,党应在工会里灌输阶级斗争的精神,要派党员到工会去工作,工人学校应逐渐变成工人政党的中心机构,应由各个产业部门的领导人、有觉悟的工人和党员组成研究机构,研究产业工会组织的工作方法等问题。但以上还只能说是原则性的方针,还谈不上是具体政策。作为工人阶级的先锋队,党一成立就注意同本阶级建立密切的联系,这是它的一个突出优点。

党的二大明确提出党的奋斗目标分为最低纲领和最高纲领。在二大讨论期间,据李达回忆,大会分成几个小组讨论各项问题,会上第一次提出反帝反封建的口号,认为中国人民的敌人主要是帝国主义和封建主义。④ 经

①　《中国共产党第一个纲领》(1921 年 7 月),中共中央文献研究室、中央档案馆编:《建党以来重要文献选编(1921—1949)》第 1 册,中央文献出版社 2011 年版,第 1 页。

②　包惠僧:《共产党第一次全国代表会议前后的回忆》(1953 年八九月),中共中央党史研究室、中央档案馆编:《中国共产党第一次全国代表大会档案文献选编》,中共党史出版社 2015 年版,第 162—163 页。

③　《中国共产党第一个决议》(1921 年 7 月),中共中央文献研究室、中央档案馆编:《建党以来重要文献选编(1921—1949)》第 1 册,中央文献出版社 2011 年版,第 4 页。

④　参见李达:《第二次代表大会经过的回忆》(1955 年 8 月 2 日),中共中央党史研究室、中央档案馆编:《中国共产党第二次全国代表大会档案文献选编》,中共党史出版社 2014 年版,第 145 页。

过讨论,二大通过的大会宣言在深入分析国内国际形势的基础上,明确提出了党的奋斗目标,分为最低纲领和最高纲领,最低纲领是:消除内乱,打倒军阀,建设国内和平;推翻国际帝国主义的压迫,达到中华民族完全独立;统一中国为真正的民主共和国。最高纲领是:"组织无产阶级,用阶级斗争的手段,建立劳农专政的政治,铲除私有财产制度,渐次达到一个共产主义的社会"①。党的二大宣言坚持了一大纲领所规定的党的最终奋斗目标,即党的最高纲领。

党的二大第一次将党在民主革命中要实现的目标同将来进行社会主义革命要实现的长远目标结合起来,不仅明确提出了反对帝国主义、反对封建主义的民主革命任务,还指出了要通过民主革命进一步创造条件,实现社会主义和共产主义。这是中国共产党人对中国国情和中国革命问题认识的一次深化,是党把马克思主义基本原理同中国革命实际相结合的一个重要成果。它为灾难深重的中华民族获得独立和解放、为中国革命的正确前行指明了方向。从党的一大确定直接进行社会主义革命,到党的二大确定首先进行民主革命然后再进行社会主义革命,这是党的战略方针的一次重大转变。

为了贯彻党的民主革命纲领,二大通过了《关于"工会运动与共产党"的议决案》《关于议会行动的决议案》等9个决议案,对工人运动、青年运动、妇女运动作出部署。《关于"工会运动与共产党"的议决案》提出,工会是保护工人切身利益和为工人利益奋斗的机关,"劳动者应该享受劳动者所创的东西",是工会工作的出发点。工会两个最重要的任务,一是要代表工人跟雇主签订团体契约,二是为工人争取同工同酬,前者的成功,"可使工人对工会增加了信赖",后者的成功,"可免除工人们中间的相冲突,做到了阶级团结的一致"。该议决案还认为,资本家与工人之间的利益没有共同点,所以工会不但不要去调和资本家和劳动者的利益,还要使这种争斗更加紧张,"一个争斗接着一个争斗",工会最主要的活动是与资本家和政府

---

① 《中国共产党第二次全国代表大会宣言》(1922年7月),中共中央文献研究室、中央档案馆编:《建党以来重要文献选编(1921—1949)》第1册,中央文献出版社2011年版,第133页。

斗争,"因为工会是一战斗的团体"。① 关于青年运动,指出凡是受到掠夺的青少年所在的地方,都是青年团应该活动的地方,要在这些地方组织他们,引导他们做种种斗争,"这是吸引他们归依共产主义革命队伍旗帜最有效的道路"②。关于妇女运动,《关于妇女运动的决议案》指出,一是要帮助妇女获得普通选举权及一切政治上的权利与自由;二是保护女工及童工的利益;三是打破旧社会一切礼教习俗的束缚。③

党的二大通过《中国共产党加入第三国际决议案》,指出"第二次全国大会议决正式加入第三国际,完全承认第三国际所决议的加入条件二十一条,中国共产党为国际共产党之中国支部"④。这样,中国共产党正式加入了共产国际,成为其下属的一个支部。共产国际从此与中共确立了上下级的直接工作关系。对于年青的中国共产党来说,这在当时是一种必然的抉择。从此,中国共产党可以光明正大地借鉴俄国革命的经验教训,汇入国际共产主义运动的洪流中,减少革命道路上的曲折。但任何事情都是有利有弊,加入共产国际,就预示着中国共产党必须执行共产国际代表大会及其执委会的一切决议,服从共产国际的统一领导。而远在莫斯科的共产国际领导人对中国缺乏了解,作出的决定也就很难完全符合中国的实际情况。

按照一大、二大制定的行动纲领,中国共产党迅速投入到实际斗争中。在党的二大前后,党领导的工人运动风起云涌,掀起了中国工人运动的第一次高潮。以1922年1月香港海员大罢工为起点的工人斗争,在1922年下半年到1923年初走向了高潮。在持续13个月的时间里,全国发生了大小罢工100余次,参加人数在30万以上。其中湖南区、武汉区和北方区的工

---

①　《关于"工会运动与共产党"的议决案》(1922年7月),中共中央文献研究室、中央档案馆编:《建党以来重要文献选编(1921—1949)》第1册,中央文献出版社2011年版,第151—153页。

②　《关于少年运动问题的议决案》(1922年7月),中共中央文献研究室、中央档案馆编:《建党以来重要文献选编(1921—1949)》第1册,中央文献出版社2011年版,第157页。

③　参见《关于妇女运动的决议案》(1922年7月),中共中央文献研究室、中央档案馆编:《建党以来重要文献选编(1921—1949)》第1册,中央文献出版社2011年版,第161页。

④　《中国共产党加入第三国际决议案》(1922年7月),中共中央文献研究室、中央档案馆编:《建党以来重要文献选编(1921—1949)》第1册,中央文献出版社2011年版,第141页。

人运动尤为引人注目。马林在致共产国际执行委员会的信中,评价说:"最重大的进步是在工会组织方面。已组织过几起著名的罢工。"①党领导的早期的新型农民运动也在浙江萧山、广东海陆丰和湖南衡山等部分地区逐步展开。青年运动也出现了新局面,1922 年 5 月,中国社会主义青年团第一次全国代表大会在广州召开。

党的三大是党的历史上第一次专门研究统一战线问题的全国代表大会。大会对国共合作问题展开热烈讨论,大家对局势的分析没有分歧,都认为反帝反封建的国民革命是中国革命的重要任务,但在具体合作方式上有不同意见。陈独秀和马林认为全体共产党员、产业工人都应参加国民党;张国焘、蔡和森等反对全体共产党员特别是产业工人加入国民党,认为那样做会取消共产党的独立性。经过两天的讨论,大会接受共产国际关于国民党合作的指示,通过《关于国民运动及国民党问题的议决案》《中国共产党第三次全国代表大会宣言》等文件,决定采取共产党员以个人身份加入国民党的方式实现国共合作。

事实证明,统一战线问题的解决,对当时乃至以后革命运动的发展,都具有重大意义。虽然统一战线在当时不可能非常完善,肯定有这样那样的缺点,但通过三大,至少对建立统一战线问题、国共合作问题有了比较紧迫和深刻的认识,由此开始了在中国不断努力解决统一战线问题的进程。从党的三大起,中国共产党不断地研究、探索、完善统一战线政策,使其成为中国共产党夺取革命胜利的三大法宝之一。这个法宝,不仅适用于革命战争的烽火岁月,也适用于社会主义的和平建设时期。面向未来,这个法宝对于促进中华民族的大团结,促进祖国和平统一的最终实现,依然不可或缺。

党的三大还通过了关于工农运动、青年运动和妇女运动等议决案。这些议决案都是经过大会积极讨论后进行表决通过的。张国焘在向共产国际代表的汇报中说,"我们看到出席党的三次代表大会的同志们对政治问题

---

① 《马林致共产国际执行委员会的信》(1923 年 6 月 20 日),中共中央党史研究室、中央档案馆编:《中国共产党第三次全国代表大会档案文献选编》,中共党史出版社 2014 年版,第 60 页。

都能切实地积极讨论,这表明了我们党在成长"①。毛泽东在会上发言,主张党的工作重点放在工人运动的同时,也应特别注意农民运动,"他还说到历史上农民斗争的力量是很大的"②。关于工人运动,议决案分别就全国铁路总工会、哈尔滨和山东、广东地区的工运工作提出具体意见,还提出中国劳动组合书记部须附设妇女部等意见。党的三大通过了党的全国代表大会史上第一个关于农民运动的决议案,提出"有结合小农佃户及雇工以反抗宰制中国的帝国主义者,打倒军阀及贪官污吏,反抗地痞劣绅,以保护农民之利益而促进国民革命运动之必要"③。关于青年运动,要求社会主义青年团对青年工人和青年学生加强宣传引导,指出青年团应开始从事于农民运动的宣传和调查,还指出青年团应"极力参加国民运动"④。关于妇女运动,提出对劳动妇女和一般妇女有所区别的政策。

党的三大正确分析了国情,提出了中国革命现阶段的主要任务是实行国民革命,并确定了党的中心工作是致力于国民革命运动,这样就实现了党的工作重心的第一次战略转变。党的三大明确规定,在共产党员加入国民党时,党必须在政治上、思想上、组织上保持自己的独立性。并且强调,拥护工人农民的自身利益是我们不能一刻遗忘的,"对于工人农民之宣传与组织,是我们特殊的责任;引导工人农民参加国民革命,更是我们的中心工作"。这些规定是正确的。但是,党的三大也有自身的缺点和不足,那就是没有提出工人阶级争取对民主革命的领导权问题。另外,对中国革命动力的根本问题也没有涉及,即民主革命中工人阶级是孤军作战,还是应该协同广大同盟军共同作战。虽然大会也通过了《农民问题决议案》,却既没有在会上认真讨论,也没有在会后花大力气组织实施。

---

① 《张国焘给威金斯基、穆辛的信》(1923 年 11 月 16 日),《"二大"和"三大"——中国共产党第二、三次代表大会资料选编》,中国社会科学出版社 1985 年版,第 230 页。

② 《徐梅坤回忆中共"三大"》(1980 年 3 月),《"二大"和"三大"——中国共产党第二、三次代表大会资料选编》,中国社会科学出版社 1985 年版,第 676 页。

③ 《农民问题决议案》(1923 年 6 月),中共中央文献研究室、中央档案馆编:《建党以来重要文献选编(1921—1949)》第 1 册,中央文献出版社 2011 年版,第 263 页。

④ 《青年运动决议案》(1923 年 6 月),中共中央文献研究室、中央档案馆编:《建党以来重要文献选编(1921—1949)》第 1 册,中央文献出版社 2011 年版,第 265 页。

党的三大之后,中国共产党从民族大义出发,与国民党进行了多次协商,帮助国民党改组,推动国民党一大在事实上确立了联俄、联共、扶助农工三大政策,由此迈出了第一次国共合作的步伐,在中国革命历史上产生了深远影响。国民党一大后,以广州为中心,会集了全国的革命力量,反帝反封建的国共合作的新局面迅速展开。黄埔军校的建立、工农运动的蓬勃发展和平定广州商团叛乱都是其表现。

针对国共合作一年来的经验教训和国内外时局变化,党的四大在党的历史上第一次明确提出无产阶级在民主革命中的领导权和工农联盟问题。关于无产阶级领导权,大会指出,中国民主革命是"十月革命后,广大的世界革命之一部分",它既"是一个资产阶级性的德谟克拉西革命",又含有社会革命的种子。因此,对于这场革命,无产阶级不是附属资产阶级参加,而是以自己阶级独立的地位与目的而参加。民主革命"必须最革命的无产阶级有力的参加,并且取得领导的地位,才能够取得胜利"。① 关于工农联盟问题,大会强调,中国革命需要"工人农民及城市中小资产阶级普遍的参加",其中农民是重要组成,并且天然是工人阶级的同盟,无产阶级及其政党如果不发动农民起来斗争,无产阶级的领导地位和中国革命的成功是不可能取得的。但对如何实现无产阶级领导权,特别是如何正确处理同资产阶级争夺领导权过程中遇到的复杂问题,并没有作出明确而具体的回答。

关于工人运动,四大通过的《对于职工运动之议决案》指出,要使工人运动充分适应民族运动的发展,但要注意工人运动保持自己的独立及发展,"而使民族运动充分的革命化"。在此期间,中国共产党要注意以下几点:一是要力求产业工人"完全组织在我们共产党指导之下";二是在必要时在一定区域内领导产业工人加入国民党,使国民党革命化;三是已经在国民党名义之下的工人组织,共产党也应尽力去活动,取得指导权;四是民族革命运动中的工人运动,要"普遍地防止官僚化、机会主义化和工团主义的左倾

---

① 《对于民族革命运动之议决案》(1925 年 1 月),中共中央文献研究室、中央档案馆编:《建党以来重要文献选编(1921—1949)》第 2 册,中央文献出版社 2011 年版,第 222、219 页。

的幼稚病"。① 该议决案还对产业工人、各工业区、大城市手工业工人、妇女劳动和青年工人以及合作社的工运工作分类进行了部署。大会通过《对于农民运动之议决案》,李立三认为,这是大会的"一个伟大的决定"②。议决案指出,组织和动员农民,应当从实际问题入手,比如宣传反对苛捐杂税;在农民运动中注意启发农民的阶级觉悟;提出切合实际的口号;联合中农、佃农和贫雇农反对大地主;等等。此外,议决案还强调要在国民党之外,"独立地进行本党公开的宣传和支部的工作"。③ 关于青年运动,议决案指出青年工作有三个方面:青年工人运动、青年农民运动和青年学生运动。其中,工人运动是青年团最重要的工作,农民工作可以通过派青年学生到乡村学校任职或者争取小学教师的方式展开,学生运动要注意与工人运动和农民运动相结合。④ 关于妇女运动,议决案指出,各地党部应注意介绍女党员、亟应设立妇女部,应特别注意妇女党员关于妇女运动的理论指导和训练。⑤ 关于宣传工作,根据以往工作总结和局势变化,议决案提出,"大会认为党的宣传工作有重新整顿的必要",为达成这一目的,"中央应有一强固的宣传部",《向导》《新青年》《中国工人》《党报》等报刊在选稿、编排等方面应该调整,例如,《向导》"今后内容关于政策的解释当力求详细,文字当力求浅显"。规定党员对外发表一切政治言论,尤其是在国民党中发表的政治言论,"完全应受党的各级执行机关之指挥和检查",⑥等等。大会强调了组织问题的重要性,指出"大会以为在现在的时候,组织问题为吾党生存和发

　　① 《对于职工运动之议决案》(1925 年 1 月),中共中央文献研究室、中央档案馆编:《建党以来重要文献选编(1921—1949)》第 2 册,中央文献出版社 2011 年版,第 229—230 页。
　　② 李立三:《谈中共四大》(1930 年 2 月 1 日),中共中央党史研究室、中央档案馆编:《中国共产党第四次全国代表大会档案文献选编》,中共党史出版社 2014 年版,第 95 页。
　　③ 《对于农民运动之议决案》(1925 年 1 月),中共中央文献研究室、中央档案馆编:《建党以来重要文献选编(1921—1949)》第 2 册,中央文献出版社 2011 年版,第 241—242 页。
　　④ 参见《对于青年运动之议决案》(1925 年 1 月),中共中央文献研究室、中央档案馆编:《建党以来重要文献选编(1921—1949)》第 2 册,中央文献出版社 2011 年版,第 245—249 页。
　　⑤ 参见《对于妇女运动之议决案》(1925 年 1 月),中共中央文献研究室、中央档案馆编:《建党以来重要文献选编(1921—1949)》第 2 册,中央文献出版社 2011 年版,第 250—251 页。
　　⑥ 《对于宣传工作之议决案》(1925 年 1 月),中共中央文献研究室、中央档案馆编:《建党以来重要文献选编(1921—1949)》第 2 册,中央文献出版社 2011 年版,第 256—257 页。

展之一个最重要的问题",强调要坚决落实 1924 年 5 月中央执行委员会扩大会议通过的《共产党在国民党内的工作问题议决案》,扩大党员数量,加强支部工作,"引导工业无产阶级中的先进分子,革命的小手工业者和智识分子,以至于乡村经济中有政治觉悟的农民参加革命"。①

从一大到四大,党的代表大会所作出的议决案,越来越丰富的同时,也越来越具体。关于农民运动的议决案也是从三大时的一段话到四大时布置具体工作,关于工人运动、青年运动、宣传工作的议决案也都有具体所指,在党的建设上也强调组织工作的极端重要性。彭述之也说,党的四大空气极好,现出和衷一致的精神,"我党已由小团体而转入真正的党的时期了"②。蔡和森评价说,到党的四大召开时,革命的情形与以往不同了,以前是宣传的时期,"现在到了行动的时期,即是说中国革命发展道路新的阶段"③,党走上领导群众的道路,并且是走上广大的道路,也就是党开始行动的时期,以前党有相当的发展,但是局部的,而不是普遍的,四大上党的理论和政策都变正确了,所以党的四大是形成群众党的开始的基础,因此在党的历史上有很大的意义。

随着国共合作的形成和展开,在两党共同努力下,反对帝国主义和反对军阀势力的活动不断高涨。1925 年发生在上海的五卅运动更是震惊中外,在全国民众中激起了反抗帝国主义的浪潮,标志着大革命高潮的到来。在这个过程中,尤其是在五卅运动中,中国共产党的党员数量有了飞速增长。1925 年初四大召开时全国有党员 994 人,同年 10 月增加到 3000 人,年底更达到 1 万人。在国共两党共同努力下,广东革命根据地实现了统一,北伐也不断取得胜利,工农运动高涨。但在良好的形势下,国共之间的矛盾越来越

---

① 《对于组织问题之议决案》(1925 年 1 月),中共中央文献研究室、中央档案馆编:《建党以来重要文献选编(1921—1949)》第 2 册,中央文献出版社 2011 年版,第 258 页。

② 《关于党的第四次全国代表大会——彭述之给中共旅莫支部全体同志的信》(1925 年 2 月 2 日),中共中央党史研究室、中央档案馆编:《中国共产党第四次全国代表大会档案文献选编》,中共党史出版社 2014 年版,第 74 页。

③ 蔡和森:《第四次大会》(1926 年),中共中央党史研究室、中央档案馆编:《中国共产党第四次全国代表大会档案文献选编》,中共党史出版社 2014 年版,第 88 页。

大,1926年蒋介石先后发动针对共产党人的中山舰事件和整理党务案,共产国际和以陈独秀为首的中共中央没有对蒋介石的进攻采取坚决斗争的策略,相反却一再退让,直至四一二反革命政变的发生,标志着共产国际和以陈独秀为首的中共中央试图推迟与蒋介石决裂的一系列企图遭到了彻底失败。

党的五大并没有对形势作出正确判断,所以党的五大通过的各项决议案有各种问题,主要表现在过于激进并且缺乏可行性。如《土地问题议决案》提出必须要在平均地权的原则之下,彻底将土地再行分配,方能使土地问题解决,而欲实现此步骤必须土地国有。在具体实现方式上主要是通过没收共有土地、没收地主土地、没收农业公司的土地等等,由土地委员会分配,还提出"取消地主绅士所有的一切政权及权利"①。实践中如何贯彻这一原则呢?由于此时中共自主权很小,而共产国际又属意于国民党,于是根据共产国际和罗易的方针,土地革命是要依靠武汉国民政府自上而下进行,即维经斯基在五大上讲的"通过国民党带领农民前进"②。而武汉国民党高层多是靠军队支持,军队的核心又多为地主阶级出身的军阀,他们对土地革命的态度可想而知。当时武汉国民党土地委员会已提出一个《解决土地问题的决议案》,规定要没收大地主的土地,却又规定肥田不超过50亩、瘦田不超过100亩的都算小地主。按照这个标准,在武汉政府管辖的湖南、湖北、江西等省,很少有可以没收的土地。但就连这样一个纲领也受到汪精卫等人的反对而被搁置起来。汪精卫等在党的五大上表示:"虽然土地改革是必要的,但是只能在占领北京之后实行。"③一直被共产国际和陈独秀寄予厚望的"国民党左派领袖"汪精卫尚且如此,其他人对土地革命的态度便

---

① 《土地问题议决案》(1927年4月27日—5月9日),中共中央文献研究室、中央档案馆编:《建党以来重要文献选编(1921—1949)》第4册,中央文献出版社2011年版,第194页。

② 《维经斯基在中共第五次代表大会上的讲话》(1927年5月3日于汉口),中共中央党史研究室第一研究部译:《共产国际、联共(布)与中国革命档案资料丛书》第4卷,北京图书馆出版社1998年版,第238页。

③ [苏]A.B.巴库林:《中国大革命武汉时期见闻录》,郑厚安、刘功勋、刘佐汉译,中国社会科学出版社1985年版,第341页。

可想而知。所以五大通过的土地问题决议成为一纸空文也就不足为怪了。党的五大提出要加强无产阶级在资产阶级民主革命中的领导权的观点。但怎样加强无产阶级的领导权？没有可操作性的政策。一接触到实际问题，无论是共产国际代表、陈独秀，还是五大通过的决议，无一例外地过分强调国民党的作用，强调武汉政府的作用。当时武汉国民党掌握在汪精卫、孙科、宋子文等人手中，通过国民党这个工具去实现无产阶级的领导权，说起来容易，做起来却很难。中国共产党不可能越过汪精卫等国民党当权派去直接指挥国民党，在这样的情况下，五大提出的加强无产阶级领导权的问题事实上便成了一句空话。

党的五大通过的《组织问题议决案》强调了要注意党内纪律，但强调指导机关和党员来源工人化。议决案提出党的集中领导的落实和党的纪律的维持，其重要的先决条件，"就是吸引工人到所有党部的指导机关来"，还强调"中央应该尽力"使党的基础建立在产业支部上面，积极在广大工人群众中做政治工作。在《对于共产主义青年团工作决议案》中，对青年工人也是高度重视，尤其提出"必须"领导青年工人"全体"加入工会。[1] 共产国际代表罗易在五大上也讲，国共统一战线之所以会出现危局，共产党之所以"感到自己处于危机的顶峰"，就是因为共产党在参加统一战线的同时，"没有为工人阶级组成一支独立的政治力量进行必要的准备"。[2]

此时，最紧迫的问题是组织和发展中国共产党直接领导的革命军队。但罗易在大会上仍专注于维持统一战线，认为革命现阶段，共产党的基本任务是组织有农民和城市小资产阶级参加的革命联盟，建立民主专政，领导中国革命走非资本主义道路，他认为实现这个前途的主观力量是"国民党、国

---

① 参见《组织问题议决案》（1927 年 4 月 27 日—5 月 9 日）、《对于共产主义青年团工作议决案》（1927 年 4 月 27 日—5 月 9 日），中共中央文献研究室、中央档案馆编：《建党以来重要文献选编（1921—1949）》第 4 册，中央文献出版社 2011 年版，第 207—211 页。

② 罗易：《中国革命问题和无产阶级的作用》（1927 年 4 月 30 日），中共中央党史研究室、中央档案馆编：《中国共产党第五次全国代表大会档案文献选编》，中共党史出版社 2015 年版，第 51 页。

民政府和共产党"，并且"国际形势和国内阶级力量都倾向于这个前途"。①
大会并没有认真讨论军事问题，虽然提出农民自卫队可以"保障自治政府
及革命的胜利"，工人纠察队"是保障工人农民小资产阶级民主政权的武装
之一"，也提出改变军队成分，派工人去当兵，促进军队革命化的任务，但对
建立中国共产党直接掌握军队的迫切性和重要性明显缺乏认识，没有在这
方面制定有力的措施，认为只要依靠以唐生智等武装力量为支柱的武汉国
民政府和冯玉祥的国民军，就能够实现大会规定的任务。中共中央军事部
顾问赫梅廖夫曾指出，不论是中共中央还是共产国际之委员会的代表，都对
党的军事工作重视不够，人才经费缺乏。②

　　党的五大虽然有各种问题，但其部分决定是正确的，主要体现在以下两
点：第一，针对以陈独秀为首的中共中央的妥协退让错误进行了比较全面的
批判并通过了相应决议，这在党以往的历次会议上尚无先例。这为三个月
后的八七会议最终结束以陈独秀为代表的中共中央的妥协退让错误，奠定
了一定的思想理论基础。第二，党的五大提出了一些正确的战略性原则，其
中最重要的有两点：一是在无产阶级领导权问题上有新的贡献。四大曾明
确提出无产阶级要行使对革命的领导权，但并未认识到这种领导权要同资
产阶级斗争才能取得，而是"天然领导权"的思想。正是在党的五大上，提
出了与资产阶级争夺领导权的问题。二是提出了实行土地革命。五大以前
党的领导人及党的领导机关，很少注意土地问题。而五大的中心是土地革
命问题，重申土地革命的重要性和紧迫性，并且产生了党的历史上第一个正
式的、完整的《土地问题议决案》。五大通过的《土地问题议决案》虽然没能
公布和执行，但它的理论影响在大革命失败后仍存在，为后来的土地革命实
践做了认识上的准备。党的五大提出的争取无产阶级对革命的领导权、建

---

　　①　罗易：《中国革命的前途和性质》（1927 年 5 月 4 日），中共中央党史研究室、中央档案馆编：《中
国共产党第五次全国代表大会档案文献选编》，中共党史出版社 2015 年版，第 74—75 页。
　　②　参见《赫梅廖夫就中共中央军事部的工作给别尔津的书面报告》（1927 年 5 月 6 日于莫斯科），
中共中央党史研究室第一研究部译：《共产国际、联共（布）与中国革命档案资料丛书》第 4 卷，北京图书
馆出版社 1998 年版，第 241 页。

立革命民主政权和实行土地革命等一系列正确的战略性原则,被以后中国革命的实践证明是正确和可行的,是符合中国国情的。这些原则在后来历次党的全国代表大会和一些重要会议上也多次被肯定,经受住了时间的考验。

党的六大对大革命失败的经验教训进行了总结,基本正确分析了中国的政治经济形势,在此基础上,提出中国革命的两大任务是推翻帝国主义及土地革命。大会指出,要达成这两大任务,必须用武装暴动的方法,推翻帝国主义的统治和地主军阀及资产阶级国民党的政权,建立无产阶级领导的苏维埃。六大还提出了党在民主革命阶段的十大纲领:"(一)推翻帝国主义的统治。(二)没收外国资本的企业和银行。(三)统一中国,承认民族自决权。(四)推翻军阀国民党的政府。(五)建立工农兵代表会议(苏维埃)政府。(六)实行八小时工作制,增加工资,失业救济与社会保险等。(七)没收一切地主阶级的土地,耕地归农。(八)改善兵士生活,发给兵士土地和工作。(九)取消一切政府军阀地方的税捐,实行统一的累进税。(十)联合世界无产阶级和苏联。"大会认为这十大纲领,"就是中国共产党现在争取群众,准备武装暴动,以推翻豪绅资产阶级政权的主要口号"。[①] 实际上这十大纲领成为党在民主革命时期的重要宣传指针。在20世纪30年代初颁发的朱德的《中国共产党党证》上就印有"中国共产党十大纲领",被视为每名党员应该为之奋斗的目标和任务。1929年1月,毛泽东、朱德率红四军主力向赣南、闽西转战途中,发布中国共产党红四军军部《共产党宣言》,宣言明确指出"特依照共产党第六次全国大会的指示"[②],发布十大纲领。长征途中,红军也把十大纲领作为标语,广为宣传。毛泽东和周恩来都对这十大纲领给予高度评价。毛泽东说,"党的第六次代表大会所决定的十大纲领,就是新民主主义总路线下的具体纲领"[③]。周

---

①　《政治议决案》(1928年7月9日),中共中央文献研究室、中央档案馆编:《建党以来重要文献选编(1921—1949)》第5册,中央文献出版社2011年版,第378—379页。

②　金炳镐主编:《民族纲领政策文献选编》第一编,中央民族大学出版社2006年版,第70—72页。

③　《在中国共产党第七次全国代表大会上的口头政治报告》(1945年4月24日),《毛泽东文集》第三卷,人民出版社1996年版,第321页。

恩来说,党的六大提出的关于中国革命"十大要求是我党在民主革命阶段中的纲领,也就是民主革命阶段的战略任务"①。

为了完成党在各方面的工作任务,大会指出,党在职工运动中的主要任务,是争取工人阶级的大多数。为此,必须坚决反对强迫工人罢工和盲目实行武装暴动,必须用最大努力恢复革命工会,有系统地开展工作,用一切力量团结统一无产阶级群众,尽可能地领导群众日常的经济斗争和政治斗争,发展工农群众组织。大会总结党领导的军事运动和红军建设的经验,提出了加强军事斗争的任务。大会指出,必须努力扩大农村革命根据地,扩大红军,巩固军队中党的指导。在广大农村,实行土地革命,建立苏维埃政权。农村豪绅地主阶级是革命的主要敌人,无产阶级在乡村中的基本力量是贫农,是土地革命的主要动力,中农是巩固的同盟者,是保证土地革命胜利的主要条件。大会纠正1927年11月中央临时政治局扩大会议关于在土地革命中应"没收一切土地"的错误主张,指出应无代价地立即没收豪绅地主阶级的土地财产,没收的土地归农民代表会议(苏维埃)处理,分配给无地及少地的农民使用;并且要保护工商业,反对均分小资产阶级财产的倾向。对于富农,则要根据其对革命的不同态度予以区别对待,"故意加紧反对富农的斗争是不对的",在富农继续同军阀地主豪绅斗争时,要争取它。党在目前阶段中的任务,是使这种富农中立,以减少敌人的力量。大会强调必须加强党的组织建设和思想建设,积极恢复和发展各级组织,积极在工人中发展党员,发扬党内民主,实行民主集中制,肃清地方主义、小团体主义等各种错误倾向,努力加强自身的战斗力及党的无产阶级化。

党的六大仍然没有认清农村斗争对中国革命的特殊意义,照旧强调把党的工作重心仍然放在城市。六大虽然肯定建立根据地和红军的重要性,称这两者是决定革命新高潮的"更大发展的基础"和"主要动力之一",但并没有把中国经济、政治发展不平衡的问题同农民战争真正联系起来,正确认识农村斗争对中国革命的重要性,而是仍坚持城市中心论,强调"城市领导

---

①　《关于党的"六大"的研究》(1944年3月3日、4日),《周恩来选集》(上卷),人民出版社1980年版,第161页。

作用的重要"，①把城市工人运动的兴起看作新的革命高潮到来的决定条件。因此，大会要求把党的工作重心放在城市。

党的六大在组织上片面强调党员成分无产阶级化和"指导机关之工人化"，给党的工作带来负面影响。六大虽然提出了把党建设成为工人阶级的群众化的战斗的党的任务，但仍把党员成分无产阶级化作为一个亟待解决的严重问题。本来，由中国特殊的社会阶级构成所决定，尤其是中国革命的重心由城市转入农村后，农民及其他非无产阶级出身的党员在党内占绝大多数是一个正常的现象。在这种情况下，党要坚持工人阶级先锋队的性质，就要在不断增强党的阶级基础的同时，不断扩大群众基础，并采取有效的措施和途径，解决保持党的先进性的问题。然而，六大却没有正确认识和解决这个问题。大会发展了党的八七会议和中央临时政治局十一月扩大会议在这个问题上的不正确认识，继续片面地强调注意中心区域和城市党的发展和巩固工作，吸收广大积极的产业工人入党，建立坚强的工厂支部并健全支部的组织和生活，改变工农成分的比例，以建立党的无产阶级基础。在这种思想指导下，六大代表和大会选出的中央领导机构，片面追求"工人化"，要求工人要占多数。在有选举权的84名代表中，工人占41人。六大选出的由23名委员和13名候补委员组成的中央委员会中，工人占21人。第六届中央政治局选举工人出身的向忠发为党的最高领导人，实际上他没有能够起到应有的作用。

七大召开时已近抗日战争胜利前夕，此时的中国面临着两个前途、两种命运的挑战，中国共产党的任务，就是要竭尽全力去争取光明的前途，反对黑暗的前途。大会确信："如果我们能够团结全国人民，努力奋斗，并给以适当的指导，我们就能够胜利。"②这也是七大的中心任务。

根据这一中心任务，大会提出党的政治路线是："放手发动群众，壮大人民力量，在我党的领导下，打败日本侵略者，解放全国人民，建立一个新民

① 《政治议决案》(1928年7月9日)，中共中央文献研究室、中央档案馆编：《建党以来重要文献选编(1921—1949)》第5册，中央文献出版社2011年版，第397、389页。
② 《论联合政府》(1945年4月24日)，《毛泽东选集》第三卷，人民出版社1991年版，第1032页。

主主义的中国。"①大会指出,将要建立的新中国,既不应是大地主大资产阶级专政的国家,也不应是民族资产阶级统治的旧民主主义的国家,也不能是社会主义国家,而应当是在工人阶级领导下各革命阶级民主联盟的国家,即新民主主义的国家。大会强调,为了建立新中国,当前最重要、最迫切的任务,就是立即废止国民党一党专政,建立民主联合政府。国民党的一党专政,是国民党内反人民集团的专政,它是中国民族团结的破坏者,是国民党战场抗日失败的负责者,是动员和统一中国人民抗日力量的根本障碍物,又是内战的祸胎。只有废除国民党的一党专政,才能成立民主的联合政府,达到打败侵略者、建立新中国的目的。民主联合政府是抗日民族统一战线在政权上的最高形式,是全国人民的呼声和要求。

毛泽东在七大作《论联合政府》的政治报告,重点阐述了中国共产党带领中国革命走向胜利的纲领和政策,明确指出了中国人民争取打败日本侵略者、建设新中国的途径。报告从中国共产党的一般性纲领和具体性纲领两部分对党的政策作了论述和说明。毛泽东指出:为着动员和统一中国人民一切抗日力量,彻底消灭日本侵略者,并建立独立、自由、民主、统一和富强的新中国,中国人民,中国共产党和一切抗日的民主党派,迫切地需要一个互相同意的共同纲领。这种共同纲领,可以分为一般的和具体的两部分。中国共产党在现阶段即新民主主义革命阶段上的一般纲领或基本纲领、最低纲领,是主张在彻底打败日本侵略者之后,建立一个以全国绝对大多数人民为基础而在工人阶级领导之下的统一战线的民主联盟的国家制度,即新民主主义国家制度。中国共产党的将来纲领或最高纲领,是要将中国推进到社会主义社会和共产主义社会,这是确定的和毫无疑义的。我们党的名称和我们的马克思主义的宇宙观,明确地指明了这个将来的、无限光明的、无限美妙的最高理想。但是,一切中国共产党人首先必须为着现阶段的目标而奋斗,如果不为着这个目标而奋斗,而空谈什么社会主义和共产主义,那就是有意无意地、或多或少地背叛了社会主义和共产主义,就不是一个自

---

① 《愚公移山》(1945 年 6 月 11 日),《毛泽东选集》第三卷,人民出版社 1991 年版,第 1101 页。

党的和忠诚的共产主义者。"一句话,没有一个由共产党领导的新式的资产阶级性质的彻底的民主革命,要想在殖民地半殖民地半封建的废墟上建立起社会主义社会来,那只是完全的空想。"①

毛泽东把全国划为国民党统治区、沦陷区、解放区,对全党提出了下一阶段的任务。他指出,在国民党统治区,共产党人应当继续执行广泛的抗日民族统一战线政策。不管什么人,哪怕昨天还是反对我们的,只要他今天不反对了,就应该同他合作,为共同的目标而奋斗。在一切沦陷区,共产党人应当执行最广泛的抗日民族统一战线政策。不管什么人,只要是反对日本侵略者及其忠实走狗的,就要联合起来,为打倒共同敌人而斗争。在解放区,党的全部新民主主义的纲领已经在实行并且有了显著的成绩,聚集了巨大的抗日力量,今后应当从各方面发展和巩固这种力量。

毛泽东特别强调了农民问题和革命领导权问题的重要性。他说,这条路线里面有一个队伍问题,有一个敌人问题,还有一个队伍的领导者、指挥官问题。这个队伍就是人民大众,这个敌人就是帝国主义和封建势力,这个领导者、指挥官就是无产阶级。所谓人民大众,主要的就是农民。所谓人民战争,基本上或者说主要的,就是农民战争。忘记了农民,就没有中国民主革命,也就没有一切革命。把"农民"这两个字忘记了,就是读 100 万册马克思主义的书也是没有用处的,因为你没有力量。所谓无产阶级领导,主要的就是领导农民。过去的右倾和急性病,都是在这个问题上犯了错误。但是作为党来说,作为领导思想来说,我们和农民要分清界限,不要和农民混同起来。没有这一条,就不是马克思主义者。在领导权问题上,和我们争的主要是国民党内的反动集团,大地主、大资产阶级、大银行家、大买办的代表。我们的方针是又团结又斗争,斗争是有理、有利、有节的。"权利是争来的,不是送来的,这世界上有一个'争'字,我们的同志不要忘记了。"②

---

① 《论联合政府》(1945 年 4 月 24 日),《毛泽东选集》第三卷,人民出版社 1991 年版,第 1060 页。
② 《在中国共产党第七次全国代表大会上的口头政治报告》(1945 年 4 月 24 日),《毛泽东文集》第三卷,人民出版社 1996 年版,第 316 页。

　　对新民主主义国家在政治、经济、文化各方面的纲领和外交政策的基本原则,大会也作了全面具体的说明。关于新民主主义的一般纲领,七大强调要允许资本主义在新民主主义社会中得到比较大的发展。毛泽东指出:中国经济落后,"拿资本主义的某种发展去代替外国帝国主义和本国封建主义的压迫,不但是一个进步,而且是一个不可避免的过程。它不但有利于资产阶级,同时也有利于无产阶级,或者说更有利于无产阶级"①。在新民主主义的社会制度下,在发展国家经济、合作经济的同时,让那些不是操纵国民生计而是有利国民生计的私人资本主义有发展的便利,保障一切正当的私有财产,既符合马克思主义所指明的社会发展规律,也有利于中国社会的发展,有利于将来的社会主义。七大关于发展资本主义的论述,是对新民主主义理论的重大发展。

　　为打败日本侵略者,建设新中国,军事方面的任务是:在全国范围内,与一切友军团结起来,为改组国民党一党独裁的统率部,成立在民主主义基础上联合的统率部,团结全国军队,配合盟军打败日本侵略者。在沦陷区,是组织地下军与争取伪军伪警察反正。在解放区,是动员军队与人民,准备开展大反攻,及准备战略上由游击战为主导向以运动战为主的转变。为此,必须开展扩大解放区、缩小敌占区,扩大人民武装,加强主力兵团、地方兵团与游击队民兵自卫军的训练,提高军事技术等十项工作。②

　　党的七大是中国共产党在新民主主义革命时期极其重要的一次,也是最后一次全国代表大会。大会为打败日本侵略者、建设新中国指明了道路,为新民主主义中国设计了完整的宏伟蓝图,包括新中国的政治框架和政权模式、经济结构、文化建设等,从而为新中国的成立准备了理论基础和政策基础。

---

　　① 《论联合政府》(1945 年 4 月 24 日),《毛泽东选集》第三卷,人民出版社 1991 年版,第 1060 页。
　　② 《中共七大关于军事问题的决议(草案)》(1945 年 6 月 11 日基本通过),中共中央党史研究室、中央档案馆编:《中国共产党第七次全国代表大会档案文献选编》,中共党史出版社 2015 年版,第 616—617 页。

第四节　选举产生中央领导集体

党章规定,党的最高领导机关,是党的全国代表大会和它所产生的中央委员会。本节所讲的"中央领导集体",是指由中国共产党全国代表大会选出的中央委员会以及由中央委员会选出的中央政治局及其常务委员会。历史雄辩地证明,中国共产党是领导中国各族人民进行革命斗争的核心力量。而中国共产党领导核心作用的发挥,又是通过中央领导集体对全党坚强有力领导得以实现的。党的全国代表大会的一项重要任务就是选举产生中央领导集体。这一领导集体作为全党的领导机关,将担负领导全党贯彻和落实党的纲领和任务的重任。

党的一大考虑到党员数量少和地方组织尚不健全的情况,决定暂不成立中央执行委员会,只设立中央局作为中央的临时领导机构。选举陈独秀、张国焘、李达组成中央局,陈独秀担任书记,张国焘负责组织工作,李达负责宣传工作。在陈独秀缺席的情况下,大会选举其担任中央局书记,由此可见,陈独秀当时的领袖地位是无可替代的。

党的二大根据《中国共产党章程》的相关规定,选举产生了中央执行委员会。陈独秀、张国焘、蔡和森、高君宇、邓中夏被选为中央执行委员会委员,另选出三名候补执行委员。陈独秀被选为中央执行委员会委员长,蔡和森、张国焘分别负责党的宣传、组织工作。1922 年 8 月 29 日至 30 日,在杭州西湖召开的中央执委会全会上,李大钊、李汉俊、向警予补选为候补中央执行委员。

党的一大和二大选举产生的中央领导集体主要进行了以下工作。一是党务工作。主要是指导各地发展党员、建立党组织。1921 年 11 月,中央局向各地发出通告,指出上海、北京、广州、武汉、长沙五区最迟要在1922 年 7 月前发展至 30 人以上,并成立区执行委员会,这是"最低限度必须办到"的任务①。到 1922 年 6 月时,全国党员共有 195 人。上海 50 人;长沙 30 人,广东 32 人,湖北 20 人,北京 20 人,山东 9 人等,基本完成中央局交办的任务。二大召开后一年又发展新党员 225 人。又成立唐山、山东、长沙、成都、杭州、旅莫、旅欧等党组织。上海、安源、唐山等产业工人集中地区,铁路、矿山、纺织、钢铁、海员等工人集中的系统,均有了党组织和以党员为核心的工会组织,壮大了党的力量,党牢牢掌握了对工会的领导权。二是进行政治宣传。设立人民出版社,出版关于马克思、列宁和共产党相关书籍 12 种,各印 3000 册;1922 年 5 月 5 日在各地分发马克思纪念册 2 万本;等等。二大后又创办了中央机关报《向导》周刊,向全党全国宣传党的路线方针政策。三是领导发动工人运动。一大后设立中国劳动组合书记部,作为共产党领导劳动运动的合法公开机关,并在北京、汉口、长沙和广州设立分部。劳动组合书记部 1922 年在广州召开全国劳动大会。在上海发行《劳动周刊》,共发行了 41 期,印发 16.5 万份。② 二大前后,党又领导掀起了中国第一次工人运动高潮。在此期间,邓中夏起草《劳动法案大纲》,发起劳动立法运动;根据党中央要求,先后成立了湖北省工团联合会、湖南全省工团联合会、汉冶萍总工会、正太铁路总工会、京汉铁路总工会筹委会等工会组织。领导发动了开滦五矿同盟大罢工、安源路矿工人大罢工、京汉铁路工人大罢工等。

但这一时期党的中央领导集体的工作也存在比较明显的缺点。一是中央领导机关力量不够。由于党员数量少,一大只是选举产生了中央临时领导机构,二大虽然选举产生了中央执行委员会,但"中央委员会里并没有组织,五个委员经常不在一起",并且经常改换中央所在地,"改进机构的计划未能实现"。二是理论准备不足,对中国革命的具体情况还缺乏深入认识。

---

① 参见《中国共产党中央局通告——关于建立与发展党、团、工会组织及宣传工作等》(1921 年 11 月),中共中央文献研究室、中央档案馆编:《建党以来重要文献选编(1921—1949)》第 1 册,中央文献出版社 2011 年版,第 47 页。

② 参见《中共中央执行委员会书记陈独秀给共产国际的报告》(1922 年 6 月 30 日),中共中央党史研究室、中央档案馆编:《中国共产党第一次全国代表大会档案文献选编》,中共党史出版社 2015 年版,第 38—42 页。

第一届中央领导集体中,李达对马列主义有较多研究。到第二届中央领导集体时,比第一届有较大进步,体现在能够运用马列主义基本原理分析中国革命实际,提出现阶段反帝反封建的民主革命纲领,决定中国革命分两步走。但仍把关注点放在工人运动上,对农民和土地问题认识不足,没有提出打倒地主阶级、实行土地革命的要求。三是民主集中制的组织原则贯彻执行还不够自觉。这与陈独秀的个人性格有较大关系。他在三大时曾自我批评说,"很容易激动",他习惯以大家长的领导作风,过分强调集中,使集体领导难以实现。李达回忆说,陈独秀个性倔强,一度与马林闹独立,后经劝才逐渐扭转,但仍然是貌合神离,在日常工作中,"每逢同志们和他辩论的时候,他动辄拍桌子,砸茶碗,发作起来"[①]。

党的三大选举陈独秀、蔡和森、李大钊、谭平山、王荷波、毛泽东、朱少连、项英、罗章龙9人为中央执行委员会委员,邓培、张连光、徐梅坤、李汉俊、邓中夏5人为候补委员,组成新的中央执行委员会。由陈独秀、蔡和森、毛泽东、罗章龙、谭平山组成中央局,陈独秀任委员长,毛泽东为秘书,罗章龙为会计,负责中央日常工作。

同前两届相比,第三届中央领导集体有以下新的特点。

一是引入更多新鲜血液。14人中有9名新成员,占64.3%;中央局5人中有3名新成员,占60%。本届成员年龄最大的是陈独秀,44岁,最小的是项英,25岁。这些领导成员都正值青壮年,朝气蓬勃,思维敏捷,易于接受新事物新思想。二是第一次有产业工人成员。14人内有5人是产业工人,占35.7%。除张连光外,均是工人运动中涌现出的受工人拥戴的工人领袖。有机械工、纺织工、司机、印刷工。王荷波兼任中央局委员。工人委员是除第六届中央领导集体外比例最高的,但素质水平明显超过第六届。三是出身劳动家庭者居多,代表性广泛。实际担当工作的12位委员中,出身工农劳动家庭的有8人,占66.7%。他们分别来自上海、北京、广州、武汉、

---

① 李达:《中国共产党的发起和第一次第二次代表大会经过的回忆》(1955年8月2日),中共中央党史研究室、中央档案馆编:《中国共产党第一次全国代表大会档案文献选编》,中共党史出版社2015年版,第109页。

长沙、安源、唐山的各地方党组织,具有广泛的代表性。他们对中国农村、城市、工厂、铁路、矿山等各地方的实际情况有着深刻的了解,这非常有利于中央决策能够密切结合实际。四是均经过实际斗争锻炼考验,具有四五年学运、工运、民运经历,担任过党、团、工会的基层、中层、地区领导职务,有相当的工作经验。大多数人理论思想水平高、组织领导能力强,政治坚定,斗争性强,作风深入,重视团结,善于联系群众。① 总体来看,第三届中央领导成员的素质水平和领导能力应是遵义会议以前各届最高的。罗章龙评价说:"'三大'选出的中央委员会显示了工人革命政党,阵营颇为严整,工作效能亦高,为前两届中央所不及。"②

第三届中央领导集体的主要成就是实现了国共合作,开创了中国革命新局面。国民党第一次全国代表大会期间进行了中执委选举,共产党员李大钊、谭平山、于树德,沈定一、毛泽东、林伯渠、于方舟、瞿秋白、韩麟符、张国焘当选为中央执行委员或候补中央执行委员,约占委员总数四分之一。接着召开的国民党一届一中全会,推选廖仲恺、谭平山、戴季陶为中央常务委员,并决定成立中央党部。在中央党部各部门任重要职务的共产党员有:组织部部长谭平山,农民部部长林祖涵,工人部秘书冯菊坡,农民部秘书彭湃,组织部秘书杨匏安。中共党员在国民党中央取得了一定的决策和组织领导权。在地方上,共产党员在各地积极帮助创设和发展国民党的组织。到 1926 年国民党二大召开时,国民党已有正式党部 11 个,特别市党部 4 个,临时省党部 8 个。除新疆、云南、贵州等少数省份外,已在全国建立起党组织,这些省市党部大都是以共产党员和国民党左派为骨干建立起来的,其中许多省市党部的实际负责人是共产党员。如上海市执行部的毛泽东、恽代英;北京市执行部的李大钊、于树德,汉口执行部的林伯渠、李立三、项英,湖北省党部的董必武、陈潭秋,湖南省党部的何叔衡、夏曦,浙江省党部的宣中华,直隶省党部的于方舟、李永声,江苏省党部的侯绍裘,陕西省党部的杨

---

① 参见王健英:《民主革命时期中共历届中央领导集体述评》(上卷),中共党史出版社 2007 年版,第 37 页。
② 罗章龙:《椿园载记》,东方出版社 1989 年版,第 275 页。

明轩、刘含初。在欧洲，共产党员和青年团员 80 多人全部以个人身份加入国民党，当时还在法国的周恩来担任国民党旅欧支部执行部总务科主任（在一段时间内曾代理执行部部长），李富春担任宣传科主任，聂荣臻担任巴黎通讯处处长。共产党还参与了黄埔军校的创建，平定广州商团叛乱。中共中央充分利用国共合作的有利条件，使工农运动在广东迅速地开展起来。在自身建设上，由于中央执行委员会成员增多，中央领导成员分工更加明确，成立了专门负责党务组织工作的中央组织部，中央宣传部、中央工农部、中央妇女部均有固定办公地点，有专人负责。在第三届中央领导集体领导下，到 1925 年 1 月，全党党员数量增至 994 人。

第三届中央领导集体领导的主要缺点是对无产阶级在民主革命中的领导权问题认识不统一。陈独秀对此问题的认识，表现出比较大的动摇。"二七"惨案发生后，随着工人运动走向低潮，他认为中国工人阶级"幼稚"，对工人运动持消极悲观的态度，由重视无产阶级转为重视资产阶级。提出"工人阶级在国民革命中固然是重要分子，然亦只是重要分子而不是独立的革命势力"[①]，认为资产阶级的力量比农民集中，比工人雄厚，而且会随着产业的发展不断增强。革命发展的正轨是，"统率革命的资产阶级，联合革命的无产阶级，实现资产阶级民主革命"[②]，无产阶级在资产阶级胜利后，获得若干自由与扩大自己能力，尔后再进行社会主义革命，后来被称为"二次革命论"。在三大会上，蔡和森、张国焘就坚决反对陈独秀、马林等的主张，从三大至 1924 年 5 月扩大会议上，中央领导成员及北京、上海、长沙等地方组织内部，关于这一问题始终存在着激烈争论。在五月扩大会议上，"关于在国民党内工作的问题引起了非常激烈的争论。许多工人对共产党实际上被溶化在国民党中表示反对，甚至有人主张与国民党决裂。有一些人持相反的意见，要求让国民党加入共产国际"[③]。这种路线方针政策的分歧和争论，表

---

① 《中国国民革命和社会各阶级》，《陈独秀著作选编》第三卷，上海人民出版社 2009 年版，第 158 页。

② 《资产阶级的革命与革命的资产阶级》，《陈独秀著作选编》第三卷，上海人民出版社 2009 年版，第 37 页。

③ 《拉斯科尔尼科夫的书面报告》（1924 年 6 月 2 日于莫斯科），中共中央党史研究室第一研究部译：《共产国际、联共（布）与中国革命档案资料丛书》第 1 卷，北京图书馆出版社 1997 年版，第 496 页。

明年青的中国共产党的领导集体在政治上还不成熟。在这种思想的指导下,党的组织工作被忽视,工人运动的恢复发展也受到影响,蔡和森对此批评道:"在国民党的工作过于偏重组织,甚至中央执委会大部分都到国民党中去工作,而党的会议停止,有许多问题拿到国民党中去解决。"①

党的四大选举陈独秀、李大钊、蔡和森、张国焘、项英、瞿秋白、彭述之、谭平山、李维汉 9 人为中央执行委员会委员;邓培、王荷波、罗章龙、张太雷、朱锦堂 5 人为中央执行委员会候补委员。中央执行委员会选举陈独秀、彭述之、张国焘、蔡和森、瞿秋白组成中央局。中央局决定:陈独秀任中央总书记兼中央组织部主任,彭述之任中央宣传部主任,张国焘任中央工农部主任,蔡和森、瞿秋白任中央宣传部委员。

党的四大后,中央机构较从前健全充实了许多。据张国焘回忆,党的四大后,中共中央组织日趋庞大,"陈独秀先生的权力也就因之扩大了;甚至各地方组织的负责人亦多由中央委派"。陈独秀以中央书记的身份领导中央秘书处。中央秘书处主管行政事务,设秘书一人,受书记指挥,总揽各项工作。这个职务最初由一位姓任的同志担任,不久就由自法国返国的王若飞接替。秘书处下设文书、财务、发行、交通四部分。当时中共的经费主要是倚靠共产国际的支持,由陈独秀根据需要与维经斯基商定。陈独秀所兼任的中央组织部,较以前也大为充实,设有党员调查登记、工作分配、党员训练三个部分。一切人事的调动,均由陈独秀以组织部部长名义,提交有关的会议通过任命。陈独秀"这时是得心应手名符其实的'家长'"。② 蔡和森也回忆说:"第四次代表大会通过了以下的决定,(1)中央确定某些同志做固定工作;(2)被分配做中央工作的同志不再同国民党发生直接的联系。应当指出,鲍同志对这些决定很不满意,在这一点上,我们不得不坚持与他作斗争。"③

---

① 蔡和森:《中国共产党史的发展(提纲)》,中央档案馆编:《中共党史报告选编》,中共中央党校出版社 1982 年版,第 53 页。

② 张国焘:《我的回忆》第二册,东方出版社 1991 年版,第 13 页。

③ 蔡和森:《关于中国共产党的组织和党内生活向共产国际的报告》(1926 年 2 月 10 日),中共中央党史研究室、中央档案馆:《中国共产党第四次全国代表大会档案文献选编》,中共党史出版社 2014 年版,第 79 页。

　　第四届中央领导集体主要成绩是坚持实行国共合作,领导和参与领导了国民革命运动和北伐战争。在中国共产党的直接领导和推动下,标志着大革命高潮到来的五卅运动在上海爆发并迅速席卷全国,这次运动获得国际革命组织和各国人民的同情和支援,对中华民族的民族主义觉醒和国民革命的发展起了巨大作用。1925 年 6 月,中国共产党领导的省港大罢工爆发,在全国人民和广东国民政府的大力支援下,罢工坚持 16 个月之久,显示了中国工人阶级的强大力量,对广东革命根据地的统一和准备北伐战争起了重大作用。在此背景下,中国北方的工农运动也得到恢复和发展。国民革命军开始北伐后,共产党积极参与组织推动支援北伐胜利进军。早在1926 年 2 月,中共中央特别会议上就作出决定,指出"党在现时政治上主要的职任是从各方面准备广东政府的北伐"①。在北伐过程中,中共党员在除第一军外的各军师团中承担了政治工作,大批优秀的共产党员在作战中英勇向前、屡立战功,各地党组织发动工农民众积极支援、配合北伐军作战。在北伐胜利进军和工农运动大发展的有利形势下,党的队伍不断壮大。据1927 年 3 月统计,全国党员总计 57967 人。由于重视在工农运动中发展党员,其中工人成分占党员总人数的 50.8%,农民为 18.7%,知识分子为19.1%。全国除新疆、青海、贵州、西藏、台湾等少数地区外,都建立了党的组织或者有了党的活动。

　　第四届中央领导集体主要的缺点是没有对国民党右派的攻击予以坚决反击。首先是国民党二大选举时的退让。据周恩来回忆,在 1926 年 1 月国民党第二次全国代表大会召开前夕,面对国民党右派的进攻,在鲍罗廷的一再要求下,陈独秀没有坚持对右派进行坚决斗争的意见,而是屈从于共产国际"为不吓跑中派和不无谓地刺激右派"②的主张,在选举中央执委时作了退让。结果,国民党二大选出的 36 名中执委中有共产党员 7 人,未达到三

————————

　　① 《中央通告第七十九号——关于二月北京中央特别会议》(1926 年 3 月 14 日),中共中央文献研究室、中央档案馆编:《建党以来重要文献选编(1921—1949)》第 3 册,中央文献出版社 2011 年版,第129 页。

　　② 《维尔德给维经斯基的信(摘录)》(1925 年 5 月 13 日于上海),中共中央党史研究室第一研究部译:《共产国际、联共(布)与中国革命档案资料丛书》第 1 卷,北京图书馆出版社 1997 年版,第 613 页。

分之一。蒋介石在这次大会上第一次当选为国民党中央执行委员。其次是中山舰事件发生后再次退让。对中山舰事件的发生，由于事发突然，中共中央既缺乏精神准备，也没有应付的经验。毛泽东、周恩来、陈延年等主张进行反击。由于在国民革命军六个军中只有一个军由蒋介石指挥，而且这个军中还有不少共产党员和同情革命的力量，蒋介石的地位并未完全巩固，这个主张是可行的。但在共产国际妥协政策的指导下，中共中央接受了蒋介石的无理要求，撤回了第一军中的共产党员。共产党员被迫撤出第一军后，毛泽东、周恩来等建议把这批力量派到其他军去，中共中央也没有接受他们的主张。再次是迫于鲍罗廷的压力，中共中央在整理党务案中再次退让，这样在政治、军事、党务上蒋介石接连得到三次大胜利。① 最后，面对蒋介石的步步进逼，逐渐形成军事独裁的严峻局面，陈独秀等人不组织强有力的反击，反而把希望寄托于汪精卫等人身上，不仅主张把国民党的党权、政权交给他，甚至要把一向在共产党领导下的群众运动也让给他们来领导，这就不能不在日后时局陡然逆转的关键时刻造成严重后果。

党的五大选举陈独秀、李维汉、瞿秋白、蔡和森、李立三、邓中夏、苏兆征、项英、向忠发、张国焘、罗亦农、赵世炎、张太雷、陈延年、谭平山、周恩来、刘少奇、任弼时、恽代英、彭湃、夏曦、贺昌、易礼荣、彭述之、杨之华、罗珠、罗章龙、李涤生、顾顺章、杨其珊、陈乔年等31人为第五届中央委员会正式委员；毛泽东、郭亮、黄平、吴雨铭、陆沉、刘伯庄、袁达时、毛科文、陈潭秋、薛六、林育南、庄文恭、李震赢、王亚璋等14人为候补委员。

党的五大还第一次选举产生了中央监察委员会，其中，中央监察委员7人，他们是：王荷波、张佐臣、许白昊、杨匏安、刘峻山、周振声、蔡以忱；候补中央监察委员3人，他们是：杨培森、肖石月、阮啸仙。

在随后举行的党的五届一中全会上，选举陈独秀、蔡和森、李维汉、瞿秋白、张国焘、谭平山、李立三、周恩来8人为中央政治局委员，苏兆征、张太雷等为候补委员，选举陈独秀、张国焘、蔡和森（后增补瞿秋白、谭平山）为中

---

① 参见《关于一九二四至二六年党对国民党的关系》（1943年春），《周恩来选集》（上卷），人民出版社1980年版，第123页。

央政治局常务委员会委员(周恩来曾代理常委)。陈独秀再次当选为中央委员会总书记。

在大会召开前,共产国际和党内对陈独秀的领导都有意见,但在当时情况下,没有人比陈独秀更适合这个职位。五大召开前,郑超麟回忆道,罗亦农对他说莫斯科有个决议,"要撤换陈独秀,找一个与国民党接近的人做领袖"①。罗易也说,汉口的一些中央委员要求立即召开代表大会,说是存在领导危机,非撤换领导不可,"他们普遍对中央委员会表示不满"。但陈独秀到达后,"情况急剧改变了",不久以前还迫切要求召开代表大会的同志不再坚持意见,他们的共同愿望是:不要使关系紧张起来,不要重新提出过去争论的问题。陈独秀有威望,并且"不存在渴望充当新领导的成熟的新核心",所以共产国际执委会代表团和党的第五次全国代表大会面临的任务是"加强原有的领导"②。陆定一对此评论说:五大之所以仍然选举陈独秀为总书记,一是虽然瞿秋白等同志批评了陈独秀的右倾错误,但是在全体代表中,对该错误的严重危害性还认识不足;二是陈独秀是党的缔造者之一,在社会上有较大的影响,建党时期的同志除李大钊外,其他的不是他的学生,就是他的后辈,大家仍然敬重他,希望他能改正错误,继续担当党的领袖这个重任;三是当时党内还没有出现更孚众望的人物,只好由他继续领导全党。但"总的来说,对陈独秀是迁就的"③。

与以往相比,大会选举产生的第五届中央领导集体有以下新的特点。一是成员人数大幅增加。由第四届的 14 人增加至 45 人,增加两倍还多。这与全国党员数量的快速增长相符。四大时全国党员为 994 人,平均 71 人中有一名中央执行委员会成员;五大时全国党员 57967 人,平均 1288 人中有一名中央委员会成员,在这种情况下,增加中央领导集体成员的数量是必

---

① 郑超麟:《在武汉》(1996 年 5 月),中共中央党史研究室、中央档案馆编:《中国共产党第五次全国代表大会档案文献选编》,中共党史出版社 2015 年版,第 288 页。

② 罗易:《中国共产党第五次全国代表大会》(1927 年 5 月 12 日),中共中央党史研究室、中央档案馆编:《中国共产党第五次全国代表大会档案文献选编》,中共党史出版社 2015 年版,第 214—215 页。

③ 《回忆大革命前后——陆定一谈中共党史(之一)》(2000 年 3 月),中共中央党史研究室、中央档案馆编:《中国共产党第五次全国代表大会档案文献选编》,中共党史出版社 2015 年版,第 279 页。

要的。二是新成员占绝大多数。原第四届中央领导集体中的陈独秀、谭平山、张国焘、李维汉、瞿秋白、蔡和森、彭述之、项英、罗章龙、张太雷等 10 人继续当选第五届中央委员会成员。其中，原候补委员罗章龙、张太雷当选为正式委员，原委员李大钊、候补委员邓培被捕牺牲，候补委员王荷波改任中央监察委员会主席，朱锦堂落选。余下的 35 人为新当选成员，占总数的 77.7%。三是成员素质水平较高。第一，年富力强。中央委员会 45 位成员平均年龄 30.4 岁，其中最大的杨其珊 56 岁，最小的贺昌，才 21 岁。第二，劳动家庭出身者居多，除 4 人不详外，其余 41 人，工农家庭 19 位，占 46.3%，教师、职员家庭 9 人，占 21.9%，商人富农 5 人，占 12%，地主官僚家庭 8 人，占 19.5%。第三，党龄较长者居多，其中，1921 年入党者 22 人，占 48.9%，1922 年入党者 12 人，占 26.7%，有五年以上党龄者 34 人，占总数的 75.6%，党龄最少者有 4 人，均为 1925 年入党，仅占 8.9%。第四，文化水平较高，45 人中，大专以上 28 人，占 62.2%，中学毕业者 8 人，占 17.8%，小学文化者 9 人，占 20%，其中有留日、赴法、留俄学习经历者 18 人，占 40%。第五，均是全党从中央到各主要地区、各条战线的主要领导人，绝大多数经过学生和工农运动的锻炼，历任过基层、中层和高级领导职务，有相当的实际工作经验。45 人中，除原中央局 5 名成员继续当选外，工人、工运领导者 16 人，占 35.6%，农民、农运领导者 7 人，占 15.6%，广东、湖南、湖北、上海、北京区委主要领导者 9 人，占 20%，其他：统战谭平山、夏曦 2 人，军事周恩来、恽代英 2 人，共青团任弼时、贺昌 2 人，妇女杨之华、王亚璋 2 人。45 人中有 21 人后来继续当选为第六届中央领导成员，占 46.7%，包括瞿秋白、李立三、周恩来、毛泽东、任弼时、项英、刘少奇。① 从党的五大的中央领导集体成员的构成来看，地方党负责人的力量在加强，尤其是上海与湖南。上海是工人运动的中心地区，湖南是农运开展得最好的省份。五大选举的中央委员会及中央领导成员，是八七会议的重要的组织基础，正如共产国际代表所说的：是"目前情况下尽可能好的领导"。周恩来、刘少奇、任弼时、李立三、

① 以上参见王健英：《民主革命时期中共历届中央领导集体述评》（上卷），中共党史出版社 2007 年版，第 130—131 页。

张太雷、郭亮、恽代英、彭湃等一大批革命骨干,都是首次被选进中央领导层。

以陈独秀为首的第五届中央委员会的工作时间为 5 月中旬至 7 月中旬,在此期间虽做了一些有益的工作,但由于其继续实行妥协退让错误方针,最终未能挽救大革命的失败。1927 年 6 月,共产国际代表罗易要求联共(布)中央"采取果断的组织措施","实行坚强的领导","应当把陈独秀清除出共产党领导机构"。① 随着形势的逐步恶化,党中央机关、湖北省委的绝大多数干部,对陈独秀的领导越来越怀疑和不满。这时,联共(布)中央和共产国际要求中共公开宣布退出国民政府,并明确提出改组中央领导。李立三回忆说,鲍罗廷"找我们五人去,说形势非常紧迫,要主要负责同志走开,陈独秀、谭平山到莫斯科,和森、秋白到海参崴办党报,另组织五人的中央,五次大会的中央就是这样不光荣的结束"②。根据共产国际的指示,中共中央进行改组,由张国焘、李维汉、周恩来、李立三、张太雷组成临时中央委员会,陈独秀从此离开了中共中央最高领导岗位。

党的六大选举杨福涛、顾顺章、向忠发、彭湃、徐锡根、卢福坦、李涤生、张金保(女)、苏兆征、关向应、罗登贤、毛泽东、杨殷、周恩来、李源、蔡和森、项英、任弼时、余茂怀、王藻文、瞿秋白、李立三、张国焘等 23 人为中央委员会正式委员;选举徐兰芝、王凤飞、王灼、唐宏经、刘坚予、夏文法、史文彬、李子芬、周秀珠(女)、甘卓棠、邓中夏、罗章龙、王仲一等 13 人为候补中央委员。

大会决定不再设立中央监察委员会,而建立中央审查委员会,选举孙津川、刘少奇、阮啸仙 3 人为中央审查委员会正式委员,叶开寅、张昆弟 2 人为候补委员。

大会闭幕后,在六届一中全会上选举苏兆征、项英、周恩来、向忠发、瞿

---

① 《罗易给联共(布)中央政治局的电报》(1927 年 6 月 8 日于汉口)、《罗易给斯大林和布哈林的电报》(1927 年 6 月 17 日于汉口),中共中央党史研究室第一研究部译:《共产国际、联共(布)与中国革命档案资料丛书》第 4 卷,北京图书馆出版社 1998 年版,第 311、322 页。

② 李立三:《党史报告(1930 年 2 月 1 日)》,中央档案馆编:《中共党史报告选编》,中共中央党校出版社 1982 年版,第 258 页。

秋白、蔡和森、张国焘为中央政治局委员,关向应、李立三、罗登贤、彭湃、杨
殷、卢福坦、徐锡根为政治局候补委员;选举苏兆征、向忠发、项英、周恩来、
蔡和森为中央政治局常委会委员,李立三、杨殷、徐锡根为常委会候补委员。
7月20日召开的第六届中央政治局第一次会议,选举向忠发为中央政治局
主席兼中央政治局常委会主席,周恩来为中央政治局常委会秘书长。

　　党的六大选举工人出身的向忠发为党的总书记。这是遵循联共(布)、
共产国际过分强调"领导干部工人化"的"唯成分"论错误指导的结果。大
革命失败后,联共(布)、共产国际总结经验教训,认为大革命之所以失败,
是因为以陈独秀为首的中共中央违背共产国际的指示,犯了严重的妥协退
让错误。而中共中央之所以犯严重错误,一个重要原因是党的领导人都是
知识分子,领导机构中的工人成分太少。共产国际认为,工人革命是坚决
的,而知识分子脱离实际,政治立场不坚定,左右摇摆。大革命失败后,八七
会议纠正了党内的妥协退让错误,但紧接着又犯了"左"倾盲动错误。这一
时期临时中央负责人瞿秋白又是大知识分子,新中央的成员李维汉、周恩
来、蔡和森、张国焘、李立三等人几乎都是知识分子。这更加强化了共产国
际对知识分子的偏见。布哈林在党的六大上特别强调指出:"向忠发同志,
他不是智识分子,是个工人;不是机会主义者,是个革命者。"①周恩来说:
"布哈林在大会上做报告骂张国焘和瞿秋白同志,说他们是大知识分子,要
让工人干部来代替他们","他这话在当时和以后影响都非常不好"。② 米夫
始终参与六大并贯彻共产国际的意见,他也极力吹捧工人出身的向忠发。

　　与此同时,在中共党内也逐渐形成了一种轻视、反对知识分子的倾向,
把"党的无产阶级化""干部工人化"和"党的领导机关工人化"作为党的组
织建设的方针。周恩来分析指出:"在'八七'会议后,就把与机会主义作斗
争看成了简单的人事撤换,这种形式主义影响到后来关于领导机关的工人

---

　　① 《共产国际代表布哈林在中国共产党第六次全国代表大会上关于政治报告的结论》(1928年6
月29日),中共中央党史研究室、中央档案馆编:《中国共产党第六次全国代表大会档案文献选编》(上
卷),中共党史出版社2015年版,第380页。

　　② 《关于党的"六大"的研究》(1944年3月3日、4日),《周恩来选集》(上卷),人民出版社1980
年版,第184、181页。

化,把工人干部当作偶像,对知识分子干部不分别看待。"①另外,向忠发大革命时期领导武汉工人运动作出了一定成绩,1927 年秋至 1928 年上半年在苏联期间的工作也得到了共产国际的认可。这样,共产国际提出工人出身的向忠发当选中共中央政治局常务委员会主席,也自然毫无阻力地被全党接受了。在总计 36 名第六届中央委员会成员中,共有工人 21 名,占 58.3%,成为历届中央领导成员中工人比例最高的一届。这些人中确实有少数素质不高。对此,周恩来后来评价说:"过去大革命中涌现出来的工人领袖虽然不少,但党对他们的教育不够,而知识分子干部中有许多是五四运动中涌现出来的,做了许多实际工作,有经验的不少。由于太强调工人成份,很多较好的知识分子干部参加中央工作就受到了限制,如刘少奇同志只被选为审查委员会的书记,没有被选为中央委员。恽代英同志也没有选上,到二中全会才补上。这和后来中央很弱是有关系的。"②总之,第六届中央委员会成员虽然工人党员占了绝大多数,但总体素质水平没有第五届高,特别是其中有 13 人当选后从没有参与过中央集体决策和中央领导工作,占 36.1%,后来有 9 人叛变,占 25%,"唯成分"论的教训是极其深刻的。③

第六届中央领导集体的主要成绩有以下几点:第一,白区工作得到恢复和发展。六大后,中共中央对国民党严密控制的城市中党的秘密工作加强了指导,要求党的干部要做到"职业化"和"社会化",强调党的工作要从下层做起,切实地深入群众,力求使秘密工作和公开工作相结合。这些意见和措施,使国民党统治区党的地下工作逐步得到复兴,集中表现在工人运动的恢复和发展,到 1929 年底,全国赤色工会会员及其影响下的工人群众,共有近 4 万人。第二,与托陈取消派进行斗争。陈独秀离开中央领导岗位后,接受了托派理论,开始在中国共产党内部组织"左派反对派",反对党的六大

---

① 《关于党的"六大"的研究》(1944 年 3 月 3 日、4 日),《周恩来选集》(上卷),人民出版社 1980 年版,第 180 页。

② 《关于党的"六大"的研究》(1944 年 3 月 3 日、4 日),《周恩来选集》(上卷),人民出版社 1980 年版,第 185—186 页。

③ 王健英:《民主革命时期中共历届中央领导集体述评》(上卷),中共党史出版社 2007 年版,第 227—228 页。

路线,提出同党对立的主张。1929 年 8 月 13 日,中共中央发布《中央通告第四十四号——关于中国党内反对派问题》,号召全党开展反对托派的斗争。10 月,中央政治局作出关于反对党内机会主义与托洛茨基主义反对派的决议,要求陈独秀等人立即解散党内托派组织,停止一切反党的宣传和活动,并给予参加者以组织上的制裁,但陈独秀等人继续进行宗派活动。对此,11 月 15 日,中共中央作出决定,把陈独秀、彭述之等人开除出党。第三,红军和根据地不断巩固和扩大。六大以后,在中央领导下,各地党组织抓住国民党新军阀混战的有利时机,发动农民开展游击战争,实行土地革命,建立革命政权,红军和革命根据地得到巩固和扩大。在红军队伍中,由中央直接领导的朱毛红军、彭黄红军和贺龙部、鄂豫边红军影响最大。1929年 12 月,红四军党的第九次代表大会(即古田会议)召开,毛泽东作政治报告,会议集中体现了要用无产阶级思想进行军队和党的建设,对以后党和军队的发展产生了深远影响。在根据地建设中,毛泽东、朱德领导开辟的赣南、闽西根据地影响最大。毛泽东从中国国情出发,经过探索并总结经验,提出农村包围城市、武装夺取政权的思想。赣南、闽西根据地的开辟和发展,为后来中央革命根据地的建立奠定了基础,对各地区红军游击战争的发展和根据地的建设起了鼓舞和示范的作用。

第六届中央领导集体存在的缺点主要是对中国革命的一些基本问题认识不清。中央主要领导成员以李立三为代表,看到国内形势有利于革命,又受到共产国际"左"倾指导思想的影响,头脑开始发热。与此同时,在共产国际指导下,中共中央坚持城市中心论,把全党工作重心放在城市,否认中间势力的存在,把民族资产阶级当成敌人,在分析国内外形势时,他们无视国内国际革命力量仍然相对弱小的基本状况,片面夸大形势对革命有利的一面,逐渐形成"左"倾冒险错误。1930 年 6 月 11 日召开的中央政治局会议,通过由李立三起草的《目前政治任务的决议》(即《新的革命高潮与一省或几省首先胜利》),"左"倾冒险错误在中共中央取得统治地位。决议对革命形势作出错误估计,提出中国革命一爆发就会"掀起全世界的大革命",中国革命将会在这一最后决战中取得完全胜利。在错误思想的主导下,李立三等制定了以武汉为中心的全国中心城市起义和集中全国红军攻打中心城市的冒险计划,并在 7 月间重点部署了南京、上海、武汉等城市的暴动准备工作。8 月 6 日,李立三等成立全国总行动委员会,作为领导武装暴动的最高指挥机关,要求党、团、工会等的各级领导机关合并为各级行动委员会,停止党、团、工会的正常活动,进一步提出准备全国暴动的计划,还要求蒙古出兵配合,苏联必须积极准备战争。

"左"倾冒险错误使党和革命事业遭到严重损失。在国民党统治区,许多地方的党组织因在条件不成熟的情况下组织暴动而暴露了积蓄多时的有限力量,先后有十几个省委机关遭受破坏,武汉、南京等城市的党组织几乎全部瓦解。在红军奉命攻打大城市的过程中,红军和农村根据地也受到损失。

"左"倾冒险错误在形成和推行过程中,曾受到党内一些从事实际工作的干部的批评和抵制,也超出了共产国际所能允许的范围。7 月下旬,共产国际政治书记处作出《关于中国问题决议案》,指出把发展红军和组织苏维埃中央政府作为党的"第一等的任务",并派周恩来、瞿秋白回国纠正李立三的错误。通过决议案的当天,共产国际执委会致电中共中央,表示"坚决反对在目前条件下在南京、武昌举行暴动以及在上海举行总罢工"①。

9 月 24 日至 28 日,中国共产党在上海召开扩大的六届三中全会。会议接受共产国际七八月间关于中国问题的一系列决议,通过《关于政治状况和党的总任务议决案》《对于中共中央政治局报告的决议》等,停止了组织全国总暴动和集中红军配合进攻中心城市的冒险计划。全会对中央领导集体进行了改选,李立三离开中央领导岗位,"全会增补了 15 名中央委员和候补委员;这样,现在中央由 23 名委员(其中工人 14 名)和 17 名候补委员(其中工人 9 名)组成"②。增补的委员数量超过三分之一,形成了新的中央

---

① 《共产国际执行委员会给中共中央的电报》(1930 年 7 月 23 日于莫斯科),中共中央党史研究室第一研究部译:《共产国际、联共(布)与中国革命档案资料丛书》第 9 卷,中央文献出版社 2002 年版,第 225 页。

② 《中共中央政治局给共产国际执行委员会主席团的电报》(1930 年 8 月 16 日于上海),中共中央党史研究室第一研究部译:《共产国际、联共(布)与中国革命档案资料丛书》第 9 卷,中央文献出版社 2002 年版,第 358 页。

领导集体。

　　党的七大被誉为民主革命时期最成功的党的全国代表大会,之所以会有如此高的评价,其中一个重要原因就是选举产生了一个具有高度领导力的中央领导集体。不同于之前的历次全国代表大会,七大在选举产生中央委员会前就先明确了几条原则。1945 年 5 月 24 日,毛泽东代表大会主席团在大会上作关于中央委员会选举方针的报告。他首先提出选举第七届中央委员会的大原则:就是要由能够保证实行大会路线的同志来组成中央委员会。"这样一个原则,应该是我们选举中央委员会的原则。"接着提出了选举第七届中央委员会的标准和办法。毛泽东提出七大"必须采取扩大中央委员会的政策",第七届中央委员会由两批人组成,一批是过去中央委员会的同志,人数并不很多。六大以来的 17 年间,经过六届二中全会至六中全会的几次选举,剩下来的中央委员还有 25 人,这 25 人大部分应该继续选进中央委员会工作,因为他们有很多经验。第二批是选举过去不在中央委员会工作的同志到中央委员会来,因为他们也有很多经验。毛泽东认为,这条政策,"对于我们党现在的情况、国内的情况、国际的情况都是适合的"。按照这样的标准和原则,毛泽东以自问自答的形式提出了三个问题,一是对犯过错误的同志,如果他们承认错误并决心改正错误,可以选。二是要照顾山头,有山头不是坏事,坏的是山头主义、宗派主义,"所以消灭山头,就要认识山头,照顾山头,缩小山头,这是一个辩证关系"。三是中央委员会需要通晓各方面知识的人,"不一定要求每个人都通晓各方面的知识,通晓一个方面或者稍微多几个方面的知识就行了,把这些人集中起来,就变成了通晓各方面知识的中央委员会"。毛泽东还针对一些同志的担心,解释了这样选举会不会产生中央太庞杂的问题、一批人要落伍掉队的问题、产生不公平的问题等等。关于人数问题,毛泽东提出 70 人的建议。最后,毛泽东指出,"我们是马克思主义者,我们相信工具论","我们这次选举,就会选举出一个比较好的(当然是比较的)领导机关,作为指挥中国革命的工具"。[①]

---

　　① 《第七届中央委员会的选举方针》(1945 年 5 月 24 日),《毛泽东文集》第三卷,人民出版社 1996 年版,第 356、357、364、366、373 页。

经过大会组织程序,七大选举正式中央委员 44 人:毛泽东、朱德、刘少奇、任弼时、林伯渠、林彪、董必武、陈云、徐向前、关向应、陈潭秋、高岗、李富春、饶漱石、李立三、罗荣桓、康生、彭真、王若飞、张云逸、贺龙、陈毅、周恩来、刘伯承、郑位三、张闻天、蔡畅(女)、邓小平、陆定一、曾山、叶剑英、聂荣臻、彭德怀、邓子恢、吴玉章、林枫、滕代远、张鼎丞、李先念、徐特立、谭震林、薄一波、陈绍禹、秦邦宪;选举候补中央委员 33 人:廖承志、王稼祥、陈伯达、黄克诚、王首道、黎玉、邓颖超(女)、陈少敏(女)、刘晓、谭政、程子华、刘长胜、粟裕、王震、宋任穷、张际春、云泽(乌兰夫)、赵振声(李葆华)、王维舟、万毅、古大存、曾镜冰、陈郁、马明芳、吕正操、罗瑞卿、刘子久、张宗逊、陈赓、王从吾、习仲勋、萧劲光、刘澜涛。其中,陈潭秋此时已牺牲,因消息隔绝,大会仍选举他为中央委员。

6 月 19 日,七届一中全会召开第一次全体会议,选举中央政治局委员13 人:毛泽东、朱德、刘少奇、周恩来、任弼时、陈云、康生、高岗、彭真、董必武、林伯渠、张闻天、彭德怀;选举中央书记处书记 5 人:毛泽东、朱德、刘少奇、周恩来、任弼时;选举毛泽东为中央委员会主席、中央政治局主席、中央书记处主席;选举任弼时为中共中央秘书长,李富春为副秘书长。

第七届中央委员会委员有以下特点:第一,大多数委员正当中年,年富力强,并且老、中、青比例适当。其中年龄最大的徐特立 68 岁,最小的习仲勋32 岁,平均年龄44.4 岁。37 岁以下的11 人,38 岁至 53 岁60 人,58岁以上 6 人。第二,文化理论水平较高,大专以上文化水平41 人,占53.2%,中学毕业的23 人,占 29.9%,相当于中等文化水平(高小毕业经长期自学)的 13 人,占 16.9%,其中赴欧、美、日、苏学习、工作者43 人,占55.9%。这些人普遍经过全党整风学习,基本掌握了马列主义理论。第三,普遍经历过重大斗争锻炼和考验。党的创建时期入党的有 17 人,占22.1%,大革命时期入党的有 47 人,占 61%,土地革命时期入党的有12 人,占 15.6%,七七事变后入党的有 1 人,占 1.3%。党龄最长的是毛泽东、董必武、周恩来、林伯渠,党龄最短的是万毅,是 1938 年入党,党龄也有 7 年。超过 90%的代表参与、参加领导过学生运动、农民运动,领导或参加过南昌、秋收和广州起义的占 41.4%。第四，中央领导成员的分布，既坚持任人唯贤，又照顾到各个山头各种情况。当选的委员，中央及军委机关 18 人，占 23.4%，陕甘宁边区 9 人，占 11.7%，八路军前方总部、华北各战略区 22 人，占 28.6%，华中和新四军 15 人，占 19.5%，国统区 11 人，占 14.3%，在苏联的 2 人，占 2.6%。① 后来的实践证明，除王明、林彪、康生等人变质外，绝大多数委员都成为领导夺取全国胜利的开国元勋，成为新中国成立后带领全国各族人民进行社会主义革命和建设的中央及各地区的主要领导成员。

第七届中央领导集体的主要成绩有以下几点：第一，领导争取抗日战争的伟大胜利。1944 年至 1945 年春夏，党领导人民军队在敌后战场发起攻势作战，打通了许多解放区之间的联系，逐渐实现由游击战向运动战的转变，为转入全面反攻创造了重要条件。8 月 9 日，毛泽东发表《对日寇的最后一战》的声明，随后，朱德发布七道全面反攻的命令。中国抗日战争进入全面反攻阶段，各根据地军民按照延安总部的指示和命令，向日、伪军发起猛烈的全面反攻，大片国土得到解放。8 月 15 日，日本天皇裕仁发布《终战诏书》，日本无条件投降。9 月 2 日，日本代表在投降书上签字，侵华日军 128 万人随即向中国投降，中国抗日战争胜利结束，中国人民实现了近代以来反抗外敌入侵的第一次完全胜利。中国人民抗日战争的胜利，成为中华民族走向复兴的历史转折点。第二，夺取新民主主义革命的全国性胜利。抗战胜利后，以毛泽东为首的党中央群策群力，带领全党进行了争取国内和平民主的针锋相对的斗争。全面内战爆发后，以毛泽东为首的中央领导集体，显示出卓越的领导才能和高超的指挥艺术，领导解放区军民坚决以积极防御粉碎国民党军队的重点进攻，并积极推动国民党统治区的人民运动。1947 年 3 月，中共中央撤出延安，中央领导集体核心分散行动。在极其分散，特别是在陕北山区连续转战的艰苦危险环境中，毛泽东等中央领导人领导和指挥解放区军民由战略防御转入战略进攻，实现了中国人民革命战争的历史转折。1948 年 5 月底，作为中央领导集体核心的中央书记处五位书

---

① 以上统计参见王健英：《民主革命时期中共历届中央领导集体述评》（下卷），中共党史出版社 2007 年版，第 780—781 页。

记,重新在西柏坡村聚集。他们审时度势,英明决策,带领全党全军和全国各族人民取得战略决战的胜利,经过战略追击,打倒了国民党反动统治,夺取了新民主主义革命的全国性胜利,基本上完成了争取民族独立和人民解放的历史任务。事实证明,党的七大选举产生的中央委员会,是民主革命时期党的历届中央领导集体中最好的一届,由七届一中全会选举产生的中央政治局和中央书记处,是民主革命时期最好的中央领导集体,为顺利推进革命事业提供了坚强组织保证。

七大以前的历次党的全国代表大会选举产生的中央领导集体未能承担起领导中国革命不断走向胜利的重任。党的一大、二大、三大、四大、五大选举陈独秀担任党的最高领导人。作为中国共产党的创始人,陈独秀为中国革命作出了巨大贡献,但事实证明,他没能胜任革命领袖的角色。瞿秋白、李立三、王明虽然在一个时期负责中央工作,但他们都不是党的全国代表大会正式选举产生的党的领袖。正如邓小平所指出:"在历史上,遵义会议以前,我们的党没有形成过一个成熟的党中央。从陈独秀、瞿秋白、向忠发、李立三到王明,都没有形成过有能力的中央。"①"我们党的历史上,真正形成成熟的领导,是从毛刘周朱这一代开始。"②遵义会议开始确立毛泽东同志为主要代表的马克思主义正确路线在中共中央的领导地位,1943年3月中央政治局会议推定毛泽东为中央政治局主席和中央书记处主席。1945年6月19日党的七届一中全会召开,正式选举毛泽东、朱德、刘少奇、周恩来、任弼时为中央书记处书记,选举毛泽东为中央委员会主席、中央政治局主席、中央书记处主席。这是一个具有很高威信的、能够团结全党的坚强的领导集体,它标志着以毛泽东同志为核心的党的第一代中央领导集体的形成。以毛泽东同志为核心的党的第一代中央领导集体是在中国人民进行新民主主义革命的伟大斗争中逐步形成的,党的七大对他们的领导地位予以了确

---

① 《第三代领导集体的当务之急》(1989年6月16日),《邓小平文选》第三卷,人民出版社1993年版,第309页。

② 《组成一个实行改革的有希望的领导集体》(1989年5月31日),《邓小平文选》第三卷,人民出版社1993年版,第298页。

认和肯定。

党的一大召开时,中国正处于四分五裂、一盘散沙、军阀混战、民不聊生的黑暗时期。从党的一大到 1945 年党的七大,中国共产党先后带领人民进行国民革命、土地革命战争、全民族抗日战争,推翻了北洋军阀的统治,打击了国民党反动派,使全民族抗战胜利在望。七大结束后 4 年,新民主主义革命胜利,中华人民共和国成立,彻底结束了旧中国半殖民地半封建社会的历史,彻底结束了旧中国一盘散沙的局面,彻底废除了列强强加给中国的不平等条约和帝国主义在中国的一切特权,实现了中国从几千年封建专制政治向人民民主的伟大飞跃。可以说,一部党的全国代表大会史,就是一部中国共产党团结带领中国人民不懈奋斗的历史。在这个过程中,党的全国代表大会统一思想、凝聚力量,党的全国代表大会分析形势、研判实情,党的全国代表大会举旗定向、谋篇布局,党的全国代表大会选举领袖、指路引航,党的全国代表大会见证历史、引领未来。实践反复证明,如果党的全国代表大会开得民主深入,总结经验深刻,研判实情准确,制定纲领科学,选举领袖有力,党的事业就不断走向胜利;反之,党的事业就会遭受挫折。

第 三 章

民主革命时期党的历次全国代表
大会与党的理论探索历程

2021 年 7 月 1 日,习近平总书记在庆祝中国共产党成立 100 周年大会上的重要讲话中指出:"马克思主义是我们立党立国的根本指导思想,是我们党的灵魂和旗帜。中国共产党坚持马克思主义基本原理,坚持实事求是,从中国实际出发,洞察时代大势,把握历史主动,进行艰辛探索,不断推进马克思主义中国化时代化,指导中国人民不断推进伟大社会革命。中国共产党为什么能,中国特色社会主义为什么好,归根到底是因为马克思主义行!"①

作为以马克思主义为指导思想的政党,中国共产党在民主革命时期的理论探索史,就是党在中国革命实践中坚持马克思主义,并不断丰富和发展马克思主义的历史,也就是马克思主义中国化的历史。一般认为,"马克思主义中国化"通常包含两个维度:一是马克思主义的"中国化",即我们通常说的把马克思主义基本原理运用于中国具体实际,用马克思主义的立场、观点和方法,分析和解决中国的实际问题;二是"中国化"的马克思主义,就是在把马克思主义基本原理运用于中国具体实际过程中,总结中国的实际经验,把这些经验上升为科学理论,使从中国实际中得出的新的思想、理论实

---

① 习近平:《在庆祝中国共产党成立 100 周年大会上的讲话》,人民出版社 2021 年版,第 12—13 页。

现马克思主义化,形成中国的马克思主义的新内涵和新形式。① 这两个维度,前者主要是理论运用于实践的过程,后者是从实践上升到理论的过程。但笔者认为除以上两个维度,还应有第三个维度,即理论与实践的交互作用。理论运用于实践的过程并不总是顺利的,有的时候会出现教条主义、生搬硬套;实践的过程往往一开始又是试探性的、零散的,需要经过一段时期的检验才能抽象上升为理论。因而,从党的历史来看,不论是在哪个时期,其主要历史面貌,既不是清晰的理论运用于实践的过程,也不是明确的实践上升为理论的过程,而是表现为理论与实践交互影响的过程。

历史讲过程,当然也要讲因果。党在民主革命时期历史的因是中国共产党带领中国人民谋求民族独立和人民解放的初心,果是新民主主义革命在全国的胜利,过程主要体现于党的不懈奋斗史、理论探索史和自身建设史。回顾党的历史,党的全国代表大会作为党的最高领导机关,在其中起到不可替代的重要线索和脉络作用。本章要讲清楚的就是以民主革命时期党的历次全国代表大会为主要线索的党的理论探索的因、果和过程。本章主要从上面所讲的三个维度对理论探索史进行探讨,可以分为四个阶段。第一阶段是党的一大,即理论探索的起步。第二阶段是从党的二大至五大,即理论探索的量变积累。党的二大提出的反帝反封建的民主革命纲领,标志着马克思主义基本原理同中国革命实际正式开始结合。在此之后,党的三大确立国共合作的方针;党的四大明确提出了无产阶级在民主革命中的领导权问题,提出了工农联盟问题,对中国革命的性质、前途和内容作了新的表述;党的五大对中国革命的非资本主义前途、无产阶级在民主革命中的领导权和农民问题的探索取得了新成就。但囿于作为共产国际支部的中国共产党在革命理论的探索和革命实践中都严重受限于苏俄因素,始终徘徊于不独立自主的挣扎,徘徊于一个个的量变。第三阶段是党的六大,即理论探索的再思考。大革命的失败,党内先后出现的妥协退让错误和"左"倾盲动错误,中国共产党内对共产国际的不满和意见。这都促成了党的六大对中

---

① 参见顾海良总主编:《马克思主义中国化史》,中国人民大学出版社 2015 年版,第 1 页。

国革命诸问题的重新认识。但因为共产国际还不愿放下自己的威权,也因为中国共产党还不够壮大,所以对中国革命的再认识只能是对既往错误观点的部分矫正,产生的还只能是一个妥协和调适的结果。第四阶段是党的七大,把 20 多年来中国革命一系列独创性经验进行理论概括,正式提出了"毛泽东思想"的科学概念,并将其确立为党的指导思想,从而创造性地发展了马克思列宁主义,实现了马克思主义中国化的第一次历史性飞跃。

第一节　理论探索的起步

党的一大的召开,标志着以马克思列宁主义为行动指南、以实现社会主义和共产主义为奋斗目标的无产阶级政党的诞生。中国共产党从建党开始,就旗帜鲜明地把实现社会主义、共产主义作为自己的奋斗目标,但还没有深刻认识到中国国情和中国革命的特殊性,还只能说是起步阶段。

党的一大对理论的探索,集中体现于大会通过的《中国共产党第一个纲领》。[1]

《中国共产党第一个纲领》第一条确定"本党定名为'中国共产党'"[2],这条内容本身即具有丰富内涵,它表明中国共产党是以马克思列宁主义建党学说武装起来的无产阶级政党,从一开始就抛弃了"社会民主党"的名称。列宁在《无产阶级在我国革命中的任务》一文中特别以"我们党应当用什么名称,在科学上才是正确的,在政治上才是有助于启发无产阶级意识的?"为题,从马克思主义国家学说、革命任务和世界社会主义运动的客观

---

[1]　学界围绕党的一大纲领的稿本、理论渊源、文本基础和第 11 条缺失的研究,取得了丰硕成果。代表性著作如谢荫明:《中共一大党纲研究》,《中共党史研究》2000 年第 5 期;陈自才:《中共一大纲领若干问题再研究》,《党史研究与教学》2015 年第 1 期;田子渝:《评析中共一大、二大政纲的重要发展》,《北京党史》2016 年第 4 期。

[2]　《中国共产党第一个纲领》(1921 年 7 月),中共中央文献研究室、中央档案馆编:《建党以来重要文献选编(1921—1949)》第 1 册,中央文献出版社 2011 年版,第 1 页。

形势等方面深刻阐述了更改党的名称的理由,指出"'社会民主党'这个名称在科学上是不正确的","现在已经是丢掉脏衬衫、穿上整洁的衣服的时候了","我们应该像马克思和恩格斯那样称自己为共产党"。① 从一大起,"中国共产党"这一名称一直沿用至今,百年从未更改,成为中国社会先进分子的代名词,这不能不说是党的一大的一大历史功绩。

《中国共产党第一个纲领》虽然篇幅很短,而且大部分内容是关于党章性质的一些条文,但是却抓住了马克思列宁主义最为核心的理论问题,即无产阶级专政和消灭私有制。该纲领规定:"以无产阶级革命军队推翻资产阶级,由劳动阶级重建国家","承认无产阶级专政,直到阶级斗争结束,即直到消灭社会的阶级区分","消灭资本家私有制,没收机器、土地、厂房和半成品等生产资料,归社会公有","党的根本政治目的是实行社会革命"。② 关于无产阶级专政,马克思明确指出:"无论是发现现代社会中有阶级存在或发现各阶级间的斗争,都不是我的功劳。在我以前很久,资产阶级历史编纂学家就已经叙述过阶级斗争的历史发展,资产阶级经济学家也已经对各个阶级作过经济上的分析。我所加上的新内容就是证明了下列几点:(1)阶级的存在仅仅同生产发展的一定历史阶段相联系;(2)阶级斗争必然导致无产阶级专政;(3)这个专政不过是达到消灭一切阶级和进入无阶级社会的过渡"③。列宁在《国家与革命》中也特别强调:"只有承认阶级斗争、同时也承认无产阶级专政的人,才是马克思主义者。"④关于消灭私有制,马克思、恩格斯曾在《共产党宣言》中明确指出:"共产党人可以把自己的理论概括为一句话:消灭私有制。"⑤可以说,《中国共产党第一个纲领》明确承认无产阶级专政和消灭私有制,抓住了马克思列宁主义最核心、最本质的内

---

① 《无产阶级在我国革命中的任务》(1917 年 4 月 10 日),《列宁选集》第 3 卷,人民出版社 2012 年版,第 64、68 页。

② 《中国共产党第一个纲领》(1921 年 7 月),中共中央文献研究室、中央档案馆编:《建党以来重要文献选编(1921—1949)》第 1 册,中央文献出版社 2011 年版,第 3、1 页。

③ 《马克思致约瑟夫·魏德迈》(1852 年 3 月 5 日),《马克思恩格斯文集》第 10 卷,人民出版社 2009 年版,第 106 页。

④ 《国家与革命》(1917 年 8—9 月),《列宁选集》第 3 卷,人民出版社 2012 年版,第 139 页。

⑤ 《共产党宣言》,《马克思恩格斯文集》第 2 卷,人民出版社 2009 年版,第 45 页。

容,高高举起了科学社会主义的旗帜,从而与形形色色的社会主义学说特别是第二国际的改良主义划清了界限。从此,积贫积弱的旧中国出现了完全新式的、以马克思列宁主义为行动指南的、以实现共产主义为奋斗目标的统一的无产阶级政党,这是中国历史上开天辟地的大事变。当然,这时的中国共产党还没有认清中国的社会性质,还没有把民族民主革命同社会主义革命区别开来,以为可以直接进行以无产阶级为主体的社会主义革命。这些都表明,刚刚诞生的中国共产党还处于理论探索的起步阶段,还不善于把马克思列宁主义基本原理与中国革命实际相结合。

在讨论党的一大纲领时,代表们围绕党的当前任务、对其他政党的态度和能否做官的问题发生了激烈争论。有代表主张党应着重研究和宣传马克思主义,不能搞实际革命工作,有的却主张直接在中国进行社会主义革命。这些争论,也反映出中国共产党初创时党内理论探索的客观状况。若干年后,陈独秀对这些争论作了评价,"他说第一次代表大会中就有'左'和'右'两种倾向","第一次代表大会,拒绝了这两种倾向,制定了党的章程(应为党纲——引者注)。他说这个章程是按列宁建党的原则,即布尔什维克组织精神而制定的,是订得好的,比欧洲各国的党章要革命得多"。[①] 应当说,陈独秀对党的一大两种倾向的概括是比较准确和深刻的,他对一大纲领的评价也经得起历史的考验。

第二节　理论探索的量变积累

中国共产党成立后,就积极投身到实际的革命活动之中,并注意把马克思主义基本原理运用到革命实践。党的二大提出的反帝反封建的民主革命纲领,是党的理论探索史的重要突破,标志着马克思主义基本原理同中国革

---

① 濮清泉:《我所知道的陈独秀》,中国人民政治协商会议全国委员会文史资料研究委员会编:《文史资料选辑》第七十一辑,中华书局 1980 年版,第 32—33 页。

命实际正式开始结合。在此之后,党的三大确立国共合作的方针,中国共产党开始投身到轰轰烈烈的国民大革命中。党的四大明确提出了无产阶级在民主革命中的领导权问题,提出了工农联盟问题,对中国革命的性质、前途和内容作了新的表述。党的五大虽然没能纠正陈独秀妥协退让错误,但对中国革命的非资本主义前途、无产阶级在民主革命中的领导权和农民问题的探索仍然取得了新成就。这些都是中国共产党理论探索不断前进所取得的重要成果。但这种理论探索在前进中始终受到"苏联话语"的影响,徘徊于一个个的量变。直到大革命的失败,才促使共产国际和中国共产党不得不对双方关系进行调整。

一、党的二大与民主革命纲领的制定

党的二大第一次提出明确的反帝反封建的民主纲领,深化了对中国革命规律的认识,这是二大在中国共产党理论探索史上的突出贡献,是马克思列宁主义基本原理与中国革命具体实际相结合的一个重要成果。[①] 民主革命纲领,是中国共产党以列宁关于民族和殖民地问题的理论为指导,经过革命斗争的实践,结合党的一大召开后的国际国内形势和中国社会状况,对中国革命基本问题进一步认识的结果。

（一）民主革命纲领的理论渊源

1920 年 7 月 19 日至 8 月 7 日,共产国际第二次代表大会举行。出席大会的有来自 37 个国家的 67 个组织(其中有 27 个共产党)的 217 名代表。列宁领导了大会的筹备工作。大会的一项重要议程"就是更具体地确定共产国际与资本帝国主义所统治的国家(例如中国和印度)内的革命运动之间的关系",大会通过了以列宁的初稿为基础的《民族和殖民地问题提纲》和罗易的《关于民族和殖民地问题的补充提纲》,系统阐述了列宁关于民族和殖民地问题的理论,为中国共产党制定民主革命纲领提供了强有力的理

---

① 关于中共二大的研究现状,可参见姚宏志:《新世纪以来中共二大研究述评》,《中共党史研究》2014 年第 7 期。

论指导。

列宁在提纲中指出:"在解决一切殖民地和民族问题时,不从抽象的原理出发,而从具体的现实生活中的各种现象出发",这就为共产国际和各国共产党制定符合本国国情的革命纲领奠定了思想理论基础。列宁和共产国际认为,要"把被压迫的、附属的、没有平等权利的民族,同压迫的、剥削的、享有充分权利的民族也明确地加以区分",这是共产党关于民族和殖民地问题的基本思想。在革命对象上,在中国这一类的半殖民地国家,推翻外国统治应当是殖民地革命的首要任务。因而,在革命动力上,"为了推翻外国资本主义——实现殖民地革命的第一步",应该"利用与资产阶级民族革命分子的合作"。在革命性质上,"初期的殖民地革命不会是共产主义革命",而是"民族革命运动",而"任何民族运动都只能是资产阶级民主性质的"。在革命任务上,"殖民地革命在其初期,应该推行有许多小资产阶级改良项目的纲领,如分配土地等等"。在革命领导权上,共产主义先锋队应该掌握领导权,"共产国际应当同殖民地和落后国家的资产阶级民主派结成临时联盟,但是不要同他们融合,要绝对保持无产阶级运动的独立性",殖民地革命不能"由资产阶级民主派领导"。在革命动力上,"必须特别援助落后国家中反对地主、反对大土地占有制、反对各种封建主义现象或封建主义残余的农民运动","使西欧共产主义无产阶级与东方各殖民地以至一切落后国家的农民革命运动结成尽可能密切的联盟"。在革命前途上,"落后国家可以不经过资本主义发展阶段而过渡到苏维埃制度,然后经过一定的发展阶段过渡到共产主义"。①

可以看出,列宁关于民族和殖民地问题的理论是一个内涵深刻、逻辑严密,在马克思主义发展史上具有重大意义,对被压迫民族争取民族独立和人民解放提供了科学指南的重要思想成果。这一重要理论对殖民地半殖民地国家的革命性质、对象、任务、领导阶级、动力、前途作了科学的分析和论述。列宁在民族和殖民地问题委员会的报告中,还首次提出了"中国这一类的

---

① 中共中央党史研究室、中央档案馆编:《中国共产党第二次全国代表大会档案文献选编》,中共党史出版社 2014 年版,第 105—119 页。

半殖民地国家""处于半封建依附状态的农民""农民的封建和半封建关系"等重要概念,这就为中国共产党正确认识中国半殖民地半封建的社会性质提供重要启发。同时也应该看到,列宁的这一理论主要建立在帝国主义国家与苏维埃运动相互斗争的基础之上,他特别强调"在帝国主义战争以后,各民族的相互关系、全世界国家体系,将取决于少数帝国主义国家反对苏维埃运动和以苏维埃俄国为首的各个苏维埃国家的斗争","无论是文明国家的共产党,还是落后国家的共产党,都只有从这种观点出发,才能正确地提出和解决各种政治问题"。① 这种认识,自然会成为共产国际过多干预各国共产党内部事务的理论依据。而且,列宁在论述无产阶级应该支援资产阶级民主性质的革命时,这里的无产阶级更多的意义上是指先进国家的无产阶级。对中国共产党来说,只有把列宁关于民族和殖民地问题的理论同中国实际情况结合起来,才能制定出符合中国国情的革命纲领。

(二)中国共产党对适合中国国情革命纲领的探索和民主革命纲领的提出

列宁关于民族和殖民地问题的理论于1920年七八月间提出,中国共产党的民主革命纲领制定于1922年7月召开的第二次全国代表大会。这期间,列宁关于民族和殖民地问题的理论开始传入中国,中国共产党逐步认识、接受这一理论,并用以观察中国社会,最终提出了早期马克思主义中国化的一个重要成果。

对列宁民族和殖民地理论传入中国的具体时间,有学者作了详细充分的考证。② 可以看出,早在1921年7月,上海《共产党》月刊第6号即刊登了沈泽民翻译的共产国际二大的宣言。9月,《新青年》刊登了"人民出版社通告",预告《第三国际议案及宣言》即将出版。《第三国际议案及宣言》收录了共产国际二大的11个文件,包括关于民族和殖民地问题等。早期马克

① 列宁:《民族和殖民地问题委员会的报告》(1920年7月26日),中共中央党史研究室、中央档案馆编:《中国共产党第二次全国代表大会档案文献选编》,中共党史出版社2014年版,第111页。
② 参见田子渝、杨荣:《列宁民族殖民地问题的理论传入我国的时间与最初影响》,《江汉论坛》2010年第8期。

思主义者李大钊、李达、李汉俊、施存统等虽然受到列宁民族和殖民地问题理论的初步影响,并对中国社会性质、革命对象、社会各阶级作了一些分析,但总的来看,这时中国共产党刚刚成立,对这一理论还没有予以足够的关注和认识,党的一大提出直接进行推翻资产阶级的社会革命就是明证。

中国共产党人直接了解并正式接受列宁民族和殖民地问题理论是在1922年1月21日至2月2日召开的远东各国共产党及民族革命团体第一次代表大会之后。出席这次大会的中国代表团由44人组成,其中有中国共产党党员、社会主义青年团代表、国民党代表和工人、农民、学生、妇女等革命团体的代表。会议期间,列宁抱病接见了中国共产党代表张国焘、中国革命党代表张秋白和铁路工人代表邓培。

共产国际远东局负责人萨发洛夫在会上作了题为《第三国际与远东民族问题》的演说。这篇演说根据列宁关于民族和殖民地问题的理论,对远东各国的革命问题进行了初步阐述。萨发洛夫指出:"远东各国,大多数是工业后进国,在资本主义发展的路上不过才走最初步"。对于中国共产党的革命任务,他指出:"现在中国劳动群众和群众中进步分子——中国共产党——当前的第一件事便是把中国从外国的羁轭下解放出来,把督军推倒,土地收归国有,创立一个简单联邦式的民主主义共和国"。他还极其明确地指出:"谁不帮助民族革命运动的,是一个共产主义无产阶级革命的蟊贼"。难能可贵的是,萨发洛夫对中国的农民问题予以特别强调,他认为农民是中国人民的主要成分,是中国的柱子,"若不唤醒这班农民群众,民族的解放是无望的"。①

正是通过参加远东各国共产党及民族革命团体第一次代表大会,中国共产党人最终接受了列宁关于民族和殖民地问题的理论。"这次会议在正式的和非正式的商讨中,确定了中国革命的主要任务","确认中国的反动势力只是外国帝国主义的工具;中国革命运动要能有成就,必须从反对帝国

---

① 萨发洛夫:《第三国际与远东民族问题——在远东民族大会的演说》,中共中央党史研究室第一研究部编:《共产国际、联共(布)与中国革命档案资料丛书》第2卷,北京图书馆出版社1997年版,第274—285页。

主义下手","在这个新看法确立之后,中国共产党的政纲就易于规定了"。①

　　与此同时,中国共产党也开始对中国革命进行着新的探索。1922 年 1 月,社会主义青年团团刊《先驱》出版,首次刊登了列宁《民族和殖民地问题提纲》的前五条,并在发刊词中表示:"本刊的第一任务是努力研究中国的客观的实际情形,而求得一最合宜的实际的解决中国问题的方案"。4 月,《先驱》发表的《关于中国少年运动的纲要》首次提出中国革命要分两步走的思想,该纲要指出:"经济的和政治的状况,影响了中国阶级战争,使它分成两段程途。第一段是大的和小的有产阶级起来推倒封建主义的战争,第二段是新起的无产阶级起来推倒有产阶级的战争"。② 5 月,中国社会主义青年团第一次全国代表大会通过的《中国社会主义青年团纲领》指出:无产阶级和农民应该参加反对封建制度的斗争,但"民主革命的胜利,我们无产阶级虽可以得这些自由与权利,然而不能得着完全解放","所以接着民主的革命成功,便会发生无产阶级对抗资产阶级的革命运动"。③ 这里,中国革命分民主革命和社会主义革命两步走的思想已经表达得十分明确,而且其表述与党的二大宣言的表述十分接近。6 月,陈独秀起草了《中国共产党对于时局的主张》,再次表示"依中国政治经济的现状,依历史进化的过程,无产阶级在目前最切要的工作,还应该联络民主派共同对封建式的军阀革命,以达到军阀覆灭能够建设民主政治为止"④。为此,"要邀请国民党等革命的民主派及革命的社会主义各团体开一个联席会议,在上列原则的基础上共同建立一个民主主义的联合战线,向封建式的军阀继续战争"⑤。这些理论探索的重要成果,都充分反映到党的二大制定的宣言和各项议决案中。

---

　　① 张国焘:《我的回忆》第一册,东方出版社 1991 年版,第 207—208 页。

　　② 转引自张静如主编:《中国共产党思想史》,青岛出版社 1991 年版,第 36 页。

　　③ 《中国社会主义青年团第一次全国代表大会文件(节录)》(1922 年 5 月),中共中央党史研究室、中央档案馆编:《中国共产党第二次全国代表大会档案文献选编》,中共党史出版社 2014 年版,第 50—51 页。

　　④ 《中国共产党对于时局的主张》(1922 年 6 月 15 日),中共中央文献研究室、中央档案馆编:《建党以来重要文献选编(1921—1949)》第 1 册,中央文献出版社 2011 年版,第 97 页。

　　⑤ 《中国共产党对于时局的主张》(1922 年 6 月 15 日),中共中央文献研究室、中央档案馆编:《建党以来重要文献选编(1921—1949)》第 1 册,中央文献出版社 2011 年版,第 98 页。

　　1922 年 7 月,党的二大正式通过《中国共产党第二次全国代表大会宣言》,宣言提出"加给中国人民(无论是资产阶级、工人或农民)最大的痛苦的是资本帝国主义和军阀官僚的封建势力,因此反对那两种势力的民主主义的革命运动是极有意义的,即因民主主义革命成功,便可得到独立和比较的自由"①,从而明确了中国革命的性质是民主主义革命,革命的对象是帝国主义和封建军阀,革命的动力是工人、农民、小资产阶级以至资产阶级。宣言提出"只有无产阶级的革命势力和民主主义的革命势力合同动作,才能使真正民主主义革命格外迅速成功"②,从而明确了革命的策略是建立民主主义的联合战线。对革命前途,宣言指出"建立劳农专政的政治,铲除私有财产制度,渐次达到一个共产主义的社会"③。宣言还提出联合战线的奋斗目标是:消除内乱,打倒军阀,建设国内和平;推翻国际帝国主义的压迫,达到中华民族完全独立,实际上制定出反帝反封建的民主革命纲领即党的最低纲领。这样,中国共产党人不仅明确提出了反帝反封建的民主革命任务,并提出要通过民主革命创造条件,渐次达到社会主义和共产主义,使在黑暗中苦斗 80 年的中国人民第一次真正认清了中国革命的基本任务和光明前途。中国共产党刚刚诞生一年,就能提出明确的民主革命纲领,进一步证明马克思列宁主义是认识和解决中国革命问题的先进思想武器,进一步证明以马克思列宁主义武装起来的中国共产党预示着中国的光明和希望。

二、党的三大关于统一战线的理论和实践

　　统一战线是中国共产党在中国革命中战胜敌人的三大法宝之一。早在共产国际第二次代表大会召开前夕,列宁发表了《共产主义运动中的"左

　　① 《中国共产党第二次全国代表大会宣言》(1922 年 7 月),中共中央文献研究室、中央档案馆编:《建党以来重要文献选编(1921—1949)》第 1 册,中央文献出版社 2011 年版,第 132 页。
　　② 《中国共产党第二次全国代表大会宣言》(1922 年 7 月),中共中央文献研究室、中央档案馆编:《建党以来重要文献选编(1921—1949)》第 1 册,中央文献出版社 2011 年版,第 132 页。
　　③ 《中国共产党第二次全国代表大会宣言》(1922 年 7 月),中共中央文献研究室、中央档案馆编:《建党以来重要文献选编(1921—1949)》第 1 册,中央文献出版社 2011 年版,第 133 页。

派"幼稚病》,指出:"要利用一切机会,哪怕是极小的机会,来获得大量的同盟者,尽管这些同盟者可能是暂时的、动摇的、不稳定的、不可靠的、有条件的。谁不懂得这一点,谁就是丝毫不懂得马克思主义,丝毫不懂得现代的科学社会主义。"①党的三大确定了国共合作的方针,使中国共产党走上了更广阔的政治舞台,也丰富了马克思主义关于统一战线的理论和实践。三大还通过了中国共产党第一个农民问题决议案,加深了全党对农民在中国革命中地位和作用的认识。可以说,党的三大直接推动了中国共产党对中国革命基本问题的探索,在党的理论探索史上具有重要地位。

（一）三大前党对建立民主联合战线方针的探索

对于要不要和资产阶级建立联合战线,要不要同孙中山和国民党合作,以什么样的形式合作,中国共产党从成立一直到三大的召开,内部一直争论不断,中国共产党的早期领导人如陈独秀、李大钊、蔡和森、张国焘等对这一问题的认识也是逐步变化的。这些争论和不断发展的认识,很大程度上反映出中国共产党早期理论探索的艰辛与不易。

党的一大曾围绕共产党对其他党派的关系问题产生两种针锋相对的意见,一种意见坚持"无产阶级不论在理论上和实践上都应该始终与其他政党作斗争",另一种意见则主张"在行动上与其他政党合作反对共同的敌人,同时又在我们的报纸上批评他们,这并不违背我们的原则"。② 从大会通过的决议看,对现有政党的态度采取了第一种意见,即"对现有其他政党,应采取独立的攻击的政策。在政治斗争中,在反对军阀主义和官僚制度的斗争中,在争取言论、出版、集会自由的斗争中,我们应始终站在完全独立的立场上,只维护无产阶级的利益,不同其他党派建立任何关系"③。这种认识是与党的一大认为可以直接搞社会主义革命直接联系的,它表明初生的中国共产党还不懂得建立革命统一战线的必要性和可

---

① 《共产主义运动中的"左派"幼稚病》,《列宁选集》第4卷,人民出版社2012年版,第180页。
② 《中国共产党第一次代表大会》(1921年),中共中央文献研究室、中央档案馆编:《建党以来重要文献选编(1921—1949)》第1册,中央文献出版社2011年版,第23页。
③ 《中国共产党第一个决议》(1921年7月),中共中央文献研究室、中央档案馆编:《建党以来重要文献选编(1921—1949)》第1册,中央文献出版社2011年版,第6页。

能性。

促使中国共产党同国民党合作的关键人物是共产国际代表马林。一方面,马林曾被共产国际派往爪哇工作,并促成当地共产党组织同伊斯兰教联盟的合作,有此方面的经验;另一方面,马林在同国民党人接触后,认为国民党是由知识分子、华侨、士兵和工人组成的革命团体,而国民党人又告诉他"愿意在国民党内进行共产主义宣传",因而国共具备合作的可能性。还有一个不可忽视的原因是,马林认为中国经济政治状况极为落后,中国共产党诞生过早,还十分幼稚,他甚至认为"要在当前建立一个共产党,只能是一种乌托邦"。① 而孙中山又只同意共产党员以个人身份加入国民党,不接受党外联合的办法。于是,在 1922 年 4 月前后,马林向中国共产党建议:"改变对国民党的排斥态度并在国民党内部开展工作","同时,共产主义小组必须不放弃自己的独立性"。② 对马林的这一建议,陈独秀强烈反对,他致信共产国际,开列 6 条理由,认为:"共产党与国民党革命之宗旨及所据之基础不同","国民党未曾发表党纲,在广东以外之各省人民视之,仍是一争权夺利之政党,共产党倘加入该党,则在社会上信仰全失(尤其是青年社会),永无发展之机会"。③

此时,中国共产党根据列宁关于民族殖民地问题的理论,对中国革命和中国社会情况的认识不断深化。1922 年 6 月陈独秀起草的《中国共产党对于时局的主张》和 7 月党的二大通过的《中国共产党第二次全国代表大会宣言》《关于"民主的联合战线"的议决案》提出了同国民党合作和建立反帝反封建的联合战线的主张。在《中国共产党对于时局的主张》中,陈独秀提出"中国现存的各政党,只有国民党比较是革命的民主派,比较是真的民主派","中国共产党的方法,是要邀请国民党等革命的民主派及革命的社会

---

① 《斯内夫利特致布哈林的信》(1923 年 5 月 31 日),中共中央党史研究室、中央档案馆编:《中国共产党第三次全国代表大会档案文献选编》,中共党史出版社 2014 年版,第 47 页。

② 马林:《向共产国际执行委员会的报告》(1922 年 7 月 11 日),中共中央党史研究室、中央档案馆编:《中国共产党第二次全国代表大会档案文献选编》,中共党史出版社 2014 版,第 77 页。

③ 《陈独秀致吴廷康的信——反对共产党及青年团加入国民党》(1922 年 4 月 6 日),中央档案馆编:《中共中央文件选集(一九二一——一九二五)》第一册,中共中央党校出版社 1989 年版,第 31 页。

主义各团体开一个联席会议,在上列原则的基础上共同建立一个民主主义的联合战线,向封建式的军阀继续战争"。① 在二大的宣言和议决案中,也再次表示"只有无产阶级的革命势力和民主主义的革命势力合同动作,才能使真正民主主义革命格外迅速成功",在联合和援助民主派的同时,不能"投向附属于合并"。议决案还规定了建立民主联合战线的初步计划,即"(A)先行邀请国民党及社会主义青年团在适宜地点开一代表会议,互商如何加邀其他各革新团体,及如何进行。(B)运动倾向共产主义的议员在国会联络真正民主派的议员,结合民主主义左派联盟。(C)在全国各城市,集合工会、农民团体、商人团体、职教员联合会、学生会、妇女参政同盟团体、律师会、新闻记者团体等,组织'民主主义大同盟'。"②可以看出,此时的中国共产党虽然放弃"不与其他党派建立任何关系"的主张,确立同国民党建立联合战线,但对合作的形式仍然主张党外合作,开联席会议。这与马林主张中国共产党加入国民党完全不同,据此,有的学者甚至认为党的二大是陈独秀应对马林和共产国际的一次紧急会议。③

就在马林和中国共产党因国共合作的方式问题出现分歧时,共产国际对马林意见的支持使争论的天平偏向了共产党加入国民党、采取党内合作方式的观点。7月18日,共产国际主席团决定,中共中央接到命令后,"立即将驻地迁往广州并于菲力浦(即马林——引者注)同志密切配合进行党的一切工作"④。8月底,中国共产党中央执行委员会在杭州西湖举行会议。会上,马林和中国共产党的一些领导人围绕共产党员加入国民党的问题发生激烈争论,最终陈独秀等表示有条件地服从共产国际指示,共产党少数负责人先加入国民党,但表示要孙中山取消打手模及宣誓服从他个人的入党

① 《中国共产党对于时局的主张》(1922年6月15日),中共中央文献研究室、中央档案馆编:《建党以来重要文献选编(1921—1949)》第1册,中央文献出版社2011年版,第91、98页。
② 《关于"民主的联合战线"的议决案》(1922年7月),中共中央党史研究室、中央档案馆编:《中国共产党第二次全国代表大会档案文献选编》,中共党史出版社2014年版,第13—14页。
③ 参见朱洪:《中共二大:陈独秀应对马林和共产国际的一次紧急会议》,《党的文献》2012年第1期。
④ 《共产国际给中国共产党中央委员会的命令》(1922年7月18日),中共中央党史研究室、中央档案馆编:《中国共产党第二次全国代表大会档案文献选编》,中共党史出版社2014年版,第80页。

办法。西湖会议后,李大钊、陈独秀、蔡和森、张国焘等人以个人身份加入国民党,但党内大多数人对这种做法仍然心存疑虑,会议的决定并没有很好地贯彻执行。

1923年1月,共产国际执行委员会作出《关于中国共产党与国民党的关系问题的决议》,对国共合作及相互关系问题作了全面论述。决议指出国共合作的必要性,认为"中国唯一重大的民族革命集团是国民党","国民党与年青的中国共产党合作是必要的";明确了"中国共产党党员留在国民党内是适宜的"这种共产党员加入国民党的党内合作方式;同时又指出共产党不能取消"独特的政治面貌","必须保持自己原有的组织和严格集中的领导机构"。① 这份决议对推动中国共产党最终确立国共合作的方针起到了很大的指导和推动作用。但这份决议对国民党估计过高,对中国工人阶级和工人运动力量估计不足,因而也没有提出争取无产阶级对联合战线的领导权问题。就在共产国际作出决议后不久,发生了京汉铁路工人大罢工惨遭吴佩孚镇压的教训。"二七"惨案使中国共产党人进一步认识到,"要推翻帝国主义和封建军阀在中国的统治,仅仅依靠工人阶级的力量是不够的,党应该采取积极的步骤去联合孙中山领导的国民党,建立工人阶级和民主力量的联合战线"②。而在此前后的孙中山,也因二次护法的失败,最终下定联俄联共的决心。可以说,正是党内外各方面形势和条件发生的急剧变化,使中国共产党最终以召开一次全国代表大会的方式来彻底解决国共合作的问题。

(二)三大关于国共合作的争论是早期党的理论探索历程的一个生动展现

党的三大的筹备工作主要由共产国际代表和第二届中央执行委员会主持。会前,马林找各地代表谈话,特别是工人代表,"内容主要是交代和解

---

① 《共产国际执行委员会关于中国共产党与国民党的关系问题的决议》(1923年1月12日),中共中央党史研究室、中央档案馆编:《中国共产党第三次全国代表大会档案文献选编》,中共党史出版社2014年版,第27页。

② 中共中央党史研究室著:《中国共产党历史》第一卷(1921—1949)(上册),中共党史出版社2011年版,第108页。

释国共合作的必要性"。马林自始至终参加大会,陈独秀根据共产国际执委会1923年1月12日决议精神为大会起草了《关于国民运动及国民党问题的议决案》。尽管马林会前做了大量工作,但在三大上还是出现了激烈的争论。三大代表徐梅坤回忆说:"三大的主要议题是讨论国共合作、共产党员加入国民党的问题",尽管在会前有过酝酿,但"这个问题争论很激烈,一个多星期中,大部分时间是辩论这个问题"。①

三大上关于国共合作问题的争论,已不是共产党员要不要加入国民党的问题,而是全体党员加入还是部分党员加入的问题,特别是要不要动员产业工人加入,以及共产党如何在国民党内为国民革命工作的问题。

马林、陈独秀等提出,既然共产国际已有指示,"我们就应该加入国民党"。他们认为,中国目前是资产阶级性质的革命,故应与资产阶级联合。关于产业工人是否加入国民党的问题,陈独秀等人主张不保留产业工人,因为保留就是减少国民革命的势力,而中国无产阶级在数量和质量上都非常幼稚,党目前又不能公开,所以,"我们要做工人运动只有加入国民党,集中势力于国民党"。瞿秋白、张太雷等发言赞成马林、陈独秀的主张。瞿秋白的发言具有一定的代表性,他的主要观点是:"尽管现在小资产阶级和大资产阶级是不革命的,但为了自身利益,他们将会革命。""如果我们等国民党发展以后再参加进去,这是不合理的。假如我们希望壮大力量,假如我们有明确的目标,我们会有充分的机会在国民运动中壮大自己,走俄国十月革命的路。""如果我们——作为唯一革命的无产阶级,不去参加国民党,后者就势将寻求军阀、资产阶级和帝国主义的帮助。"

张国焘、蔡和森、林育南等反对马林、陈独秀的意见,担心全体党员加入国民党会丧失党的独立性,会使党腐化。认为不能期望中国资产阶级起革命作用,"发展共产党的唯一途径是独立行动,而不是在国民党内活动"。而"一切工作归国民党"的口号,"这是取消C.P.存在的主张"。后来,张国焘等人虽赞成加入国民党,但反对产业工人加入,认为产业工人是共产党的

---

① 徐梅坤:《回忆中共三大》(1980年3月),中共中央党史研究室、中央档案馆编:《中国共产党第三次全国代表大会档案文献选编》,中共党史出版社2014年版,第127页。

基础,加入国民党内去就会削弱共产党。他们坚持党领导职工运动的独立性,主张"工人应该在自己的政党旗帜之下参加民族革命,若加入资产阶级性的国民党组织,便不免有混乱无产阶级思想的危险"。张国焘说:"也许我们是错误的,但我们宁可保持'左','左'的错误比右的错误容易改正。"

邓中夏则明显表现出对国民党的不信任。他说:"国民党是一个内部利益迥异的政党,很难改造。""让孙中山听取新党员的意见十分困难。"蔡和森批评陈独秀等提出的"把工人置于国民党的旗帜下",是违反共产国际决定的。他说:"在统一战线中无产阶级如果不能全部掌握领导权,至少应拥有部分领导权。""如果目前中国的国民运动非常高涨,那么工人就不需要独立的政党。"对此,陈独秀反驳说:"国民运动非常高涨时,我们才能加入国民党,这是机会主义思想,我们的责任是为开展国民运动而工作。""只有国民党才能容纳那些半革命的资产阶级,小资产阶级,农民和无产阶级,没有其他途径。"李大钊更是难能可贵地提出了统一战线的领导权问题。他说:"过去和将来国民运动的领导因素都是无产阶级,而不是其他阶级。""由于这个原因,我们不要害怕参加国民运动,我们应站在运动的前列。"毛泽东也发言说:"在中国,资产阶级革命行不通。所有反帝运动都是由饥寒交迫者而不是由资产阶级发动的。"①

事实上,对于国共合作的问题,除了上面提到的党内高层领导人,一般党员中也有许多人不理解,特别是工人和从事工运的同志。正如罗章龙所说,因为在他们看来,"国民党并不注重工人运动,在工人中影响甚微。而国民党脱离群众,成分中官僚、政客不少,鱼龙混杂,却为人所共知。许多同志不愿与之为伍,反对加入国民党,形成一股阻力"。

经过激烈的争论,《关于国民运动及国民党问题的议决案》在会上仅以5票的优势(21票赞成,16票反对)通过,反映了党内对这一决议的真实态度。议决案指出:"依中国社会的现状,宜有一个势力集中的党为国民革命

---

① 以上发言内容参见《斯内夫利特笔记:中国共产党第三次代表大会关于国共合作问题的讨论》,中共中央党史研究室、中央档案馆编:《中国共产党第三次全国代表大会档案文献选编》,中共党史出版社2014年版,第48—57页。

运动之大本营,中国现有的党,只有国民党比较是一个国民革命的党,同时依社会各阶级的现状,很难另造一个比国民党更大更革命的党,即能造成,也有使国民革命势力不统一不集中的结果。""共产国际执行委员会议决中国共产党须与中国国民党合作,共产党党员应加入国民党。……此次全国大会亦通过此议决。"①议决案在国共合作的主要观点上与共产国际1923年1月的决议保持了一致,它的通过,标志着全体共产党员加入国民党即实行"党内合作",同时保持共产党组织独立性的国共联合战线方针的最后确定。党的三大在理论探索上取得的重要成绩,很快就在实践中显示出了强大威力。国共两党在孙中山这面颇有号召力的革命旗帜下,通过共同努力,广泛发动群众,发展革命力量,很快促进了国民革命高潮的到来。

党的三大确立的国共合作方针,既遵循了马克思列宁主义关于建立统一战线的理论和策略,也符合中国革命实际。"党内合作"也是当时能够为孙中山和国民党所接受的唯一合作方式。但此时的中国共产党对无产阶级在民主革命中的领导权问题,对资产阶级和国民党在革命中的软弱性和妥协性问题,还没有认识得很清楚,更不可能预料到大革命后期国民党右派背叛革命的问题。因而,决不能因为第一次国共合作的破裂,就以"早知今日,何必当初"的心态去否定三大确立国共合作的历史功绩。

党的三大在理论探索上的另一功绩,是对农民问题在国民革命中重要性的认识达到了新高度。三大首次作出《农民问题决议案》。这个决议案虽然很简略,也没有指出如何具体地开展农民运动,但它认为"有结合小农佃户及雇工以反抗宰制中国的帝国主义者,打倒军阀及贪官污吏,反抗地痞劣绅,以保护农民之利益而促进国民革命运动之必要"②,这就为党的四大提出工农联盟问题打下了基础。

----

① 《关于国民运动及国民党问题的议决案》(1923年6月),中共中央党史研究室、中央档案馆编:《中国共产党第三次全国代表大会档案文献选编》,中共党史出版社2014年版,第10—11页。

② 《农民问题决议案》(1923年6月),中共中央党史研究室、中央档案馆编:《中国共产党第三次全国代表大会档案文献选编》,中共党史出版社2014年版,第13页。

三、党的四大对重大思想理论问题认识的深化

从初创到四大召开,党还处在幼年时期,对中国革命的特点和规律都还懂得不多,对马克思列宁主义的理论和中国革命的实践还没有完整、统一的认识。党在确定自己的指导思想和方针政策时,更多得益于共产国际的指导和帮助,甚至不少重大思想理论问题的提出和重大决策的制定,是直接根据共产国际指示和共产国际驻华代表意见作出的。但是,遵循着理论联系实际的方向,通过对革命斗争的实践探索和经验总结,党逐步深化了对中国革命基本问题的认识,到四大时,初步提出关于中国革命一系列思想观点。

(一)首次明确提出关于无产阶级领导权问题

当二大民主革命纲领和三大民主联合战线方针确定之后,如何分析中国社会各阶级的状况,认识统一战线中各阶级间相互关系,特别是明确哪个阶级处在革命领导地位的问题,就成了党面临的重要课题。

1.革命斗争实践促使党逐步认识到无产阶级领导权问题的重要性

1920年党的早期组织制定的《中国共产党宣言》,1921年一大通过的第一个纲领,都只是提出"承认无产阶级专政""消灭资本家私有制"[①]等各国共产党纲领中共同具有的最一般原则,并没有意识到革命领导权问题。1922年二大制定了党的最低纲领,但也还没有明确提出无产阶级在民主革命中的领导权,只笼统地说,党在目前只是"引导工人们帮助民主主义的革命运动,使工人和贫农与小资产阶级建立民主主义的联合战线","民主主义革命成功了,无产阶级不过得着一些自由与权利"。[②]

中国共产党成立后,全力投入工人运动,掀起中国工人运动第一次高潮。"二七"罢工充分显示了工人阶级彻底的革命精神,同时,也说明工人

---

① 《中国共产党第一个纲领》(1921年7月),中共中央文献研究室、中央档案馆编:《建党以来重要文献选编(1921—1949)》第1册,中央文献出版社2011年版,第1页。
② 《中国共产党第二次全国代表大会宣言》(1922年7月),中共中央文献研究室、中央档案馆编:《建党以来重要文献选编(1921—1949)》第1册,中央文献出版社2011年版,第133、132页。

阶级不能孤军作战,必须有强大的同盟军。其后,三大宣言明确指出,"中国国民党应该是国民革命之中心势力,更应该立在国民革命之领袖地位"。虽然三大也警告国民党,如果它仍常持有希望"列强援助"和"集中全力于军事行动"这样"两个错误的观念",便会失去"政治上领袖的地位",但仍公开号召"大家都集中到中国国民党,使国民革命运动得以加速实现"。① 三大前后,陈独秀撰写发表了《资产阶级的革命与革命的资产阶级》《中国国民革命与社会各阶级》等文章,对三大提出的观点作进一步解释,提出:"中国国民党目前的使命及进行的正轨应该是:统率革命的资产阶级,联合革命的无产阶级,实现资产阶级的民主革命。"② 由此可见,无论是三大宣言还是陈独秀的解释,都说明这样一个思想:中国民主革命的领导权属于资产阶级为主要力量的国民党。

随着革命的发展,统一战线内部矛盾也逐渐暴露出来。在国民党内,1924 年 6 月,右派分子邓泽如等提出《弹劾共产党案》。8 月至 9 月,国民党第一届中央执委会召开第二次全会,冯自由因煽动一伙人反对国共合作而被孙中山开除出党。尽管由国民党右派屡次挑起的事端被化解,但上述事实不可避免地促使共产党人对国民党能否成为国民革命的领导者产生了疑虑。

在共产党内,三大后,随着国共合作步伐加快,党把全部力量都投入到"从思想上和组织上建设国民党的整个工作中"③,由此迟滞了党自身的发展。根据共产国际的建议,中央执委会扩大会议于 1924 年 5 月在上海召开。会议作出了一系列决议,其中《共产党在国民党内的工作问题议决案》围绕领导权问题,明确批评了国共合作以来党内的右倾情绪,强调党在统一

---

① 《中国共产党第三次全国代表大会宣言》(1923 年 6 月),中共中央文献研究室、中央档案馆编:《建党以来重要文献选编(1921—1949)》第 1 册,中央文献出版社 2011 年版,第 276—277 页。

② 《资产阶级的革命与革命的资产阶级》(1923 年 4 月 25 日),任建树主编:《陈独秀著作选编》第三卷,上海人民出版社 2014 年版,第 37 页。

③ 《共产国际执行委员会东方部给共产国际执行委员会主席团的报告》(1924 年 1 月 15 日),中共中央党史研究室第一研究部译:《共产国际、联共(布)与中国革命档案资料丛书》第 1 卷,北京图书馆出版社 1997 年版,第 399 页。

战线中的独立性和加强对工人运动领导的重要性,这为随后四大正式提出无产阶级领导权问题奠定了基础。

事实上,四大前,一些共产党人已对无产阶级领导权问题进行了初步探讨。在三大上,一些代表们在会议讨论中涉及了这一问题。毛泽东说:"资产阶级不能领导这个运动(指国民运动——引者注)。"李大钊说:"过去和将来国民运动的领导因素都是无产阶级,而不是其他阶级。""由于这个原因,我们不要害怕参加革命国民运动,我们应站在运动的前列。"林育南说:"资产阶级不可能是革命的因素,无产阶级必须领导。"[1]1923 年 9 月,瞿秋白在《自民权主义至社会主义》一文中鲜明地提出了"民权革命中无产阶级领导革命的问题"[2]。1924 年 11 月,邓中夏在《我们的力量》一文中指出:"中国将来的社会革命的领袖固是无产阶级,就是目前的国民革命的领袖亦是无产阶级。"[3]可以说,这些论述是后来四大正式提出无产阶级在民主革命中领导权问题的前奏。

2. 共产国际的指示对于统一中国共产党人关于无产阶级领导权问题的认识起了推动作用

1923 年 1 月 12 日,共产国际执委会通过《关于中国共产党与国民党的关系问题的决议》,指出:中国国民党"既依靠自由资产阶级民主派和小资产阶级,又依靠知识分子和工人",中国工人阶级"尚未完全形成为独立的社会力量",所以,"国民党与年青的中国共产党合作是必要的"[4]。5 月,共产国际执委会给党的三大的指示进一步指出:中国共产党要防止国民党同军阀勾结,要建立巩固的工农联盟。"毫无疑问,领导权应当归于工人阶级

---

① 参见《斯内夫利特笔记:中国共产党第三次代表大会关于国共两党关系的讨论》(1923 年 6 月 12—20 日),中共中央党史研究室第一研究部编:《共产国际、联共(布)与中国革命档案资料丛书》第 2 卷,北京图书馆出版社 1997 年版,第 470—471 页。

② 瞿秋白:《自民权主义至社会主义》(1923 年 9 月),中共中央文献研究室、中央档案馆编:《建党以来重要文献选编(1921—1949)》第 1 册,中央文献出版社 2011 年版,第 307 页。

③ 邓中夏:《我们的力量》(1924 年 11 月),中共中央文献研究室、中央档案馆编:《建党以来重要文献选编(1921—1949)》第 2 册,中央文献出版社 2011 年版,第 185 页。

④ 《共产国际执行委员会关于中国共产党与国民党的关系问题的决议》(1923 年 1 月 12 日),中共中央党史研究室第一研究部译:《共产国际、联共(布)与中国革命档案资料丛书》第 1 卷,北京图书馆出版社 1997 年版,第 436 页。

的政党"①。指示送达中共领导人手中时已是 7 月，三大已经闭幕。但是，11 月召开的中共第三届第一次中央执行委员会全体会议随即明确提出：在与国民党的关系上，"我们须努力站在国民党中心地位"②。

1924 年上半年，共产国际东方部和中共旅莫支部讨论了中国革命问题，普遍认为无产阶级应是中国国民革命的领导者。中共旅莫支部书记彭述之回国后，带回了上述精神。这些都促进了四大无产阶级领导权问题的提出。

3. 四大提出了内涵较为丰富的无产阶级领导权思想

首先，指明无产阶级在民族革命运动中的目的及特性，即"世界性"与"阶级性"。大会指出，"无产阶级的政党应该指导无产阶级参加民族运动，不是附属资产阶级而参加，乃以自己阶级独立的地位与目的而参加"。同时，无产阶级和农民等一切劳动群众，需要有"强固的阶级组织及其政党，才能够保障革命的胜利"。

其次，分析中国社会其他各阶级在民族运动中的趋向。大会指出，资产阶级的民族运动，"虽然有了多年历史，总不能逃出妥协而流产的运命"；新兴的工业资产阶级，"现在还在由买办官僚的资产阶级到民族的工业资产阶级之过程中，所以还不能参加民族革命运动"；小商人手工业主、知识阶级"都希望有一个民族德谟克拉西的革命"；游民无产阶级只有"在无产阶级指导之下"，才能在革命中发挥"相当的作用"；农民是革命运动的"重要成分"，"天然是工人阶级之同盟者"。

再次，指明中国的民族革命运动，"必须最革命的无产阶级有力的参加，并且取得领导的地位，才能够得到胜利"。大会总结几年来革命斗争的实践经验后指出，自二七罢工以来，"工人运动是中国国民运动中的基本"，

①　《共产国际执行委员会给中国共产党第三次代表大会的指示》(1923 年 5 月)，中共中央党史研究室第一研究部译：《共产国际、联共(布)与中国革命档案资料丛书》第 1 卷，北京图书馆出版社 1997 年版，第 456 页。

②　《国民运动进行计划决议案》(1923 年 11 月)，中共中央文献研究室、中央档案馆编：《建党以来重要文献选编(1921—1949)》第 1 册，中央文献出版社 2011 年版，第 349 页。

是"国民运动发展的中心"。因此,中国无产阶级完全有资格、有能力担负中国革命的领导责任。

最后,指出无产阶级要实现对革命的领导权,必须争取群众、团结群众。要"抓住被压迫的各社会阶级的力量",特别要"获得最大多数农民为工人阶级之革命的同盟",反对共同敌人,"才免得处在孤立地位"。①

无产阶级领导还是资产阶级领导,这是区分新旧民主主义革命的主要标志,也是决定革命成败的关键。毛泽东指出:"由于无产阶级的领导,根本地改变了革命的面貌,引出了阶级关系的新调度,农民革命的大发动,反帝国主义和反封建主义的革命彻底性,由民主革命转变到社会主义革命的可能性,等等。所有这些,都是在资产阶级领导革命时期不可能出现的。"②从这个意义上讲,在党的历史上首次正式提出无产阶级领导权问题的四大,在中国革命史上留下了浓墨重彩的一笔。

(二)首次明确提出工农联盟问题

党的四大前所未有地重视农民问题,不仅把解决农民问题看作是中国民族革命成败的关键,而且把无产阶级对农民的领导看作是无产阶级实现领导权的主要标志。

1. 马克思和列宁的农民问题和农民同盟军思想是四大提出工农联盟问题的理论渊源

马克思主义者历来重视农民问题。马克思曾经指出,如果能够争取到农民,"无产阶级革命就会形成一种合唱,若没有这种合唱,它在一切农民国度中的独唱是不免要变成孤鸿哀鸣的"③。

列宁是在农民占多数的俄国领导革命的。他认为,无产阶级应当领导民主革命,而无产阶级领导权的中心问题,就是实现对于农民领导的问题。

① 《对于中央执行委员会报告之议决案》(1925年1月)、《对于民族革命运动之议决案》(1925年1月)、《对于农民运动之议决案》(1925年1月),中共中央文献研究室、中央档案馆编:《建党以来重要文献选编(1921—1949)》第2册,中央文献出版社2011年版,第216、217、218、219、213、222、244页。
② 《矛盾论》(1937年8月),《毛泽东选集》第一卷,人民出版社1991年版,第315页。
③ 《路易·波拿巴的雾月十八日》(1852年5月),《马克思恩格斯文集》第2卷,人民出版社2009年版,第573页。

针对殖民地半殖民地国家的情况,他强调指出:"认为无产阶级政党(如果它一般地说能够在这类国家里产生的话)不同农民运动发生一定的关系,不在实际上支持农民运动,就能在这些落后国家里实行共产主义的策略和共产主义的政策,那就是空想。"[1]共产国际给党的三大的指示,对土地革命和农民问题赋予特殊的地位,要求中国共产党"必须不断地推动国民党支持土地革命","全部政策的中心问题乃是农民问题"。[2]

党的四大高度评价并阐明了列宁关于农民同盟军的思想,"列宁主义的最大功绩之一便是在农人中找到一个无产阶级的同盟,这便是列宁主义与一切投机主义孟塞维克主义根本不同之要点"。

2. 党在革命斗争的实践中逐步认识到工农联盟问题的重要性

在半殖民地半封建的中国,农民在革命中具有特殊重要性。党成立之初,在以主要精力从事工人运动的时候,就有一部分共产党人开始深入农村,建立农会,领导农民推翻地主豪绅,赢得了农民的支持。1922年彭湃最早在广东海丰县建立农会。1923年毛泽东在主持党的湘区委员会工作时,曾派工人到衡山发动农民,成立岳北农工会,开展过颇有声势的斗争。1923年三大后,党开始越来越重视农民运动,毛泽东作为中央局成员兼管农运工作。

尽管新生的中国共产党一再强调自己"是工人的政党,他的基础应该完全建筑在工人阶级上面,他的力量应该集中在工人宣传及组织上面"[3]。但与此同时,党在二大时就意识到:"中国三万万的农民,乃是革命运动中的最大要素。"如果"大量的贫苦农民能和工人握手革命,那时可以保证中

---

① 《民族和殖民地问题委员会的报告》(1920年7月26日),《列宁选集》第4卷,人民出版社2012年版,第276页。

② 《共产国际执行委员会给中国共产党第三次代表大会的指示》(1923年5月),中共中央党史研究室第一研究部译:《共产国际、联共(布)与中国革命档案资料丛书》第1卷,北京图书馆出版社1997年版,第457页。

③ 《中国共产党对于目前实际问题之计划》(1922年11月),中共中央文献研究室、中央档案馆编:《建党以来重要文献选编(1921—1949)》第1册,中央文献出版社2011年版,第197页。

国革命的成功"。① 1922 年 11 月,由陈独秀起草的《中国共产党对于目前实际问题之计划》进一步明确指出:"无产阶级在东方诸经济落后国的运动,若不得贫农群众的协助,很难成就革命的工作。"②到三大时,尽管还没有明确提出工农联盟的思想,但大会始终把农民与工人并列置于同等重要地位,指出:"对于工人农民之宣传与组织,是我们特殊的责任;引导工人农民参加国民革命,更是我们的中心工作"。③

应当说,党在斗争实践中,已明确认识到农民在革命中的重要地位,同时,对建立工农联盟重要性的认识,也逐步趋向明朗,到四大召开时,工农联盟思想已是呼之欲出。

3. 四大提出了内涵较为丰富的工农联盟思想

首先,强调农民问题是中国革命的重要问题。大会指出:农民问题"是特别的重要"。中国农民约占全国人口 80%,他们实际上早已由帝国主义、军阀政治、重租、苛税、高利债等"驱之于反抗动乱之途","由原始的、自然的农民反抗之可能而引之入自觉组织的经济和政治争斗,是中国共产党的责任"。

其次,指明工农联盟是无产阶级取得领导权和中国革命胜利的根本保证。大会将农民问题同无产阶级领导权问题联系起来,阐明了农民是无产阶级的天然同盟者,不解决农民问题,"希望中国革命成功以及在民族运动中取得领导地位,都是不可能的"。

再次,用阶级观点分析农民中各个阶层。大会指出:"在农民的政治斗争中我们应该结合中农、佃农、贫农、雇农以反对大地主","但我们应在此种结合中特别要保障贫农与雇农的特殊利益"。这就基本上解决了在农村中依靠谁、团结谁、反对谁的问题。

---

① 《中国共产党第二次全国代表大会宣言》(1922 年 7 月),中共中央文献研究室、中央档案馆编:《建党以来重要文献选编(1921—1949)》第 1 册,中央文献出版社 2011 年版,第 131 页。

② 《中国共产党对于目前实际问题之计划》(1922 年 11 月),中共中央文献研究室、中央档案馆编:《建党以来重要文献选编(1921—1949)》第 1 册,中央文献出版社 2011 年版,第 198 页。

③ 《中国共产党第三次全国代表大会宣言》(1923 年 6 月),中共中央文献研究室、中央档案馆编:《建党以来重要文献选编(1921—1949)》第 1 册,中央文献出版社 2011 年版,第 277 页。

最后,提出宣传组织农民和发动农民运动的具体办法。大会要求从解决农民实际问题入手,"保障农民的政治上、经济上的利益";"须随时随地注意启发农民的阶级觉悟",团结劳动农民,组织农民协会。尤为可贵的是,大会开始涉及土地、农村政权和农民武装等重要问题,指出:应当在农民中宣传"向国民党政府要求以官地分给贫农"、"选举代表农民机关(乡村自治会)"、"特别宣传取消普遍的苛税杂捐"、组织"农民自卫军"等主张。[①]这些观点虽然还很不完善,但在党代会上第一次正式提出,并写进了大会决议,其意义极其深远,表明党已开始初步探索具体解决农民问题的途径和方法。

有了工农联盟,一方面就有了争取反帝反封建革命胜利的可能,正如毛泽东所说,"推翻帝国主义和国民党反动派,主要是这两个阶级的力量";另一方面,也就有了从民主革命转变到社会主义革命的可能,这也就是毛泽东所说的,"由新民主主义到社会主义,主要依靠这两个阶级的联盟"。[②] 所以说,四大在党的历史上首次提出工农联盟问题,意义极其重大。

(三)对中国革命的性质、前途和内容作了新的表述

党对中国革命性质、前途和内容的认识,经历了一个逐步深入的过程。党的二大明确提出,中国革命的性质是反帝反封建的资产阶级民主革命。1923 年 5 月,蔡和森著文指出:中国革命运动的性质与欧美资产阶级的民主革命不同,"已不是纯粹资产阶级民主革命的问题,事实上业已变成为国民革命(亦可称民族革命)的问题"[③]。1924 年 12 月初,陈独秀与彭述之、维经斯基等人组成四大文件起草委员会,当时争论最多的是民族革命的性质问题。陈独秀与彭述之意见"略同",认为是资产阶级革命,而维经斯基则持异议,认为"民族革命运动的性质不能确定,须看将来

---

①　以上参见《对于农民运动之议决案》(1925 年 1 月),中共中央文献研究室、中央档案馆编:《建党以来重要文献选编(1921—1949)》第 2 册,中央文献出版社 2011 年版,第 239—244 页。

②　《论人民民主专政》(1949 年 6 月 30 日),《毛泽东选集》第四卷,人民出版社 1991 年版,第 1478—1479 页。

③　蔡和森:《中国革命运动与国际之关系》(1923 年 5 月 2 日),中共中央文献研究室、中央档案馆编:《建党以来重要文献选编(1921—1949)》第 1 册,中央文献出版社 2011 年版,第 233 页。

的成功如何"。① 四大最终通过的议决案没有明确说明现阶段中国革命的性质,只是笼统地指明:"全世界各民族的经济发展程度不同,革命的性质亦因之各异,在欧美资本制度发达的国家,遂形成无产阶级的社会革命运动,在东方殖民地半殖民地的国家遂形成多阶级的民族革命运动。"②

中国革命的前途,主要是民主革命同社会主义革命的关系问题。对此,一大确定直接进行社会主义革命,到二大时,确定首先进行民主革命,然后再进行社会主义革命。三大未涉及这一问题。而四大则作了进一步分析,指出:民族革命胜利后,能否接着就是无产阶级的革命,是否必须经过资产阶级民主制度,由"无产阶级在民族革命中自己阶级的革命准备至何种程度及那时的社会的客观条件定之",而"那时的世界政治状况也有很大的影响"。③ 这实际上提出了民主革命转变为社会主义革命的三个条件:一是无产阶级不断发展自己的力量并掌握领导权;二是民主革命胜利时,中国国内政治条件有利于无产阶级;三是国际形势有利。在当时的历史条件下,四大对中国民主革命前途的这个分析是难能可贵的。

四大还对民主革命的内容作了比较完整的规定,指出在反对帝国主义的同时,还要反对封建的军阀政治和经济关系。

四大对上述重大思想理论问题认识的深化,表明党初步划清了新旧两种民主革命的界限,提出了无产阶级领导的、人民大众的、反帝反封建的民主主义革命的基本思想轮廓。正如李维汉所指出的:"'四大'比较明确地提出了党在民主革命中的领导权和工农联盟的问题,提出了中国革命是世界无产阶级革命的一部分和争取非资本主义前途的问题。可以说,在理论上已经提出了新民主主义革命的几个基础观点,但还没有形成一定的思想体系。"④

---

① 《关于党的第四次全国代表大会——彭述之给中共旅莫支部全体同志的信》(1925 年 2 月 2 日),中共中央党史资料征集委员会、中共中央党史研究室编:《中共党史资料》1982 年第 3 辑,中共中央党校出版社 1982 年版,第 17—18 页。

② 《对于民族革命运动之议决案》(1925 年 1 月),中共中央文献研究室、中央档案馆编:《建党以来重要文献选编(1921—1949)》第 2 册,中央文献出版社 2011 年版,第 215 页。

③ 《对于民族革命运动之议决案》(1925 年 1 月),中共中央文献研究室、中央档案馆编:《建党以来重要文献选编(1921—1949)》第 2 册,中央文献出版社 2011 年版,第 222 页。

④ 李维汉:《回忆与研究》(上),中共党史资料出版社 1986 年版,第 50 页。

四、党的五大与理论探索的曲折前进

党的五大是在蒋介石叛变革命,国共合作还未完全破裂但又潜藏着大量危机、各种矛盾盘根错节而又濒临总爆发的特殊时局下召开的。当时,全党上下最急切的问题是:如何正确认识严峻复杂的局势,如何挽救面临危难的革命? 遗憾的是,党的五大并没有系统纠正党内存在的右倾错误,没有能担当起挽救革命危局的历史重任。表现在理论探索上,党的五大在中国革命的非资本主义前途、无产阶级在民主革命中的领导权和农民问题等方面提出了许多正确的理论原则,但又缺乏相应的落实措施,同时忽视了对一些迫在眉睫的问题如建立革命武装等的解决。五大闭幕后仅两个多月,轰轰烈烈的大革命便宣告失败。

（一）党的五大的决议和文件是共产国际第七次扩大全会精神的体现

党的五大的召开,特别是大会纲领的起草、政治决议和组织决议原则的确定,都体现了共产国际的旨意。共产国际决定党的五大的召开并自始至终领导大会的筹备工作。而全党范围内讨论共产国际执委会第七次扩大全会决议,为党的五大的召开作了思想准备。

1926 年 11 月 22 日至 12 月 16 日,共产国际执行委员会第七次扩大全会召开。中国革命问题成为此次会议的中心议题。斯大林和布哈林在会上作了发言,全会通过了《关于中国问题决议案》。1927 年 1 月 19 日,共产国际执委会政治书记处为举行中国共产党第五次代表大会给共产国际执行委员会代表们的指示中指出,党的五大"一切政治决议都完全应以共产国际执委会第七次扩大全会关于中国问题的决议为依据"①。

维经斯基在 1927 年 1 月 21 日说:"共产国际执委会第七次全会的决议

---

① 《共产国际执行委员会政治书记处为举行中国共产党第五次代表大会给共产国际执行委员会代表们的指示》(1927 年 1 月 19 日),中共中央党史研究室、中央档案馆编:《中国共产党第五次全国代表大会档案文献选编》,中共党史出版社 2015 年版,第 123 页。

我们日前才收到。现在正在译成中文","我们力争使决议的分析部分真正成为党员骨干的财富"。① 中共中央接着作出《中央政治局对于〈共产国际执行委员会第七次扩大全体会议关于中国问题决议案〉的解释》,决定接受这个决议,"不必俟第五次全国大会之讨论,一切政策及工作计划,即须依据此提案的方针与战略而进行"②。全党对共产国际决议的讨论,为党的五大的召开了作了思想准备。

党的五大的实际准备工作开始于 1927 年 4 月 2 日共产国际代表罗易到达武汉后,这时距离五大召开仅有 25 天的时间。罗易来中国的主要使命是贯彻共产国际执委会第七次扩大全会作出的《关于中国形势问题的决议》。罗易认为,在实际工作中,无论国民党还是共产党所执行的政策,与共产国际的决议精神都相去甚远。经过考察,罗易把造成上述现象的主要原因,归结为"中国共产党及其领导没有很好理解共产国际执行委员会的新提纲","仍旧受到自己的旧政策的束缚,无法执行时局所要求的新政策"。③ 在这种情况下,罗易认定自己的使命便是"说服中国共产党第五次全国代表大会,通过符合共产国际提出的新路线的决议"。

果然,罗易通过党的五大,基本实现了共产国际和他自己的主张。相反,陈独秀在大会上的表现却直接受制于共产国际及其代表。陈独秀代表第四届中央执行委员会向大会作了长达 6 小时的《政治与组织的报告》,而"其大纲是鲁易(即罗易——引者注)规定的"④。罗易在大会上先后发表 5 次讲话,对陈独秀报告中提到的所有重大问题进行阐述。这样,五大实际上不是围绕陈独秀的报告,而是围绕罗易的讲话进行讨论和作出决议的。

---

① 《维经斯基给联共(布)驻共产国际执行委员会代表团的信》(1927 年 1 月 21 日),中共中央党史研究室第一研究部译:《共产国际、联共(布)与中国革命档案资料丛书》第 1 卷,北京图书馆出版社1997 年版,第 99 页。

② 《中央政治局对于〈共产国际执行委员会第七次扩大全体会议关于中国问题决议案〉的解释》(1927 年初),中共中央党史研究室、中央档案馆编:《中国共产党第五次全国代表大会档案文献选编》,中共党史出版社 2015 年版,第 115 页。

③ [苏]A.B.巴库林:《中国大革命武汉时期见闻录》,郑厚安、刘功勋、刘佐汉译,中国社会科学出版社 1985 年版,第 334—335 页。

④ 《瞿秋白文集·政治理论编》第五卷,人民出版社 1995 年版,第 246—247 页。

　　(二)党的五大对中国革命的非资本主义前途、无产阶级在民主革命中的领导权和农民问题探索的新成就

　　1.关于中国革命非资本主义前途的新观点

　　党的二大制定的民主革命纲领,明确了中国革命分民主主义革命和社会主义革命两个不同阶段,但这两个不同阶段如何衔接,中国共产党人还只能在实践中继续摸索。1926年北伐开始后,陈独秀曾断言:"我们不是乌托邦的社会主义者,决不幻想不经过资本主义,而可以由半封建的社会一跳便到社会主义的社会。"①陈独秀的这种认识,实际上是否认了无产阶级经过民主革命夺取政权的可能性,表现在实际中,则为妥协退让错误提供了理论依据。

　　随着以蒋介石为代表的国民党右派反共企图的日益暴露,中国革命非资本主义前途的问题被突出地强调起来。1926年底,共产国际执行委员会第七次扩大全会通过的《关于中国问题决议案》中提出:"虽然中国革命发展之现在阶段,从历史上说,是资产阶级民权革命的性质,但是他必然要带着广泛的社会运动的性质。中国革命的结果,不一定造成使资本主义发展的社会政治环境……这个革命国家,不会是纯粹的资产阶级的民权国家,而将成为无产阶级、农民以及其他被剥削阶级的民权独裁制的国家。他将成为过渡到非资本主义(社会主义)的发展之时期中的革命的反帝国主义的政府","中国共产党决定要用全力去实现过渡到非资本主义的发展之革命的前途"。② 在中央政治局对共产国际决议案的解释中,中国共产党首先承认"国民革命和无产阶级革命之间划了很大的'天然的不可以人力逾越的'一道鸿沟",是"一个根本错误",还指出"中国国民革命前途之发展,得超过资产阶级的民主革命。由无产阶级实际领导的国民革命成功,自然不必再造成发展资本主义的政治环境,而是要造成从资本主义过渡到非资本主义

---

　　①　转引自张静如主编:《中国共产党思想史》,青岛出版社1991年版,第40页。
　　②　《共产国际执行委员会第七次扩大全体会议关于中国问题决议案》(1926年11月底),中共中央党史研究室、中央档案馆编:《中国共产党第五次全国代表大会档案文献选编》,中共党史出版社2015年版,第106—107页。

（社会主义）之政治环境"。①

在党的五大上，罗易又专门作了《非资本主义发展和社会主义，民主专政和无产阶级专政》的结论性发言，对非资本主义前途的定义和实现方式作了阐述。他认为，"中国革命的最近前途不是社会主义，而是非资本主义的发展"，"在中国，非资本主义发展时期是封建主义到社会主义的一个经济发展的中间阶段。在这个非资本主义发展时期，并不立即完全废除私有财产，私有财产在非资本主义发展过程中逐渐地废除"。对如何实现非资本主义前途，罗易指出："在中国，重工业、运输和公共事业的国有化，将标志着非资本主义发展时期的开始"，但仅仅如此还不够，"非资本主义发展的保证是政府的革命性质"即无产阶级、农民、小资产阶级组成的联盟。②

共产国际的决议案、中国共产党的解释和罗易的发言，否定了以往"二次革命论"割断民主革命和社会主义革命联系的错误方面，一定程度上澄清了党内对革命前途的模糊认识。它的许多重要观点，如中国民主革命的非资本主义前途、民主专政、大工业国有化等，具有一定的超前性质，有积极意义。

在提出非资本主义前途、批评妥协退让错误的同时，中国共产党对革命问题的认识上又出现所谓的"一次革命论"观点。瞿秋白曾在五大上散发他的长文《中国革命中之争论问题》。在这篇文章中，他提出："中国革命既以农地革命为中枢，又系反帝国主义的强有力的军队，自然应当从国民革命生长而成社会革命——就是'一次革命'直达社会主义，'从民权主义到社会主义'！"③中央政治局对共产国际决议案的解释中也提到："我们的革命

---

① 《中央政治局对于〈共产国际执行委员会第七次扩大全体会议关于中国问题决议案〉的解释》（1927年初），中共中央党史研究室、中央档案馆：《中国共产党第五次全国代表大会档案文献选编》，中共党史出版社2015年版，第116页。

② 罗易：《非资本主义发展和社会主义，民主专政和无产阶级专政》（1927年5月5日），中共中央党史研究室、中央档案馆编：《中国共产党第五次全国代表大会档案文献选编》，中共党史出版社2015年版，第78—82页。

③ 瞿秋白：《中国革命中之争论问题 第三国际还是第零国际？——中国革命中之孟什维克主义》（1927年2月），中共中央党史研究室、中央档案馆编：《中国共产党第五次全国代表大会档案文献选编》，中共党史出版社2015年版，第154页。

方针和战略上,必须抓住这两种革命的连锁,使之一气呵成,不能够机械的将他划为截然不相衔接的两个时期"。这种"一次革命论"的认识,又和混淆革命对象相联系,把民族资产阶级当作革命对象,为之后三次"左"倾错误的出现埋下了伏笔。

同时,对如何实现非资本主义前途,一方面认为一个重要条件是民主专政即无产阶级、农民和小资产阶级在一个纲领的基础上组成一个整体,去推翻和打倒它们联盟以外的一切阶级;另一方面,却认为国民党是"革命的发展把国民党从一个资产阶级甚至是封建分子在其中起支配作用的软弱的阶级联盟,转变成为一个民主专政的组织"①,因而仍主张同国民党合作,"仍旧在现有的国民政府政权之下,继续发展国民革命,以达到革命的民主独裁制,将国民革命发展到超越资产阶级的民主革命以上"②。这种依靠国民党和国民政府的外壳来实现民主专政的观点,自相矛盾,当然只能是不切实际的幻想。

2. 关于无产阶级在民主革命中的领导权的新见解

党的四大虽然提出了内涵较为丰富的无产阶级领导权思想,但在理论上,很大程度上却认为无产阶级的领导权不是同资产阶级斗争得来的,而是"天然的领导权";在实践上,"却只注意于反帝国主义及反军阀的斗争,而忽略了与资产阶级争取革命领导权的斗争"③,在行动上则突出表现在中山舰事件、整理党务案等一系列事件中党对国民党右派的节节退让。

面对革命危局,共产国际执行委员会第七次扩大全会通过的《关于中国问题决议案》中突出地提出了无产阶级的领导权问题,强调"中国革命在

---

① 罗易:《中国革命的前途和性质》(1927年5月4日),中共中央党史研究室、中央档案馆编:《中国共产党第五次全国代表大会档案文献选编》,中共党史出版社2015年版,第74页。

② 《中央政治局对于〈共产国际执行委员会第七次全体会议关于中国问题决议案〉的解释》(1927年初),中共中央党史研究室、中央档案馆编:《中国共产党第五次全国代表大会档案文献选编》,中共党史出版社2015年版,第116页。

③ 《政治形势与党的任务决议案》(1927年4月27日—5月9日),中共中央党史研究室、中央档案馆编:《中国共产党第五次全国代表大会档案文献选编》,中共党史出版社2015年版,第4页。

现时阶段中的革命动力是:无产阶级、农民和小资产阶级的革命的联合,并且在这一联合之中,无产阶级是统率的动力"①。随后中央政治局的解释中,又将无产阶级的领导权同非资本主义前途联系起来,认为中国"革命的主要成分是无产阶级及其所领导的农民和其他被压迫的劳苦群众,而不是富裕的资产阶级","由无产阶级实际领导的国民革命成功,自然不必再造成发展资本主义的政治环境"。② 这种认识是符合中国实际的,也为以后的历史发展所证明。

党的五大在《政治形势与党的任务决议案》中更是鲜明提出,在革命联盟中,"无产阶级将实行其领导权","本党的任务是继续的去争领导权,——建立一个左派的革命联盟,包含工、农、小资产阶级,以反对封建分子及资产阶级的领导"。③ 同时,议决案还提出争夺领导权中,要在农民和小资产阶级中得到同盟者。罗易也提出:"在现阶段,无产阶级的领导权不再是抽象的理论,它已成为活生生的事实。"④

遗憾的是,党的五大虽然将无产阶级领导权的问题提升到前所未有的重视程度,但在如何实现无产阶级的领导权上却拿不出任何可行的主意,甚至还提出了错误的办法。陈独秀在五大报告中谈到无产阶级的领导权时,也无奈地表示,"到目前为止,只有无产阶级、小资产阶级和农民还没有武装"⑤。没有革命的武装,要想在半殖民地半封建社会的中国实现无产阶级的领导权当然只是一句空话。而罗易在五大上的讲话居然认为当时的国民

---

① 《共产国际执行委员会第七次扩大全体会议关于中国问题决议案》(1926 年 11 月底),中共中央党史研究室、中央档案馆编:《中国共产党第五次全国代表大会档案文献选编》,中共党史出版社 2015 年版,第 107 页。

② 《中央政治局对于〈共产国际执行委员会第七次扩大全体会议关于中国问题决议案〉的解释》(1927 年初),中共中央党史研究室、中央档案馆编:《中国共产党第五次全国代表大会档案文献选编》,中共党史出版社 2015 年版,第 116 页。

③ 《政治形势与党的任务决议案》(1927 年 4 月 27 日—5 月 9 日),中共中央党史研究室、中央档案馆编:《中国共产党第五次全国代表大会档案文献选编》,中共党史出版社 2015 年版,第 4 页。

④ 罗易:《中国革命问题和无产阶级的作用》(1927 年 4 月 30 日),中共中央党史研究室、中央档案馆编:《中国共产党第五次全国代表大会档案文献选编》,中共党史出版社 2015 年版,第 58 页。

⑤ 陈独秀:《在中国共产党第五次全国代表大会上的报告》(1927 年 4 月 29 日),中共中央党史研究室、中央档案馆编:《中国共产党第五次全国代表大会档案文献选编》,中共党史出版社 2015 年版,第 42 页。

党是"能够而且已经成为借以行使无产阶级领导权的一个工具"①。

3.关于农民问题的新认识

党的三大制定了中国共产党首个农民问题决议案,但这个决议案十分简略。党的四大虽然提出了工农联盟问题,并作了《对于农民运动之议决案》,但对如何开展农民运动,如何解决农民的土地问题,并没有提出操作性强的办法。党的五大召开前,农民运动已经在湖南、湖北、江西等地蓬勃开展,毛泽东等对中国农民问题进行了富有成效的探索。党的五大则通过了中国共产党第一个《土地问题议决案》,从农民问题到土地问题,表明了中国共产党对农民问题认识上的深化。

党的五大对农民问题的论述很丰富,多个文件均有涉及。《政治形势与党的任务决议案》提到,"现在阶段之中,革命的主要任务,是土地问题的急进的解决","对于财政困难唯一的稳当的解决方法,便是农民革命"。②陈独秀在五大报告中提出:"中国人口大部分是农民,据我看来,将来党内农民的数量应与工人的数量相等。在不久的将来,农民在党内应占百分之三十左右。"③在《土地问题议决案》中,更是提出"将耕地无条件的转给耕田的农民","彻底将土地再行分配",并提出了具体的 7 条政纲,包括"没收一切所谓公有的田地以及祠堂、学校、寺庙、外国教堂及农业公司的土地,交诸耕种的农民","无代价的没收地主租与农民的土地,经过土地委员会,将此等土地交诸耕种的农民"④等措施。这些正确的论述,为日后土地革命的开展提供了思想准备。当然,五大关于土地国有的观点,是不合时宜的,这也是为时代条件所限的必然认识,以后在土地革命实践中很快被纠正。

---

①　罗易:《中国革命的前途和性质》(1927 年 5 月 4 日),中共中央党史研究室、中央档案馆编:《中国共产党第五次全国代表大会档案文献选编》,中共党史出版社 2015 年版,第 74 页。

②　《政治形势与党的任务决议案》(1927 年 4 月 27 日—5 月 9 日),中共中央党史研究室、中央档案馆编:《中国共产党第五次全国代表大会档案文献选编》,中共党史出版社 2015 年版,第 7 页。

③　陈独秀:《在中国共产党第五次全国代表大会上的报告》(1927 年 4 月 29 日),中共中央党史研究室、中央档案馆编:《中国共产党第五次全国代表大会档案文献选编》,中共党史出版社 2015 年版,第 38 页。

④　《土地问题议决案》(1927 年 4 月 27 日—5 月 9 日),中共中央党史研究室、中央档案馆编:《中国共产党第五次全国代表大会档案文献选编》,中共党史出版社 2015 年版,第 8—12 页。

五大虽然开对了"土地革命"的药方,但在实践中却幻想依靠国民政府来实现这些原则。最终,五大通过的《土地问题议决案》成为一纸空文。

(三)正确评价五大在理论探索史上的地位和作用

对党的五大的评价,也是长期以来史学界有争议的问题之一。应当说,五大在党的历史特别是理论探索史上是有积极意义的。五大提出了争取革命的非资本主义前途、无产阶级对革命的领导权、实行土地革命等一系列正确的战略性原则。总的来说,共产国际执委会第七次扩大全会的决议为制定中国革命的理论和战略作出了贡献,为中国共产党确定了一个长时间的明确方针。这些方针和原则被以后中国革命的实践证明是正确和可行的,是符合中国国情的,在后来历次党的全国代表大会和一些重要会议上也多次被肯定,经受住了时间的考验。单从这一点讲,作为一次党的全国代表大会,它至少完成了一部分的历史使命。

同时也要看到,五大对一些基本问题的认识存在误区,对以后的革命进程产生了消极影响。除了上面提到的"一次革命论"问题、对武汉国民党的误判问题以及土地革命上的妥协外,五大对当时中国的革命形势也存在严重误判。五大期间,多次提出"现在的时期不是革命低落的时期,而是紧涨[张]剧烈的革命斗争时期"①,"所有的客观情况都说明革命正在高涨","没有什么迹象预示在即将到来的时期里,中国革命会趋向低落。相反,形势有利于革命的高涨"。② 对于最为紧迫的组织和发展党直接领导的革命军队问题,大会并没有认真讨论,更没有制定有力措施。

《中国共产党历史》第一卷实事求是地评价了党的五大的历史地位,指出:"这次大会虽然提出了争取无产阶级对革命的领导权、建立革命民主政权和实行土地革命的一些正确的原则,但对无产阶级如何争取革命领导权,如何领导农民实行土地革命,如何对待武汉国民政府和国民党,特别是如何

---

① 《政治形势与党的任务决议案》(1927 年 4 月 27 日—5 月 9 日),中共中央党史研究室、中央档案馆编:《中国共产党第五次全国代表大会档案文献选编》,中共党史出版社 2015 年版,第 5 页。

② 罗易:《中国革命问题和无产阶级的作用》(1927 年 4 月 30 日),中共中央党史研究室、中央档案馆编:《中国共产党第五次全国代表大会档案文献选编》,中共党史出版社 2015 年版,第 52—53 页。

建立党领导的革命武装等问题,都没有提出有效的具体措施,这样自然难以承担起挽救革命的任务。"①

第三节　理论探索的再思考

大革命的失败,党内先后出现的妥协退让错误和"左"倾盲动错误,共产国际都有不可推卸的责任。这促使共产国际不得不重新审视自己对中国革命的一些错误指导和过度指挥,不得不对中国革命的一些基本判断作出修正。同时,对部分中国共产党人实践成功的中国革命道路也不得不开始重视,例如,在党的六大上,布哈林虽然怀疑红军的生存能力,却还是花了相当时间与中共代表讨论保存红军的必要性。而大革命的失败,也使中国共产党内对共产国际有不满和意见。中国共产党当时"面临的问题很复杂",关于中国革命的一些基本问题亟待重新认识、统一思想,召开一次党的全国代表大会成为"所有党员都在考虑的问题"②。但因为共产国际还不愿放下自己的威权,也因为中国共产党还不够壮大,所以对中国革命的再认识只能是对既往错误观点的部分矫正,产生的还只能是一个妥协和调适的结果。不过总的来看,党对理论探索仍然是在前进,仍然是在积累着质变前的量变。毛泽东在1936年对党的六大在理论探索上的贡献评价说:"不答复中国革命根据地和中国红军能否存在和发展的问题,我们就不能前进一步。一九二八年中国共产党第六次全国代表大会,把这个问题又作了一次答复。中国革命运动,从此就有了正确的理论基础。"③

---

① 中共中央党史研究室著:《中国共产党历史》第一卷(1921—1949)(上册),中共党史出版社2011年版,第212页。

② 《米特凯维奇给共产国际执行委员会的信》(1928年1月于上海),中共中央党史研究室第一研究部译:《共产国际、联共(布)与中国革命档案资料丛书》第7卷,中央文献出版社2002年版,第296页。

③ 《中国革命战争的战略问题》(1936年12月),《毛泽东选集》第一卷,人民出版社1991年版,第188页。

一、党的六大召开前中国共产党内的思想状况

1927 年 11 月 9 日至 10 日,中共中央临时政治局扩大会议召开,通过《中国现状与党的任务决议案》,使"左"倾盲动错误在全党取得支配地位。决议案提出了所谓的"无间断的革命",认为中国革命"必然是急转直下从解决民权革命的责任进于社会主义的革命","现在的革命斗争,已经必然要超越民权主义的范围而急遽的进展;中国革命的进程,必然要彻底解决民权主义任务而急转直下的进于社会主义的道路"。① 这种主张虽然批判了"二次革命论"的错误,但却混淆了民主革命和社会主义革命的界限。决议案对中国革命的形势也作了错误估量,不承认革命处于低潮,认为"单是敌人的屠杀进攻,不但还不是革命的溃散,反而证明革命潮流之高涨,才使敌人惊惶失措而拼命的严厉镇压"②。这次会议还根据斯大林关于中国革命的"三阶段"论③,把民族资产阶级和上层小资产阶级当作革命对象,因而规定一系列过左的政策。

中共中央的"左"倾认识很快被现实击碎,湖南"灰日暴动"和广州起义相继失败,一些党的领导人如张太雷、王一飞先后牺牲。1928 年 2 月,共产国际执委会第九次扩大全会通过了《关于中国问题的议决案》,指出"要想跳过资产阶级民权革命的阶段同时并认革命为'无间革命'之倾向"是错误的,"现在还没有全国范围的新的群众革命运动之强有力的高潮",同时也

---

① 《中国现状与党的任务决议案》(1927 年 11 月),中共中央文献研究室、中央档案馆编:《建党以来重要文献选编(1921—1949)》第 4 册,中央文献出版社 2011 年版,第 622、623 页。

② 《中国现状与党的任务决议案》(1927 年 11 月),中共中央文献研究室、中央档案馆编:《建党以来重要文献选编(1921—1949)》第 4 册,中央文献出版社 2011 年版,第 624 页。

③ 1927 年中国大革命失败前后,斯大林曾多次在文章和讲话中谈到这个问题。斯大林认为,中国革命的第一阶段,即广州时期,是全民族联合战线的革命;蒋介石叛变革命后,民族资产阶级转到反革命阵营,中国革命进入第二阶段,即武汉时期;汪精卫叛变革命后,小资产阶级离开革命阵营,中国革命进入第三阶段,即苏维埃革命阶段,这时无产阶级的同盟军是农民和城市贫民。斯大林的这个论断是不符合中国革命实际的,但它在共产国际和中国共产党内影响很大。根据这一理论,当时民族资产阶级和小资产阶级都被当作了革命对象。参见中共中央党史研究室:《中国共产党历史》第一卷(1921—1949)(上册),中共党史出版社 2011 年版,第 249 页。

认为"许多征兆,都指示工农革命正走向这种新的高潮","必须坚决的反对工人阶级某种成分之中的盲动主义,反对无准备无组织的城市与乡村中的发动暴动,反对玩弄暴动"。[①] 4 月下旬,共产国际的这一决议传到中国。4月 28 日,中共中央临时政治局讨论了这个决议。4 月 30 日,中共中央发出接受共产国际执委会决议的通告,承认中共党内存在"左"倾盲动错误,基本同意共产国际对中国革命性质的分析,"左"倾盲动错误在全国范围的实际工作中基本停止。但对如何认识中国革命形势等基本问题,中共中央一些领导人实际上还存在着不同看法。

1928 年 5 月,六大代表陆续抵达莫斯科。会前,联共(布)、共产国际领导人与中共领导人多次举行会谈,为统一中共党内思想认识做了许多工作。6 月 9 日,斯大林同瞿秋白、苏兆征、李立三、向忠发、周恩来等谈话,重点讨论了中国革命形势问题。斯大林指出:"目前,我们不能说中国革命已经处于高潮。广州起义不是革命高潮的开始,而是革命的终结"[②],"虽然高潮有了信号,但只是证明将来有高潮至,而不是现在已高涨了"[③]。斯大林的谈话使党的一些领导人改变了中国革命形势正处于高潮的判断,但他把革命高潮同夺取城市的问题联系起来,是不符合中国国情的。

6 月 14 日、15 日,布哈林以共产国际代表身份召集政治谈话会,瞿秋白、周恩来、蔡和森、苏兆征、张国焘、向忠发、王若飞、项英等 21 人参加,就中国革命基本问题谈了认识和看法。关于这次座谈会的发言记录和材料,中央党史研究室、中央档案馆编辑出版的《中国共产党第六次全国代表大会档案文献选编》,根据中央档案馆馆藏俄文档案翻译并全文发表,从中可以看出当时党内对中国革命一些基本问题的争论和分歧。

---

① 《中央通告第四十四号》(1928 年 4 月 30 日),中共中央文献研究室、中央档案馆编:《建党以来重要文献选编(1921—1949)》第 5 册,中央文献出版社 2011 年版,第 156、157、159 页。

② 斯大林:《关于中国革命问题》(1928 年 6 月 9 日),中共中央党史研究室、中央档案馆编:《中国共产党第六次全国代表大会档案文献选编》(上、下卷),中共党史出版社 2015 年版,第 39 页。

③ 《周恩来对斯大林同瞿秋白和中共其他领导人会见情况的记录》(1928 年 6 月 9 日),中共中央党史研究室、中央档案馆编:《中国共产党第六次全国代表大会档案文献选编》(上卷),中共党史出版社 2015 年版,第 43 页。

　　从档案看,与会人员围绕机会主义和盲动主义的问题展开了较为激烈的争论。对机会主义何时发生的问题,"一些同志说中共成立伊始就存在机会主义;另一些同志说开始于1925年上海事件(即五卅运动——引者注)期间;还有一些人说机会主义是在武汉政府时期开始的",也有人认为"中共第三次代表大会期间就有这种倾向","机会主义倾向是从加入国民党时开始的"。① 至于为什么会发生机会主义错误,有人认为是因为"根本没有确定革命的前途,无产阶级的领导权,以及企图到某时期夺取政权之必要,所以就发生机会主义的错误"②;有人认为"机会主义的产生是有社会背景的。是建筑在小资产阶级的基础上面。党的指导者是家长式的,是信仰个人的,是跟着国民党左派跑的。一开始就向小资产阶级和资产阶级让步"③;更有甚者,认为"机会主义的来源,是从党的组织产生的。因为中国党的组织还没有形成无产阶级的政党,完全是一般小资产阶级的智识分子所把持……所以做出许多出卖阶级无耻的事实,且是有系统、有计划去长时间的执行这种事实,这种事实就是机会主义的表现"④。从以上这些言论,可以看出,当时党内对导致大革命失败的机会主义,既有切身之痛,希望认真总结历史,从中汲取经验教训,但受主客观条件限制,一些人又很难理性分析出现机会主义错误的原因。这也是六大把民族资产阶级视为最危险的敌人,片面强调指导机关工人化的一个历史根源。

　　对"左"倾盲动错误,党内在理性分析、基本否定的情况下,又夹杂着矛盾的心态。蔡和森认为,盲动主义是由"不断革命论"产生的,"因为此理论以为中国革命有不断性,敌人不断的崩溃,革命不断的高潮,遂至不断的无

　　① 《中共六大前夕由布哈林主持召开的部分代表座谈会发言记录》(1928年6月14日、15日),中共中央党史研究室、中央档案馆编:《中国共产党第六次全国代表大会档案文献选编》(上卷),中共党史出版社2015年版,第78页。
　　② 《六大代表政治谈话会的材料》(1928年6月),中共中央党史研究室、中央档案馆编:《中国共产党第六次全国代表大会档案文献选编》(上卷),中共党史出版社2015年版,第93页。
　　③ 《六大代表政治谈话会的材料》(1928年6月),中共中央党史研究室、中央档案馆编:《中国共产党第六次全国代表大会档案文献选编》(上卷),中共党史出版社2015年版,第103页。
　　④ 《六大代表政治谈话会的材料》(1928年6月),中共中央党史研究室、中央档案馆编:《中国共产党第六次全国代表大会档案文献选编》(上卷),中共党史出版社2015年版,第106—107页。

准备无计划的暴动,而不断的受敌人之各个击破"①。李立三认为,"盲动主义的来源,是革命遭受打击后一部分激进分子感情的拼命主义,它是有它的社会背景的",但他又担心,如果否认了这一时期中央的政治路线,"便犯了否认病,把八七会议后一切政治路线及伟大的广州暴动,都一概抹煞了"。②

　　这次座谈会围绕中国革命的性质和形势这两个关键问题也展开了讨论。对中国革命的性质,与会者争论较少,"没有任何不同看法,我们认为中国革命就是资产阶级民主革命"③。对中国革命形势的判断,则出现了比较复杂的情况,与会者虽基本同意共产国际的判断,即认为中国革命高潮已经过去,但也有一些不同看法,如李立三认为"高潮是存在的,但是这个浪潮不是很高"④,关向应认为"现在革命是向上高涨的过程是暴动的前途"⑤,瞿秋白则表示,"关于中国革命形势问题,我们有不同于共产国际执委会二月全会的看法……中央一方面不能同意共产国际执委会的决议,也不能机械地转达共产国际执委会的决议来贯彻执行……把这个问题作为悬案,待到党的第六次代表大会上和共产国际执委会一起讨论"⑥。可以说,布哈林同中共代表的政治谈话会,既暴露出当时党内存在的思想认识分歧,也澄清了中共党内在革命性质和革命形势等问题上的模糊认识,为召开六大做了很好的思想准备。

---

　　①　《六大代表政治谈话会的材料》(1928 年 6 月),中共中央党史研究室、中央档案馆编:《中国共产党第六次全国代表大会档案文献选编》(上卷),中共党史出版社 2015 年版,第 96 页。

　　②　《六大代表政治谈话会的材料》(1928 年 6 月),中共中央党史研究室、中央档案馆编:《中国共产党第六次全国代表大会档案文献选编》(上卷),中共党史出版社 2015 年版,第 100 页。

　　③　《中共六大前夕由布哈林主持召开的部分代表座谈会发言记录》(1928 年 6 月 14 日、15 日),中共中央党史研究室、中央档案馆编:《中国共产党第六次全国代表大会档案文献选编》(上卷),中共党史出版社 2015 年版,第 76 页。

　　④　《中共六大前夕由布哈林主持召开的部分代表座谈会发言记录》(1928 年 6 月 14 日、15 日),中共中央党史研究室、中央档案馆编:《中国共产党第六次全国代表大会档案文献选编》(上卷),中共党史出版社 2015 年版,第 80 页。

　　⑤　《中共六大前夕由布哈林主持召开的部分代表座谈会发言记录》(1928 年 6 月 14 日、15 日),中共中央党史研究室、中央档案馆编:《中国共产党第六次全国代表大会档案文献选编》(上卷),中共党史出版社 2015 年版,第 80 页。

　　⑥　《中共六大前夕由布哈林主持召开的部分代表座谈会发言记录》(1928 年 6 月 14 日、15 日),中共中央党史研究室、中央档案馆编:《中国共产党第六次全国代表大会档案文献选编》(上卷),中共党史出版社 2015 年版,第 76 页。

二、党的六大对中国革命基本问题的再认识

1928 年 6 月 18 日至 7 月 11 日,中国共产党第六次全国代表大会在莫斯科召开。瞿秋白作政治报告,布哈林代表共产国际作了《中国革命与中共任务》的政治报告。大会通过了《政治议决案》等 14 个议决案,以及修改后的《中国共产党党章》,对中国革命的一系列存在严重争论的根本问题,作出了基本正确的回答。

第一,六大确认中国仍属于半殖民地半封建社会。对中国社会的性质,本来党的二大已经解决。但大革命失败后,斯大林、布哈林和托洛茨基围绕中国社会性质展开了争论。托洛茨基认为大革命失败后,国民党已经完成资产阶级民主革命,中国已经是资产阶级社会,再爆发革命将是社会主义革命。党的六大对中国社会性质进行了正确的分析。议决案指出,"中国革命是半殖民地的革命,反帝国主义的斗争有主要的作用"[1],"现在的中国经济政治制度,的确应当规定为半封建制度——现时这种过渡到资本主义的条件之下,凡是上述的那些中国经济的特点,土地关系的特点,很明显的是半封建制度"[2]。

第二,六大确认中国革命的性质仍属于资产阶级民主革命。关于中国革命的性质,是六大需要解决的核心理论问题。在这个问题上,从大革命后期到六大召开前,党内的认识一直存在反复。"当时之所以搞不清中国革命是民主革命,是因为:第一,对什么叫革命性质,革命性质是以什么来决定的搞不清;第二,中国党历史上没有从理论方面搞清这个问题;第三,国际上托派的影响以及同托派调和的观点的影响。"[3]这些问题都需要六大解决,

---

[1] 《政治议决案》(1928 年 7 月 9 日),中共中央党史研究室、中央档案馆编:《中国共产党第六次全国代表大会档案文献选编》(下卷),中共党史出版社 2015 年版,第 862 页。

[2] 《土地问题议决案》(1928 年 7 月 9 日),中共中央党史研究室、中央档案馆编:《中国共产党第六次全国代表大会档案文献选编》(下卷),中共党史出版社 2015 年版,第 870 页。

[3] 《关于党的"六大"的研究》(1944 年 3 月 3 日、4 日),《周恩来选集》(上卷),人民出版社 1980 年版,第 160 页。

六大也正确地解决了这些问题。布哈林在六大的政治报告中明确提出"中国革命现阶段是资产阶级性的民权革命","假使说现在革命是社会主义的,那简直是疯狂的胡说,是糊涂,是闭着眼睛而不顾事实的乱吹,是不明了现在在中国之中心任务是赶走帝国主义,统一中国,与农民共同夺取政权"。① 瞿秋白在六大的口头报告中也明确提出:"中国革命是反帝国主义的资产阶级民权革命,社会内容主要的,在现在阶段是土地革命,有确定转变成为社会主义革命的趋势。"②六大通过的《政治议决案》也明确:"中国革命现在阶段的性质是资产阶级性的民权主义革命,如认中国革命目前阶段为已转变到社会主义性质的革命,这是错误的,同样,认为中国现时革命为'无间断革命'也是不对的。"③六大关于中国革命性质的判断,基本上是正确的,为以后毛泽东提出新民主主义革命理论奠定了基础。

第三,六大明确了中国革命形势处于两个高潮之间,同时指出新的革命高潮不可避免地要到来。对中国革命形势的判断,直接影响到党的任务和策略的制定。六大《政治议决案》指出,"虽然反动营垒之中,有很多很多的矛盾(资产阶级与地主之间,资产阶级与帝国主义之间,地主阶级的各派各系之间的等等),这种矛盾往往弄到武装冲突和军阀的混战,然而帝国主义豪绅地主资产阶级以及民族资产阶级,遇到中国劳动群众革命斗争的爆发,便结合联合战线来压迫",因而"现时的形势,一般说来是没有广泛的群众的革命高潮"。④ 同时,六大议决案还指出,革命的新的高潮不可避免。这是因为引起中国革命的矛盾,没有一个是能解决了的。"新的高潮的征象已见,但不可过分的估量","第六次大会同时认为:不可以过分估量上述的

①　《中国革命与中共任务——共产国际代表布哈林在中国共产党第六次全国代表大会上的政治报告》(1928 年 6 月 19 日),中共中央党史研究室、中央档案馆编:《中国共产党第六次全国代表大会档案文献选编》(上卷),中共党史出版社 2015 年版,第 233、237 页。

②　瞿秋白:《在中国共产党第六次全国代表大会上的政治报告(口头报告)》(1928 年 6 月 20 日),中共中央党史研究室、中央档案馆编:《中国共产党第六次全国代表大会档案文献选编》(上卷),中共党史出版社 2015 年版,第 315 页。

③　《政治议决案》(1928 年 7 月 9 日),中共中央党史研究室、中央档案馆编:《中国共产党第六次全国代表大会档案文献选编》(下卷),中共党史出版社 2015 年版,第 854 页。

④　《政治议决案》(1928 年 7 月 9 日),中共中央党史研究室、中央档案馆编:《中国共产党第六次全国代表大会档案文献选编》(下卷),中共党史出版社 2015 年版,第 859 页。

这些现象,因为即使这些现象综合起来,也还不能形成真正的高潮"。① 应当说,六大对客观形势的判断是基本上正确的。

第四,六大进一步明确了中国革命的非资本主义前途。本来,党在大革命时期就已经很明确地认识到中国革命的非资本主义前途问题。但是,罗米那兹和瞿秋白提出的"无间断的革命",混淆了民主革命和社会主义革命的界限,在党内一定程度上造成了思想混乱。对此,党的六大明确指出中国革命有社会主义的前途。"中国革命的动力已经只有无产阶级和农民,而且无产阶级的领导权又已经能在资产阶级性的民权革命阶段之中便建立起来(无产阶级能够帮助并指导农民实行土地革命,领导反帝国主义的斗争),所以,这就可以开辟中国革命将来发展的道路,使他有非资本主义的前途,亦就是社会主义的前途。""以苏维埃为国家政权形式的工农民权独裁,就可以成为转变到无产阶级独裁的出发点。"②至于何时转变,则要看斗争的力量、阶级力量的对比来决定。这样,党的六大就既明确了中国革命的前途,又明确了实现这个前途的具体路径,为以后的革命历程所证明。

党的六大在对中国革命一系列严重争论问题作出基本正确回答的同时,也存在一些缺点,突出表现在对革命对象的认识和革命高潮何时到来的估量上。这些问题的出现,既有共产国际和斯大林"左"的影响的原因,也反映出当时党还未从根本上认清中国革命的基本问题,进而彻底根绝党内存在的"左"倾错误的土壤。六大结束后不久,党又先后犯了"左"倾冒险错误和王明"左"倾教条主义错误,一定程度上反映出六大在理论探索上的不彻底性。

党的六大对革命对象和革命动力的认识有偏差。首先,在对待民族资产阶级的问题上,六大虽然明确承认中国革命性质仍属于资产阶级民主革命,中国的革命任务没有超出资产阶级制度范围,但却又把民族资产

————————
　① 《政治议决案》(1928 年 7 月 9 日),中共中央党史研究室、中央档案馆编:《中国共产党第六次全国代表大会档案文献选编》(下卷),中共党史出版社 2015 年版,第 860 页。
　② 《政治议决案》(1928 年 7 月 9 日),中共中央党史研究室、中央档案馆编:《中国共产党第六次全国代表大会档案文献选编》(下卷),中共党史出版社 2015 年版,第 855 页。

阶级当作最危险的敌人。布哈林在六大的政治报告中虽然肯定在大革命时期同民族资产阶级合作的必要性和可能性，肯定共产党加入国民党的正确，但却又认为现阶段与资产阶级"连要不要与他合作和能否与他合作的问题都没有了"，"资产阶级已是我们的敌人，打倒他在政治上和经济上的力量，是中共与中国工人阶级最必须的任务"①。六大《政治议决案》中更是提出"民族资产阶级是阻碍革命胜利的最危险的敌人之一"②，还提出"中国现时资产阶级性的民权革命必须反对民族资产阶级方能胜利，革命动力只是工农"的命题。这个命题本身即充满着矛盾，反对民族资产阶级，是很难同破坏资本主义私有制截然分开的，势必会使革命超出资产阶级民主革命的范畴。同时，将革命动力限制在工农，排斥资产阶级和小资产阶级，不利于团结一切革命力量，巩固和扩大统一战线，也是"左"的表现。其次，从对待地主和富农的问题看，地主虽然是革命对象，但只是作为一个阶级而言，在没收土地后对地主应当给予生活出路，将他们改造为自食其力的劳动者。但在六大的政治报告中，布哈林却认为，打击地主之后，"不要使他们的财产和特权仍留着一半或多少，要非常彻底的来打击他们，使他们在政治上、经济上，甚至于在肉体上都完全不存在，使他们永远不能翻身，这是土地革命中之一个最大的任务"③。对于富农，六大一方面认为"当富农摇动于革命与反革命之间的时期，在不妨碍贫农雇农斗争范围之内，党不应该故意加紧对富农的斗争，使其更快的转入反革命方面去"，另一方面却又指出"决不能因联合战线而对富农有所让步"④。上述认识，可以说是以后"左"倾教条主义者坚持"地主不分田、富农分坏田"的

①　《中国革命与中共任务——共产国际代表布哈林在中国共产党第六次全国代表大会上的政治报告》(1928年6月19日)，中共中央党史研究室、中央档案馆编：《中国共产党第六次全国代表大会档案文献选编》(上卷)，中共党史出版社2015年版，第244页。

②　《政治议决案》(1928年7月9日)，中共中央党史研究室、中央档案馆编：《中国共产党第六次全国代表大会档案文献选编》(下卷)，中共党史出版社2015年版，第855页。

③　《中国革命与中共任务——共产国际代表布哈林在中国共产党第六次全国代表大会上的政治报告》(1928年6月19日)，中共中央党史研究室、中央档案馆编：《中国共产党第六次全国代表大会档案文献选编》(上卷)，中共党史出版社2015年版，第234页。

④　《农民运动决议案》(1928年7月9日)，中共中央党史研究室、中央档案馆编：《中国共产党第六次全国代表大会档案文献选编》(下卷)，中共党史出版社2015年版，第878页。

滥觞。

六大对革命高潮问题的认识带有模糊性。一方面,六大指出,当前中国的政治形势是处在两个革命高潮之间,即低潮时期,这是符合大革命失败后的革命形势的;另一方面,对于革命高潮何时到来,六大又一定程度上表露出盲目急躁的情绪。布哈林根据他的第三期理论,认为中国土地问题无法解决,新的革命高潮不可避免地要到来。他在政治报告中指出,"一方面是一个波浪和失败未了,但接着就是新的高浪,我们现在正是在这新波浪开始的面前,在新高涨的足下,或许在这里接近这个新高涨的足下","现在接近着第二个高潮,我们的面前是一个大的全国革命的高潮,距这个高潮的时间,当然不会很长的"。① 瞿秋白也认为,"革命客观上是走向高潮,是向上涨而非低落,亦非停滞","现在革命的高潮还没有,但是许多高潮将到的象征已经可见"。② 强调已经接近高潮,高潮将到的象征已见,这表明党对中国革命的长期性、复杂性的估计还严重不足,还是过于乐观,这是后来六大路线未能坚持下去,党内连续发生"左"倾错误的重要原因之一。对此,周恩来作过精辟的分析。他指出,六大"对于革命高潮与低潮,有几个问题一直是模糊的:一、对革命高潮的客观条件与主观力量区分不清楚,不知道主观的群众运动对促成革命高潮到来的作用。所以后来对革命高潮的估计,往往强调有利的客观条件,而不知道主观力量薄弱是不能真正造成革命高潮的。二、没有把革命高潮与直接革命形势区分清楚,不知道革命高潮是说明起义的条件正在甚至已经成熟,但仍不是说全国可以马上到处起义。如一九三〇年农村革命形势是高潮,但不能马上到处起义。立三路线的失败就因为要到处起义。三、没有把局部的高潮与全面的高潮区分清楚。所以当时虽然肯定了是低潮,但并没有很清楚地去了解这个问题。正因为没有

---

① 《中国革命与中共任务——共产国际代表布哈林在中国共产党第六次全国代表大会上的政治报告》(1928 年 6 月 19 日),中共中央党史研究室、中央档案馆编:《中国共产党第六次全国代表大会档案文献选编》(上卷),中共党史出版社 2015 年版,第 248 页。

② 瞿秋白:《在中国共产党第六次全国代表大会上的政治报告(口头报告)》(1928 年 6 月 20 日),中共中央党史研究室、中央档案馆编:《中国共产党第六次全国代表大会档案文献选编》(上卷),中共党史出版社 2015 年版,第 333 页。

把这几个问题弄清楚,所以我们一九二八年十月回国后,对革命高潮问题还是空洞地争论浪潮与浪花的问题"①。

当然,党的六大还没有认识到要重视乡村工作、在农村搞武装割据的重要与可能等问题,还将革命高潮到来寄希望于夺取城市上。但这些问题对于刚刚才开始转入土地革命和武装斗争的中国共产党来说,一时还不可能认识得很清楚。将它作为六大的遗憾是恰当的,但不适宜说是六大的重要缺点。

应当说,党的六大是中国共产党在理论探索史上一次具有重要历史意义的会议。党的六大对中国革命基本问题的再认识,为中国革命走向复兴提供了理论支撑,为新民主主义革命理论的诞生做了理论准备。尽管它还存在着一些缺点,但"总起来说,'六大'关于革命的性质、动力、前途、形势和策略方针等问题的决定基本上是对的,所以说'六大'的路线基本上是对的"②。《关于若干历史问题的决议》也指出:"一九二八年六、七月间召开的党的第六次全国代表大会的路线,基本上是正确的。"③

需要指出的是,由于当时共产国际的权威仍然不可动摇,中共党内对共产国际的不满情绪总体是隐而不发的,敢于正面提出来的只是少数党员。从大会文件来看,中共在共产国际对中国革命所起的消极影响,对大革命失败应负的责任丝毫没有提及,反而认为共产国际的指示都是正确的,大革命失败是因为没有执行共产国际的指示。甚至认为共产国际越过中共中央,直接号召中国的党员群众来变更中国共产党的领导机关及方针路线,这样明显不分畛域,不尊重中共的做法也是对的:"中国共产党第六次大会承认:当时共产国际超过中央委员会,直接号召中国的党员群

---

① 《关于党的"六大"的研究》(1944年3月3日、4日),《周恩来选集》(上卷),人民出版社1980年版,第176—177页。

② 《关于党的"六大"的研究》(1944年3月3日、4日),《周恩来选集》(上卷),人民出版社1980年版,第186页。

③ 《关于若干历史问题的决议》(1945年4月20日),《毛泽东选集》第三卷,人民出版社1991年版,第958页。

众,要求彻底变更党的路线,改变党的领导机关——的确是对的。"①关于大革命的失败共产国际应负的责任问题,中共中央在大会上为其开脱,瞿秋白说:"俄国党的反对派说,国际给了中国党一些不正确的指导,结果中国革命失败了,所以中国革命的失败,第三国际应当负责任的","他们的意思,如果国际方面仍是季诺维埃夫、托洛斯基等,换句话说,就是采用他们的路线去指导中国革命,是不会失败的",这种看法"完全是错误的"。② 其实在大会上当众开脱,这一行为本身就说明中共党内对共产国际的指挥已积累相当多的不满情绪。在会上,有代表对共产国际的权威性明确提出了质疑,苏兆征等列出共产国际代表就国共关系作出矛盾的各种建议和决策,向布哈林提出"共产国际执委会几乎始终是正确的,而它的代表经常犯错误。这种观点对吗?"③对这一类问题,布哈林回答说,"共产国际的代表并不是个个都经过考试的",共产国际也找不到一个从来不犯错误的人作为代表,甚至无法找一个犯错误最少的代表。布哈林提出的解决方案是以中国共产党派代表常驻莫斯科的方式,来实现共产国际对于中共的指导。④ 实际上布哈林是回避了这一问题。

第四节 理论探索的历史性飞跃

从 1928 年党的六大结束,到 1945 年党的七大召开,中国共产党经历了

---

① 《政治议决案》(1928 年 7 月 9 日),中共中央文献研究室、中央档案馆编:《建党以来重要文献选编(1921—1949)》第 5 册,中央文献出版社 2011 年版,第 383 页。

② 瞿秋白:《在中国共产党第六次全国代表大会上的政治报告》(1928 年 6 月 20 日),中共中央文献研究室、中央档案馆编:《建党以来重要文献选编(1921—1949)》第 5 册,中央文献出版社 2011 年版,第 258 页。

③ 《中共六大部分代表给布哈林提出的问题》(1928 年 6 月),中共中央党史研究室、中央档案馆编:《中国共产党第六次全国代表大会档案文献选编》(上卷),中共党史出版社 2015 年版,第 361 页。

④ 《共产国际代表布哈林在中国共产党第六次全国代表大会上关于政治报告的结论》(1928 年 6 月 29 日),中共中央党史研究室、中央档案馆编:《中国共产党第六次全国代表大会档案文献选编》(上卷),中共党史出版社 2015 年版,第 390 页。

土地革命战争的胜利与失败,经历了全民族抗战的洗礼,对中国革命规律的认识发生了质的飞跃,终于在各方面特别是思想理论方面走向成熟。以毛泽东同志为核心的党的第一代中央领导集体,鲜明提出马克思主义中国化的伟大命题,经过艰辛探索,新民主主义革命理论体系最终形成并不断丰富发展。党的七大把20多年来中国革命一系列独创性经验进行理论概括,正式提出"毛泽东思想"的科学概念,并将其确立为党的指导思想,从而创造性地发展了马克思列宁主义,实现了马克思主义中国化的第一次历史性飞跃。

一、毛泽东思想形成的思想基础、理论基础和认识基础

党的理论探索取得丰硕成果,为党的七大确立毛泽东思想的历史地位奠定了坚实的思想基础、理论基础和认识基础。

马克思主义哲学的新发展和马克思主义中国化命题的产生为提出毛泽东思想奠定了坚实的思想基础。红军长征到达陕北后,为系统总结党的历史经验,毛泽东进行了大量的理论研究工作,并十分注重从马克思主义哲学的高度来剖析主观主义特别是教条主义的思想根源。为此,毛泽东先后写下《实践论》《矛盾论》这两部在马克思主义哲学史上占有重要地位的论著,用中国风格、中国气派全面阐述了马克思主义认识论和辩证法的基本观点。在《实践论》中,毛泽东阐明了认识对实践的依赖关系,阐明了从实践到认识,从感性认识到理性认识,又从理性认识到革命实践,循环往复以至无穷的认识发展路径,指出:"真理的标准只能是社会的实践。实践的观点是辩证唯物论的认识论之第一的和基本的观点","我们的结论是主观和客观、理论和实践、知和行的具体的历史的统一,反对一切离开具体历史的'左'的或右的错误思想"。[1] 在《矛盾论》中,毛泽东全面论述了唯物辩证法的最根本的法则——对立统一法则,对形而上学和辩证法这两种宇宙观、

----

[1]　《实践论》(1937年7月),《毛泽东选集》第一卷,人民出版社1991年版,第284、296页。

矛盾的普遍性、矛盾的特殊性、主要的矛盾和矛盾的主要方面、矛盾诸方面的同一性和斗争性、对抗在矛盾中的地位等问题进行了逐一阐述。他指出："用不同的方法去解决不同的矛盾,这是马克思列宁主义者必须严格地遵守的一个原则。教条主义者不遵守这个原则,他们不了解诸种革命情况的区别,因而也不了解应当用不同的方法去解决不同的矛盾,而只是千篇一律地使用一种自以为不可改变的公式到处硬套,这就只能使革命遭受挫折,或者将本来做得好的事情弄得很坏。"①《实践论》和《矛盾论》阐明了党的正确的思想路线,是对中国共产党批判"左"、右倾错误特别是王明"左"倾教条主义错误的哲学总结,是毛泽东哲学思想发展的一个高峰,把中国共产党的思想水平提到了新高度。在1938年党的扩大的六届六中全会上,毛泽东向全党正式提出了马克思主义中国化的伟大命题:"成为伟大中华民族之一部分而与这个民族血肉相联的共产党员,离开中国特点来谈马克思主义,只是抽象的空洞的马克思主义。因此,马克思主义的中国化,使之在其每一表现中带着中国的特性,即是说,按照中国的特点去应用它,成为全党亟待了解并亟须解决的问题。"②

新民主主义革命理论的形成为提出毛泽东思想奠定了坚实的理论基础。1939年底1940年初,毛泽东先后发表《〈共产党人〉发刊词》《中国革命和中国共产党》《新民主主义论》,系统阐述了新民主主义理论。在《中国革命和中国共产党》一文中,毛泽东首次在党内提出了新民主主义的科学概念,他指出:"现时中国的资产阶级民主主义的革命,已不是旧式的一般的资产阶级民主主义的革命,这种革命已经过时了,而是新式的特殊的资产阶级民主主义的革命。……我们称这种革命为新民主主义的革命。"③新民主主义革命是由无产阶级领导的,属于世界无产阶级社会主义革命的一部分,它必须彻底完成反帝反封建的任务,它的前途是社会主义,这是新民主

---

① 《矛盾论》(1937年8月),《毛泽东选集》第一卷,人民出版社1991年版,第311页。

② 毛泽东:《论新阶段》(1938年10月),中共中央文献研究室、中央档案馆编:《建党以来重要文献选编(1921—1949)》第15册,中央文献出版社2011年版,第651页。

③ 《中国革命和中国共产党》(1939年12月),《毛泽东选集》第二卷,人民出版社1991年版,第647页。

主义革命区别于旧民主主义革命的主要标志。新民主主义革命的基本纲领是：在政治上，要建立"无产阶级领导下的一切反帝反封建的人们联合专政的民主共和国，这就是新民主主义的共和国"。在经济上，要使一切"大银行、大工业、大商业，归这个共和国的国家所有"；"这个共和国并不没收其他资本主义的私有财产，并不禁止'不能操纵国民生计'的资本主义生产的发展"；"这个共和国将采取某种必要的方法，没收地主的土地，分配给无地和少地的农民"。在文化上，要挣脱帝国主义、封建主义文化思想的奴役，实行人民大众的反帝反封建的文化，即"民族的科学的大众的文化"。① 同时，毛泽东还提出统一战线、武装斗争、党的建设这三个法宝，并对它们之间的相互关系作了论述："统一战线和武装斗争，是战胜敌人的两个基本武器。统一战线，是实行武装斗争的统一战线。而党的组织，则是掌握统一战线和武装斗争这两个武器以实行对敌冲锋陷阵的英勇战士。"②新民主主义理论的提出，使中国共产党终于从理论上解开了如何实现民主主义革命"非资本主义前途"的中心一环，为党纠正和防止"左"和右的错误奠定了理论基础，丰富和发展马克思列宁主义，预示着毛泽东思想的成熟。

延安整风运动的胜利开展为提出毛泽东思想奠定了坚实的认识基础。从 1942 年春开始，中国共产党在全党范围内进行了普遍的整风运动。整风运动的主要内容是反对主观主义以整顿学风，反对宗派主义以整顿党风，反对党八股以整顿文风。整风运动的一个主要任务是彻底清算、批判王明在土地革命战争时期的"左"倾教条主义错误和抗日战争中的右倾错误，总结历史经验教训，统一全党认识。"整风运动既是一次全党范围内的马克思主义的思想教育运动，也是破除党内把马克思主义教条化、把共产国际决议和苏联经验神圣化错误倾向的伟大思想解放运动。"③在开展整风运动的过

① 转引自中共中央党史研究室著：《中国共产党历史》第一卷（1921—1949）（下册），中共党史出版社 2011 年版，第 558 页。
② 《〈共产党人〉发刊词》（1939 年 10 月 4 日），《毛泽东选集》第二卷，人民出版社 1991 年版，第 613 页。
③ 转引自中共中央党史研究室著：《中国共产党历史》第一卷（1921—1949）（下册），中共党史出版社 2011 年版，第 621—622 页。

程中,通过认真学习文件,深入研究党的历史,全党对毛泽东关于中国革命的理论有了深入的认识,毛泽东思想这一科学概念也开始形成。从 1941 年起,党内已有张如心、朱德、陈毅等提出"毛泽东同志的思想""中国化的马列主义理论""正确的思想体系"等不同提法。1943 年 7 月,王稼祥在《中国共产党与中国民族解放的道路》一文中首次使用了"毛泽东思想"的概念,将其称之为中国的马克思列宁主义、中国的布尔什维主义、中国的共产主义。刘少奇更是号召全党"用毛泽东的思想来武装自己"。党的六届七中全会通过《关于若干历史问题的决议》,高度评价了毛泽东运用马克思列宁主义基本原理解决中国革命问题的杰出贡献,统一了全党对历史问题的认识,增强了全党在毛泽东思想基础上的团结。

以上这一切都表明,随着毛泽东在全党领导地位的确立,随着毛泽东对中国革命基本问题富有成效的探索,随着全党马克思列宁主义思想理论水平的大幅度提高,用"毛泽东思想"来命名马克思主义中国化第一次历史性飞跃的成果已经在全党形成了高度共识。这时,召开一次党的全国代表大会,把毛泽东思想正式确立为党的指导思想,可谓"万事俱备,只欠东风"了。

二、党的七大确立毛泽东思想为党的指导思想

1945 年 6 月 11 日,中国共产党第七次全国代表大会通过新的《中国共产党党章》。新党章在总纲中规定:"中国共产党,以马克思列宁主义的理论与中国革命的实践之统一的思想——毛泽东思想,作为自己一切工作的指针,反对任何教条主义的或经验主义的偏向。"[1]而毛泽东思想,正是七大修改党章及其总纲的基础。确立毛泽东思想在全党的指导地位,是党的七大最重要的历史贡献,反映了全党思想上、政治上的成熟,反映了党的理论水平的极大提高,在党的历史上具有重要而深远的意义。

毛泽东思想是马克思列宁主义在中国的运用和发展,是被实践证明了

---

[1]　《中国共产党党章》(1945 年 6 月 11 日),中共中央党史研究室、中央档案馆编:《中国共产党第七次全国代表大会档案文献选编》,中共党史出版社 2015 年版,第 618 页。

的关于中国革命的正确的理论原则和经验总结,是中国共产党集体智慧的结晶。党的七大对毛泽东思想的阐述,主要集中在刘少奇《关于修改党章的报告》中。在报告中,刘少奇从毛泽东思想的理论定位、实践基础、主要内容、毛泽东对创立毛泽东思想的作用、学习毛泽东思想等方面进行了全方位阐释,讲明了毛泽东思想是什么、从哪里来、如何学等重要问题,为全党学习和宣传毛泽东思想提供了权威依据。

《关于修改党章的报告》分析了毛泽东思想的理论定位。刘少奇指出,毛泽东思想"就是毛泽东同志关于中国历史、社会与中国革命的理论与政策","就是马克思列宁主义的理论与中国革命的实践之统一的思想,就是中国的共产主义,中国的马克思主义","就是马克思主义在目前时代的殖民地、半殖民地、半封建国家民族民主革命中的继续发展,就是马克思主义民族化的优秀典型"。① 这"五个就是"既表明了毛泽东思想与中国历史、社会与革命的关系,又点明了毛泽东思想与马克思主义二者之间继承与发展的关系。它说明,马克思主义中国化是必要的、可行的,毛泽东思想是马克思主义而不是什么别的主义,"从他的宇宙观以至他的工作作风,乃是发展着与完善着的中国化的马克思主义"②,"它是中国的东西,又是完全马克思主义的东西"③,提出毛泽东思想不是要否定马克思主义,而是要更好发展马克思主义。

《关于修改党章的报告》指明了毛泽东思想的实践基础。毛泽东思想不是无源之水、无本之木,不是从理论到理论,它具备深厚的实践土壤。首先,毛泽东思想是中国共产党24年不懈奋斗史的思想结晶,"是从中国民族与中国人民长期革命斗争中,在中国伟大的三次革命战争——北伐战争、土

①　刘少奇:《关于修改党章的报告》(1945年5月14日),中共中央党史研究室、中央档案馆编:《中国共产党第七次全国代表大会档案文献选编》,中共党史出版社2015年版,第267页。
②　刘少奇:《关于修改党章的报告》(1945年5月14日),中共中央党史研究室、中央档案馆编:《中国共产党第七次全国代表大会档案文献选编》,中共党史出版社2015年版,第268页。
③　刘少奇:《关于修改党章的报告》(1945年5月14日),中共中央党史研究室、中央档案馆编:《中国共产党第七次全国代表大会档案文献选编》,中共党史出版社2015年版,第267页。

地革命战争和现在的抗日战争中,生长和发展起来的"①。其次,毛泽东思想是近代中国近百年革命历史的思想总结,"它是站在无产阶级利益因而又正是站在全体人民利益的立场上,应用马克思列宁主义的科学方法,概括中国历史、社会及全部革命斗争经验而创造出来,用以解放中国民族与中国人民的理论与政策"②。再次,毛泽东思想"又是在和党内各种错误的机会主义思想——陈独秀主义,李立三路线,以及后来的左倾路线、投降路线、教条主义、经验主义等进行原则的斗争中,生长和发展起来的"③。毛泽东思想形成与发展的历史表明,它是经过无数革命实践反复考验的、关于中国革命正确的理论原则和经验总结。

《关于修改党章的报告》概括了毛泽东思想的主要内容。毛泽东思想是"中国人民完整的革命建国理论"。刘少奇从9个方面概括了毛泽东思想的主要内容,即:"毛泽东同志关于现代世界情况及中国国情的分析,关于新民主主义的理论与政策,关于解放农民的理论与政策,关于革命统一战线的理论与政策,关于革命战争的理论与政策,关于革命根据地的理论与政策,关于建设新民主主义共和国的理论与政策,关于建设党的理论与政策,关于文化的理论与政策等"④。这一理论概括,多角度涵盖了毛泽东思想的主要内容。通过这种概括,就能明了毛泽东思想具有哪些独创性的理论贡献,在哪些方面充实、丰富和发展了马克思主义的理论宝库,进而确立毛泽东思想在马克思主义发展史上的历史地位。

《关于修改党章的报告》明确了毛泽东是毛泽东思想的主要创立者。马克思主义中国化是一件艰巨的任务,之所以艰巨,是因为中国具有十分特殊的国情,半殖民地半封建的社会性质、农民占人口多数,这些都与马克思

①　刘少奇:《关于修改党章的报告》(1945年5月14日),中共中央党史研究室、中央档案馆编:《中国共产党第七次全国代表大会档案文献选编》,中共党史出版社2015年版,第267页。
②　刘少奇:《关于修改党章的报告》(1945年5月14日),中共中央党史研究室、中央档案馆编:《中国共产党第七次全国代表大会档案文献选编》,中共党史出版社2015年版,第267页。
③　刘少奇:《关于修改党章的报告》(1945年5月14日),中共中央党史研究室、中央档案馆编:《中国共产党第七次全国代表大会档案文献选编》,中共党史出版社2015年版,第267页。
④　刘少奇:《关于修改党章的报告》(1945年5月14日),中共中央党史研究室、中央档案馆编:《中国共产党第七次全国代表大会档案文献选编》,中共党史出版社2015年版,第268页。

主义经典作家所设想的无产阶级社会主义革命所需要的各种条件相距甚远。这也决定了，领导中国革命，既需要丰富的马克思主义理论知识，但"只将马克思主义的著作加以熟读、背诵和摘引"又远远不够，还需要具有关于中国社会和历史的丰富知识，关于中国革命的丰富经验，对无产阶级革命事业的无限忠心和百折不挠的坚韧品质。"不是别人，正是我们的毛泽东同志，出色地成功地进行了这件特殊困难的马克思主义中国化的事业"，"他在理论上敢于进行大胆的创造，抛弃马克思主义理论中某些已经过时的、不适合于中国具体环境的个别原理和个别结论，而代之以适合于中国历史环境的新原理和新结论，所以他能成功地进行马克思主义中国化这件艰巨的事业"。①

　　《关于修改党章的报告》提出了学习宣传毛泽东思想是全党的重要任务。无论是从党的一大制定的纲领和决议看，还是从党的二大至六大的理论探索史看，早期中国共产党的理论准备是不够的，因而对中国革命问题的认识曾一度在摸索中徘徊，走了很多不必要的弯路。因此，动员全党学习毛泽东思想，宣传毛泽东思想，用毛泽东思想武装全体党员和革命人民，便成为党的七大的重要任务。对此，刘少奇早在报告中明确要求，"一切党校和训练班，必须用毛泽东同志的著作作为基本教材；一切干部，必须系统地研究毛泽东同志的著作；一切党报，必须系统地宣传毛泽东思想；为了适应一般党员的水准，党的宣传部门，应将毛泽东同志的重要著作，编为通俗读物"②。事实证明，党的七大后，在毛泽东思想的武装下，全党空前团结，迅速取得了新民主主义革命的胜利。

　　1945年6月14日，延安《解放日报》发表了题为《团结的大会，胜利的大会》的社论。社论指出，党的七大"最重要的历史标志，就是毛泽东同志的思想被全党一致承认为党的指导思想，为我党一切工作的指针"，"毛泽

----

① 刘少奇：《关于修改党章的报告》（1945年5月14日），中共中央党史研究室、中央档案馆编：《中国共产党第七次全国代表大会档案文献选编》，中共党史出版社2015年版，第268页。
② 刘少奇：《关于修改党章的报告》（1945年5月14日），中共中央党史研究室、中央档案馆编：《中国共产党第七次全国代表大会档案文献选编》，中共党史出版社2015年版，第269页。

东思想的内容,经过了二十四年三次革命战争的考验,我们党创造了这个完全适合国情的中国化的马克思主义,并找到了它的代表人物毛泽东同志,这是中国人民伟大无比的胜利,是马克思主义在人类四分之一到五分之一的人口中取得了决定胜利的历史标志"①。可以说,毛泽东思想既是党的七大的历史标志,也是中国革命接近胜利的历史标志,更是马克思主义中国化的历史标志。正如邓小平所指出的:"毛泽东思想培育了我们整整一代人","没有毛泽东思想,就没有今天的中国共产党,这也丝毫不是什么夸张"②。

三、毛泽东在党的七大上对一些重要理论问题的探索成就

党的七大在党的理论探索史上不仅确立了毛泽东思想的指导地位,同时还深化了对新民主主义革命一些重要理论问题的认识,如最高纲领和最低纲领的衔接问题、建立联合政府的主张、发展资本主义的问题等。这些理论探索成就,主要集中在毛泽东在七大上的一系列讲话和报告中,今天看来仍然有重要的启示意义。

第一,毛泽东在七大上充分论述了最高纲领和最低纲领的衔接问题。毛泽东在党的七大上,不仅提出了新民主主义革命的一般性纲领和具体性纲领,还明确提出了共产党人的将来纲领或最高纲领。新民主主义革命的一般纲领包括建设新民主主义的政治、经济和文化,"这个纲领所规定的无产阶级在政治上的领导权,无产阶级领导下的国营经济和合作社经济,是社会主义的因素。但是这个纲领的实行,还没有使中国成为社会主义社会"③。而共产党人的最高纲领是要在中国实现社会主义社会和共产主义社会。对于这一点,毛泽东毫不隐晦,他在对《论联合政府》的说明中透露:

① 《团结的大会,胜利的大会》(1945年6月14日),中共中央党史研究室、中央档案馆编:《中国共产党第七次全国代表大会档案文献选编》,中共党史出版社2015年版,第676页。

② 《解放思想,实事求是,团结一致向前看》(1978年12月13日),《邓小平文选》第二卷,人民出版社1994年版,第148、149页。

③ 毛泽东:《论联合政府》(1945年4月24日),中共中央党史研究室、中央档案馆编:《中国共产党第七次全国代表大会档案文献选编》,中共党史出版社2015年版,第191页。

"报告中讲共产主义的地方,我删去过一次又恢复了,不说不好。关于党名,党外许多人主张我们改,但改了一定不好,把自己的形象搞坏了,所以报告中索性强调一下共产主义的无限美妙"①。对于如何实现共产主义和社会主义,毛泽东也指明了路径。他认为,"只有经过民主主义,才能到达社会主义,这是马克思主义的天经地义","没有一个由共产党领导的新式的资产阶级性质的彻底的民主革命,要想在殖民地半殖民地半封建的废墟上建立起社会主义社会来,那只是完全的空想"②。这样,毛泽东既从理论上彻底批驳了"一次革命论"和"二次革命论"的错误,又从实践上指明了从新民主主义走向社会主义的具体路径。

第二,毛泽东关于建立联合政府的主张阐明了新民主主义的国家制度。中国是一个处于半殖民地半封建的国家,这样的国情决定了在中国既不能建立一个大地主大资产阶级专政的国家制度,因为这是反人民的制度;也不能建立纯粹民族资产阶级专政的旧民主专政的国家,因为由于民族资产阶级的软弱性决定其不可能领导中国革命取得成功;还不能建立无产阶级专政的社会主义的国家制度,因为现阶段中国革命的主要任务是反对外来的民族压迫和国内的封建主义;只能建立一个联合一切民主阶级的统一战线性质的新民主主义的国家制度,它的具体组织形式就是民主的联合政府。对联合政府这样一个口号和形式,毛泽东高度评价,指出:"联合政府是具体纲领,它是统一战线政权的具体形式。这个口号好久没有想出来,可见找一个口号、一个形式之不易……这个口号一提出,重庆的同志如获至宝,人民如此广泛拥护,我是没有料到的。"③对如何建立民主联合政府,废除国民党一党专政,毛泽东提出了两个步骤,"第一个步骤,目前时期,经过各党各派和无党无派代表人物的协议,成立临时的联合政府;第二个步骤,将来时

① 毛泽东:《对〈论联合政府〉的说明》(1945 年 3 月 31 日),中共中央党史研究室、中央档案馆编:《中国共产党第七次全国代表大会档案文献选编》,中共党史出版社 2015 年版,第 211 页。
② 毛泽东:《论联合政府》(1945 年 4 月 24 日),中共中央党史研究室、中央档案馆编:《中国共产党第七次全国代表大会档案文献选编》,中共党史出版社 2015 年版,第 192 页。
③ 毛泽东:《对〈论联合政府〉的说明》(1945 年 3 月 31 日),中共中央党史研究室、中央档案馆编:《中国共产党第七次全国代表大会档案文献选编》,中共党史出版社 2015 年版,第 211 页。

期,经过自由的无拘束的选举,召开国民大会,成立正式的联合政府。总之,都是联合政府"①。虽然由于国民党顽固派的阻挠,联合政府的主张未能实现,但毛泽东的这一主张却在国统区引起了强烈反响,对争取中间力量发挥了重要作用。同时,这一主张也成为今天巩固中国共产党领导的多党合作和政治协商制度、建设协商民主的理论渊源,具有持久的生命力。

第三,毛泽东关于发展资本主义的系列论述是七大理论探索史上的重要一页。首先,毛泽东认为,资产阶级民主主义性质的革命决定了中国革命的对象不是一般的资产阶级,而是民族压迫和封建压迫;革命的措施,不是一般地废除私有财产,而是一般地保护私有财产;革命的结果,将使工人阶级有可能聚集力量因而引导中国向社会主义方向发展,但在一个相当长的时期内仍将使资本主义获得适当的发展。因此,"拿资本主义的某种发展去代替外国帝国主义和本国封建主义的压迫,不但是一个进步,而且是一个不可避免的过程。它不但有利于资产阶级,同时也有利于无产阶级,或者说更有利于无产阶级"②。其次,毛泽东肯定应该广泛发展的资本主义,是指有利于国民生计的资本主义或者说是"不能操纵国民之生计"的资本主义,是指一般的资产阶级。"所谓一般的资产阶级,就是指中等资产阶级和小资产阶级,也就是中小资产阶级。"③而那些大地主、大银行家、大买办特别是蒋介石、宋子文、孔祥熙等人的官僚资本不在其内,应予没收。再次,在新民主主义的国家制度下,广泛发展国家经济、合作社经济和个体经济同广泛发展私人资本主义经济是并行不悖的,这样才有益于社会向前发展。最后,也是毛泽东思想上一个重要的闪光点,那就是他批判了那种认为可以不发展资本主义,不经过民主主义阶段,就直接过渡到社会主义的民粹思想。

---

① 毛泽东:《论联合政府》(1945 年 4 月 24 日),中共中央党史研究室、中央档案馆编:《中国共产党第七次全国代表大会档案文献选编》,中共党史出版社 2015 年版,第 196 页。

② 毛泽东:《论联合政府》(1945 年 4 月 24 日),中共中央党史研究室、中央档案馆编:《中国共产党第七次全国代表大会档案文献选编》,中共党史出版社 2015 年版,第 192 页。

③ 毛泽东:《在中国共产党第七次全国代表大会上的口头政治报告》(1945 年 4 月 24 日),中共中央党史研究室、中央档案馆编:《中国共产党第七次全国代表大会档案文献选编》,中共党史出版社 2015 年版,第 222 页。

"所谓民粹主义,就是要直接由封建经济发展到社会主义经济,中间不经过发展资本主义的阶段。"①他以苏联为例,认为苏联经过社会主义革命,经过新经济政策时期,又经过两个五年计划,才提出消灭资本主义,而"我们的同志对消灭资本主义急得很","我们不要怕发展资本主义"。② 毛泽东关于发展资本主义的观点,有些因为形势发展而改变,有些则未能很好坚持下去,但其是毛泽东思想发展史上的重要一页,直至今日,仍然具有重要的理论意义。

在党的七大上,毛泽东还特别强调了理论工作的重要性。他认为,与中国革命的需求比,中国共产党的理论水平还不够。理论是有系统的知识,"革命要求我们能说明中国的革命运动,说明这个运动的各个方面,说明它的内部联系,包括军事、政治、文化、经济,整个革命工作的各个侧面及其内部联系,并总结经验,把它提高起来,使之条理化、系统化"③。

第五节　民主革命时期党的历次全国代表大会推进党的理论探索的特征和作用

通过对历次党的全国代表大会在党的理论探索方面的纵向分析,可以全面地了解每次党的全国代表大会的基本情况。如果把民主革命时期党的全国代表大会看作一个整体来观察,则可以掌握其推进党的理论探索的基

---

① 毛泽东:《在中国共产党第七次全国代表大会上的口头政治报告》(1945年4月24日),中共中央党史研究室、中央档案馆编:《中国共产党第七次全国代表大会档案文献选编》,中共党史出版社2015年版,第222页。

② 毛泽东:《在中国共产党第七次全国代表大会上的口头政治报告》(1945年4月24日),中共中央党史研究室、中央档案馆编:《中国共产党第七次全国代表大会档案文献选编》,中共党史出版社2015年版,第222页。

③ 毛泽东:《在中国共产党第七次全国代表大会上的口头政治报告》(1945年4月24日),中共中央党史研究室、中央档案馆编:《中国共产党第七次全国代表大会档案文献选编》,中共党史出版社2015年版,第230页。

本特征和它对党的理论创新成果的升华效用,从而进一步地确认民主革命时期党的全国代表大会在党的理论探索史上的重要地位。

一、民主革命时期党的全国代表大会探索中国革命基本理论问题既是"量的累积"与"质的飞跃"相结合的过程,也是前进性与曲折性相统一的过程

习近平在纪念马克思诞辰 200 周年大会上的讲话中,用三个"伟大飞跃"概括了马克思主义基本原理同中国具体实际相结合的三个不同历史阶段。而党的全国代表大会则是这三个不同历史阶段马克思主义中国化的重要历史节点和助推器。在新民主主义革命时期,党的一大、二大、三大、四大、五大、六大对当时中国革命的一些重要理论问题进行了艰辛探索,在此基础上,党的七大确立了毛泽东思想的历史地位,以马克思主义中国化的第一次历史性飞跃指引中华民族实现了从"东亚病夫"到站起来的伟大飞跃。党的一大到七大的理论探索,并不是一帆风顺,走着笔直而又笔直的道路,在对中国社会性质、革命性质、农民和土地等诸多问题上,经过多次反复才最终弄得清楚明白,这些都体现出一种在曲折中艰难行进的趋势,反映出中国共产党人勇于探索、勇于创新的理论气魄。

任何理论创新都有一个"量的积累"的过程,没有这样的积累,没有党的全国代表大会接力探索的艰辛过程,就没有马克思主义中国化的历史性飞跃。同时,质变也是量变的必然结果。当对中国革命、建设、改革的基本理论问题探索进行到一定阶段、积累丰富成果后,实现马克思主义中国化历史性飞跃就会瓜熟蒂落、水到渠成。同时,从民主革命时期党的全国代表大会的视角看,马克思主义中国化的历史进程是一个螺旋式上升的过程,每一次探索没有也不可能解决革命的全部问题,但一般情况下,都在实践基础上较之前有许多新的突破,从而体现出前进性和曲折性的统一。

二、党的全国代表大会对党的理论探索成果的升华效用

在党的全国代表大会历史上,七大、十五大、十六大、十八大、十九大分别阐明了毛泽东思想、邓小平理论、"三个代表"重要思想、科学发展观、习近平新时代中国特色社会主义思想的时代背景、理论渊源、实践依据、核心要义、丰富内涵、精神实质、理论特色等,分别将其确立为党的指导思想并载入党章。在这一过程中,党的全国代表大会对马克思主义中国化的促进作用和对马克思主义中国化理论成果的升华效用得到充分的体现。以党的七大为例,作一具体分析。

(一)理论与实践的互动逻辑:党的七大确立毛泽东思想在全党指导地位的必要与可能

一方面,伟大的实践,必然产生伟大的理论。中国共产党建立后,面临着如何实现中华民族从"东亚病夫"到站起来的时代课题。党领导中国人民进行的新民主主义革命,是一项前无古人的、充满着各种风险和挑战的伟大斗争。从时间段来看,党先后经历了创立时期、大革命时期、土地革命战争时期、抗日战争时期和解放战争时期,而这些大时期中又包含着不同的时间段和不同的革命运动。可以说,每一个时期、每一个时间段、每一场革命运动,都有激流和险滩,都面临着全新的课题,都是对中国共产党本领的挑战。但也正是在激流和险滩中奋进,在全新的课题中探索,在应对挑战中提升理论本领,马克思主义中国化的进程才不断加快。从党奋斗的不同侧面看,没有与民族资产阶级联合与斗争的实践,就没有党的三大关于国共合作的理论和党的四大关于无产阶级领导权的理论;没有大革命失败的深刻教训和党领导人民进行革命战争的实践,就没有党的六大关于武装斗争的论述;没有党在中国这样一个农民占人口多数而又处在小资产阶级思想汪洋大海中建设一个无产阶级革命政党的实践,就没有党的建设的理论。从党内思想状况看,以毛泽东同志为代表的正确思想,正是在同党内先后存在的各式各样的机会主义、教条主义、经验主义等"左"和右的错误思潮斗争实

践中,发展起来和巩固起来的。正如刘少奇在党的七大上指出:"百余年来,灾难深重的中国民族和中国人民,为了自己的解放而流血斗争,积有无数丰富的经验,这些实际斗争及其经验,不可避免地要形成自己的伟大的理论,使中国这个民族,不但是能够战斗的民族,而且是一个有近代科学的革命理论的民族。"①毛泽东思想,正是新民主主义革命实践无数丰富经验和全党智慧的结晶。它的创立,是中国革命的必然结果。

另一方面,没有革命的理论,就没有革命的行动。党的全国代表大会确立党的指导思想既是前期理论探索成果系统化的必然结果,又是指导实践、统一思想、应对外部环境挑战的需要。七大举起毛泽东思想的旗帜,是长期积累和现实所需共同作用下的历史必然。刘少奇曾说过:"七大提毛泽东思想有三条原因:1.解放区分散,不能群龙无首;2.为了反击蒋介石'一个民族、一个主义、一个领袖'的论调;3.为了抵制第三国际教条主义的指挥,强调马克思主义同中国革命具体实际相结合。"②刘少奇清晰地点明了党的指导思想凝聚人心的作用、反击各种错误思潮的作用和对实践的指导作用。事实证明,毛泽东思想是指引中国人民取得新民主主义革命胜利的强大思想武器。正如邓小平指出的:"我们党用毛泽东思想教育了整整一代人,使我们赢得了革命战争的胜利,建立了中华人民共和国。"③

(二)理论的命名和定位:党的七大对毛泽东思想作了规范表述

党的七大用毛泽东思想来命名中国共产党经过 24 年奋斗创立的重大思想理论成果,是经受住历史考验的科学结论。从国际共产主义运动历史看,用党的领袖来命名党的理论成果,体现了他们的主创作用,是符合惯例的做法。恩格斯曾特别指出:虽然他一定程度上参与了科学社会主义理论的创立,"但是,绝大部分基本指导思想(特别是在经济和历史领域内),尤其是对这些指导思想的最后的明确的表述,都是属于马克思的。……马克

---

① 刘少奇:《关于修改党章的报告》(1945 年 5 月 14 日),中共中央党史研究室、中央档案馆编:《中国共产党第七次全国代表大会档案文献选编》,中共党史出版社 2015 年版,第 267 页。

② 转引自黄峥:《刘少奇研究》,中央文献出版社 2008 年版,第 24 页。

③ 《对起草〈关于建国以来党的若干历史问题的决议〉的意见》(1980 年 3 月—1981 年 6 月),《邓小平文选》第二卷,人民出版社 1994 年版,第 300 页。

思比我们大家都站得高些、看得远些,观察得多些和快些。马克思是天才,我们至多是能手。没有马克思,我们的理论远不会是现在这个样子。所以,这个理论用他的名字命名是理所当然的"①。斯大林也有过类似的论述:"叙述列宁主义就是叙述列宁在他的著作中所加进马克思主义总宝库的、因而自然和列宁的名字分不开的那些特别的和新的贡献。"②从党的七大召开时的实际情况看,用毛泽东思想来命名党的创新理论成果,有利于将全党紧密团结在毛泽东思想的旗帜下,去争取中国革命光明的前途。党的历史证明:"毛泽东同志的意见,是贯串着整个党的历史时期,发展成为一条马列主义中国化,也就是中国共产主义的路线! 毛泽东同志的方向,就是中国共产党的方向! 毛泽东同志的路线,就是中国的布尔什维克的路线!"③

　　对党的指导思想进行理论定位,是党的全国代表大会确立党的指导思想的必要一环。前文已提到,刘少奇在党的七大《关于修改党章的报告》中分析了毛泽东思想的理论定位。七大通过的党章中明确指出,"中国共产党,以马克思列宁主义的理论与中国革命的实践之统一的思想——毛泽东思想,作为自己一切工作的指针"④。这一定位,表明毛泽东思想是马克思主义中国化的理论成果,是对马克思列宁主义的继承和发展,符合将马克思主义基本原理同中国具体实际相结合的理论方向。在党的七届二中全会的总结中,毛泽东再次表示了对这一定位的坚持,他认为,"马克思主义的普遍真理与中国革命的具体实践的统一,应该这样提法,这样提法较好。而不应该像王明同志的提法,说毛泽东思想'是马列主义在殖民地半殖民地的具体运用和发展',这种提法不妥当。因为照王明的提法,则有点划分'市

---

①　《路德维希·费尔巴哈和德国古典哲学的终结》,《马克思恩格斯文集》第 4 卷,人民出版社 2009 年版,第 297 页。

②　《论列宁主义基础》,《斯大林选集》(上卷),人民出版社 1979 年版,第 184 页。

③　《在延安欢迎会上的演说》(1943 年 8 月 2 日),《周恩来选集》(上卷),人民出版社 1980 年版,第 138 页。

④　《中国共产党党章》(1945 年 6 月 11 日),中共中央党史研究室、中央档案馆编:《中国共产党第七次全国代表大会档案文献选编》,中共党史出版社 2015 年版,第 618 页。

场'的味道"①。而到了 1969 年党的九大召开时,由于"文化大革命"的影响,大会将毛泽东思想定位为"在帝国主义走向全面崩溃、社会主义走向全世界胜利的时代的马克思列宁主义"②,这一定位完全偏离了马克思主义中国化的方向。直到 1981 年党的十一届六中全会通过《关于建国以来党的若干历史问题的决议》,才重新恢复并最终确定了毛泽东思想的理论定位。决议指出:"毛泽东思想是马克思列宁主义在中国的运用和发展,是被实践证明了的关于中国革命的正确的理论原则和经验总结,是中国共产党集体智慧的结晶。"③党的十二大又在"关于中国革命"之后加上"和建设",使对毛泽东思想的定位更加准确。

值得一提的是,关于毛泽东思想的理论定位,其基本表述特别是马克思主义中国化的理论方向也为其后的邓小平理论、"三个代表"重要思想、科学发展观和习近平新时代中国特色社会主义思想所坚持。以党的十九大为例,对习近平新时代中国特色社会主义思想的历史定位是:"习近平新时代中国特色社会主义思想是对马克思列宁主义、毛泽东思想、邓小平理论、'三个代表'重要思想、科学发展观的继承和发展,是马克思主义中国化最新成果,是党和人民实践经验和集体智慧的结晶,是中国特色社会主义理论体系的重要组成部分,是全党全国人民为实现中华民族伟大复兴而奋斗的行动指南,必须长期坚持并不断发展。"④

(三)理论创新主体的辩证关系:党的七大明确了毛泽东是毛泽东思想的主要创立者

前文提到,刘少奇在党的七大上对毛泽东同志在马克思主义中国化这项特殊的困难的事业中所进行的出色工作给予了充分肯定,对毛泽东个人的理论修养和理论勇气给予了高度赞扬,阐明了用毛泽东的名字来命名党

---

① 《在中共七届二中全会上的总结》(1949 年 3 月 13 日),《毛泽东文集》第五卷,人民出版社 1996 年版,第 259 页。

② 《中国共产党第九次全国代表大会文件汇编》,人民出版社 1969 年版,第 61 页。

③ 《中国共产党中央委员会关于建国以来党的若干历史问题的决议》(1981 年 6 月 27 日),中共中央文献研究室编:《三中全会以来重要文献选编》(下),人民出版社 1982 年版,第 826 页。

④ 《中国共产党章程》,人民出版社 2017 年版,第 3 页。

的创新理论成果的根本原因。可以说,在推进马克思主义中国化的历史进程中,党的领袖发挥了决定性作用、作出了决定性贡献。这种决定性作用和贡献体现在他们以马克思主义政治家、理论家的历史洞察力、敏锐判断力和战略定力对中国革命、建设、改革等一系列重大理论问题的深入思考和精辟阐发,对马克思主义中国化作出了突出的贡献。毛泽东在新民主主义革命、社会主义革命和社会主义建设、革命军队建设和军事战略、政策和策略、思想政治工作和文化工作、党的建设等多个方面,提出的一系列独创性理论观点,正是这种决定性作用和贡献的生动体现。党的七大前无数历史事实证明:"当着革命是在毛泽东同志及其思想的指导之下,革命就胜利,就发展;而当着革命是脱离了毛泽东同志及其思想的指导时,革命就失败,就后退。"①

在强调毛泽东的决定性作用和贡献的同时,还应看到,毛泽东思想也是党和人民实践经验和集体智慧的结晶,我们党许多卓越领导人对它的形成和发展都作出了重要贡献,毛泽东同志的科学著作是它的集中概括。这种领袖的决定性作用与党和人民实践经验和集体智慧的结晶的完美结合主要体现在三个方面:第一,马克思主义中国化主要成果是全党和人民群众实践经验的结晶,党的领袖则将其提升为理论。第二,除了党的领袖之外,我们党许多卓越领导人都对马克思主义中国化作出了重要的贡献。第三,强调党的指导思想是党和人民实践经验和集体智慧的结晶,有助于区分经过长期历史考验形成的科学理论同领袖个人一些还不成熟的理论观点,进而维护党的指导思想的权威性和科学评价党的领袖。

(四)理论内容的精准提炼:党的七大对毛泽东思想基本内涵的总结概括

党的全国代表大会除了对党的指导思想进行命名和定位以外,还会对其所蕴含的丰富内涵进行精准概括,进而明确其在党的理论探索史上的特殊贡献。这样做也有利于干部群众对党的创新理论的学习、把握、认知。在

---

① 刘少奇:《关于修改党章的报告》(1945年5月14日),中共中央党史研究室、中央档案馆编:《中国共产党第七次全国代表大会档案文献选编》,中共党史出版社2015年版,第268页。

党的七大上,刘少奇将毛泽东思想概括为关于现代世界情况及中国国情的分析、关于新民主主义的理论与政策等九个方面的内容,并指出,"这些理论与政策,完全是马克思主义的,又完全是中国的。这是中国民族智慧的最高表现和理论上的最高概括"①。刘少奇的概括,包括了新民主主义理论、土地问题、统一战线、武装斗争、党的建设、根据地建设等内容,反映了当时党内对毛泽东思想主要内容的认识情况。后来,随着新民主主义革命和社会主义革命的胜利以及社会主义建设的推进,毛泽东思想也不断丰富、发展和完善。党的十一届六中全会对毛泽东思想的主要内容作了新的概括,那就是"关于新民主主义革命的理论、关于社会主义革命和社会主义建设的理论、关于革命军队的建设和军事战略、关于政策和策略、关于思想政治工作和文化工作的理论、关于党的建设的理论"等六个方面的内容和实事求是、群众路线、独立自主这三个活的灵魂。

需要指明的是,在对党的指导思想的概括上,应该分清哪些是必须长期坚持的基本原理,哪些是被实践证明正确但具有较强时代性的理论观点,哪些是需要结合新的实际加以丰富和发展的理论判断。在第一个方面,毛泽东思想三个活的灵魂即实事求是、群众路线、独立自主是党必须长期坚持的立场、观点、方法,在任何时候都不会过时。在第二个方面,毛泽东思想中关于新民主主义革命等方面的理论已经被革命实践证明是符合中国国情的正确理论,但随着革命的胜利,其部分内容也就不再具有现实针对性。在第三个方面,毛泽东思想中关于社会主义建设的理论包含的关于严格区分和正确处理人民内部矛盾、十大关系、"可以消灭了资本主义,又搞资本主义"等具体理论观点,就需要在建设中国特色社会主义的伟大实践中继续予以丰富和发展。

以上四个方面的分析,可以使我们对民主革命时期党的全国代表大会特别是党的七大的历史意义有一个更为深刻的认识。以后党的历次全国代表大会,特别是党的十五大、十六大、十八大和十九大,在确立党的指

---

① 刘少奇:《关于修改党章的报告》(1945 年 5 月 14 日),中共中央党史研究室、中央档案馆编:《中国共产党第七次全国代表大会档案文献选编》,中共党史出版社 2015 年版,第 268 页。

导思想时,都遵循了党的七大的基本做法,明确了党的指导思想的名称、定位,强调了党的指导思想是党的领袖的决定性作用与党和人民实践经验和集体智慧的结晶的结合,精准提炼了党的指导思想的主要内容。可以说,党的七大在党的理论探索史上的功绩不仅仅在于它确立了毛泽东思想在全党的指导地位,更在于它以巨大的理论勇气开风气之先,为日后党的全国代表大会确立党的指导思想提供了借鉴,因而在马克思主义中国化的历史上具有里程碑意义。正如恩格斯指出:工人阶级政党"有个很大的优点,就是有一个新的科学的世界观作为理论的基础"。中国共产党之所以能够历经艰难困苦而淬火成钢,不断发展壮大,很重要的一个原因就是始终重视思想建党、理论强党,特别是通过党的全国代表大会把马克思主义中国化的创新理论成果确立为党的指导思想,从而"为中国革命、建设、改革提供了强大思想武器,使中国这个古老的东方大国创造了人类历史上前所未有的发展奇迹"①。

---

① 习近平:《在纪念马克思诞辰 200 周年大会上的讲话》,人民出版社 2018 年版,第 14 页。

第 四 章

民主革命时期党的历次全国代表
大会与党的自身建设

    2021 年 7 月 1 日,习近平总书记在庆祝中国共产党成立 100 周年大会上的重要讲话中指出:"勇于自我革命是中国共产党区别于其他政党的显著标志。我们党历经千锤百炼而朝气蓬勃,一个很重要的原因就是我们始终坚持党要管党、全面从严治党,不断应对好自身在各个历史时期面临的风险考验,确保我们党在世界形势深刻变化的历史进程中始终走在时代前列,在应对国内外各种风险挑战的历史进程中始终成为全国人民的主心骨!"①

    本章以民主革命时期党自身的最高领导机关的活动,即党的历次全国代表大会为线索,探讨党在这一时期自身建设的演进,以历时性的方法凸显其不断发展完善的过程,兼及其起因和影响。党的建设的范畴很广,最起码包括党的思想建设、组织建设、作风建设、制度建设和反腐倡廉建设等。但从党在民主革命时期的历史来看,党的建设经历了从无到有,从个别、零散到不断发展完善的过程,并随着革命形势的变化其各时间段的侧重点也不一样。因此,本章所探索的党的自身建设史并不是面面俱到,而是重在还原体现历史发展的本来进程,突出党高度重视自身建设的鲜明特性,以及呈现其在党不断发展壮大历程中的"法宝"作用。

----

① 习近平:《在庆祝中国共产党成立 100 周年大会上的讲话》,人民出版社 2021 年版,第 19 页。

　　如果说,党的建设是一项伟大的工程,那么,党的全国代表大会就是这项工程主要的建筑师。在民主革命时期,中国共产党先后召开七次党的全国代表大会,每次会议都提出了加强和改进党的建设的系列重要思想、部署系列重大举措,为党的建设指明方向。特别是通过党的全国代表大会制定和修改党章,把党在推进革命事业和党的建设伟大工程中取得的重大实践成果、理论成果、制度成果体现在党章中,确立完善管党治党的总章程、总规矩,为党的自身建设作出重要贡献。总的来看,党的一大、二大是党的自身建设的开端;党的三大至五大,党的建设在实践中不断发展完善;党的六大是党的建设在革命低潮期的有益探索;党的七大开创了民主革命时期党的建设最高峰。

第一节　党的自身建设的开端

　　党的一大通过中国共产党第一个纲领和决议,纲领以鲜明的战斗性和原则性,明确表达了马克思列宁建党学说的一些重要原则;设立中央局作为中央的临时领导机构,正式宣告中国共产党成立。党的二大如期召开,通过中国共产党历史上第一部党章,通过《关于共产党的组织章程决议案》,大会选举产生了正式的党的中央领导机构。党的代表大会的制度性举行、党的根本大法的制定、党的组织建设的第一个决议案的通过和党的组织架构的初具形态,表明民主革命时期党的自身建设实现了良好开端。

一、党的一大对党的自身建设的初步尝试

　　1921 年 7 月党的一大的召开,标志着中国共产党的正式成立。党从成立起,就开始尝试回答"建设什么样的党,如何建设党"的问题。党的一大通过中国共产党第一个纲领和决议。纲领共 15 条(现有资料缺第 11 条),

主要分两部分内容,前 3 条为纲领性内容,规定了党的名称、基本任务和奋斗目标,后 10 余条为章程性内容,规定了党员的入党条件和手续、党的组织结构、党的纪律要求以及与其他政党的关系等。

一大纲领规定,我党定名为“中国共产党”,党承认无产阶级专政,要将生产资料归社会公有,党的根本政治目的是实行社会革命。①　这些内容,虽然表明成立之初的党对中国国情还没有深刻的认识,但它们却包含了马克思列宁主义的核心要义,实际上规定了党的指导思想和无产阶级革命政党的性质。

关于党员的入党条件和手续,纲领有较为明确的规定:“凡承认本党纲领和政策,并愿成为忠实党员的人,经党员一人介绍,不分性别、国籍,均可接收为党员,成为我们的同志。但在加入我们队伍之前,必须与企图反对本党纲领的党派和集团断绝一切联系。”②要求党员必须承认党的纲领和政策,有正式党员介绍,这些规定一直延续至今。关于党员不分国籍,则体现出了第三国际的特点。要求党员与企图反对本党纲领的党派和集团断绝一切联系,这一条内容应与第三条中“中国共产党彻底断绝同黄色知识分子阶层及其他类似党派的一切联系”有所区分。作为一个政党,彻底断绝与其他党派的联系,可能导致关门主义的倾向,但作为党员个人来说,则有利于保持党的先进性和纯洁性。关于党员的入党手续,纲领规定:“候补党员必须接受其所在地的委员会的考查,考查期限至少为两个月。考查期满后,经多数党员同意,始得被接收入党。如该地区设有执行委员会,应经执行委员会批准。”③

关于党的组织结构。纲领规定,“凡有党员五人以上的地方,应成立委员会”,“凡是党员不超过十人的地方委员会,应设书记一人;超过十人的应

---

① 参见《中国共产党第一个纲领》(1921 年 7 月),中共中央文献研究室、中央档案馆编:《建党以来重要文献选编(1921—1949)》第 1 册,中央文献出版社 2011 年版,第 1 页。

② 《中国共产党第一个纲领》(1921 年 7 月),中共中央文献研究室、中央档案馆编:《建党以来重要文献选编(1921—1949)》第 1 册,中央文献出版社 2011 年版,第 1—2 页。

③ 《中国共产党第一个纲领》(1921 年 7 月),中共中央文献研究室、中央档案馆编:《建党以来重要文献选编(1921—1949)》第 1 册,中央文献出版社 2011 年版,第 2 页。

设财务委员、组织委员和宣传委员各一人；超过三十人的，应从委员会的委员中选出一个执行委员会"，"委员会的党员人数超过五百，或同一地方设有五个委员会时，应由全国代表会议委派十人组成执行委员会。如上述要求不能实现，应成立临时中央执行委员会"。①

关于党的纪律要求。纲领规定，"在党处于秘密状态时，党的重要主张和党员身份应保守秘密"，"工人、农民、士兵和学生的地方组织中党员人数多时，可派他们到其他地区去工作，但是一定要受地方执行委员会的严格监督"，"党员除非迫于法律，不经党的特许，不得担任政府官员或国会议员。士兵、警察和职员不受此限"。② 此外，在党的一大通过的《中国共产党第一个决议》中，明确提出"任何出版物，无论是中央的或地方的，均不得刊登违背党的原则、政策和决议的文章"③。这一规定表明，与中国社会其他各类松散的政党组织不同，中国共产党在创建之初就规定有严格的政治纪律和组织纪律。这也是刚刚诞生的中国共产党为什么能从中国几百个政党中脱颖而出的基因密码。

从以上可以看出，党的一大虽然没有制定党章，但一大纲领的很多条款实际上起到了党章的作用。可以说，党的一大纲领为在中国建设一个具有崇高的社会理想、严密的组织结构、严明的组织纪律的新型无产阶级政党提供了初步遵循，是中国共产党人运用马克思列宁主义建党学说解决在中国"建设一个什么样的党，怎样建设党"这一问题的初步尝试。

关于党的领导机构，一大考虑到党员数量少和地方组织尚不健全的情况，决定暂不成立中央执行委员会，只设立中央局作为中央的临时领导机构。大会选举陈独秀、张国焘、李达组成中央局，选举陈独秀担任书记，张国焘负责组织工作，李达负责宣传工作。一大的选举采用的是无记名投票，在

① 《中国共产党第一个纲领》(1921年7月)，中共中央文献研究室、中央档案馆编：《建党以来重要文献选编(1921—1949)》第1册，中央文献出版社2011年版，第2页。
② 《中国共产党第一个纲领》(1921年7月)，中共中央文献研究室、中央档案馆编：《建党以来重要文献选编(1921—1949)》第1册，中央文献出版社2011年版，第2页。
③ 《中国共产党第一个决议》(1921年7月)，中共中央文献研究室、中央档案馆编：《建党以来重要文献选编(1921—1949)》第1册，中央文献出版社2011年版，第5页。

中央局选举中,刘仁静投了主要论争对象李汉俊一票,反映出党内选举的民主氛围。

党的一大虽然没有作出决定加入第三国际,但却作出决议,要求"党中央委员会应每月向第三国际报告工作"①。

二、党的二大是党的自身建设的正式开端

党的二大是党的自身建设史上一次具有重要意义的大会。大会如期连续召开,本身就说明党已经进入制度化运行的轨道;大会通过《中国共产党章程》,为党的各方面建设提供了根本遵循;大会通过《关于共产党的组织章程决议案》,为党的组织建设提供了制度依据;大会选举产生了党的中央领导机构,完成了党的中央领导机构从临时向正式的过渡。党的代表大会的制度性举行、党的根本大法的制定、党的组织建设的第一个决议案的通过和党的组织架构的初具形态,表明民主革命时期党的自身建设实现了良好开端。

(一)一大后党的自身建设取得良好起步,为党的二大制定中国共产党第一部党章奠定坚实的实践基础

党的一大召开时,只有50多名党员,党的力量还很弱小。因此,党的建设的一个迫切任务是迅速在各地建立和健全党的组织机构,发展党员尤其是注意组织工人,以共产主义精神教育他们。党的一大还决定:"为了把好的可靠的同志吸收进来,决定接受党员要特别谨慎,严格审查。"②

1921年11月,中国共产党中央局发出通告,要求"上海、北京、广州、武汉、长沙五区早在本年内至迟亦须于明年七月开大会前,都能得同志三十人成立区执行委员会,以便开大会时能够依党纲成立正式中央执行委员会",

---

① 《中国共产党第一个决议》(1921年7月),中共中央文献研究室、中央档案馆编:《建党以来重要文献选编(1921—1949)》第1册,中央文献出版社2011年版,第6页。
② 《中国共产党第一次代表大会》(1921年),中共中央文献研究室、中央档案馆编:《建党以来重要文献选编(1921—1949)》第1册,中央文献出版社2011年版,第24页。

"全国社会主义青年团必须在明年七月以前超过二千团员"①。这是建党初期,关于建立与发展党团工会组织的一份重要文件。

到1922年6月底,各地已发展和扩大了许多地方组织,计有:中共上海地方执行委员会(1921年11月成立)、中共湘区执行委员会(1922年5月成立)、中共广东区执行委员会(1922年夏成立)、中共北京地方委员会(1921年秋成立)、中共武汉(湖北)区执行委员会(1922年1月成立)。地方支部等基层组织主要有:安源煤矿支部、湖南第一师范学校支部、衡阳省立第三师范学校支部、湖南自修大学支部、长辛店机车厂支部、唐山制造厂支部、山东支部、郑州支部、徐州支部、铜山站支部、旅莫斯科支部、旅德支部、旅日党小组、四川党小组等。② 到党的二大召开前夕,"党员人数计上海50人,长沙30人,广东32人,湖北20人,北京20人,山东9人,郑州8人,四川3人,留俄国8人,留日本4人,留法国2人,留德国8人,留美国1人,共计195人。内有女子4人,工人21人"③。可以说,1921年11月中央局通告关于发展党员的要求已经基本实现,党的二大成立中央执行委员会并制定一部较为完善的党章已经具备了坚实的基础。

(二)党的二大制定党的历史上第一部《中国共产党章程》和通过《关于共产党的组织章程决议案》,为党的自身建设提供了根本遵循和制度依据

党的二大通过了大会宣言和9个决议案等文件,其中关于党的自身建设的思想和规定主要体现在《中国共产党章程》和《关于共产党的组织章程决议案》中。二大制定的党章,共6章29条,分"党员""组织""会议""纪律""经费"和"附则"等6章,对党的性质、党员条件和入党手续、党的组织

① 《中国共产党中央局通告——关于建立与发展党、团、工会组织及宣传工作等》(1921年11月),中共中央党史研究室、中央档案馆编:《中国共产党第二次全国代表大会档案文献选编》,中共中央党史出版社2014年版,第33页。

② 参见中共中央党史研究室著:《中国共产党历史》第一卷(1921—1949)(上册),中共党史出版社2011年版,第101页。

③ 《中共中央执委会书记陈独秀给共产国际的报告》(1922年6月30日),中共中央党史研究室、中央档案馆编:《中国共产党第二次全国代表大会档案文献选编》,中共党史出版社2014年版,第68页。

体系、党的日常活动、党的组织原则和纪律、党的经费收支等作了详细规定。

1.从党的性质和任务看,党的一大对于建设一个什么样的党是存在不同意见的。据陈潭秋回忆,在党的一大上,李汉俊就"不赞成组织严密的、战斗的工人政党,而主张团结先进知识分子,公开建立广泛的和平研究马克思主义理论的政党。基于同样的观点,他提出党员的条件是不论成分,学生也好,大学教授也好,只要他信仰马克思主义,了解马克思主义与宣传马克思主义的即可入党,至于是否实际参加党的一定组织担负党的一定工作,他认为是不关重要的"①。党成立之初,党员几乎都是初步接受马克思主义世界观的知识分子,他们的主要精力还放在学习和传播马克思主义理论上,党也还没有真正意义上开展群众运动,因而有人支持将党建设成为一个以研究为主的政党也不足为奇。事实上,随着党成立后的迅速发展,党内也逐步出现分化,一些早期共产党人如李汉俊、李达等先后脱离了党组织。

党的二大则更加明确地指出,要将中国共产党建设成一个"实行无产阶级革命大的群众党"。二大在组织章程决议案中指出:"我们共产党,不是'知识者所组织的马克思学会',也不是'少数共产主义者离开群众之空想的革命团体','应当是无产阶级中最有革命精神的大群众组织起来为无产阶级之利益而奋斗的政党,为无产阶级做革命运动的急先锋';我们既然不是讲学的知识者,也不是空想的革命家,我们便不必到大学校、到研究会、到图书馆去,我们既然是为无产群众奋斗的政党,我们便要'到群众中去'要组成一个大的'群众党'","我们中国共产党成功一个党,不是学会,成功一个能够实行无产阶级革命大的群众党,不是少数人空想的革命团体"②。这样,中国共产党从成立之初,就确立了无产阶级革命政党的定位,它代表着中国无产阶级和人民群众的利益,肩负着打倒军阀,打倒帝国主义,实现无产阶级的利益,渐次达到一个共产主义社会的任务。

---

① 中国社会科学院现代史研究室、中国革命博物馆党史研究室选编:《"一大"前后——中国共产党第一次代表大会前后资料选编》(二),人民出版社1985年版,第287页。

② 《关于共产党的组织章程决议案》(1922年7月),中共中央党史研究室、中央档案馆编:《中国共产党第二次全国代表大会档案文献选编》,中共党史出版社2014年版,第25—26页。

2.关于党员条件和入党手续,党的二大通过的党章较党的一大纲领有了更为详细的规定。对党员条件,二大党章第一条规定:"本党党员无国籍性别之分,凡承认本党宣言及章程并愿忠实为本党服务者,均得为本党党员。"第二十二条规定:"凡党员若不经中央执行委员会之特许,不得加入一切政治的党派。其前已隶属一切政治的党派者,加入本党时,若不经特许,应正式宣告脱离。"①其基本精神与一大纲领保持了一致,但加入"若不经特许"等限制条件,使行文更加严谨,又留有充分余地。

对入党手续,二大党章第二条规定,"党员入党时,须有党员一人介绍于地方执行委员会,经地方执行委员会之许可,由地方执行委员会报告区执行委员会,由区执行委员会报告中央执行委员会,经区及中央执行委员会次第审查通过,始得为正式党员"②。与一大纲领相比,二大党章取消了党员的考查期限,但同时增加了党员入党的审查程序。从地方执行委员会直至中央执行委员会的审查程序表明,当时处于秘密状态的中国共产党在发展党员方面是很谨慎的,要求也是很严格的。同时,二大党章还规定"工人只须地方执行委员会承认报告区及中央执行委员会即为党员"③。这一方面体现了马克思主义政党的阶级性质,另一方面也为更好开展工人运动、加快吸收工人入党、壮大党的组织提供了方便。对于那些经中央执行委员会直接承认,或已经加入第三国际所承认之各国共产党者,二大党章规定其可直接为中国共产党党员。

3.党的二大初步建立起党的组织体系。二大党章第二章为"组织",共7条,对党的组织结构、产生方式、任期、各级组织的职权作了详细规定。从党的组织结构看,从基层到中央党的组织分别为组、支部、地方执行委员会、区执行委员会、中央执行委员会。其中,"各组组织,为本党组织系统,训练

①　《中国共产党章程》(1922年7月),中共中央党史研究室、中央档案馆编:《中国共产党第二次全国代表大会档案文献选编》,中共党史出版社2014年版,第26、28页。
②　《中国共产党章程》(1922年7月),中共中央党史研究室、中央档案馆编:《中国共产党第二次全国代表大会档案文献选编》,中共党史出版社2014年版,第26页。
③　《中国共产党章程》(1922年7月),中共中央党史研究室、中央档案馆编:《中国共产党第二次全国代表大会档案文献选编》,中共党史出版社2014年版,第26页。

党员及党员活动之基本单位,凡党员皆必须加入",而"各农村、各工厂、各铁路、各矿山、各兵营、各学校等机关及附近,凡有党员三人至五人均得成立一组"①,二大时的"组"实际上是党的基层组织。而区的范围由中央执行委员会规定,并可以随时变更。

关于各级组织的产生方式,考虑到建党初期的实际,二大党章规定较为灵活。各组组长由公推产生,"每一个机关或两个机关联合有二组织以上,即由地方执行委员会指定若干人为该机关各组之干部"②。地方执行委员会由区执行委员会或中央执行委员会派员至该地方召集全体党员大会或代表会推举正式委员三人、候补委员三人组成。区执行委员会由中央执行委员会派员到该区召集代表会,推举正式委员五人、候补委员三人组成。"中央执行委员会由全国代表大会选举五人组织之,并选举候补委员三人,如委员离职时,得以候补委员代理之。"③

关于各级组织的任期,二大党章规定,"中央执行委员会任期一年,区及地方执行委员会任期均半年,组长任期不定,但均得连选连任,干部人员由地方执行委员会随时任免之"④。可见,当时的任期规定是很短的,这与第三章"会议"规定的地方、区、中央执行委员会党员或代表大会的召开时间一致,意味着党员大会或代表大会有权随时撤换党的干部。

关于各级组织间的职权划分,党章规定:"中央执行委员会执行大会的各种决议,审议及决定本党政策及一切进行方法。区及地方执行委员会执行上级机关的决议并在其范围及权限以内审议及决定一切进行方法","大会或中央执行委员会议决之各种议案及各地临时发生之特别问题,区及地方执行委员会均得指定若干党员组织各种特别委员会处理之"。关于各级

---

① 《中国共产党章程》(1922 年 7 月),中共中央党史研究室、中央档案馆编:《中国共产党第二次全国代表大会档案文献选编》,中共党史出版社 2014 年版,第 27 页。
② 《中国共产党章程》(1922 年 7 月),中共中央党史研究室、中央档案馆编:《中国共产党第二次全国代表大会档案文献选编》,中共党史出版社 2014 年版,第 27 页。
③ 《中国共产党章程》(1922 年 7 月),中共中央党史研究室、中央档案馆编:《中国共产党第二次全国代表大会档案文献选编》,中共党史出版社 2014 年版,第 27 页。
④ 《中国共产党章程》(1922 年 7 月),中共中央党史研究室、中央档案馆编:《中国共产党第二次全国代表大会档案文献选编》,中共党史出版社 2014 年版,第 27 页。

组织内部组成人员之间的分工,党章规定:"各委员会均互推委员长一人总理党务及会计,其余委员协同委员长分掌政治、劳动、青年、妇女等运动。"①

4.党的二大第一次明确阐释了党的民主集中制原则的基本思想。党成立初期,中国共产党人便对党的组织原则进行了积极探索。上海党的早期组织创办的《共产党》月刊,其中有许多文章介绍了俄共(布)的组织原则。另据李达回忆,1921年2月,陈独秀曾起草一个党章,内中就主张党的组织采取中央集权制。②但是,一大通过的纲领和决议,都没有关于党的组织原则和民主集中制的相关表述。二大通过的《中国共产党加入第三国际决议案》明确宣布,完全承认加入共产国际的二十一项条件。这二十一项条件中,其中就有"凡属于国际共产党的党,必须建筑于德莫克乃西的中央集权的原则之上"的要求,"德莫克乃西的中央集权的原则"事实上就是"民主集中制"当时的译文。二大虽然没有像后来的五大那样把民主集中制原则正式写入党章,但二大党章却阐述了民主集中制的基本思想。二大党章中的许多规定,诸如"全国代表大会为本党最高机关。在全国大会闭会期间,中央执行委员会为最高机关","全国大会及中央执行委员会之议决,本党党员皆须绝对服从之","下级机关须完全执行上级机关之命令","本党一切会议均取决多数,少数绝对服从多数"③等,都初步体现了个人服从组织、下级服从上级、少数服从多数、全党服从中央的组织原则。

5.党的二大充实完善了党的纪律建设方面的内容。二大党章将"纪律"单设一章,共9条,是整个党章中条数最多、篇幅最大的一部分内容。第二十一条规定:"区或地方执行委员会及各组均须执行及宣传中央执行委员会所定政策,不得自定政策。凡有关系全国之重大政治问题发生,中央执

---

① 《中国共产党章程》(1922年7月),中共中央党史研究室、中央档案馆编:《中国共产党第二次全国代表大会档案文献选编》,中共党史出版社2014年版,第27页。

② 参见李达:《中国共产党的发起和第一次第二次代表大会经过的回忆》(1955年8月2日),中共中央党史研究室、中央档案馆编:《中国共产党第一次全国代表大会档案文献选编》,中共党史出版社2015年版,第106页。

③ 《中国共产党章程》(1922年7月),中共中央党史研究室、中央档案馆编:《中国共产党第二次全国代表大会档案文献选编》,中共党史出版社2014年版,第28页。

行委员会未发表意见时,区或地方执行委员会,均不得单独发表意见。区或地方执行委员会所发表之一切言论倘与本党宣言章程及中央执行委员会之议决案及所定政策有抵触时,中央执行委员会得令其改组之。"①明确体现出党早期严格的政治纪律和组织纪律,证明党在建党之初就很重视维护党中央权威和集中统一领导。二大党章也明确规定了 6 种应开除出党的行为,分别为"言论行动有违背本党宣言、章程及大会各执行委员会之议决案""无故连续二次不到会""欠缴党费三个月""无故连续四个星期不为本党服务""经中央执行委员会命令其停止出席、留党察看期满而不改悟""泄漏本党秘密"②。这些规定包含开除出党和留党察看两种处分,涵盖了党的政治纪律、组织纪律、工作纪律,在今天看来,也是非常严格的。对于保证党的令行禁止、团结统一、高效运作,发挥了重要保障作用。

6.党的二大关于会议和经费的规定,规范了党内日常生活。将"会议"单列一章,是二大党章的一个特色。第十一条规定:"各组,每星期由组长召集会议一次,各支部每月召集全体党员或组长会议一次,各地方由执行委员会每月召集各干部会议一次,每半年召集本地方全体党员或组长会议一次,各区,每半年由执行委员会定期召集本区代表大会一次,全国代表大会每年由中央执行委员会定期召集一次。"③其中,对不同层级党组织的会议频次以及干部会议和党员会议作了区分,将组的会议定为一周一次,有助于研究解决党内外存在的问题,发挥基层党组织教育党员作用、增强党员意识。对于党的经费,二大党章第二十六条规定:"党费 党员月薪在五十元以内者,月缴党费一元;在五十元以外者,月缴党费按月薪十分之一计算;无月薪者及月薪不满二十元之工人,每月缴费二角;失业工人及在狱党员均免缴党费。"体现出了差别原则。对党的收入,还明确了党内派捐和党外协助

---

① 《中国共产党章程》(1922 年 7 月),中共中央党史研究室、中央档案馆编:《中国共产党第二次全国代表大会档案文献选编》,中共党史出版社 2014 年版,第 28 页。
② 《中国共产党章程》(1922 年 7 月),中共中央党史研究室、中央档案馆编:《中国共产党第二次全国代表大会档案文献选编》,中共党史出版社 2014 年版,第 28 页。
③ 《中国共产党章程》(1922 年 7 月),中共中央党史研究室、中央档案馆编:《中国共产党第二次全国代表大会档案文献选编》,中共党史出版社 2014 年版,第 27 页。

两项。二大前陈独秀向共产国际报告:"从 1921 年 10 月起至 1922 年 6 月止,由中央机关支出 17655 元,收入国际协款 16655 元,自行募捐 1000 元"①。这体现了建党初期共产国际对中国共产党的帮助。

二大党章虽然是中国共产党第一部党章,但它已经较为系统完备,直至党的六大,它都是党章的蓝本。二大党章体现了从严管党治党的要求,为党领导的革命事业顺利发展提供了坚强保障,为中国共产党的发展壮大、为规范党内政治生活、为加强党的自身建设提供了制度支撑。由于时代推移和实践发展,二大党章中的大多数规定都已经退出历史舞台,但它蕴含的基本精神,如党的组织制度、民主集中制原则、党的纪律要求等,却历久弥新,仍富有启发意义。

(三)党的二大决定加入第三国际,改变对其他政党的态度,选举产生了新的中央领导集体,对党的建设产生了深远影响

中国共产党虽然是在共产国际帮助下建立的,但出于民族自尊和独立自主的考虑,也由于对共产国际还没有充分的了解与熟悉等原因,党的一大并没有作出加入共产国际的决定,只是规定党与第三国际的联系。马林也曾向共产国际报告,中国共产党不同意共产国际的监护关系②。1921 年 10 月,陈独秀被捕,经过马林多方营救方才获释。深感中国革命需要外界支援的陈独秀,经此事在相当程度上改变了对共产国际的态度。从前引材料看,也正是从 1921 年 10 月起,中国共产党开始接受共产国际的经济资助,这些经费对开展早期党的革命活动发挥了一定的作用。党的二大召开前夕,陈独秀又以中央执行委员会书记的身份向共产国际汇报了党的活动情况以及将来计划。

党的二大正式通过《中国共产党加入第三国际决议案》,指出:"中国共产党既然是代表中国无产阶级的政党,所以第二次全国大会议决正式加入

---

① 《中共中央执行委员会书记陈独秀给共产国际的报告》(1922 年 6 月 30 日),中共中央党史研究室、中央档案馆编:《中国共产党第二次全国代表大会档案文献选编》,中共党史出版社 2014 年版,第 68 页。

② 参见马林:《向共产国际执行委员会的报告》(1922 年 7 月 11 日),中共中央党史研究室、中央档案馆编:《中国共产党第二次全国代表大会档案文献选编》,中共党史出版社 2014 年版,第 74 页。

第三国际,完全承认第三国际所决议的加入条件二十一条,中国共产党为国际共产党之中国支部。"①作出加入第三国际的决定,成为其一个支部,对当时的中国共产党来说,可以获取共产国际的帮助指导和物质援助,是必要的也是必然的一种抉择。然而,中国共产党加入共产国际后,必须执行共产国际代表大会及其执委会的一切决议。这不能不给中国革命带来积极和消极两方面的影响。

由于民主革命纲领的制定,中国共产党对中国社会性质和革命性质的认识有了很大的飞跃。因而,党的二大也改变了"中国共产党彻底断绝同黄色知识分子阶层及其他类似党派的一切联系"的规定,通过《关于"民主的联合战线"的议决案》,主张联合全国一切革命党派,联合资产阶级民主派,组织民主的联合战线,并决定邀请国民党等革命团体举行联席会议,共商具体办法。

二大党章规定,在全国代表大会闭会期间,党的中央执行委员会是党的最高领导机关。二大依据《中国共产党章程》的规定,选举产生了中央执行委员会,从而完成了党的中央领导机构从临时向正式的过渡。在选举中,还发生了所谓的"竞选问题"②,最终陈独秀、张国焘、蔡和森、高君宇、邓中夏被选为中央执行委员,另选出三名候补执行委员。陈独秀被选为中央执行委员会委员长,蔡和森、张国焘分别负责党的宣传、组织工作。

第二节　在实践中不断发展完善

随着中国共产党第三次全国代表大会和国民党第一次全国代表大会的

---

① 《中国共产党加入第三国际决议案》(1922 年 7 月),中共中央党史研究室、中央档案馆编:《中国共产党第二次全国代表大会档案文献选编》,中共党史出版社 2014 年版,第 14 页。

② 据蔡和森回忆,"在第二次大会时,旅莫同志回国,以为上海太消沉,多数主张积极活动,但望道(即陈望道——引者注)非常消极,这时党中显然分两派,所以在第二次大会发生竞选问题,结果这次委员为独秀、国焘、君宇、和森、中夏等同志"。蔡和森:《中国共产党史的发展(提纲)》,中央档案馆编:《中共党史报告选编》,中共中央党校出版社 1982 年版,第 43 页。

召开,国共合作正式建立,中国共产党也走上了更为广阔的政治舞台,为党的发展和党的建设提供了难得的历史机遇。在此基础上,党的四大决定在全国范围内加强党的建设,从而开辟了党的建设新阶段,为中国共产党在大革命的高潮中快速发展壮大,成长为一个全国性的政治力量打下坚实基础。党的五大召开于大革命生死存亡的紧急关头,大会虽然没有提出挽救时局的方略,但是在加强党的自身建设方面却颇多建树。大会完善了从中央到地方再到基层的组织设置,奠定了党的组织架构的雏形,首次将"民主集中制"写入党章,确立了中国共产党的根本组织制度,在党的历史上首次成立中央监察委员会。可以说,党的三大、四大和五大延续了二大奠定的良好基础,在此期间虽然革命形势有起有落,但党的自身建设却在实践中一直不断发展完善。

一、党的三大建立健全了党的组织制度

党的三大建立健全了党的组织制度,开创党内政治生活新局面,为党的自身建设注入了新活力。1923 年召开的党的三大通过了《中国共产党第一次修正章程》和《中国共产党中央执行委员会组织法》等重要文件,建立起"阵营颇为严整"的中央领导机构,推动了党的建设的理论创新和制度创新。

(一)党的三大在党内政治生活方面的许多开创性活动,为党的自身建设注入了新活力

与党的一大、二大相比,党的三大无论是在对重要议案的讨论方面,还是党内同志的关系方面,都表现得更加多元、更加理性、更加成熟,反映出党内组织生活制度的完善严格。这方面的一个重要表现就是陈独秀在党的三大报告中首次向全党带头作了批评与自我批评。从全党工作的层面,陈独秀作了简短有力的批评。他认为,党的二大以来,"我们忽略了党员的教育工作","宣传工作进行得不够紧张,我们很少注意农民运动和青年运动,也没有在士兵中做工作","我们党内存在着严重的个人主义

倾向。党员往往不完全信赖党","党内的同志关系很不密切,彼此很爱怀疑"。① 对于中央执行委员会,他也明确揭露出一些存在的问题,诸如中央委员会内部没有组织,不能经常在一起,经常改换中央驻地,致使工作受到损失;中央委员会缺乏知识,政治主张不明确,对于怎样进行国民革命特别是加入国民党问题,还不能统一认识。特别难能可贵的是,陈独秀带头对自己和其他中央委员会成员也提出了批评意见:"陈独秀由于对时局的看法不清楚,再加上他很容易激动,犯了很多错误","张国焘同志无疑对党是忠诚的,但是他的思想非常狭隘,所以犯了很多错误。他在党内组织小集团,是个重大的错误","邓同志在唐山和科乌矿工罢工时犯了严重错误"。② 陈独秀的这些批评意见,直来直去,毫不保留丝毫情面,体现出中央领导层对党的工作的认真总结与反思,也体现出党内政治生活的严肃活泼和党的领导人的开阔胸襟。党的三大虽然没有明确提出批评与自我批评是党内民主生活的重要内容,没有把它作为党的一项制度固定下来,但它用实际行动证明了为最广大人民群众谋利益的无产阶级革命政党是不怕任何批评的。

党的三大在党内政治生活方面的另一个表现是党内同志对民主集中制原则的自觉维护。党的三大在讨论共产党员加入国民党的问题上,发生了激烈争论。以陈独秀和马林为代表的一方主张强调国民革命是党在当前阶段的中心任务,全体共产党员、产业工人都应参加国民党,全力进行国民革命;凡是国民革命的工作,都应当由国民党组织进行,即所谓"一切工作归国民党"。以张国焘、蔡和森为代表的一方认为,对共产党来说,国民革命和领导工人运动、同资产阶级作斗争同等重要,应当同时进行。他们反对全体共产党员特别是产业工人加入国民党,认为那样做就会取消共产党的独立性,把工人运动送给国民党。大会最终以微弱优势通过了《关于国民运

---

① 陈独秀:《在中国共产党第三次全国代表大会上的报告》(1923 年 6 月),中共中央党史研究室、中央档案馆编:《中国共产党第三次全国代表大会档案文献选编》,中共党史出版社 2014 年版,第 4 页。

② 陈独秀:《在中国共产党第三次全国代表大会上的报告》(1923 年 6 月),中共中央党史研究室、中央档案馆编:《中国共产党第三次全国代表大会档案文献选编》,中共党史出版社 2014 年版,第 5 页。

动及国民党问题的议决案》，决定共产党员加入国民党。蔡和森等人的意见虽被否决，但当议决案通过后，他们仍然表态支持，体现党章规定的"本党一切会议均取决多数，少数绝对服从多数"①的原则。蔡和森等人在以后的实际工作中也全身心投入到国共合作的运动中。而陈独秀也并没有因蔡和森反对自己的意见而打击报复，在党的三大上，蔡和森仍然当选为中央执行委员会委员、中央局委员。张国焘的落选，是因为他组成小集体的错误，并非因其反对共产党员加入国民党。

此外，党的三大在党的自身建设方面，还面临着许多新的课题，也有着许多新的举措。一是在继续明确党员不得做官的同时，专门通过《关于党员入政界的决议案》，要求"凡党员之行动带有政治意义者，中央执行委员会有严重监督指导之权。党员遇有不得已须在政界谋生活时，必须请求中央审查决定"②。二是在决定共产党员加入国民党的同时，明确"仍旧保存我们的组织，并须努力从各工人团体中，从国民党左派中，吸收真有阶级觉悟的革命分子，渐渐扩大我们的组织，谨严我们的纪律，以立强大的群众共产党之基础"③。三是通过党的三大，共产国际对中共的影响力大为加强。党的二大虽然决定加入共产国际，作为其一个支部，但是党的二大并没有共产国际代表参加，大会制定的民主革命纲领也是中国共产党根据列宁关于民族和殖民地问题的理论和共产国际的帮助，独立自主决定的。但到了党的三大，共产国际对中共的指导变得更为直接、更具权威性，三大召开前，先后作出了《共产国际执行委员会关于中国共产党与国民党的关系问题的决议》《共产国际执行委员会给中国共产党第三次代表大会的指示》（尽管此指示传到中国时三大已经闭幕）。作为共产国际代表的马林，在党的三大上起了主导性作用，他明确表示"共产国际执行委员会是国际运动的总参

---

① 《中国共产党第一次修正章程》（1923年6月），中共中央党史研究室、中央档案馆编：《中国共产党第三次全国代表大会档案文献选编》，中共党史出版社2014年版，第19页。

② 《关于党员入政界的决议案》（1923年6月），中共中央党史研究室、中央档案馆编：《中国共产党第三次全国代表大会档案文献选编》，中共党史出版社2014年版，第13页。

③ 《关于国民运动及国民党问题的议决案》（1923年6月），中共中央党史研究室、中央档案馆编：《中国共产党第三次全国代表大会档案文献选编》，中共党史出版社2014年版，第11页。

谋部,共产国际执行委员会发出的指示应是党必须遵循的命令"①。党的三大通过的《关于第三国际第四次大会决议案》也指出,"大会承认第三国际执行委员会此次由联合的基础之组织,改组到集中的基础之组织",相对于"联合","集中"显然使共产国际对于中共决策的话语权更大。共产国际对中共的这种话语权的确立,给党的自身建设不能不带来深远影响。

(二)党的三大制定《中国共产党中央执行委员会组织法》,选举产生新的中央领导集体,党的中央组织的建设更加坚强有力

党的三大为了加强和改善中央执行委员会的领导,在党的历史上首次制定《中国共产党中央执行委员会组织法》。该组织法共 10 条,对中央执行委员会的职能定位、组成结构、议事规则作出了具体规定,为中央执行委员会履行职责提供了法理依据。

关于职能定位,组织法规定中央执行委员会为两次全国代表大会之间,中国共产党的最高指导机关,主要职责是"管理各区各地方之行动,发行用本党名义之出版物;并管理派遣做青年、妇女、劳工、农民等工作之职员"②。

关于组成结构,组织法划分了全国代表大会、中央执行委员会和中央局三个层次,中央局以中央执行委员会名义行使职权,同时由执行委员会选出委员长、秘书和会计,奠定了日后党的中央组织结构由全国代表大会、中央委员会、中央政治局及其常务委员会组成的初步模型。"中央执行委员会以九人组织之。中央委员缺职时应以候补委员补缺。大会后之中央执行委员会第一次会议,即应分配工作,并选举五人组织中央局。其余四人分派各地,赞助该地方委员〈会〉一同工作,每星期将所在地情形报告中央局一次。"③"委员长主持一切中央局及中央执行委员会之会议,遇委员长缺席

---

① 《斯内夫利特笔记:中国共产党第三次代表大会关于国共两党关系的讨论》(1923 年 6 月 12 日至 20 日之间),中共中央党史研究室、中央档案馆编:《中国共产党第三次全国代表大会档案文献选编》,中共党史出版社 2014 年版,第 48 页。

② 《中国共产党中央执行委员会组织法》(1923 年 6 月),中共中央党史研究室、中央档案馆编:《中国共产党第三次全国代表大会档案文献选编》,中共党史出版社 2014 年版,第 15 页。

③ 《中国共产党中央执行委员会组织法》(1923 年 6 月),中共中央党史研究室、中央档案馆编:《中国共产党第三次全国代表大会档案文献选编》,中共党史出版社 2014 年版,第 15 页。

时,由中央局互推一人代理委员长之职权。秘书负本党内外文书及通信及开会记录之责任,并管理本党文件。本党一切函件须由委员长及秘书签字。会计在中央督察之下,管理本党财政行政,并对于各区各地方及本党一切机关之财政行政负责。"①这样的制度设计,使第三届中央领导机构的分工更加明确合理,既利于坚持集体领导,防止个人专断,又加强了中央领导工作。

关于议事规则,组织法规定,中央执行委员会常委会每 4 个月召开一次,中央局每星期开会 1 次,另可召集特别会议。中央执行委员会一切会议由委员长和秘书召集。中央执行委员会和中央局的决定,以多数取决。组织法还规定,全国代表大会的议事日程、报告,应提前寄地方。这些规定,体现了党的民主集中制原则,维护了党的集体领导,有利于党的日常工作的开展。

根据《中国共产党第一次修正章程》和《中国共产党中央执行委员会组织法》,党的三大经过认真酝酿,进行了民主选举,按得票多少为:陈独秀(40 票)、蔡和森(37 票)、李大钊(37 票)、王荷波(34 票)、毛泽东(34 票)、朱少连(32 票)、谭平山(30 票)、项英(27 票)、罗章龙(25 票)。最终,陈独秀、蔡和森、李大钊、王荷波、毛泽东、朱少连、谭平山、项英、罗章龙当选为中央执行委员会委员,邓培、张连光、徐梅坤、李汉俊、邓中夏为候补委员,以上14 人组成新的中央执行委员会。但实际上,候补委员李汉俊从未到职,此后不久脱党,张连光不久携款潜逃,参与中央执行委员会领导工作的为 12人。大会由中央执行委员会选举陈独秀、蔡和森、毛泽东、罗章龙、谭平山组成中央局,陈独秀为委员长,毛泽东为秘书,罗章龙为会计,负责中央日常工作。

与党的一大、二大选举产生的中央领导机构相比,党的三大选举产生的中央领导机构更好体现了五湖四海的原则,几乎囊括了当时党内优秀的组织领导人才,既保持了班子的连续性,又补充了新鲜血液,整体的素质和能力都很高。有学者称,党的三大选出的中央领导集体素质水平和领导能力

①　《中国共产党中央执行委员会组织法》(1923 年 6 月),中共中央党史研究室、中央档案馆编:《中国共产党第三次全国代表大会档案文献选编》,中共党史出版社 2014 年版,第 16 页。

是遵义会议以前各届最高的,也是第三届中央工作出色的根本保证。①

值得一提的是,在党的三大上,毛泽东当选中央局秘书,负责党内外文书及通信及开会记录,并与委员长陈独秀会签党内函件,第一次进入党的中央领导核心层,成为仅次于陈独秀的重要领导成员。在党的三大上,毛泽东理论思考能力和组织才能得到认可。陈独秀在三大报告中特别指出,上海、北京、湖北、广州的党组织都存在各种问题,"只有湖南的同志可以说工作得很好"②。另据张国焘回忆,毛泽东向大会指出,"湖南工人数量很少,国民党员和共产党员更少,可是满山遍野都是农民,因而他得出结论,任何革命,农民问题都是最重要的","这种看法,是毛泽东这个农家子对于中共极大的贡献"③。

为加强党的中央组织对全党工作的集中统一领导,党的三大后,中央开始建立一些常设的工作部门。这一时期,先后建立起中华全国总工会筹备委员会、中共中央铁路委员会、中央教育宣传委员会、中央组织部、中央宣传部、中央工农部、中央秘书处,完善了党的组织机构,有力加强了党的组织建设。同时,中央执行委员会加强了对地方党组织领导干部的指派力度。根据《中国共产党中央执行委员会组织法》的规定,党的三大后,中央执行委员会成员李大钊、项英、王荷波、朱少连、谭平山、邓培先后任一些地区的党组织负责人。中央还建立起党内通告制度,三大中央局累计向全党下发各类通知通告共24件,从而加强了党中央对地方党组织的领导。

(三)党的三大通过《中国共产党第一次修正章程》,适应了中国革命和党的建设发展新形势

党的三大通过的《中国共产党第一次修正章程》,是党成立后第一次修改党章,行使了党的全国代表大会修改党章的权力。与二大党章相比,三大

---

① 参见王健英:《民主革命时期中共历届中央领导集体述评》(上卷),中共党史出版社2007年版,第37页。

② 陈独秀:《在中国共产党第三次全国代表大会上的报告》(1923年6月),中共中央党史研究室、中央档案馆编:《中国共产党第三次全国代表大会档案文献选编》,中共党史出版社2014年版,第5页。

③ 张国焘:《第三次代表大会》(1971年),中共中央党史研究室、中央档案馆编:《中国共产党第三次全国代表大会档案文献选编》,中共党史出版社2014年版,第111页。

党章共 6 章 30 条,只增加 1 条,总体上保持了稳定。

关于党员的入党手续,三大党章较二大党章有较大改变,首次规定了党员的候补期,要求也更严格。三大党章规定:"党员入党时,须有正式入党半年以上之党员二人之介绍,经小组会议之通过,地方委员会之审查,区委员会之批准,始得为本党候补党员。候补期劳动者三个月,非劳动者六个月,但地方委员会得酌量情形伸缩之。候补党员只能参加小组会议,只有发言权与选举权,但其义务与正式党员同。"①与一大、二大只要求党员一人介绍即可的要求相比,三大要求有正式入党半年以上党员二人介绍,由介绍人进行担保,更有利于综合考察入党人员的政治素质、思想动机和现实表现,这一规定一直沿袭至今。

与二大党章相比,三大党章关于党员的入党程序要简化许多,由区委员会批准即可,不再需要报告中央执行委员会,反映出党员规模扩大的实际,有利于加快发展党员、壮大党的组织,也有利于党中央着眼党的全局事业发展。三大党章首次设置党员候补期,对劳动者和非劳动者作出区分,可以加强对申请入党人员的考察,体现出积极慎重发展党员的原则。同时,三大党章明确了候补党员的权利和义务,有利于加强对候补党员的管理。三大党章还首次增加了党员自请出党的条款,新增的第四条规定:"党员自请出党,须经过区之决定,收回其党证及其他重要文件,并须由介绍人担保其严守本党一切秘密,如违时,由区执行委员会采用适当手段对待之。"②

关于党的"组织"一章,三大党章主要作了以下几点变动:一是对党的基层组织的人数作了新的规定。二大党章规定凡有党员 3 人至 5 人均得成立一组,三大党章将其增至 5 人至 10 人,同时规定不满 5 人之处,亦当有组织,公推书记 1 人。二是扩充了中央执行委员会的组成人员数,由二大时的

---

① 《中国共产党第一次修正章程》(1923 年 6 月),中共中央党史研究室、中央档案馆编:《中国共产党第三次全国代表大会档案文献选编》,中共党史出版社 2014 年版,第 17 页。

② 《中国共产党第一次修正章程》(1923 年 6 月),中共中央党史研究室、中央档案馆编:《中国共产党第三次全国代表大会档案文献选编》,中共党史出版社 2014 年版,第 17 页。

正式委员 5 人、候补委员 3 人改为"中央执行委员会由全国代表大会选举九人组织之;并选举候补委员五人,如委员离职时,得以候补委员代理之"①。三是对委员会内部的分工作了调整,由二大时的"各委员会均互推委员长一人总理党务及会计,其余委员协同委员长分掌政治、劳动、青年、妇女等运动"调整为"各委员会均互推委员长一人总理党务,其余委员协同委员长分掌职务"②,删去分掌职务的具体类别。

关于"会议",三大党章的规定更加完善、清晰。一是增加了区和地方组织的会议频次。将"各地方由执行委员会每月召集各干部会议一次,每半年召集本地方全体党员或组长会议一次"调整为"各地方每月至少召集全体党员会议一次(其有特别情形之地方,得改全体会议为组长会议,但全体会议至少须两月一次)",将"各区,每半年由执行委员会定期召集本区代表大会一次"调整为"各区每三月由执行委员会定期召集该区全体党员代表会议一次"③。同时,增加区全体党员代表会议"每五人有一票表决权"的规定。二是完善了中央执行委员会的会议规定,要求"中央执行委员会,每四月开全体委员会一次"④,为加强和规范中央执行委员会的集体领导提供了制度保障。三是将中央执行委员会召集临时会议的要求,从过半数区之请求调整为"有三分之一区代表全党三分之一党员之请求",体现了对党内意见的尊重。四是与二大党章相比,对党的全国代表大会或临时会议的代表人数,作出了具体规定,指出:"全国代表大会或临时会议之代表人数,每地方必须派代表一人,但人数在四十人以上者得派二人,六十人以上者得派三人,以上每加四十人得加派代表一人。每地方十人有一票表决权。未成地方之处,中央执行委员会认为必要时,得令其派出代表一人,但有无表决

---

① 《中国共产党第一次修正章程》(1923 年 6 月),中共中央党史研究室、中央档案馆编:《中国共产党第三次全国代表大会档案文献选编》,中共党史出版社 2014 年版,第 18 页。
② 《中国共产党第一次修正章程》(1923 年 6 月),中共中央党史研究室、中央档案馆编:《中国共产党第三次全国代表大会档案文献选编》,中共党史出版社 2014 年版,第 18 页。
③ 《中国共产党第一次修正章程》(1923 年 6 月),中共中央党史研究室、中央档案馆编:《中国共产党第三次全国代表大会档案文献选编》,中共党史出版社 2014 年版,第 18 页。
④ 《中国共产党第一次修正章程》(1923 年 6 月),中共中央党史研究室、中央档案馆编:《中国共产党第三次全国代表大会档案文献选编》,中共党史出版社 2014 年版,第 18 页。

权由大会决定。"①从中可以看出,三大党章不是将代表人数和表决票数统一起来,而是规定每地方 10 人有一票表决权。

关于党的经费,三大对党员党费的缴纳比例作了调整,与二大相比,主要是增加层次划分和调高收缴基准线。第二十七条规定:"党员月薪在三十元以内者,月缴党费两角;在三十元以上至六十元者缴一元;六十元以上至百元者缴二十分之一;在一百元以外者缴十分之一。失业及在狱党员均免缴党费。"②

二、党的四大决定在全国范围内加强党的建设

党的四大决定在全国范围内加强党的建设,为中国共产党在大革命的高潮中快速发展壮大,成长为一个全国性的政治力量打下坚实基础。1924 年 6 月召开的共产国际五大从资本主义世界有可能出现暂时稳定这一情况出发,提出共产党各支部"布尔什维克化"的任务。半年后召开的党的四大明确表示:"完全同意于共产国际第五次大会对于各种政策的决定。"③为了保证无产阶级领导民主主义革命这一政治任务的完成,四大对党的自身发展等问题提出新要求,制定新举措,在党的建设史上发挥了开创性作用。

(一)四大首次将组织建设提升为"吾党生存和发展""最重要的问题"

四大通过的《对于组织问题之议决案》明确指出:"大会以为在现在的时候,组织问题为吾党生存和发展之一个最重要的问题。"为什么到了四大,组织问题被作为党生死存亡的"最重要的问题"提出来呢?

显然,共产国际五大提出的各支部"布尔什维克化"的任务是个起因。

---

① 《中国共产党第一次修正章程》(1923 年 6 月),中共中央党史研究室、中央档案馆编:《中国共产党第三次全国代表大会档案文献选编》,中共党史出版社 2014 年版,第 18 页。

② 《中国共产党第一次修正章程》(1923 年 6 月),中共中央党史研究室、中央档案馆编:《中国共产党第三次全国代表大会档案文献选编》,中共党史出版社 2014 年版,第 19 页。

③ 《对于出席共产国际第五次大会代表报告之议决案》(1925 年 1 月),中共中央文献研究室、中央档案馆编:《建党以来重要文献选编(1921—1949)》第 2 册,中央文献出版社 2011 年版,第 208 页。

"布尔什维克化"首先要求各国共产党在活动的一切方面体现布尔什维克原则,加强党的组织工作。但这仅仅是起因,更重要的是中国革命运动和新生的中国共产党自身发展的迫切需要。

这还得从1924年5月中央执委会扩大会议讲起。在那次会议上,党组织发展缓慢的问题被突出地提出来。以上海为例,"最近以前有党员56人,但现在确数只有47人",其中原因有三:一是"因同志现注意国民党中的工作,所以对于一般人,都介绍他进国民党去了";二是"介绍为本党同志,务在严极,故新党员人数自然不易骤增";三是"同志宣传自亦有不曾用力的地方",很多"都消沉濡滞得很"。① 由此,会议议决案明确提出:"在大产业的工人里扩大我们的党,是现时的根本职任之一。"②会后执行情况如何呢?正如四大指出的:无论在中央还是在地方,"在同年八月之前多未实行"。其中,"除开客观的原因(经济与人力之缺乏,军阀之压迫,许多负责任的同志们之被捕)",更重要的原因是"各级负指导责任的同志们对于该议决案之实行多分忽略,各地方的党员对之未有充分了解"。③

为什么会出现上述情况呢? 这与各级负责同志及各地党员的认识水平有关,但也与该议决案本身理论上的不足有关。正如蔡和森所说:对于这些问题,"都没民族革命的理论从各方面加以详细的分析,和正确地订出共产党在民族革命过程中对于社会各阶级的态度和关系"④。确实,五月扩大会议只强调党必须加强在产业工人中的工作,但对党的组织问题的全部内容及其重要地位并未作出明确而充分的阐述,这必然制约党的组织工作的发展。

事实上,党成立之后,组织发展一直不快。全国党员人数一大时50余

① 《上海地方报告》(1924年5月),中共中央文献研究室、中央档案馆编:《建党以来重要文献选编(1921—1949)》第2册,中央文献出版社2011年版,第35页。
② 《党内组织及宣传教育问题议决案》(1924年5月),中共中央文献研究室、中央档案馆编:《建党以来重要文献选编(1921—1949)》第2册,中央文献出版社2011年版,第73页。
③ 《对于组织问题之议决案》(1925年1月),中共中央文献研究室、中央档案馆编:《建党以来重要文献选编(1921—1949)》第2册,中央文献出版社2011年版,第258页。
④ 蔡和森:《中国共产党史的发展(提纲)》,中央档案馆编:《中共党史报告选编》,中共中央党校出版社1982年版,第60页。

名,二大时 195 名,三大时 420 名,到四大时也不过 994 名。从三大到四大一年半时间,党员人数仅增加二倍多一点。与此同时,国民党党员人数的发展却突飞猛进。国共合作之初仅有党员 5 万多人,到 1926 年 1 月国民党二大时,已经发展成为拥有 50 万党员的大党。所以,四大通过的篇幅不长的《对于中央执行委员会报告之议决案》,特别公开批评了组织工作中的"错误",指出"过去的中央执行委员会在组织上有多少错误,如技术上组织的欠缺及执行扩大执行委员会决议的迟延,虽然是一方面由于客观情形所致,但是大会不能不认为是一种缺憾。所以第四次大会应嘱新的中央执行委员会注意组织的指导,并且要求各区各地方委员会对此点亦应特别遵守"①。这时,由于党明确提出了无产阶级在民主革命中的领导权问题,因而必须解决自身的组织建设问题,以强有力的组织工作来保证无产阶级领导权的取得和实现。党的四大指出,"中国共产党是中国工人阶级唯一的指导者,要使工人阶级取得民族革命运动的领导地位,对于职工运动应当特别注意;必须工人阶级有强固的、群众的、独立的阶级组织,他在民族运动中才能成为独立的政治势力;然后民族运动中的领导地位,方才能有保障"②。

就是在上述背景下,四大明确提出组织问题的极端重要性,决定从各个方面加强党的组织工作,开创了党的组织建设历程中的多个第一。一是第一次成立中央组织部。"大会指出中央对于指导地方组织之不力,所以特别在组织问题方面,认为新的中央须特别注意设立一有力的中央组织部,实际上真能指导地方之党的组织。"③陈独秀被选举为中央执行委员会总书记兼中央组织部主任。组织部"内有党员调查登记、工作分配、党员训练等三部分。一切人事的调动,均由陈独秀先生以组织部长的名义,提交有关的会

---

① 《对于中央执行委员会报告之议决案》(1925 年 1 月),中共中央党史研究室、中央档案馆编:《中国共产党第四次全国代表大会档案文献选编》,中共党史出版社 2014 年版,第 6 页。
② 《对于职工运动之议决案》(1925 年 1 月),中共中央党史研究室、中央档案馆编:《中国共产党第四次全国代表大会档案文献选编》,中共党史出版社 2014 年版,第 14 页。
③ 《对于组织问题之议决案》(1925 年 1 月),中共中央文献研究室、中央档案馆编:《建党以来重要文献选编(1921—1949)》第 2 册,中央文献出版社 2011 年版,第 260 页。

议通过任命"①。四大成立中央组织部后,大大加强了中央对各地党组织的领导。二是第一次确定支部为党的基本组织形式。为了强固党的基础,并有利于扩大党的力量,四大对党章作了修改,将党的基层组织由党的小组改为党的支部,并将原来章程中"有五人以上可组织一小组",改为"有三人以上即可组织支部"。四大还规定了支部的设置原则、工作任务和职责、组织制度、活动方式。四大把支部确定为党的基本组织,这在党的基层组织建设中具有奠基性的作用。同时,对支部建设作出的具体规定,表明党开始了对支部建设理论的积极探索。三是简化入党程序,积极吸收工人、贫农和一般革命分子入党。四大要求各地改变吸收党员必须经过"十人团"或社会主义青年团等"实与吾党组织的原则相违背"的做法,使有阶级觉悟的分子能够"直接加入本党"。② 四是提出在全国范围内发展和建立党的组织。四大决定,为扩大党的数量,除上海和广东之外,应特别注意在湖南、湖北、唐山、天津、山东等地扩大党的组织。在尚未建立党组织的其他工业区及大都市,如东北、河南等地,也应努力建立和发展党的组织。特别是在工厂、路矿和农会中,将有阶级觉悟的分子接收入党,建立支部。在扩大党的数量的同时,要"实行民主的集权主义,巩固党的纪律——党员们受其所隶属的区执行委员会,地方执行委员会及支部干事会的指挥"。五是第一次明确提出建立党团。四大指出:"吾党在国民党及其他有政治性质的重要团体中,应组织党团,从中支配该党和该团体的活动。"③四大开始重视加强对群众团体的政治领导和工作指导,这不仅进一步密切了同群众的联系,而且为今后党更有效地实施对各群众团体的统一领导作了有益的实践和探索。

(二)首次通过关于宣传工作的议决案

思想理论建设是党的建设的重要组成部分。加强党的宣传工作,提高

---

① 张国焘:《我的回忆》第二册,东方出版社 1991 年版,第 11 页。

② 《对于组织问题之议决案》(1925 年 1 月),中共中央党史研究室、中央档案馆编:《建党以来重要文献选编(1921—1949)》第 2 册,中央文献出版社 2011 年版,第 260 页。

③ 《对于组织问题之议决案》(1925 年 1 月),中共中央党史研究室、中央档案馆编:《建党以来重要文献选编(1921—1949)》第 2 册,中央文献出版社 2011 年版,第 259、260 页。

党员的马克思主义理论水平和政策水平,提高工农群众的阶级觉悟,是扩大党的队伍、加快党组织发展的必要条件。因此,党的组织发展工作总是与党的宣传工作紧密相联的。党成立之初,以极大的精力领导工农群众的实践斗争,相比之下,对宣传工作重视不够,思想理论建设还未系统化、规模化。从党初创到三大召开,都未曾通过关于宣传工作的专门决议。随着革命群众运动的逐渐发展,宣传问题的重要性日益显现。为此,四大在党的历史上首次通过关于宣传工作的议决案。

大会肯定了几年来党的宣传工作在革命运动中所起的作用,指出,三大以后党在宣传工作中过分地着重资产阶级的力量,忘记自己阶级的宣传,滋长了右倾错误,同时也存在"左"倾观念。大会批评了党的宣传工作中的缺点,即:一是党中政治教育做得极少。二是过去在职工运动中常因太偏重机关式的组织工作,竟使党的宣传和阶级教育"未得输入工人群众,以致基础不固,完全经不得摧残"。三是在群众中的政治宣传常常不能深入,尤其在知识分子中,很少注意共产主义理论的宣传和引导。

大会详细规定了"重新整顿"宣传工作的 12 项具体办法,包括成立中央宣传部;办好《向导》《新青年》《中国工人》《党报》等报刊;编译关于列宁主义、国际政策、政治经济状况以及工人常识的小册子;各党员对外发表之一切政治言论,尤其是在国民党中发表的一切政治言论,完全应受各级执行机关的指挥和检查;各地要利用每个群众集会,实行我们广大的宣传和鼓动工作,在这种工作中传单小册子的内容、讲演人的口号均宜十分切合群众本身实际要求;等等。[①] 同时,四大还要求新成立的组织部将"设立一能够普遍地传布党的印刷品之机关"[②]作为重要工作之一。要利用一切机会向工人、农民、学校传布党的印刷品,这是我们党深入群众的一个好方法。

四大在深刻分析以往宣传工作中的缺点和不足的基础上,制定的方针

---

① 以上参见《对于宣传工作之议决案》(1925 年 1 月),中共中央文献研究室、中央档案馆编:《建党以来重要文献选编(1921—1949)》第 2 册,中央文献出版社 2011 年版,第 254—257 页。

② 《对于组织问题之议决案》(1925 年 1 月),中共中央文献研究室、中央档案馆编:《建党以来重要文献选编(1921—1949)》第 2 册,中央文献出版社 2011 年版,第 260 页。

政策有很强的理论指导意义,同时注重范围的广泛性、措施的具体性和细节的生动性,特别贴近群众、接地气,对今天党的宣传工作仍具有借鉴意义。

(三)开启"群众性政党"的新阶段

中国共产党是马克思主义与中国工人运动相结合的产物,是根据列宁建党学说建立起来的。1921 年诞生时,全国只有党员 50 多人,还不是一个群众性的党,党的创始人当时还没有建立一个群众性政党的意识。一大通过的党纲就规定:"彻底断绝同黄色知识分子阶层及其他类似党派的一切联系"。党的第一个决议也指出:"只维护无产阶级的利益,不同其他党派建立任何关系。"1922 年二大提出民主革命纲领,改变了一大提出的不与知识分子和其他党派联系的政策。大会通过的《关于共产党的组织章程决议案》强调,要把党建设成为一个能够实行无产阶级革命的"大的群众党"。这里"大的群众党"的内涵,不是针对党本身的成分而言,而是指工作对象,即要"到群众中去","党的一切运动都必须深入到广大的群众里面去"①,而对于党本身的构成,更强调"共产党是工人的先锋,是工人的政党"②。

1922 年底,共产国际四大通过《关于东方问题的总提纲》,并专门作出《中国共产党的任务》的决议作为对总提纲的补充。该决议指出,中国共产党人开始参加工人阶级的自发斗争,但是,"他们还未能贴近人民群众"。决议要求:"为了在这场斗争中能代表一种实际的力量,共产党人应该将自己的主要注意力用于组织工人群众、成立工会和建立坚强的群众性共产党方面。"③这里,共产国际向中国共产党人提出了建立"群众性共产党"的建党目标。但是,这一建党目标,首先遭到了共产国际驻中国代表马林的

---

① 《关于共产党的组织章程决议案》(1922 年 7 月),中共中央文献研究室、中央档案馆编:《建党以来重要文献选编(1921—1949)》第 1 册,中央文献出版社 2011 年版,第 162 页。

② 《关于"工会运动与共产党"的议决案》(1922 年 7 月),中共中央文献研究室、中央档案馆编:《建党以来重要文献选编(1921—1949)》第 1 册,中央文献出版社 2011 年版,第 154 页。

③ 《共产国际第四次代表大会决议案〈中国共产党的任务〉》(不晚于 1922 年 12 月 5 日于莫斯科),中共中央党史研究室第一研究部译:《共产国际、联共(布)与中国革命档案资料丛书》第 1 卷,北京图书馆出版社 1997 年版,第 161、163 页。

坚决反对。1922 年 8 月西湖会议后,马林返回莫斯科,他在 12 月 29 日共
产国际执委会主席团会议上发言表示:"那些希望把我们的力量集中在建
立自己的群众性共产党的人,在我看来是完全不顾现实情况的。"① 年底,
马林在与越飞共同拟定的《关于我们在殖民地和半殖民地尤其是在中国的
工作问题》的提纲中提出:"为了帮助中国实现统一,必须立即着手把中国
最大的、真正的政党国民党建设成为一个群众性的政党。"② 1923 年共产国
际一月决议一方面同意马林提出的国共实行党内合作的提议,另一方面又
不顾马林的反对,强调在国共合作中,"党必须保持自己原有的组织和严格
集中的领导机构","组织和教育工人群众,建立工会,以便为强大的群众性
的共产党准备基础"。③ 这样,在共产国际内部就产生了两个建党目标
之争。

对于 1923 年共产国际一月决议,马林只接受关于国共实行党内合作
的指示,而对"强大的群众性的共产党"仍然持反对意见。这样,在马林
指导下召开的党的三大指出:"中国现有的党,只有国民党比较是一个国
民革命的党,同时依社会各阶级的现状,很难另造一个比国民党更大更革
命的党,即能造成,也有使国民革命势力不统一不集中的结果。"并宣称:
"工人阶级尚未强大起来,自然不能发生一个强大的共产党——一个大群
众的党"。④

转机发生在 1924 年初,共产国际指派维经斯基替换马林为驻华代表。
4 月,维经斯基第二次来华。1923 年的 5 月,共产国际给党的三大的指示正
是由维经斯基起草的。该指示指出:"巩固共产党,使其成为群众性的无产

---

① 《共产国际执委会主席团会议速记记录(摘录)》(1922 年 12 月 29 日于莫斯科),中共中央党史
研究室第一研究部译:《共产国际、联共(布)与中国革命档案资料丛书》第 1 卷,北京图书馆出版社 1997
年版,第 182 页。

② 李玉贞主编:《马林与第一次国共合作》,光明日报出版社 1989 年版,第 100—101 页。

③ 《共产国际执行委员会关于中国共产党与国民党的关系问题的决议》(1923 年 1 月 12 日),中
国社会科学院近代史研究所翻译室编译:《共产国际有关中国革命的文献资料(1919—1928)》第 1 辑,
中国社会科学出版社 1981 年版,第 76—77 页。

④ 《关于国民运动及国民党问题的议决案》(1923 年 6 月),中共中央文献研究室、中央档案馆编:
《建党以来重要文献选编(1921—1949)》第 1 册,中央文献出版社 2011 年版,第 258、259 页。

阶级政党"①。中国共产党收到这份指示时,三大已经闭幕。而这封指示的起草者维经斯基参加了四大文件的起草工作,还在会前"审定了"大会的"基本材料、提纲等"②,所以继续贯彻共产国际给三大的指示精神则成为必然。同时,到四大召开时,中国革命的情形与以前大不相同。国共合作的形成,直接推动了大革命的进程,各种革命力量迅速发展起来,客观上也要求党加强对这些力量的宣传、吸引和组织。由此,群众性政党的建党目标应运而生。

党的四大对党的组织建设高度重视,虽然四大通过的党章和各种议决案中,并没有出现"群众性政党"这一概念,但其思想却体现在大会制定的加强党的组织、宣传等建设的各项政策之中。正如蔡和森指出的,以前是宣传的时期,现在到了行动的时期,使党走上领导群众的路上去,且是走上广大的道路。所以,四大"是形成群众党的开始的基础,因此在党的历史上有很大的意义"③。蔡和森还说,四大后,"可以说,党才开始独立形成起来"④。彭述之也说:"在此次大会上的空气极好,现出和衷一致的精神。""现在可以说我党自经此次大会之后,我党已由小团体而转入真正的党的时期了。"⑤

到1927年党的五大时,党员人数已发展到57967人,比四大时增长58.3倍,成为党的历史上党员人数增长最快的时期之一。正如1925年10

---

① 《共产国际执行委员会关于中国共产党与国民党的关系问题的决议》(1923年1月12日),中国社会科学院近代史研究所翻译室编译:《共产国际有关中国革命的文献资料(1919—1928)》第1辑,中国社会科学出版社1981年版,第79页。

② 《维经斯基给拉斯科尔尼科夫的信(摘录)》(1924年12月19日),中共中央党史研究室第一研究部译:《共产国际、联共(布)与中国革命档案资料丛书》第1卷,北京图书馆出版社1997年版,第561页。

③ 蔡和森:《中国共产党史的发展(提纲)》,中央档案馆编:《中共党史报告选编》,中共中央党校出版社1982年版,第64页。

④ 蔡和森:《关于中国共产党的组织和党内生活向共产国际的报告》(1926年2月10日),中共中央党史研究室、中央档案馆编:《中国共产党第四次全国代表大会档案文献选编》,中共党史出版社2014年版,第79页。

⑤ 《关于党的第四次全国代表大会——彭述之给中共旅莫支部全体同志的信》(1925年2月2日),中共中央党史资料征集委员会、中共中央党史研究室编:《中共党史资料》第3辑,中共中央党校出版社1982年版,第20页。

月中央执委会扩大会议指出的:四大以来全国风起云涌的国民运动,"均证明中国共产党在全国各地是这些运动实际指导的中心","我们的党已由小团体逐渐走到成为群众的大党",这是扩大会议认为最满意的。

党的四大还通过《中国共产党第二次修正章程》,修改后的党章共计 6 章 31 条,对党员、组织、会议、纪律、经费等问题,都作了相应调整和明确规定,将党的四大探索形成的一些重要成熟的制度安排写入党章,使党的章程更趋完善。除上文提到的,第一次将党的基层组织由"组"调整为"支部"外,还规定"支部人数过多时,得斟酌情形分为若干小组,每组设组长一人,由支部干事会指定之"①。党的四大还适应建立群众性政党的需要,简化了入党的审批程序,党员入党经过地方委员会审查批准即可,还规定"凡党员离开其所在地时必须经该地方党部许可,其所前往之地如有党部时必须向该党部报到"②。四大党章首次将中央执行委员会负责人的名称改为"总书记",各级党组织负责人称"书记"。对于党费的收缴,也作了更合理的层次区分。

党的四大根据新修订的中国共产党章程,选举陈独秀、李大钊、蔡和森、张国焘、项英、瞿秋白、彭述之、谭平山、李维汉为中央执行委员会委员,邓培、王荷波、罗章龙、张太雷、朱锦棠为候补委员,组成新的中央执行委员会。中央执行委员会选举陈独秀、彭述之、张国焘、蔡和森、瞿秋白组成中央局。中央局决定:陈独秀任中央总书记兼中央组织部主任,彭述之任中央宣传部主任,张国焘任中央工农部主任,蔡和森、瞿秋白任中央宣传部委员。其他中央执行委员和候补委员的分工是:李大钊驻北京,谭平山驻广东,项英驻汉口,李维汉驻长沙,邓培驻唐山,朱锦棠驻安源,罗章龙、王荷波负责铁路总工会工作,张太雷负责青年团中央工作。向警予后来补选为中央局委员,负责妇女部工作。

---

① 《中国共产党第二次修正章程》(1925 年 2 月),中共中央党史研究室、中央档案馆编:《中国共产党第四次全国代表大会档案文献选编》,中共党史出版社 2014 年版,第 29 页。
② 《中国共产党第二次修正章程》(1925 年 2 月),中共中央党史研究室、中央档案馆编:《中国共产党第四次全国代表大会档案文献选编》,中共党史出版社 2014 年版,第 30 页。

三、党的五大在党的自身建设方面建树颇多

党的五大虽然没能承担起在危急关头挽救革命的重任,但在党的自身建设方面却有许多开创性的建树,大会完善了从中央到地方再到基层的组织设置,奠定了党的组织架构的雏形,首次将"民主集中制"写入党章,在党的历史上首次成立中央监察委员会,为党在土地革命战争时期的自身建设奠定良好基础。

(一)五大前党在大革命中迅速发展壮大,党的建设面临新课题新任务

党的四大将组织建设提升为"吾党生存和发展""最重要的问题"。党的四大之后,为适应从数量上和质量上建党的需要,党加强了中央组织部和中央宣传部的工作,各地党的建设出现一个新局面。党的队伍的发展壮大和各项工作的有序开展,为党正确而有力地领导五卅反帝爱国运动,奠定了组织基础和群众基础。

五卅运动扩大了中国共产党在全国人民中的影响,对中国共产党的发展壮大起到了重要作用。到 1925 年 10 月中央执委会扩大会议召开时,党员人数已由四大时的 994 人发展到 3000 人,党员成分除工人、农民外,还有学生、教师、军人、商人、店员以及其他革命分子。面对这样的成绩,《中共中央局报告议决案》仍然指出,"经过'五卅'这种大的运动,尤其在上海与广州,只能增加如此的数量,不能说不是一个遗憾"①。中央执委会扩大会议通过的《组织问题议决案》,再次提出将党"从小团体过渡到集中的群众政党"的要求,批评那种认为"每个共产党员都应了解马克思主义,都应有高度的工作能力,党员在质量上不发展,单是在数量上发展,不但无益,而且足以使党的组织更加松懈"的错误观点,将其视为"党的群众化之唯一障碍"。议决案指出,"社会上一切革命分子,只有加入我们的党后,才有受到

---

① 《中共中央局报告议决案》(1925 年 10 月),中共中央文献研究室、中央档案馆编:《建党以来重要文献选编(1921—1949)》第 2 册,中央文献出版社 2011 年版,第 541 页。

党的训练及真能了解党的理论之机会,我们决不可妄想在中国的社会能够得到许多现成的党员"①,并强调要加强从革命的工人、农民、学生以及革命的知识分子中吸收党员。

面对革命迅猛发展的形势和党员规模的迅速扩大,这次扩大会议对健全党的各级指导机关也作了相应部署。会议决定中央应当设立职工运动委员会、农民运动委员会、军事运动委员会,增加中央特派巡行的指导员,健全中央组织部、中央宣传部的组织机构,中央及区委书记尽可能不兼部务。

为了适应党的发展及各方面工作的需要,中共中央执委会于1926年7月召开的四届二次扩大会议上,通过《组织问题决议案》,"重新提出扩大本党的口号,务使本党更加发展,征集更多的革命工人、农人与知识分子"②。这次会议还第一次提出了"一切工作归支部"的口号,强调要把党的真正基础建筑在支部。

在北伐胜利进军和工农运动大发展的有利形势下,党的队伍继续壮大。据不完全统计,到1926年9月,党员已达13281人。全国除新疆、青海、贵州、西藏、台湾外,都建立了党的组织或有了党的活动。③ 为了进一步推动党的发展,1926年10月17日,陈独秀致信全国各级党部,指出:"党员数量上的增加,乃是第一个重要问题","必须懂得'数量上的增加可以改善质量'这一原理;我们更须懂得质量上的增加,大部分是靠在群众的实际活动中学习与训练,不是单靠书本上和党校中可以收效的","不急谋党员数量上的增加,便是对党怠工,便是一种反动行为"。④ 他提议,到党的五大前,党员应发展到41200人。各级党部接信后,分别制定了各自的发展计划。

---

① 《组织问题议决案》(1925年10月),中共中央文献研究室、中央档案馆编:《建党以来重要文献选编(1921—1949)》第2册,中央文献出版社2011年版,第525、524页。

② 《组织问题议决案》(1926年7月),中共中央文献研究室、中央档案馆编:《建党以来重要文献选编(1921—1949)》第3册,中央文献出版社2011年版,第280页。

③ 参见中共中央党史研究室著:《中国共产党历史》第一卷(1921—1949)(上册),中共党史出版社2011年版,第188页。

④ 《陈独秀给各级党部的信——对于扩大党的组织的提议》(1926年10月17日),中共中央文献研究室、中央档案馆编:《建党以来重要文献选编(1921—1949)》第3册,中央文献出版社2011年版,第424页。

据中央局不完全统计,到 11 月,党员总数已达 18526 人,其中军人 1500 人,妇女 1992 人。

北伐战争后期,在工农运动进一步发展的同时,党的队伍也得到空前的发展,党的阶级基础和群众基础进一步巩固和扩大。据陈独秀在党的五大的报告,从党的四大到五大,党员人数从 994 人发展到 57967 人,其中工人成分占党员总人数的 53.8%、农民为 18.7%、知识分子为 19.1%、军人为 3.1%、中小商人为 0.5%、其他成分为 4.2%,女党员占到党员总人数的 10%。按省份看,湖南、湖北、江苏(包括上海)最多,分别有 13000 人,广东有 9027 人。①

(二)党的五大完善了从中央到地方再到基层的组织设置,奠定了党的组织架构的雏形

五大召开时,中国共产党已经成为一个全国性的政党,党员人数近 6 万,再按四大党章规定的以中央执行委员会、区、地方、支部作为纵向组织架构,显然已经不能适应形势迅速发展的需要。为此,五大党章对党的组织架构进行了重塑,规定党的组织系统为:"全国:全国代表大会——中央委员会;省:省代表大会——省委员会;市或县:市或县代表大会——市或县委员会;区:区代表大会——区委员会;生产单位:支部党员全体大会——支部干事会。"②可以看出,与四大党章规定的党的组织架构相比,党的五大的组织系统是与中国的行政区划相对应的,原来的"区"一级的机构变成了由市或县下属的结构,初步形成了党的中央组织、省的组织、市或县的组织、区的组织和党的支部这样一个五级架构。这样一个组织架构,一直沿袭至今天,对坚持和加强党的领导发挥了重要作用。

对党的中央机关的职能和设置,五大党章作了详细规定。党的全国代

---

① 参见陈独秀:《在中国共产党第五次全国代表大会上的报告》(1927 年 4 月 29 日),中共中央党史研究室、中央档案馆编:《中国共产党第五次全国代表大会档案文献选编》,中共党史出版社 2015 年版,第 46 页。

② 《中国共产党第三次修正章程决案》(1927 年 6 月 1 日中央政治局会议议决案),中共中央党史研究室、中央档案馆编:《中国共产党第五次全国代表大会档案文献选编》,中共党史出版社 2015 年版,第 30 页。

表大会作为党的最高机关,主要有四项职能:一是讨论与批准中央委员会、中央监察委员会及其他中央各部工作的报告;二是审查与修改党纲及党章;三是决定一切重要问题政策的方针;四是改选中央委员会及监察委员会及其他等等。五大党章改中央执行委员会为中央委员会,规定由中央委员会选举正式委员一人为总书记,选举中央正式委员若干人组成中央政治局,并选若干正式委员为中央政治局候补委员,中央政治局互推若干人组成中央政治局常务委员会,负责处理党的日常事务。这样,党的中央组织就形成了由党的全国代表大会、党的中央委员会、中央政治局、中央政治局常委会组成的严密结构,并沿袭至今。

五大党章规定的省委由省代表大会选举产生,正式委员和候补委员组成,省委可推举若干人组成常委会处理日常事务。省委的职权是:指导省委之下各种机关,指导与监督省委机关报及指定省委机关报主任,分配工作人才,分配省委经费,经过党团指导省政府及其他社会团体之工作方针。[①] 市或县委员会的产生方式、组织架构、职能配置与省一级基本类似。五大党章同时规定,各级党组织为了各种专门工作,可以设置组织部、宣传部、妇女部等隶属机构。

五大党章对支部的重视程度和建设力度明显加强。党的四大通过的党章修正案首次将党的基层组织由"组"改为"支部",但对支部的职能还没有明确的规定。1926年7月,四届中央执行委员会第二次扩大会议曾指出,党的四大后虽然开始重视支部工作,但"支部工作尚未真正建立,过去的支部都仅有其形式,各级党部尚不明了支部的意义,亦尚不知支部工作的方法"[②]。为此,会议提出了"一切工作归支部"的口号,并通过多项措施加强党的支部工作。党的五大通过的《组织问题议决案》,要求"中央应该尽力

---

① 参见《中国共产党第三次修正章程决案》(1927年6月1日中央政治局会议议决案),中共中央党史研究室、中央档案馆编:《中国共产党第五次全国代表大会档案文献选编》,中共党史出版社2015年版,第32页。

② 《组织问题议决案》(1926年7月),中共中央文献研究室、中央档案馆编:《建党以来重要文献选编(1921—1949)》第3册,中央文献出版社2011年版,第279页。

使党的基础建立在产业支部上面"①。在此基础上,五大党章首次将"支部是党的基本组织"写入,规定"各工厂、各铁路、各矿山、各农村、各兵营、各学校、各街道及其各机关内或附近,凡有党员三人以上均得成立支部"。②支部的任务是:积极在各该工厂等之内活动,领导该处群众之日常斗争,扩大党的影响;实行党的口号与决议于群众中;吸收新的党员;服从地方党部从事组织与宣传的工作;积极参加地方政治经济的斗争;尽可能讨论党的重要问题。

(三)党的五大后修改和通过党章,正式提出党内实行民主集中制的组织原则

五大党章第十二条明确规定:"党部的指导原则为民主集中制。"③这是中国共产党首次将"民主集中制"这一概念写入党章。党的一大通过的纲领较为简略,没有对党的组织制度进行规定。党的二大规定了民主集中制的一些基本原则,如个人服从组织、下级服从上级、少数服从多数、全党服从中央,但还没有明确提出"民主集中制"的概念。三大党章、四大党章基本延续了二大党章的规定,但也还没有在党章中明确提出"民主集中制"。

相对于之前的党章,五大党章不仅明确提出"民主集中制"的概念,还大为丰富了民主集中制的相关规定,表明党对民主集中制理解的加深。

五大党章规定,党的各级机关都应该由党员大会或其代表大会选举产生并经上级机关批准,特殊情形下可由上级机关指定。全体党员大会及代表大会为各级党部的最高机关,全体党员大会及各级代表大会选举产生的各级委员会在大会闭会期间为该级党部的最高机关。党的全国代表大会为党的最高领导机关。

---

① 《组织问题议决案》(1927年4月27日—5月9日),中共中央党史研究室、中央档案馆编:《中国共产党第五次全国代表大会档案文献选编》,中共党史出版社2015年版,第18页。

② 《中国共产党第三次修正章程决案》(1927年6月1日中央政治局会议决案),中共中央党史研究室、中央档案馆编:《中国共产党第五次全国代表大会档案文献选编》,中共党史出版社2015年版,第32—33页。

③ 《中国共产党第三次修正章程决案》(1927年6月1日中央政治局会议决案),中共中央党史研究室、中央档案馆编:《中国共产党第五次全国代表大会档案文献选编》,中共党史出版社2015年版,第30页。

对于上下级关系,五大党章第十八条规定:"下级机关对上级机关的报告及提议,与上级机关对下级机关有所命令及指导,均须按照党的系统手续。"第二十八条规定:"中央委员会至少每两月须给省委一次中央执行委员会工作书面的报告。"第三十七条规定:"省委员会每月须向中央委员会作省委员会及县或市委员会工作书面的报告。"①同时还规定:"党员及下级机关对于上级机关决议不同意时,得各该党部过半数党员的同意,得对于上级机关提出抗议,但在抗议时期内,未解决以前仍须执行上级机关之命令。"从这些规定特别是要求上下级之间互通情报中可以看出,党的五大更加突出了党内民主,突出了上下级关系的程序化、规范化,纠正了之前党章中一定程度上存在的重集中、轻民主的现象。

党的五大还对坚持党的集体领导作了规定。党的五大前,陈独秀一定程度上存在的家长制作风,使党内的妥协退让错误很难从组织上予以纠正。1926年11月,共产国际第七次扩大全体会议通过的中国问题议决案中,要求中共"党的组织,从中央至工厂支部或街市支部,必须很坚决的实行党的集体指导"②。五大通过的《组织问题议决案》,也要求"中央应该强毅地实行集体的指导,从中央省委以至支部"③。这种对党的集体领导的规定和强调,是以前历次党的全国代表大会所不具备的。

(四)党的五大在党的历史上首次成立中央监察委员会,发出了加强党内监督,保持党的先进性和纯洁性的先声

党在成立初期,尚未成立党内专门监督机构,把党内监督的权力和事务一般赋予了各级委员会。一大纲领曾规定,"工人、农民、士兵和学生的地方组织中党员人数多时,可派他们到其他地区去工作,但是一定要受地方执

---

① 《中国共产党第三次修正章程决案》(1927年6月1日中央政治局会议决议),中共中央党史研究室、中央档案馆编:《中国共产党第五次全国代表大会档案文献选编》,中共党史出版社2015年版,第30—32页。

② 《共产国际执行委员会第七次扩大全体会议关于中国问题议决案》(1926年11月底),中共中央党史研究室、中央档案馆编:《中国共产党第五次全国代表大会档案文献选编》,中共党史出版社2015年版,第111页。

③ 《组织问题议决案》(1927年4月27日—5月9日),中共中央党史研究室、中央档案馆编:《中国共产党第五次全国代表大会档案文献选编》,中共党史出版社2015年版,第19页。

行委员会的严格监督","地方委员会的财务、活动和政策,应受中央执行委员会的监督"。① 党的二大、三大、四大通过的党章及其修正案都专设"纪律"一章,但没有关于党内监督的条款规定,也没有建立起党内监督的机构。相反,1924 年 1 月,在共产国际和中国共产党帮助下召开的国民党一大,却成立了国民党的中央监察委员会。

党的五大决定成立党内专门的监督机构,有着深厚的历史背景。列宁在晚年对加强党的监督进行了深入的思考,提出了很多重要论述,强调要不断推进党和国家机关的改革,加强对党员和干部的监督,反对形形色色的官僚主义和营私舞弊行为。他认为:"中央监察委员会,只对党的代表大会负责,它的委员不得在任何人民委员部、任何一个主管机关以及任何苏维埃政权机关中兼任任何职务。"② 在列宁领导下,联共(布)各级党组织设立了监察委员会。列宁的思考与实践对中国共产党加强党内监督有着重要的启发。

从现实情况看,党的四大后,特别是北伐战争开始后,为适应革命形势需要,党中央一再强调扩大党员规模、迅速壮大党的组织。到五大召开时,中国共产党的党员数量从不足千人增加至近 6 万人。短短两年多时间,在革命形势飞涨的情况下,这么多的人加入党组织,难免泥沙俱下,迫切需要加强对党员的教育训练和严格监督。另外,国共合作后,大量共产党员以个人身份加入国民党,在国民党各级党部、国民政府和军队中担任要职,面临着权力、金钱、美色的考验,少数意志薄弱的党员出现了追求享受、贪污腐化、思想动摇甚至动摇叛节的现象。尤其在"四一二"反革命政变后的白色恐怖下,一些党员登报脱党、"自首",甚至出卖组织。加强党内监督,设立专门机构,已经刻不容缓。

在此情况下,党的五大首次设立了中央监察委员会,并在党章中,对监察委员会的产生方式、组成人员、履职方式进行了规定。五大党章规定,中

---

① 《中国共产党第一个纲领》(1921 年 7 月),中共中央文献研究室、中央档案馆编:《建党以来重要文献选编(1921—1949)》第 1 册,中央文献出版社 2011 年版,第 2 页。

② 《论"双重"领导和法制》,《列宁选集》第 4 卷,人民出版社 2012 年版,第 704 页。

央及省监察委员会由党的全国代表大会及省代表大会选举。"中央及省监察委员,不得以中央委员及省委员兼任。""中央及省监察委员,得参加中央及省委员会议,但只有发言权无表决权。"①对中央及省委员会和中央及省监察委员会的关系,五大党章规定,"中央及省委员会,不得取消中央及省监察委员会之决议,但中央及省监察委员会之决议,必须得中央及省委员会之同意,方能生效与执行。遇中央或省监察委员会与中央或省委员会意见不同时,则移交至中央或省监察委员会与中央或省委员会联席会议,如联席会议再不能解决时,则移交省及全国代表大会或移交于高级监察委员会解决之"②。这种相互联系又相互制约的关系,对于加强对党委会的监督,防止监察委员会灯下黑,同时增强党的全国代表大会的权力和作用很有意义。

党的五大选举王荷波、张佐臣、许伯昊、杨匏安、刘峻山、周振声、蔡以忱为中央监察委员会委员,选举杨培森、萧石月、阮啸仙为中央监察委员会候补委员,在党的历史上首次诞生了中央监察委员会。这10位同志都是工农运动和革命斗争中久经考验、在群众中有很高声望的领导干部,其中6人出身工人。他们中有7人先后牺牲,无一人叛变投敌。

但遗憾的是,由于党的五大后不久,大革命即宣告完全失败,党面临着十分严峻的革命形势,在秘密状态下的党中央机关不得不随时更换驻地。在一年多时间里,中央监察委员会10名成员就有6名牺牲,也没有得到及时补充。1927年12月,《中央通告第二十六号》指出:"五次大会后因为国民党在各地背叛革命,我们整个的党转入地底秘密工作的地位,监察委员会似已成为不必要的组织……最近临时中央政治局重新提出讨论,决议监察

① 《中国共产党第三次修正章程决案》(1927年6月1日中央政治局会议决议决案),中共中央党史研究室、中央档案馆编:《中国共产党第五次全国代表大会档案文献选编》,中共党史出版社2015年版,第33页。

② 《中国共产党第三次修正章程决案》(1927年6月1日中央政治局会议决议决案),中共中央党史研究室、中央档案馆编:《中国共产党第五次全国代表大会档案文献选编》,中共党史出版社2015年版,第33页。

委员会之存废问题须在第六次全国代表大会解决"①。到了党的六大,监察委员会被正式取消。

中央监察委员会虽然成立仅一年时间就被取消,而且中间也因条件所迫而未能行使职权,但中央监察委员会的成立,开启了党内监督的组织创新,高举起党要管党、从严治党,监督执纪的旗帜,因而在党的自身建设史上具有重要的开创意义。

(五)五大党章篇幅空前,开创了党章历史上的多个"第一",使党的制度建设迈出重要一步

党的五大因为形势紧迫,没有修改党章。五大闭幕后不久,中共中央政治局于6月1日通过《中国共产党第三次修正章程决案》,对党章进行了大幅度的充实完善。相比于四大党章的6章31条,五大党章扩充至12章85条,篇幅是四大党章的两倍多。五大党章将四大党章中"组织""会议"两章删去,相应内容扩充为"党的建设""党的中央机关""省的组织""市及县的组织""区的组织""党的支部"6章,在党章中初步建立起党的组织架构。增设"监察委员会""党团""与青年团的关系"三章,删去四大党章中的附则,开创了党章史上的多个"首次"。

1. 首次规定了入党年龄。五大党章规定,"党员年龄须在十八岁以上,凡年龄在二十岁以内而愿入党者,必须经过青年团,但青年军人不在此例"②。十八岁,一般标志着一个人的成年,也意味着他的世界观、人生观、价值观趋于成熟,能够清醒地做出自己的政治选择。党章中关于入党年龄的这一规定,一直延续至今。五大党章同时对党员的入党手续作了调整,改变了三大、四大的规定,将入党介绍人重新明确为1人,同二大党章的规定类似。五大党章延续了1925年10月中央执行委员会扩大会议的规定,"免

① 《中央通告第二十六号——关于监察委员会的问题》(1927年12月31日),中共中央组织部、中共中央党史研究室、中央档案馆编:《中国共产党组织史资料》第八卷,中共党史出版社2000年版,第158页。
② 《中国共产党第三次修正章程决案》(1927年6月1日中央政治局会议议决案),中共中央党史研究室、中央档案馆编:《中国共产党第五次全国代表大会档案文献选编》,中共党史出版社2015年版,第30页。

除入党之手续上的繁重形式"，缩短了党员候补期规定，"劳动者（工人、农民、手工工人、店员、兵士等）无候补期；非劳动者（智识分子、自由职业者等）之候补期三个月"①。

2. 首次完善了党内纪律处分规定。五大党章高度重视党的纪律建设，指出"严格党的纪律是全体党员及全体党部最初的最重要的义务"②，对于不执行党的决议或存在破坏党的行为的党组织和个人，应给予相应的纪律处分。对给予党组织的纪律处分，五大党章规定了"警告、改组、举行总的重新登记（解散组织）"三种。对给予党员个人的纪律处分，五大党章规定了"警告，党内公开警告，临时取消其党的、国民党的、国民政府的及其他的工作，留党察看，开除党籍"五种。五大党章关于党内纪律处分的详细规定，在党章史、党的建设史上都是第一次，它丰富完善了党内监督执纪的方法手段，初步体现出"惩前毖后，治病救人"的原则，具有很强的操作性。

3. 首次对党团作出规定。国共合作后，为加强共产党的影响，保持党的独立性，党在国民党及其他一些团体里组织了党团。1924 年 9 月，《中共中央、青年团中央关于国民党工作的合作办法》就要求"各地 C.P. 和 S.Y. 在民校工作之同志应合组党团，党团工作由 C.P. 地委或区委直接指挥之"③。1925 年 10 月，中央执行委员会扩大会议又指出："在一切工人组织、农民协会及革命的智识阶级团体里，组织我们的支部和党团"④。1926 年 7 月，中央执行委员会第二次扩大会议上通过的《组织问题议决案》对党团工作作了专门的论述，明确"党团的作用是为实现党的政策，加重党的影响于各种

①　《中国共产党第三次修正章程决案》（1927 年 6 月 1 日中央政治局会议决案），中共中央党史研究室、中央档案馆编：《中国共产党第五次全国代表大会档案文献选编》，中共党史出版社 2015 年版，第 29 页。

②　《中国共产党第三次修正章程决案》（1927 年 6 月 1 日中央政治局会议决案），中共中央党史研究室、中央档案馆编：《中国共产党第五次全国代表大会档案文献选编》，中共党史出版社 2015 年版，第 33 页。

③　《中共中央、青年团中央关于国民党工作的合作办法》（1924 年 9 月），中共中央文献研究室、中央档案馆编：《建党以来重要文献选编（1921—1949）》第 2 册，中央文献出版社 2011 年版，第 142 页。

④　《组织问题议决案》（1925 年 10 月），中共中央文献研究室、中央档案馆编：《建党以来重要文献选编（1921—1949）》第 2 册，中央文献出版社 2011 年版，第 524 页。

非党的组织",党团的组织"在各级党的机关之下成立,并受其管理",党团"由各级党部规定其存在,人数过多时指定其组织干事会","党团的工作,便是整个的代表党的意见,贯彻党的政策,其中没有各分子的单独意见"。①在此基础上,五大党章首次增写"党团"一章,明确了组织党团的方式和目的,规定"所有一切非党群众会议及执行的机关(国民党、国民政府、工会、农民协会等等)中,有党员三人以上,均须组织党团。党团的目的,是在各方面加紧党的影响,而实行党的政策于非党的群众中"②;规定"各级党团均隶属各级党的委员会",并明确了党委会与党团的关系;要求非党组织中的党员在工作中必须服从党的决议,否则按党的纪律予以处罚。五大党章的这些规定,基本上明确了党团的作用、组织方式、工作要求,加强了党在非党组织中的工作。

4. 首次在党章中明确与青年团的关系。早在 1922 年 9 月,《中国社会主义青年团中央执行委员会第十七号通告》就曾对党与团的关系作了规定,"在政治方面,社会主义青年团须完全服从共产党的主张"③,其他方面,青年团是一个独立团体,有完全自主权;双方互派代表出席会议。此后,对于党和团的关系,党中央和团中央都作了很多探索和规定,但直到党的五大,才在党章中首次明确与青年团的关系。五大党章规定:"青年团中央应派代表出席党的中央政治局会议,各级团部亦应派代表参加各级党部机关之常务委员会议,此等团部之出席代表应有表决权。""党的中央委员会应派中央委员任青年团中央执行委员会委员,各级青年团执行委员会书记应为当地党的委员会委员。""各级党部机关应派代表出

---

① 《组织问题议决案》(1926 年 7 月),中共中央文献研究室、中央档案馆编:《建党以来重要文献选编(1921—1949)》第 3 册,中央文献出版社 2011 年版,第 282 页。

② 《中国共产党第三次修正章程决案》(1927 年 6 月 1 日中央政治局会议决案),中共中央党史研究室、中央档案馆编:《中国共产党第五次全国代表大会档案文献选编》,中共党史出版社 2015 年版,第 34 页。

③ 《中国社会主义青年团中央执行委员会第十七号通告》(1922 年 9 月 6 日),中共中央党史研究室、中央档案馆编:《中国共产党第二次全国代表大会档案文献选编》,中共党史出版社 2014 年版,第 89 页。

席各级团部机关之会议。"①

第三节　在革命低潮期的有益探索

大革命失败后,革命进入低潮期,党的前途和命运面临严峻考验。在历史转折关头,党的六大的中心任务是正确认识中国革命的基本问题,统一全党思想,在党的自身建设方面虽未能延续之前大步前进的势头,但也进行了一些有益探索。党的六大讨论了周恩来所作《组织报告》,通过《关于组织问题草案之决议》和《中国共产党党章》,分析了党的组织建设存在的问题,针对严重白色恐怖提出了党的建设的新举措,为摆脱被动局面,实现工作的转变,起了积极的作用。

一、党的六大前中国共产党组织的恢复和发展

党的五大召开后不久,大革命即宣告完全失败,中国革命形势发生了疾风骤雨般的变化,中国共产党的自身建设也面临着前所未有的严峻挑战。在严重白色恐怖下,中国共产党的许多组织和党员遭受摧残,一些意志不坚定者纷纷宣布退党。中共中央在部署各地武装起义的同时,努力整顿党在国民党统治区的遭受严重打击的组织,指导党组织转变斗争形式。

八七会议在着重批评陈独秀妥协退让错误的同时,对党的组织问题也作出了新的部署。会议通过《关于党的组织问题议决案》,规定,"中央委员会紧急会议选举中央委员会之临时政治局以正式委员九人候补委员七人组织之","第六次全国代表大会以前,中央临时政治局执行中央委员会之一

---

① 《中国共产党第三次修正章程决案》(1927 年 6 月 1 日中央政治局会议议决案),中共中央党史研究室、中央档案馆编:《中国共产党第五次全国代表大会档案文献选编》,中共党史出版社 2015 年版,第 35 页。

切职权".① 鉴于秘密工作将成为党在国民党统治区的主要工作形式,议决案对党的秘密工作作出了部署,明确组织问题上的任务就是造成"坚固的能奋斗的秘密机关",党的领导机关需要"最大限度的集权","严守党的纪律尤其为秘密党之必要条件",应当建立全国的秘密交通机关,按期出版秘密的党的政治机关报。会议改选了中央领导机构,选出中共中央临时政治局,由苏兆征、向忠发、瞿秋白、罗亦农、顾顺章、王荷波、李维汉、彭湃、任弼时担任中央临时政治局委员,邓中夏、周恩来、毛泽东、彭公达、张太雷、张国焘、李立三为中央临时政治局候补委员。8月9日,中央临时政治局第一次会议选举瞿秋白、李维汉、苏兆征为常务委员会委员。

八七会议后,中共中央恢复和重建各地党组织的第一步工作是建立中央的派出机关。中共中央决定设立北方局,派王荷波、蔡和森到北方,根据八七会议精神整顿顺直、山东、山西、东北三省及内蒙古等地的党组织;决定由周恩来、张太雷、张国焘等组成南方局,以张国焘为书记(未到职),下设军委会,以周恩来为主任,在周恩来等未到职前,由张太雷、杨殷等组织临时的南方局;决定设立长江局,以罗亦农为书记,负责长江流域党的工作。在建立派出机关的同时,中共中央还派巡视员到各地,实际指导地方党组织迅速转入秘密状态。

经过中共中央和各地党组织的努力,遭到严重破坏的各地党组织得到恢复和重建。湖南、湖北、江苏、江西、广东、浙江、福建、顺直、河南、陕西、广西等地的党组织恢复和发展得比较快。在山西、山东、安徽、四川、云南、贵州、内蒙古和东北等地,党组织也得到一定的恢复和发展,对各项工作尤其是各地武装起义的开展,起到了重要的作用。

在中共中央领导下,国民党统治区各地的共产党人经过顽强斗争,逐渐从大革命失败时遭受严重打击的状况中走出来,收拢党的队伍,恢复和发展了党的组织。同时,逐渐学会做秘密工作,形成了一套秘密工作制度。遭受

---

① 《关于党的组织问题议决案》(1927年8月),中共中央党史研究室、中央档案馆编:《中国共产党第六次全国代表大会档案文献选编》(上卷),中共党史出版社2015年版,第3页。

严重挫折的中国共产党,经过艰苦斗争,又重新发展起来了。

但是,从总体上来看,党组织的状况与党所担负的任务还远不能相称。在严重的白色恐怖下,党组织不断遭受摧残。湖北省委在 1928 年一年中遭受三次大破坏。广州起义后,广东的党组织几乎全部被破坏。同年,湖南省委被两次大破坏后,在省内无法立足,只得迁往上海。山西、陕西、四川、云南等省委同中央失去联系。保存下来的一些党组织,也存在或消极涣散,或"左"倾盲动,以及无组织无纪律、脱离群众等问题,党员中则滋长了相互抱怨和不信任的情绪。同时,党内"左"倾盲动错误也在组织问题上有所反映,一个重要表现就是片面强调党的领导机关的工人化,认为知识分子是党内机会主义的"策源地",提出"中国共产党最重要的组织任务是——将工农分子的新干部替换非无产阶级的智识分子之干部"①。

二、党的六大对党的建设的有益探索及不足

党的六大对党的自身建设的有益探索主要体现在三个方面:一是对秘密状态下的党的自身建设作了有益探索;二是大会通过的《中国共产党党章》,首次明确了民主集中制的根本原则;三是大会完善了党的最高领导机关的运行和设置,加强了党的全国代表大会的自身建设。但遗憾的是大会延续了八七会议以来的错误认知,在组织上仍片面强调党员成分无产阶级化和"指导机关之工人化"。

(一)对秘密状态下的党的自身建设作了有益探索

党的六大适应中国革命处于低潮,党的总路线是争取群众、积蓄力量的新形势,提出了把党建设成为无产阶级群众化政党的任务。为此,周恩来在党的六大所作《组织报告》中提出了 15 项主要条件,包括:吸收广大的积极的产业工人入党,建立大的企业模范支部;在广大的农民同志中建立中心的干部;尽量地用教育方法使工农同志加入各级指导机关;实行党内民主主

① 《最近组织问题的重要任务议决案》(1927 年 11 月 14 日),中共中央文献研究室、中央档案馆编:《建党以来重要文献选编(1921—1949)》第 4 册,中央文献出版社 2011 年版,第 636—637 页。

义,防止机会主义的复活;在秘密党中,各级指导机关的选举或指派须视当时的条件如何决定;严格地反对小资产阶级的意气之争,实行自我的批评;肃清组织上的一切错误倾向;建立坚强的工厂支部,特别是大工业中的工作;巩固党的集体的指导力量;党的纪律和指导,要使一般党员做到自觉的、真实的接受和遵守;加强城市的党的组织;训练积极的干部人才;宣传马克思主义列宁主义的理论并使通俗化;执行地下党必须具备的秘密条件;建立支部的生活和巩固地方党部的组织。①

    这些主要条件中,首要的就是执行地下党必须具备的秘密条件,在秘密状态下保存和发展党组织,开展党的工作。大革命失败后,党面临的白色恐怖的残酷,可以说是世界历史上少有的。据六大组织报告的统计,从大革命失败到党的六大召开,被杀的共产党员和革命群众达31万多人。党的组织和干部之所以遭受如此巨大的损失,也与"党从中央到下层组织都没有遇过秘密的生活"有关。为此,六大组织报告提出了地下党的组织条件,要求加快建立党的秘密机关,改进工作方法,通过秘密会议与群众接近,一切党组织都要储备干部人才,使组织受破坏后依然能工作,同时要做好秘密状态下的调查和统计工作。在共产国际为中共六大起草的《中国共产党组织决议案草案》中,也提出了"秘密党的组织原则"。草案指出:"党的指导机关当然要非常秘密,然而,就是党的下级组织(支部,职工会中的党团等等)现在也是在秘密的条件之下工作","应当在工作中严守最秘密的规例,建立起自己的秘密机关,安置与侦探以至奸细斗争的方法等等","党应当站在巩固与扩大工农群众的联系的观点上,去建设适合于在白色恐怖的条件下的工作机关",同时还可以建立党的秘密组织和秘密印刷机关。② 在这些原则的指导下,党内逐步建立起一套行之有效的秘密工作制度。就在党的六大召开期间,1928年5月18日,任弼时为中共中央起草了中央通告第四

---

① 参见周恩来:《组织报告》(1928年6月30日),中共中央党史研究室、中央档案馆编:《中国共产党第六次全国代表大会档案文献选编》(上卷),中共党史出版社2015年版,第407页。

② 《中国共产党组织决议案草案》,中共中央党史研究室、中央档案馆编:《中国共产党第六次全国代表大会档案文献选编》(下卷),中共党史出版社2015年版,第894页。

十七号《关于在白色恐怖下党组织的整顿、发展和秘密工作》，提出了党的组织形式适应秘密工作环境的9项措施。5月31日，中共中央组织科又印发《秘密工作常识》，作为各级党组织和党员的秘密工作守则。10月，中共中央在《关于湖北组织问题决议案》中，又提出党的秘密机关社会化和党员职业化的问题。以上这些秘密工作的重要举措和原则，使党组织和党员能够在国民党统治区内长期埋伏，并在群众的掩护下积极开展工作，推动革命不断向前发展。

为建立坚强的无产阶级政党，加强党的组织体系建设特别是加强地方党部和支部的建设必不可少。从党的支部建设看，虽然党内早就提出"一切工作归支部"的口号，但实际执行情况却不尽如人意。六大指出的党的支部建设的缺点，包括支部成为命令传达所，只有服从不容许讨论；没有支部生活，没有支部的中心工作；支部没能成为群众的核心，斗争失败常常导致整个支部瓦解；特别是没有从群众中、支部中找出工作人才，往往是由外国回来的，用到上层指导工作上去。[①]　为此，六大提出："没有支部生活，便没有党内生活的基础，也就没有无产阶级的基础"[②]，把党的支部建设提高到一个新高度。受城市中心论和党员成分无产阶级化的影响，六大着重强调了工厂支部的建设，强调工厂支部"应当成为党部之组织基础，是使党与工人群众发生联系的机关"[③]，工厂支部应当讨论一切政治问题，条件允许时，支部书记应当由支部党员选举产生。

六大在高度重视支部建设的基础上，对建立健全地方党部（县党部，村党部，市党部，区党部等）也作出了周密的部署。地方党部建立在支部的基础上，没有地方党部的帮助，支部的工作也很难开展。六大组织决议案草案

① 参见周恩来：《组织报告》（1928年6月30日），中共中央党史研究室、中央档案馆编：《中国共产党第六次全国代表大会档案文献选编》（上卷），中共党史出版社2015年版，第406页；《中国共产党组织决议案草案》，中共中央党史研究室、中央档案馆编：《中国共产党第六次全国代表大会档案文献选编》（下卷），中共党史出版社2015年版，第897页。
② 《中国共产党组织决议案草案》，中共中央党史研究室、中央档案馆编：《中国共产党第六次全国代表大会档案文献选编》（下卷），中共党史出版社2015年版，第897页。
③ 《中国共产党组织决议案草案》，中共中央党史研究室、中央档案馆编：《中国共产党第六次全国代表大会档案文献选编》（下卷），中共党史出版社2015年版，第892页。

提出,中国共产党一个最主要的组织任务,"就是要很快的考察各地方党部的工作"①,主要考察地方党部的委员会成分,与支部、群众团体、党团的关系。为加强地方党部建设,六大在组织问题决议案提纲中又提出了26条措施,主要如"地方党部指导机关与当地各支部要有最密切的关系",应特别注意支部的组织问题,注意干部人才的产生和训练等,对于建立健全地方党部的工作有重要指导意义。

六大对一些党内错误倾向的批评,为党内关系正常化、规范化发挥了重要作用。六大代表在组织报告讨论发言中,对党内存在的一些错误倾向展开了热烈的讨论。对于党与群众的关系问题,有代表提出,"委派式的工会产生,委派式的党产生"使党与群众关系不密切,群众脱离了党,"党的生活非是筑在群众的实际问题上,党的组织绝对不能在群众中起作用"②。对于大革命失败后,党内存在的强迫命令作风,有代表认为,"一切指派的方式是士大夫的意识。中国的士大夫都想学诸葛亮做军师,一贯到底的命令主义——党竟成了'集体的军师'"③。还有一些代表认为党内民主化不够,下级同志的意见不能传达到上级机关;纪律也上下不平,犯有惩办主义的错误;职业革命家太多;等等。根据这些问题,六大在组织问题决议案提纲中,系统批评了组织上存在的错误倾向和方法,包括"国民党式的组织路线""小资产阶级的意气之争""极端的自由选举观念""将党的机关与群众对立""尾巴主义与盲动主义""机械的执行纪律""反知识分子的倾向""雇佣革命与革命职业""不正确的平等观念"等10类。六大还要求加强党内的纪律建设,加强党的集体指导,实行分工的集体,形成无产阶级指导中坚的工作。六大的这些举措,为加强党内民主、改进党的作风、加强党的集体领

① 《中国共产党组织决议案草案》,中共中央党史研究室、中央档案馆编:《中国共产党第六次全国代表大会档案文献选编》(下卷),中共党史出版社2015年版,第892页。

② 《第三十一号项英在组织报告讨论时的发言》(1928年6月30日),中共中央党史研究室、中央档案馆编:《中国共产党第六次全国代表大会档案文献选编》(下卷),中共党史出版社2015年版,第667页。

③ 《第二十一号瞿秋白在组织报告讨论时的发言》(1928年6月30日),中共中央党史研究室、中央档案馆编:《中国共产党第六次全国代表大会档案文献选编》(下卷),中共党史出版社2015年版,第669页。

导起到了很好的促进作用。

（二）六大通过的党章首次明确了民主集中制的根本原则

相对于五大党章，六大党章的名称由《中国共产党章程》改为《中国共产党党章》，内容也由 12 章 85 条改为 15 章 53 条，章节和条款内容都发生了较大变化，形式上也在每个条款前增加了文字解释，并呈现出加强共产国际权威和适应党的秘密工作状态的特点。

在加强共产国际权威方面，六大党章第一章"名称"即规定："定名：中国共产党为共产国际之一部分，命名为：中国共产党，共产国际支部。"①在党员入党资格方面，要求必须承认共产国际和本党党纲及党章，服从共产国际和本党一切决议案。在党的纪律方面，要求党员应无条件地执行共产国际、中国共产党全国代表大会、中央委员会及其他上级机关的决议。六大党章同时还规定，党的全国代表大会由中央委员会得共产国际之同意后召集之。"党的全国大会的临时大会之召集，必须经过共产国际执行委员会之批准"，"党的全国大会的选举率由共产国际执委决定"，"党的全国大会的代表，应由党的省代表大会选举之。但在秘密工作的条件之下，得共产国际委员会之同意"。② 以上这些关于"共产国际"的相关规定是以往党章中所没有的，通过党的根本大法，把共产国际与中国共产党的关系予以详细规定，反映出大革命失败后共产国际对中国共产党的影响力的全方位加强，也为日后党内出现的"左"倾教条主义错误把共产国际决议神圣化埋下了组织基础。

为适应党的秘密工作状态，六大党章在入党条件方面进行了区分，"工厂工人，须经党员一人之介绍"；"农民手工业者，智识份子及各机关下级服务人员，须有党员二人之介绍"；"各机关服务人员，须有党员三人之介绍"。同时，六大党章还相应地加强了介绍人的责任和对新入党人员的考察，明确

---

① 《中国共产党党章》（1928 年 7 月 10 日），中共中央党史研究室、中央档案馆编：《中国共产党第六次全国代表大会档案文献选编》（下卷），中共党史出版社 2015 年版，第 904 页。

② 《中国共产党党章》（1928 年 7 月 10 日），中共中央党史研究室、中央档案馆编：《中国共产党第六次全国代表大会档案文献选编》（下卷），中共党史出版社 2015 年版，第 908 页。

"介绍人应对被介绍者负责,如遇有介绍书不确实时,则应受党纪之制裁,以至于开除党藉[籍]"①,党组织应该交派新党员某种工作借以考察。同时,为加强党的统一领导,六大党章还规定:"在秘密环境之下,于必要时党的下级机关得由上级机关指定,且经上级机关之批准,得指定新委员加入党部委员会。"

除以上两个特点外,党的六大还在五大党章将"民主集中制"写入的基础上,首次在党章中明确了民主集中制的根本原则。六大党章规定的民主集中制的根本原则包括:下级党部与高级党部由党员大会、代表会议及全国大会选举之。各级党部对选举自己的党员,应作定期的报告。下级党部一定要承认上级党部的决议,党员对党内某个问题,只有在相当机关对此问题的决议未通过以前可以举行争论。无条件地执行共产国际代表大会或本党代表大会或党内指导机关所提出的决议等。②

在党的组织系统方面,六大党章在"县或市"和"省"一级之间,增加了特别区(包括几县或省之一部分),规定特别区的组织如有必要时得由省委决议成立之。增设了支部特别组织,规定:"在有党员一人或二人工作的企业中,这些党员得并入与该企业最接近的生产支部,或与邻近之企业的党员共同组织支部。在任何企业中工作的党员,如手工业者,个别工人,家庭工作的工人,智识份子等等,按住处的地方为标准,组织街道支部。如在农村支部中有农村经济企业,如小的矿山或某种农业工人,得按生产关系组织支部。"③

六大党章还取消了五大党章中关于监察委员会的设置的相关规定,将"监察委员会"一章改为"审查委员会",内容仅一条,即:"为监督各级党部之财政,会计及各机关之工作起见,党的全国大会、省县市代表大会选举中

① 《中国共产党党章》(1928 年 7 月 10 日),中共中央党史研究室、中央档案馆编:《中国共产党第六次全国代表大会档案文献选编》(下卷),中共党史出版社 2015 年版,第 904 页。

② 参见《中国共产党党章》(1928 年 7 月 10 日),中共中央党史研究室、中央档案馆编:《中国共产党第六次全国代表大会档案文献选编》(下卷),中共党史出版社 2015 年版,第 904 页。

③ 《中国共产党党章》(1928 年 7 月 10 日),中共中央党史研究室、中央档案馆编:《中国共产党第六次全国代表大会档案文献选编》(下卷),中共党史出版社 2015 年版,第 906 页。

央或省县市审查委员会。"①

（三）党的六大加强了党的全国代表大会的自身建设

在加强党的全国代表大会自身建设方面，党的六大迈出了制度化、规范化、程序化的重要一步。大会不仅制定了详细的会场规则、选举办法等文件，还明确了中央各部组织及其分工，选举产生了新一届中央领导机构。

党的六大制定了《中共六大大会会场规则》，这份规则是迄今为止发现的最早的一份党的全国代表大会的会场规则。这份规则包括会场秩序和议事细则两部分。在会场秩序方面，规定了开会时间，要求开会不得迟到超过五分钟，会场秩序由主席团值日主席维持，未经主席团宣布散会，正式代表不得自由离席。在议事细则方面，严格规定了议事日程、代表发言的程序和时间限制、表决方式等，包括要求讨论发言每人最多三次，"对于政治报告之讨论：第一次至多四十分钟，第二次十五分钟，第三次五分钟"，"对于其他问题：第一次二十分钟，第二次十分钟，第三次五分钟。有特别需要，得主席团或大会许可后得延长之"，同时还规定"发言时如涉及讨论范围之外时，值日主席有权制止"。② 这些规定，保证了大会效率，在要求开短会的今天仍然具有很强的现实针对性。

六大的会务组织也十分严密。从大会组织系统表看，代表大会选举主席团主持大会，主席团下设秘书处、各种委员会和各省代表团书记联席会议。秘书处下设庶务科、翻译科、记录科、文书科，委员会包括代表资格审查委员会、政治委员会、组织委员会、职工运动委员会、农运土地委员会、军委军事委员会、青年委员会、妇女运动委员会、宣传委员会、财政审查委员会等，这些委员会主要负责起草相关决议案。

在中央委员会选举方面，六大制定了《中央委员会选举法》。选举法决

---

① 《中国共产党党章》（1928 年 7 月 10 日），中共中央党史研究室、中央档案馆编：《中国共产党第六次全国代表大会档案文献选编》（下卷），中共党史出版社 2015 年版，第 909 页。

② 《中共六大大会会场规则》（1928 年 6 月 18 日），中共中央党史研究室、中央档案馆编：《中国共产党第六次全国代表大会档案文献选编》（下卷），中共党史出版社 2015 年版，第 118 页。

定下届中央委员会正式委员 21 人、候补委员 11 人,由主席团提出 51 人的名单交各代表团讨论。主席团根据各代表团名单多数的意见再拟正式名单提交大会表决。如代表不同意某人,可以选举他人。大会根据主席团和各省代表团的提名,最终选出中央委员 23 人、候补中央委员 13 人,组成第六届中央委员会;选出由 3 名委员、2 名候补委员组成的中央审查委员会。

中央委员会选举结束后,7 月 19 日,举行六届一中全会,选举苏兆征、项英、周恩来、向忠发、瞿秋白、蔡和森、张国焘为中央政治局委员,关向应、李立三、罗登贤、彭湃、杨殷、卢福坦、徐锡根为政治局候补委员。从得票看,工人出身的苏兆征、项英、向忠发得票较多,瞿秋白、蔡和森、张国焘等知识分子出身的得票较少,张国焘仅得 10 票,反映出了当时党内强调工人化的倾向。会议选举苏兆征、向忠发、项英、周恩来、蔡和森为中央政治局常委会委员,李立三、杨殷、徐锡根为常委会候补委员。7 月 20 日召开的第六届中央政治局第一次会议,选举向忠发为中央政治局主席兼中央政治局常委会主席,周恩来为中央政治局常委会秘书长。

党的六大还完善了中央领导机关的设置。第六届中央政治局第一次会议决定中央政治局(内含中央常务委员会),下设军事部(军事运动委员会)、宣传部(宣传委员会)、秘书处、组织部、职工运动委员会、农民运动委员会、妇女运动委员会。其中,工委、农委、妇委直属于中央政治局,组织部、宣传部、军事部和秘书处,直接在中央常务委员会指挥下开展工作。会议还决定了各委员会和各部的分工,为中央政治局履行职责提供了组织条件。

(四)党的六大在组织上仍然片面强调党员成分无产阶级化和"指导机关之工人化"

党的六大在组织上仍然片面强调党员成分无产阶级化和"指导机关之工人化",成为大会的一大缺憾。

大革命失败后,党对大革命失败的原因,对党内发生机会主义错误的原因进行了深入反思。受苏联共产党和共产国际的影响,中共中央逐渐将妥协退让错误产生的根源归结为党的指导机关中知识分子出身的成员占比多,工人成分太少。八七会议就提出要"注意提拔工人同志到党部委员会"。八七会议后,中央又发出第十七号、第二十号通告,规定各级领导机关内的工农名额。这些不正确认识,受"左"倾盲动错误的影响,到了1927年11月召开的中央政治局扩大会议上,又有了进一步的发展。会议认为,中国共产党组织上的主要缺点,"就是本党领导干部并非工人,甚至于非贫农而是小资产阶级智识分子的代表"①。会议甚至指出,八七紧急会议及其后中央临时政治局的决议之所以没能发挥作用,不是因为盲目蛮干引起的,而是因为"实行这些决议的分子,仍旧是那些小资产阶级的机会主义代表的旧干部",并给领导南昌起义的周恩来、领导秋收起义的毛泽东等大批党内同志不同的处分。

到了党的六大召开时,虽然"左"倾盲动错误已经基本停止,但片面强调党的指导机关工人化的认识不但未能得到纠正,反而进一步向前发展了。这种认识首先反映在六大前由布哈林召开的政治谈话会上。在这次谈话会上,周恩来、王若飞转达了陈独秀的意见。陈独秀反对机械地改组党的机构,认为把工农提拔到党的工作岗位上的这个口号是对的,但不能机械对待。"不能随便起草指示,说某某机构应该有多少工人,多少农民,多少知识分子"②,陈独秀的这种认识,在这次会议上并不占多数。这次会议上,一些代表提出,"应该吸收工人参加党的工作,把他们提拔到领导岗位上来,哪怕是机械地去做也无妨"③,甚至认为当时党内的领导人都或多或少是机会主义者或者与机会主义者有关系,是他们的执行者。还有代表认为,虽然党执行了提拔工农到各级指导机关,但是"不过是拿工农同志当傀儡敷衍这个策略而已","实际上各种策略行动仍旧是智识分子主持"④。政治谈话

---

① 《最近组织问题的重要任务议决案》(1927年11月14日),中共中央文献研究室、中央档案馆编:《建党以来重要文献选编(1921—1949)》第4册,中央文献出版社2011年版,第635页。

② 《中共六大前夕由布哈林主持召开的部分代表座谈会发言记录》(1928年6月14日、15日),中共中央党史研究室、中央档案馆编:《中国共产党第六次全国代表大会档案文献选编》(上卷),中共党史出版社2015年版,第49页。

③ 《中共六大前夕由布哈林主持召开的部分代表座谈会发言记录》(1928年6月14日、15日),中共中央党史研究室、中央档案馆编:《中国共产党第六次全国代表大会档案文献选编》(上卷),中共党史出版社2015年版,第73页。

④ 《六大代表政治谈话会的材料》(1928年6月),中共中央党史研究室、中央档案馆编:《中国共产党第六次全国代表大会档案文献选编》(上卷),中共党史出版社2015年版,第105页。

会的这些意见,表明当时党内怀疑知识分子、片面强调指导机关工人化的唯成分论已经有很深的影响。另据周恩来回忆,在党的六大上,瞿秋白和张国焘争论不休,"布哈林出来讲话,说就是你们这两个大知识分子在吵架,再吵就把工人干部提拔起来代替你们。他这话在当时和以后影响都非常不好,使工人干部与知识分子干部相互对立"①。

这些不正确的认识,不能不反映到六大通过的各类报告、决议案特别是组织问题的相关文件中。瞿秋白在六大政治报告讨论后之结论中指出,党内问题"一方面智识分子的怠工,将一切责任推卸掉,不帮助训练工人同志;另一方面,反对所谓'机械的改组',这都是最大的缺点"②,他要求实现党内工人化的指导,反对"老爷党"的倾向。周恩来在组织报告中也认为,党"在地域上、数量上失了无产阶级的中心地位"③,从而提出了党的无产阶级化的问题,要求吸收产业工人入党,使工农同志加入各级指导机关。而在六大的《中国共产党组织决议案草案》中,直接提出了干部工人化的问题,认为八七会议以来吸收工人积极分子参加党的指导机关是完全正确的,"党应当把从工人中造成干部人才的任务……看成是一个为改良自己指导的长期的坚决的有系统的工作"④。虽然草案也提出,认为每个知识分子要出机会主义错误,而每个工人一定出布尔什维克路线的观念是错误的,但在不断强调提拔工人充实领导机关的氛围下,这种看法不占主流,很容易被湮没。

事实证明,在六大片面追求"工人化"的思想指导下,在六大有选举权的84名代表中,工人占41人。六大选出的由23名委员和13名候补委员组成的中央委员会中,工人占21人。这些工人成员中,部分人能力素质欠

① 《关于党的"六大"的研究》,(1944年3月3日、4日),《周恩来选集》(上卷),人民出版社1980年版,第181页。

② 瞿秋白:《政治报告讨论后之结论》(1928年6月28日),中共中央党史研究室、中央档案馆编:《中国共产党第六次全国代表大会档案文献选编》(上卷),中共党史出版社2015年版,第359页。

③ 周恩来:《组织报告》(1928年6月30日),中共中央党史研究室、中央档案馆编:《中国共产党第六次全国代表大会档案文献选编》(上卷),中共党史出版社2015年版,第402页。

④ 《中国共产党组织决议案草案》,中共中央党史研究室、中央档案馆编:《中国共产党第六次全国代表大会档案文献选编》(下卷),中共党史出版社2015年版,第895页。

缺,影响了中央领导机构的领导水平。第六届中央政治局选举工人出身的向忠发为党的最高领导人,实际上他没有能够起到应有的作用。

六大发生的"唯成分论"的教训很深刻。本来,由中国特殊的社会阶级构成所决定,尤其是中国革命的重心由城市转入农村后,农民及其他非无产阶级出身的党员在党内占绝大多数是一个正常的现象。在这种情况下,党要坚持工人阶级先锋队的性质,需要结合中国实际和中国共产党的实际加以深入思考,加强党的思想建设,加强党内教育特别是党的正确路线的教育和开展党内的正确批评。这一问题,最终由毛泽东在 1929 年召开的古田会议上提出系统的思想建党原则才加以解决。

第四节　民主革命时期党的建设的最高峰

党的七大以团结的大会、胜利的大会载入史册。大会确立了"放手发动群众,壮大人民力量,在我党的领导下,打败日本侵略者,解放全国人民,建立一个新民主主义的中国"的政治路线,确立了毛泽东思想为全党的指导思想,实现了马克思主义中国化的第一次历史性飞跃。在党的自身建设方面,七大发展了毛泽东建党思想,提炼总结中国共产党 24 年自身建设历史,概括了党的优良传统和作风,确立起党的建设的一系列制度规定,形成了以毛泽东同志为核心的党的第一代中央领导集体,标志着中国共产党的成熟。

一、党的六大以来党的自身建设的大发展

从 1928 年 7 月党的六大闭幕到 1945 年 4 月党的七大召开,其间相隔近 17 年。这 17 年间,中国共产党走过了一段波澜壮阔的历史进程,经历了土地革命战争、全民族抗日战争,最终发展成为一个拥有 120 万名党员的全

国性的群众性的政治力量,党的面貌发生了巨大变化。

大革命失败后,随着农村革命根据地的创建,中国共产党党内成分发生了很大变化,农民出身的党员逐渐成为大多数。在这样的情况下,如何克服党内的非无产阶级意识,把党建设成为坚强的无产阶级政党,中国共产党进行了艰辛探索。党的六大片面强调党员成分的无产阶级化和党的指导机关工人化,很快证明并不适合中国国情。1929 年 12 月,红四军党的第九次代表大会在福建上杭县古田召开,通过毛泽东根据中央九月来信精神起草的大会决议案即著名的《古田会议决议》。决议着重强调了加强党的思想建设的重要性,全面指出了党内各种非无产阶级思想的表现、来源及纠正的办法。为了有效地纠正各种错误思想,决议提出要加强党内教育特别是党的正确路线的教育和开展党内的正确批评。决议在着重强调党的思想建设的同时,又指出必须加强党的组织建设,必须坚持党的民主集中制,反对极端民主化、非组织观点等错误倾向,并提出了加强各级组织的工作等要求。《古田会议决议》是党的建设的纲领性文献。它结合中国共产党和中国革命的具体情况,灵活地、创造性地运用马克思列宁主义,初步回答了在党员以农民为主要成分的情况下,如何从加强党的思想建设着手,保持党的无产阶级先锋队性质的问题,集中体现了着重从思想上建设党这一独特的党的建设的道路。

六届四中全会后,在王明“左”倾教条主义的统治下,党的事业受到严重损失,党的建设也面临宗派主义的严峻挑战。王明“左”倾教条主义者在组织上要求以“积极拥护和执行国际路线的斗争干部——特别是工人干部,来改造和充实各级的领导机关”,对党内一些正确意见动辄扣上“右倾机会主义”“富农路线”“两面派”等帽子。在党内斗争中,采用“残酷斗争,无情打击”的手段,用同敌人斗争的方式方法来对待党内同志,使党内政治生活受到严重破坏。

1935 年 1 月召开的遵义会议开始确立以毛泽东同志为主要代表的马克思主义正确路线在中共中央的领导地位,在极其危急的情况下挽救了党。党的建设也开始逐步走上正轨。红军长征到达延安后,中共中央对党内矛盾的解决,改变了过去"残酷斗争""无情打击"的做法,对犯错误的同志仍然予以安排工作。这一时期,毛泽东先后写下《中国革命战争的战略问题》《实践论》《矛盾论》等重要论著,初步总结了党的历史经验,大大加强了党的思想理论建设。为了适应即将到来的抗日战争新形势,党在组织上克服关门主义错误,注意发展党员,建立健全党的各级组织,使党的组织和党员队伍得以发展壮大。到全民族抗日战争爆发前夕,党员已发展到 4 万多人。1938 年 9 月至 11 月召开的党的六届六中全会,严肃批评了过去反倾向斗争中给干部乱加"机会主义"罪名的"左"倾错误,强调要巩固和加强党的团结统一,扩大党内民主,认真执行民主集中制原则,确立了发展党员的正确方针,进一步确立毛泽东在全党的领导地位。到 1938 年底,全国党员人数增加到 50 多万人。

随着抗日战争的发展,党员数量的大幅增长,对党的自身建设提出新的要求。新党员革命积极性很高,但绝大多数出身于农民和小资产阶级,缺乏系统的马克思列宁主义教育。与此同时,王明"左"倾教条主义错误还未能从思想上得到彻底清算,在党内还有一定影响。在这样的情况下,在全党进行一次普遍的、生动的、理论联系实际的、运用批评和自我批评方法的整风运动已经势在必行。整风运动从 1942 年春开始,到 1945 年六届七中全会通过《关于若干历史问题的决议》后胜利结束,运动的主要内容是反对主观主义以整顿学风,反对宗派主义以整顿党风,反对党八股以整顿文风。整风运动采取"惩前毖后,治病救人"的方针,彻底批判、清算了王明的错误,认清了党的历史上的路线是非,使全党在以毛泽东同志为核心的党中央领导下实现了空前团结和统一,为夺取抗日战争和新民主主义革命的最终胜利,奠定了重要的思想政治基础。整风运动对于加强无产阶级政党的建设,增强党的战斗力,是一次成功的实践,是一个伟大的创举。

可以说,经过党的六大后 17 年的历练,在反对国内外敌人的斗争实践中,在反对党内各种"左"的和右的错误思潮中,中国共产党的面貌、中国革命的面貌、中国共产党领导的人民军队的面貌都发生了历史性的变化,为党

的七大在充分总结历史经验基础上实现党的建设的历史性跨越奠定了实践
基础和思想基础。

二、毛泽东在党的七大上关于党的建设的新论述

在党的七大上,毛泽东发表了包括《论联合政府》、在七大上的口头政
治报告和结论等在内的重要报告和讲话。这些报告和讲话,对中国共产党
自身建设的成就、经验作了深刻总结,极大丰富发展了马克思列宁主义党建
思想。

(一)毛泽东关于三大作风的概括,树立了中国共产党区别于其他
任何政党的显著标志

毛泽东在七大的政治报告《论联合政府》中指出:"以马克思列宁主义
的理论思想武装起来的中国共产党,在中国人民中产生了新的工作作风,这
主要的就是理论和实践相结合的作风,和人民群众紧密地联系在一起的作
风以及自我批评的作风。"①这三大作风,是总结中国共产党 24 年光辉历史
得出的重要结论,集中概括了共产党人的精神特质。

中国共产党是在同党内教条主义和经验主义错误作坚决斗争的过程中
发展起来的。教条主义错误,特别是王明"左"倾教条主义,把生动活泼的
马克思主义当作死记硬背的教条,把共产国际决议和苏联经验神圣化,脱
离群众,脱离实践,使中国革命几乎陷入绝境。而经验主义轻视理论的指
导作用,把局部经验误认为普遍经验,在教条主义被克服后,又成为党内
马克思列宁主义发展的主要障碍。"教条主义、经验主义,两者都是主观
主义,是从不同的两极发生的东西。"②其核心是犯了主观和客观相分裂,
理论和实践相脱离的错误。因此,"必须使各级党的领导骨干都懂得,理
论和实践这样密切地相结合,是我们共产党人区别于其他任何政党的显

①　毛泽东:《论联合政府》(1945 年 4 月 24 日),中共中央党史研究室、中央档案馆编:《中国共产
党第七次全国代表大会档案文献选编》,中共党史出版社 2015 年版,第 206 页。
②　《整顿党的作风》(1942 年 2 月 1 日),《毛泽东选集》第三卷,人民出版社 1991 年版,第 819 页。

著标志之一"。①

中国共产党是全心全意为人民服务的政党,是一切从人民利益出发的政党。毛泽东指出,中国共产党 24 年的经验表明,"凡属正确的任务、政策和工作作风,都是和当时当地的群众要求相适合,都是联系群众的;凡属错误的任务、政策和工作作风,都是和当时当地的群众要求不相适合,都是脱离群众的"②。为了符合人民利益,共产党人应该随时准备坚持真理、修正错误。教条主义、经验主义、命令主义、尾巴主义、宗派主义、官僚主义、骄傲自大的工作态度等项弊病,都是脱离群众的表现。特别是命令主义和尾巴主义,一个超过群众觉悟水平,违反群众自愿原则,害了急性病,一个落后于群众,不敢领导群众,害了慢性病,两者都损害了群众的利益,都不利于党群关系的巩固和发展。因此,"我们共产党人区别于其他任何政党的又一个显著的标志,就是和最广大的人民群众取得最密切的联系"③。

如何对待党内同志的思想错误,如何处理党内同志间的不同意见,如何开展严肃认真的党内政治生活,中国共产党经过了长期的实践探索。王明"左"倾教条主义者,对党内持不同意见的同志采取"残酷斗争,无情打击",给党组织造成重大损失。整风运动中,毛泽东提出"惩前毖后,治病救人",在党内提倡开展正确的、认真的批评和自我批评,取得了很好效果。在党的七大上,毛泽东形象地指出,"房子是应该经常打扫的,不打扫就会积满了灰尘;脸是应该经常洗的,不洗也就会灰尘满面。我们同志的思想,我们党的工作,也会沾染灰尘的,也应该打扫和洗涤"④。而批评和自我批评正是抵抗各种政治灰尘和政治微生物侵蚀我们同志的思想和我们党的肌体的唯一有效的方法。一切不适合人民需要的思想、观点、意见、办法都要在批评

---

① 毛泽东:《论联合政府》(1945 年 4 月 24 日),中共中央党史研究室、中央档案馆编:《中国共产党第七次全国代表大会档案文献选编》,中共党史出版社 2015 年版,第 206 页。

② 毛泽东:《论联合政府》(1945 年 4 月 24 日),中共中央党史研究室、中央档案馆编:《中国共产党第七次全国代表大会档案文献选编》,中共党史出版社 2015 年版,第 207 页。

③ 毛泽东:《论联合政府》(1945 年 4 月 24 日),中共中央党史研究室、中央档案馆编:《中国共产党第七次全国代表大会档案文献选编》,中共党史出版社 2015 年版,第 207 页。

④ 毛泽东:《论联合政府》(1945 年 4 月 24 日),中共中央党史研究室、中央档案馆编:《中国共产党第七次全国代表大会档案文献选编》,中共党史出版社 2015 年版,第 207 页。

和自我批评中祛除。因此,"有无认真的自我批评,也是我们和其他政党互相区别的显著的标志之一"①。

(二)毛泽东关于党性和个性的论述,阐明了党内集体和个人、普遍性和特殊性的辩证关系

如何处理党性和个性的关系,在党内是一个思想上容易引起混乱、实践上容易出现偏差的重要问题。党外一些人,也片面地认为共产党只讲党性,不讲个性。对于这个问题,毛泽东在党的七大上阐明了看法,澄清了认识。首先,毛泽东指出,中国共产党是保护和发展中国人民独立性和个性的政党。中国是一个半殖民地半封建社会,帝国主义和封建势力都是摧残中国人民个性的。一方面,"中国如果没有独立就没有个性,民族解放就是解放个性,政治上要这样做,经济上要这样做,文化上也要这样做"②;另一方面,在封建制度压迫下,只有拥有财产的地主阶级和资产阶级有个性,丧失了财产的广大人民,"是没有人格、没有自由、没有独立性、没有个性的"③。

对中国共产党来说,党性就是普遍性,个性就是特殊性。中国共产党是中国人民有组织的先进部队,首先要讲党性。一致的行动,一致的意见,集体主义,就是党性。党员是人民中的优秀分子,加入共产党意味着自愿受约束,必须承认党纲、党章,服从组织,服从党的决议,愿意自我牺牲。他指出:"一个队伍经常是不大整齐的,所以就要常常喊看齐,向左看齐,向右看齐,向中看齐。我们要向中央基准看齐,向大会基准看齐。看齐是原则,有偏差是实际生活,有了偏差,就喊看齐。"④维护联合政府、新民主主义纲领这些

---

① 毛泽东:《论联合政府》(1945 年 4 月 24 日),中共中央党史研究室、中央档案馆编:《中国共产党第七次全国代表大会档案文献选编》,中共党史出版社 2015 年版,第 207 页。

② 毛泽东:《在中国共产党第七次全国代表大会上的口头政治报告》(1945 年 4 月 24 日),中共中央党史研究室、中央档案馆编:《中国共产党第七次全国代表大会档案文献选编》,中共党史出版社 2015 年版,第 228 页。

③ 毛泽东:《在中国共产党第七次全国代表大会上的结论》(1945 年 5 月 31 日),中共中央党史研究室、中央档案馆编:《中国共产党第七次全国代表大会档案文献选编》,中共党史出版社 2015 年版,第 544 页。

④ 毛泽东:《中国共产党第七次全国代表大会的工作方针》(1945 年 4 月 21 日),中共中央党史研究室、中央档案馆编:《中国共产党第七次全国代表大会档案文献选编》,中共党史出版社 2015 年版,第 139 页。

全党共同意志,就是讲党性的体现,全党应该在马克思主义思想的基础上统一起来。

在讲党性的同时,中国共产党也尊重和保护党员的个性。毛泽东认为,"没有一种普遍性不是建筑在特殊性的基础上的。没有特殊性哪里有普遍性? 没有党员的个性,哪里有党性?"①在党内,每位党员工作不同、职务不同、地位不同、年龄不同,等等,这些都不能抹杀。不能设想党有党性,而每个党员没有个性。中国共产党鼓励革命的创造性的个性,坚决反对反动的破坏性的个性。创造性的个性,要求发展自己的业务专长,具有独立思考和独立工作的能力,它同党性是完全一致和统一的。而破坏性的个性,是个人主义的,把个人利益放在第一位,搞所谓标新立异。

在毛泽东看来,党性和个性是辩证统一的。"在党性与个性问题上,整风中有党性,也有个性;生产工作中有党性,也有个性;军事工作中有党性,也有个性;政府工作中有党性,也有个性;任何一项凡是我们要做的工作和事情中都有党性,也有个性。这种个性必须是与党性统一的。"②

(三)毛泽东关于党内干部关系的论述,为确保党内团结发挥了重要指导作用

革命事业千头万绪,各条战线都需要方方面面的干部。如何处理不同战线干部之间的关系,关系到党内团结统一。在党的七大,毛泽东强调要特别注意理论工作者、知识分子、在沦陷区和国统区工作的同志、本地干部、本地军事干部、经济工作和后勤工作干部、民运工作干部、抗战时期入党的干部、技术干部和党外干部。这些干部,有的是在整风运动中受到委屈,有的工作性质不属于中心工作而受到忽视,因此,毛泽东特别强调要照顾他们、

---

① 毛泽东:《在中国共产党第七次全国代表大会上的口头政治报告》(1945 年 4 月 24 日),中共中央党史研究室、中央档案馆编:《中国共产党第七次全国代表大会档案文献选编》,中共党史出版社 2015 年版,第 229 页。

② 毛泽东:《在中国共产党第七次全国代表大会上的结论》(1945 年 5 月 31 日),中共中央党史研究室、中央档案馆编:《中国共产党第七次全国代表大会档案文献选编》,中共党史出版社 2015 年版,第 544 页。

尊重他们、团结他们,和他们搞好关系。

对于不同干部群体之间的关系,毛泽东特别强调要处理好新干部与老干部①、外来干部与本地干部、军队干部与地方干部之间的关系。这些干部关系间的实质,现在是同农民的关系问题,将来还要加上同城市人民的关系问题。从当时实际情况看,矛盾的主要方面,在老干部,在外来干部,在军队干部。老干部是领导骨干,要善于领导,努力学习,增加知识,去掉缺点,老干部的态度正确了,领导正确了,就决定了新老干部的团结。外来干部要在群众中生根必须经过本地干部,必须联系本地干部,从人民群众中培养本地干部,取得本地干部和当地群众的拥护。军队干部要帮助地方干部,对地方干部的缺点错误要采取原谅的态度,"要经常存一个心,就是总怕对不起地方,如果我们出了错误,就允许地方同志批评我们"②。

毛泽东还明确指出,在干部问题上,不分地域、不分战线,所有干部都是党的宝贵财富,都是一样的光荣。"各个方面军,各个军团,各个军队,都一样的光荣。在沦陷区、国民党统治区工作的同志,在解放区工作的同志,都一样的光荣。军事工作、政权工作、经济工作、党务工作、文化工作,从事这五大门工作的同志,也是一样的光荣。不能说某些部分特别光荣,另外一部分就不光荣。"③

(四)毛泽东在党的七大上关于讲真话问题和领导问题的论述,为提高党员思想道德水平和干部能力素质指明了方向

在党的七大上,毛泽东特别强调,要谦虚谨慎、不骄不躁,要讲真话,不偷、不装、不吹。偷就是偷东西,不偷,就是著作文章不能抄袭,不能把马恩

---

① 新老干部的划分不是以年龄为标准,当时主要指抗日战争以前入党的干部和抗日战争以后入党的干部。

② 毛泽东:《在中国共产党第七次全国代表大会上的结论》(1945年5月31日),中共中央党史研究室、中央档案馆编:《中国共产党第七次全国代表大会档案文献选编》,中共党史出版社2015年版,第540页。

③ 毛泽东:《在中国共产党第七次全国代表大会上的结论》(1945年5月31日),中共中央党史研究室、中央档案馆编:《中国共产党第七次全国代表大会档案文献选编》,中共党史出版社2015年版,第540页。

列斯的东西说成是自己的东西。装就是装样子,不装,就是知之为知之,不知为不知,懂得就是懂得,不懂得就是不懂得,懂得多少就讲多少。吹就是吹牛皮,不吹,就是报实数,情报要真实,缺点要公开。讲真话,关系到党的作风,实际上是要求实事求是。毛泽东指出,"我们要以科学的精神、革命的现实主义,切切实实、一点一滴、一个一个地夺取敌人的阵地,这样才是比较巩固的"①。

对于领导方法问题,毛泽东在党的七大上也作了充分阐述。他对斯大林"没有预见就不叫领导,为着领导必须预见"的论断作了阐释和发挥,认为,"坐在指挥台上,如果什么也看不见,就不能叫领导。坐在指挥台上,只看见地平线上已经出现的大量的普遍的东西,那是平平常常的,也不能算领导。只有当着还没有出现大量的明显的东西的时候,当桅杆顶刚刚露出的时候,就能看出这是要发展成为大量的普遍的东西,并能掌握住它,这才叫领导"②。以马克思主义为指导的共产党,是中国历史上其他政党所不能比的,因为它能够看清革命的前途。因此,毛泽东特别强调要注意大城市工作,注意东北问题,注意工人运动。同时,领导必须集思广益,"一个问题来了,一个人分析不了,就大家来交换意见"③,这也是中国共产党的重要领导方法。

三、党的七大对六大党章进行了重大修改和补充

党的七大通过的《中国共产党党章》,是对建党以来 24 年党的建设经

---

①　毛泽东:《在中国共产党第七次全国代表大会上的结论》(1945 年 5 月 31 日),中共中央党史研究室、中央档案馆编:《中国共产党第七次全国代表大会档案文献选编》,中共党史出版社 2015 年版,第545 页。

②　毛泽东:《在中国共产党第七次全国代表大会上的结论》(1945 年 5 月 31 日),中共中央党史研究室、中央档案馆编:《中国共产党第七次全国代表大会档案文献选编》,中共党史出版社 2015 年版,第535 页。

③　毛泽东:《在中国共产党第七次全国代表大会上的结论》(1945 年 5 月 31 日),中共中央党史研究室、中央档案馆编:《中国共产党第七次全国代表大会档案文献选编》,中共党史出版社 2015 年版,第537 页。

验的全面总结,对六大党章进行了重大修改和补充,从而使党的根本大法更加系统完备,对党的建设产生深远影响。

(一)七大修改党章的依据和原则

刘少奇在《关于修改党章的报告》中,阐明了党的七大修改党章的历史和现实依据以及修改党章的原则。从历史和现实的情况看,从1928年党的六大召开以来,17年间党内外情况已经发生了巨大变化,全党面临着夺取新民主主义革命胜利的新的政治任务。一方面,六大通过的党章很多地方已经不适用;另一方面,17年革命斗争积累起来的丰富经验,迫切需要充实到党章中。从中国共产党自身情况看,经过17年的发展,中国共产党已经拥有121万党员,成为一个全国范围的、广大群众性的党。党经过长期革命战争的锻炼,掌握了领导革命战争的艺术,领导着八路军、新四军等武装,领导着近1亿人口的革命根据地。党经过整风运动,党内错误思潮得到彻底清算,形成了以毛泽东同志为核心的坚强领导集体,达到了思想上、政治上、组织上的空前团结和统一。在这样的情况下,制定一部适合现实情况、指引革命走向胜利的系统完备的党章,成为党的七大的一项重要任务。

关于修改党章的原则,刘少奇区分了党的组织原则和党的组织形式与工作方法之间的分别。从根本上讲,修改党章,不是要改变党的性质和基本组织原则,而是要根据党的建设的新经验,进一步加强和发展这种性质和这些原则。但对于党的组织形式与工作方法,则必须依照新的环境和条件、新的政治任务进行经常的改进。"党章,党的法规,不仅是要规定党的基本原则,而且要根据这些原则规定党的组织之实际行动的方法,规定党的组织形式与党的内部生活的规则","如果环境变更,工作条件改变,党提出了新的政治任务,那末,党的组织形式与工作方法,也必须有所改变;否则,旧的组织形式与工作方法,就要障碍我们党的工作内容的发展与政治任务的执行"①。因此,在刘少奇看来,修改党章的原则,就是要在坚持党的基本组织原则不可破坏的情况下,规定适合于环境的组织形式和工作方法,从而保证

---

① 刘少奇:《关于修改党章的报告》(1945年5月14日),中共中央党史研究室、中央档案馆编:《中国共产党第七次全国代表大会档案文献选编》,中共党史出版社2015年版,第260页。

党的团结统一,保证党的政治任务的完成。

（二）关于七大党章的"总纲"

七大党章的显著特点是在党章历史上第一次增加了"总纲"部分,这是一个重大创新,开创了先例。从党章发展史上看,党的一大制定的纲领,事实上是党纲和党章的结合体。但当时党的思想理论水平还不高,一大纲领中,无论是纲领性内容还是章程性内容,都不够规范成熟。从党的二大到党的六大通过的党章,都是单纯的组织法规,没有党的纲领的相关内容。但中国共产党对制定党纲的探索,依然断续地开展着。党的三大上,曾由瞿秋白起草《中国共产党党纲草案》,并经陈独秀修改。但这一草案未被共产国际批准。究其原因,恐怕主要是这份党纲还不成熟,以至于连党的性质、宗旨和指导思想均未阐明。从新公布的档案资料看,党的六大曾有制定党纲的计划,六大主席团第八次会议记录有"党纲取消不报告"①的记载,大会主席团第十五次会议记录记载,瞿秋白提议"在七次大会前新的中央要起草党纲草案"②。党的六大还通过了《关于党纲的决议》,指出"中国共产党第六次大会委托中央委员会于第七次大会之前,必须拟出中国共产党党纲草案,及早发给各地党部讨论,以便提出第七次大会能够正式列入议事日程,为最终之决定"③。经过 24 年革命斗争和七次党的全国代表大会的探索,党的七大正式制定了党的总纲,列入党章。总纲是"党的基本纲领","也是党章的组成部分,是党章的前提和总则"④,是一切党员的行动准则。七大总纲,集中体现了中国共产党的性质、指导思想和组织原则,说明了中国革命的性质、动力、任务和特点,概括了党的优良传统和作风。"总纲"的增加,标志着中国共产党在思想理论上走向成熟。

---

① 《大会主席团第八次会议记录》(1928 年 6 月 29 日晚),中共中央党史研究室、中央档案馆编:《中国共产党第六次全国代表大会档案文献选编》(上卷),中共党史出版社 2015 年版,第 174 页。
② 《大会主席团第十五次会议记录》(1928 年 7 月 9 日晨),中共中央党史研究室、中央档案馆编:《中国共产党第六次全国代表大会档案文献选编》(上卷),中共党史出版社 2015 年版,第 180 页。
③ 《关于党纲的决议》(1928 年 7 月 9 日),中共中央党史研究室、中央档案馆编:《中国共产党第六次全国代表大会档案文献选编》(上卷),中共党史出版社 2015 年版,第 890 页。
④ 刘少奇:《关于修改党章的报告》(1945 年 5 月 14 日),中共中央党史研究室、中央档案馆编:《中国共产党第七次全国代表大会档案文献选编》,中共党史出版社 2015 年版,第 262 页。

（三）关于中国共产党的性质

七大党章明确指出："中国共产党,是中国工人阶级的先进的有组织的部队,是它的阶级组织的最高形式。中国共产党代表中国民族与中国人民的利益。它在现阶段为实现中国的新民主主义制度而奋斗。它的最终目的,是在中国实现共产主义制度。"[①]这就在党章中首次清楚准确地规定了中国共产党的性质。中国共产党是马克思列宁主义与中国工人运动相结合的产物,从一开始就是一个工人阶级的完全新式的政党。但是党成立后,特别是大革命失败后,革命中心转向农村,党内农民和小资产阶级出身的党员占大多数,党处于小资产阶级思想的包围之中。在这样的情形下,中国共产党是不是无产阶级政党,是一个必须严肃面对的问题。对此,刘少奇在《关于修改党章的报告》中作了肯定的回答。他认为,"仅仅是党员的社会出身,还不能决定一切,决定的东西,是我们党的政治斗争与政治生活,是我们党的思想教育、思想领导与政治领导"[②]。中国共产党处于世界无产阶级革命时代,党一贯遵循毛泽东创造的中国马克思列宁主义的思想及其组织路线,党制定了无产阶级的纲领和政策,实行了无产阶级的铁的纪律,党员在革命战争中经受着长期的生死考验,马克思列宁主义的教育使党内小资产阶级出身的党员思想上得到彻底改造,所有这一切,都决定着中国共产党无产阶级政党性质。特别是毛泽东同志的建党路线,保证了中国共产党在工人成分不占大多数的情况下,也能够建成并已经建成一个工人阶级的马克思列宁主义政党。中国共产党不仅是中国工人阶级的先进的有组织的部队,它还代表着中国人民的利益。一方面,中国无产阶级的利益和人民的利益是一致的,只有代表全体人民的利益,才能取得新民主主义革命的胜利;另一方面,实现社会主义和共产主义,意味着人类的解放,也同样代表着全体人民的利益。

---

① 《中国共产党党章》(1945年6月11日中国共产党第七次全国代表大会通过),中共中央党史研究室、中央档案馆编:《中国共产党第七次全国代表大会档案文献选编》,中共党史出版社2015年版,第618页。

② 刘少奇:《关于修改党章的报告》(1945年5月14日),中共中央党史研究室、中央档案馆编:《中国共产党第七次全国代表大会档案文献选编》,中共党史出版社2015年版,第264页。

（四）关于群众路线

党的群众路线是中国共产党的根本政治路线和组织路线。七大党章的一大特点，就是在总纲和条文中，都特别强调了党的群众路线。七大党章第二条党员义务第三款明确规定："为人民群众服务，巩固党与人民群众的联系，了解并及时反映人民群众的需要，向人民群众解释党的政策。"①七大党章中关于群众路线的规定，是毛泽东关于密切联系人民群众论述的具体展开。刘少奇指出，"所谓密切联系人民群众的路线，就是党的群众路线，毛泽东同志的群众路线，就是要使我们党与人民群众建立正确关系的路线，就是要使我们党用正确的态度与正确的方法去领导人民群众的路线，就是要使我们党的领导机关和领导人与被领导的群众建立正确关系的路线"②。党内的工作、军队的工作、工会和农会的工作，总之，党的各项工作，都是群众工作，都要走群众路线。在中国，农民占人口大多数，因此，党的群众观点和群众路线和农村、农民是分不开的。此外，刘少奇还阐述了七大党章中体现的几个群众观点，包括一切为了人民群众的观点，全心全意为人民服务的观点；一切向人民群众负责的观点；相信群众自己解放自己的观点；向人民群众学习的观点。"这一切，就是我们的群众观点，就是人民群众的先进部队对人民群众的观点。"③

（五）关于党员

党的七大在党章中首次规定了党员的4项义务和4项权利。4项义务主要包括：学习领会马克思列宁主义、毛泽东思想，这是"每一个党员能否正确地为人民事业而奋斗的基本关节"④，是党员义务的第一项；遵守党纪，

---

①　《中国共产党党章》（1945年6月11日中国共产党第七次全国代表大会通过），中共中央党史研究室、中央档案馆编：《中国共产党第七次全国代表大会档案文献选编》，中共党史出版社2015年版，第619页。

②　刘少奇：《关于修改党章的报告》（1945年5月14日），中共中央党史研究室、中央档案馆编：《中国共产党第七次全国代表大会档案文献选编》，中共党史出版社2015年版，第273页。

③　刘少奇：《关于修改党章的报告》（1945年5月14日），中共中央党史研究室、中央档案馆编：《中国共产党第七次全国代表大会档案文献选编》，中共党史出版社2015年版，第276页。

④　刘少奇：《关于修改党章的报告》（1945年5月14日），中共中央党史研究室、中央档案馆编：《中国共产党第七次全国代表大会档案文献选编》，中共党史出版社2015年版，第280页。

积极参加党内政治生活和革命活动,服从党的决议,这就要求党员从政治上关心党的一切,在政治上对党负责;为人民群众服务,这是每一个党员的职责;模范遵守革命政府和组织的纪律,精通业务,在革命事业中起模范作用。4 项权利主要包括:在党的会议和刊物上参加关于党的政策的讨论;党内的选举权和被选举权;向党的任何机关直至中央提出建议和声明;在党的会议上批评党的任何工作人员等内容。"只有充分保证党员这些民主权利,才会减少党内某些非组织的、非政治的、非原则的批评、言论和行动,减少小广播,并将引导党员群众的批评、言论、行动走上负责的、正确的轨道,走上有利于党的事业的方向。"①

七大党章恢复了五大党章关于入党年龄的规定,要求"年满十八岁者,方得被接收为党员","因为一个人一般地要到十八岁以后,才可能有自己的比较确定的政治上的判断力"。② 同时,对于那些政治上发育早的青年,可以接收为候补党员,年满 18 岁后,方能转为正式党员。七大党章对不同社会出身的人的入党手续作了严格区分。依据工人、贫雇农等无产者和半无产者,小资产阶级,社会上中层与高层剥削阶级中出身的革命者,加入过其他政党的普通党员和负责人员四类人员的实际情况,对其入党介绍人的人数和党龄、候补期的长短作了不同规定。同时,七大党章还首次对脱党的情况作了规定,"没有正当理由,在六个月内不参加党的生活,不进行党所分配的工作,又不缴纳党费者,即认为自行脱党"③。脱党人员,由支部大会通过除名,报上级党委批准。

(六)关于党的民主集中制

七大党章在五大党章首次写入民主集中制、六大党章初步阐明民主集

---

① 刘少奇:《关于修改党章的报告》(1945 年 5 月 14 日),中共中央党史研究室、中央档案馆编:《中国共产党第七次全国代表大会档案文献选编》,中共党史出版社 2015 年版,第 282 页。

② 刘少奇:《关于修改党章的报告》(1945 年 5 月 14 日),中共中央党史研究室、中央档案馆编:《中国共产党第七次全国代表大会档案文献选编》,中共党史出版社 2015 年版,第 277 页。

③ 《中国共产党党章》(1945 年 6 月 11 日中国共产党第七次全国代表大会通过),中共中央党史研究室、中央档案馆编:《中国共产党第七次全国代表大会档案文献选编》,中共党史出版社 2015 年版,第 621 页。

中制的基本原则基础上,又将党对民主集中制的认识和规定提升到一个新的高度。七大党章规定,"党的组织机构,是按照民主的集中制建设起来的。民主的集中制,即是在民主基础上的集中和在集中领导下的民主"①。同时还在民主集中制的基本原则中增加了"四个服从"即"党员个人服从所属党的组织,少数服从多数,下级组织服从上级组织,部分组织统一服从中央"。党的力量来自组织,组织的力量则来自民主集中制。民主基础上的集中,表明党的领导机关的权力是党员群众授予的,党的领导机关一般由党员群众选举产生,党内必须反对反民主的专制主义倾向。集中指导下的民主,这就是说,"党的一切会议是由领导机关召集的,一切会议的进行是有领导的,一切决议和法规的制订是经过充分准备和仔细考虑的,一切选举是有审慎考虑过的候选名单的,全党是有一切党员都要履行的统一的党章和统一的纪律的,并有一切党员都要服从的统一的领导机关的"②,党内必须反对极端民主化倾向和无政府主义状态。

四、党的七大与以毛泽东同志为核心的党的第一代中央领导集体的正式确立

一个坚强有力的领导集体,是革命胜利的重要保障,是一个政党走向成熟的重要标志。列宁说,群众是划分为阶级的,"在多数场合,至少在现代的文明国家内,阶级是由政党来领导的;政党通常是由最有威信、最有影响、最有经验、被选出担任最重要职务而称为领袖的人们所组成的比较稳定的集团来主持的"③。党的七大在中国共产党历史特别是党的建设史上一个重要成就,就是在党24年革命斗争的反复甄别比较之上,正式形成了以毛泽东为核心,以刘少奇、周恩来、朱德、任弼时为重要成员的党的第一代

---

①　《中国共产党党章》(1945年6月11日中国共产党第七次全国代表大会通过),中共中央党史研究室、中央档案馆编:《中国共产党第七次全国代表大会档案文献选编》,中共党史出版社2015年版,第621页。

②　刘少奇:《关于修改党章的报告》(1945年5月14日),中共中央党史研究室、中央档案馆编:《中国共产党第七次全国代表大会档案文献选编》,中共党史出版社2015年版,第283页。

③　《共产主义运动中的"左派"幼稚病》,《列宁选集》第4卷,人民出版社2012年版,第151页。

中央领导集体。他们在党内最具威信、最有影响、最有经验,互相之间高度团结,形成了比较稳定的领袖集团。对于中国共产党来说,这是来之不易的。

从1921年党的一大到1935年遵义会议,党内先后有陈独秀、瞿秋白、向忠发、李立三、王明、博古担任过党的主要领导人,但他们都没有胜任党的领袖的重任,在他们周围也没能形成一个比较稳定、成熟、坚强、团结的领导集体。陈独秀被毛泽东称为"五四运动的总司令",是在中国最早传播马克思主义的先锋之一,是中国共产党的主要创建者。从党的一大到五大,陈独秀先后当选党的中央局书记、中央执行委员会委员长、中央委员会总书记等职务,是党内公认的领袖。但陈独秀在大革命后期犯了妥协退让错误,对大革命的失败负有领导责任。八七会议后,他不再担任党的领导职务,以后,又组织托陈取消派,被开除党籍。瞿秋白是党内有名的马克思主义理论家,八七会议后,成为中共中央的主要负责人。他虽擅长党的理论和宣传工作,但缺乏开展军事运动和农民运动的实际经验,犯了"左"倾盲动错误。六大后,不再担任党的最高领导人职务,留莫斯科担任中共驻共产国际代表团负责人。向忠发是在党的六大片面强调"指导机关之工人化"的背景下,当选为中共中央总书记的。但他的能力素质并不能胜任这一角色,在实际工作中也没有发挥领袖作用,后被捕叛变。李立三曾在1930年短暂主持中央工作,他错误认为革命形势已在全国成熟,犯了"左"倾冒险错误,使党和革命事业遭到严重的损失。六届四中全会后上台的王明、博古,是"左"倾教条主义错误的主要责任者,在他们的统治下,党和革命事业濒于绝境。没有实际工作经验的他们,自然难以承担起领导全党的重任。正如邓小平指出的,"历史上,遵义会议以前,我们的党没有形成过一个成熟的党中央。从陈独秀、瞿秋白、向忠发、李立三到王明,都没有形成过有能力的中央。我们党的领导集体,是从遵义会议开始逐步形成的,也就是毛刘周朱和任弼时同志"①。

---

① 《第三代领导集体的当务之急》(1989年6月16日),《邓小平文选》第三卷,人民出版社1993年版,第309页。

　　遵义会议开始确立以毛泽东同志为主要代表的马克思主义正确路线在中共中央的领导地位,但以毛泽东同志为核心的中共中央领导集体的形成却经历了一个曲折的历程。遵义会议改组了中央领导机构,选举毛泽东为中央政治局常委,决定周恩来为党内委托的对于指挥军事下最后决心的负责者。此后,中央政治局常委分工,根据毛泽东的提议,决定由张闻天代替博古负中央总的责任(习惯上也称之为“总书记”);决定以毛泽东为周恩来在军事指挥上的帮助者。1937年11月王明回国后,提出一系列右倾错误,在组织上不服从以毛泽东为核心的中央领导。经过六届六中全会,毛泽东的正确主张在会上得到绝大多数同志的理解和拥护。彭德怀在发言中说:“领袖是长期斗争经验总结的,是长期斗争中产生的。毛泽东的领导地位是由正确的领导取得的”。此后,毛泽东在全党的领导地位得到进一步巩固,任弼时、刘少奇也先后参加中央领导工作。在整风运动中,为了调整及精简中央领导机构,加强中央的集中统一领导,中共中央于1943年3月16日和20日在延安举行政治局会议,通过《中共中央关于中央机构调整及精简的决定》,推定毛泽东为中央政治局主席,并决定他为中央书记处主席;毛泽东、刘少奇、任弼时组成中央书记处,根据中央政治局决定的方针处理日常工作,中央书记处讨论问题,主席有最后决定权;刘少奇参加中共中央军委并任军委副主席。1944年5月21日至1945年4月20日,中共中央在延安举行扩大的六届七中全会,全会选举毛泽东、朱德、刘少奇、任弼时、周恩来组成主席团,毛泽东为主席团主席;通过了刘少奇提出的以原中央政治局主席毛泽东为中央委员会主席的提议;决定全会期间由主席团处理中央日常工作,书记处和政治局停止行使职权。这样,就为党的七大正式选举以毛泽东同志为核心的中共中央领导集体做了充分准备。

　　在党的七大上,毛泽东的核心地位受到全党公认。刘少奇、周恩来、朱德、任弼时在大会的报告和发言中,都高度评价了毛泽东的历史功绩,充分肯定了毛泽东的领袖地位。刘少奇在《关于修改党章的报告》中说,中国共产党已经是一个拥有了自己伟大领袖的党,“这个领袖,就是我们党和现代中国革命的组织者与领导者——毛泽东同志"①。任弼时在开幕典礼上的讲话中说:"毛泽东三个字不仅成为中国人民的旗帜,而且成为东方各民族争取解放的旗帜!"②在大会发言中,各方面选举的代表也高度公认了毛泽东的领袖地位。陈毅在发言中说,船载千斤,掌舵一人。"掌舵先生并不是一天到晚都扳舵,而是在上滩下滩,转弯抹角时方扳他两下,不扳便会把船打烂,扳过了劲也会碰到石头,所以就要扳好","我们从党的历史上来看,毛主席是最会掌舵的,他在二十多年的工作中间,遇到过几次的严重关头,他都能把我们党和军队这个船挽救过来,并且引向正确方向,走的很稳"。③

正是在这样高度共识的基础上,党的七大充分发扬民主,经过预选和无记名投票,选举产生由中央委员 44 人、候补中央委员 33 人组成新的中央委员会。会后召开的七届一中全会,选举毛泽东、朱德、刘少奇、周恩来、任弼时、陈云、康生、高岗、彭真、董必武、林伯渠、张闻天、彭德怀为中央政治局委员;选举毛泽东、朱德、刘少奇、周恩来、任弼时为中央书记处书记;选举毛泽东为中央委员会主席、中央政治局主席、中央书记处主席。事实证明,这是一个具有很高威信的、能够团结全党的坚强的领导集体。

总结民主革命时期七次党的全国代表大会与党的自身建设的历史进程,可以看到,党的全国代表大会对党的自身建设具有十分重要的推进作用。作为党的最高领导机构,作为全党意志的集中体现,党的全国代表大会适应形势发展的需要,明确提出加强党的自身建设的系列举措,制定和修改党章这一党内根本大法,选举党的领袖,使中国共产党能够经得起各种风浪考验而不断发展壮大,彰显出马克思主义政党巨大的制度优势,最终被历史和人民选择,成为中国的执政党。

---

① 刘少奇:《关于修改党章的报告》(1945 年 5 月 14 日),中共中央党史研究室、中央档案馆编:《中国共产党第七次全国代表大会档案文献选编》,中共党史出版社 2015 年版,第 261 页。

② 《在七大开幕典礼上的讲话》(1945 年 4 月 23 日),中共中央党史研究室、中央档案馆编:《中国共产党第七次全国代表大会档案文献选编》,中共党史出版社 2015 年版,第 161 页。

③ 《陈毅在七大上的大会发言》(1945 年 5 月 1 日),中共中央党史研究室、中央档案馆编:《中国共产党第七次全国代表大会档案文献选编》,中共党史出版社 2015 年版,第 326 页。

第 五 章
结论和启示

　　中国革命之所以能够取得胜利,从根本上说,是因为有了中国共产党的领导。党的全国代表大会,对中国共产党领导作用的发挥及其路线方针政策的部署实施起了重要作用。其中的经验和教训,是我们做好新时代党的全国代表大会工作,全面推进建设社会主义现代化强国的重要借鉴。

第一节　结　　论

　　回顾党在民主革命时期的奋斗历程,党的全国代表大会扮演了重要角色,发挥了重大作用。党的全国代表大会的历史,生动展现了党开创的农村包围城市、武装夺取政权的具有中国特色革命道路形成发展的脉络;清晰反映了马克思主义中国化的历史进程;充分体现了党的建设伟大工程的发展演进。

一、生动展现了具有中国特色革命道路形成发展的脉络

　　道路自信是党的十八大提出的重要命题,在新时代,我们应该自觉增强

中国特色社会主义道路自信。回溯党夺取新民主主义革命胜利的历程，也应充满中国特色革命道路自信。中国共产党在民主革命时期开辟了农村包围城市、武装夺取政权的革命新路，并自信地坚持走这条道路，最终取得民主革命的胜利。

作为产生于西方资本主义社会的马克思主义，传入明显异于西方社会土壤的古老中国后，需要独创性地加以运用，才能成为威力强大的理论武器。这需要经历一个艰难曲折的探索过程。建党之初，中国共产党按照马列主义一般原理和共产国际的指示，把工作重点放在城市工人运动上。在党的成立大会上，大家都把如何发动工人和组织工人作为党当前工作的重点，[①]大会通过的《中国共产党第一个决议》也是围绕职工运动进行部署。党的二大依然是把工人运动放在首位，通过《关于"工会运动与共产党"的议决案》《关于议会行动的决议案》等9个决议案，对工人运动、青年运动、妇女运动作出部署，但对农民运动和土地革命依然缺乏认识。直到党的三大时才对农民问题有所关注，提出"有结合小农佃户及雇工以反抗宰制中国的帝国主义者，打倒军阀及贪官污吏，反抗地痞劣绅，以保护农民之利益而促进国民革命运动之必要"[②]，但篇幅很短，只有短短一段话。

就连中国革命道路的主要创始人毛泽东早期也是专心于工人运动。他分别在安源、长沙、衡阳等地组织和发动职工运动。大约1923年间，有一次恽代英看到陶行知提倡乡村教育颇有影响，便写信给毛泽东，提出他们也可以学习陶行知搞乡村运动，毛泽东回信说：我们现在做城市工人工作还忙不过来！哪有空去做乡村工作。1925年毛泽东回家养病，在湖南作了一些农村调查，才开始注意农民问题。[③]

① 参见包惠僧：《共产党第一次全国代表会议前后的回忆》(1953年8、9月)，中共中央党史研究室、中央档案馆编：《中国共产党第一次全国代表大会档案文献选编》，中共党史出版社2015年版，第162—163页。
② 《农民问题决议案》(1923年6月)，中共中央文献研究室、中央档案馆编：《建党以来重要文献选编(1921—1949)》第1册，中央文献出版社2011年版，第263页。
③ 参见周恩来：《关于党的"六大"的研究》(1944年3月3日、4日)，《周恩来选集》(上卷)，人民出版社1980年版，第179页。

　　随着国民革命中工农运动的迅速发展,党逐渐认识到农民群体中蕴藏的巨大能量,从四大起党的全国代表大会开始有专门对农民运动和土地革命的决议案。党的四大指出:农民是社会的重要组成部分,占全国人口的80%,"所以农民问题在中国尤其是民族革命时代的中国,是特别的重要"。中国共产党要想领导中国革命取得成功,必须尽可能地鼓动并组织各地农民开展经济和政治斗争,没有这种努力,"我们希望中国革命成功以及在民族运动中取得领导地位,都是不可能的"。决议案指出组织和动员农民,应当从实际问题入手,比如宣传反对苛捐杂税;在农民运动中注意启发农民的阶级觉悟;提出切合实际的口号;联合中农、佃农和贫雇农反对大地主等等,还强调要在国民党之外,"独立地进行本党公开的宣传和支部的工作"。①大会通过《对于农民运动之议决案》,李立三认为,这是大会的"一个伟大的决定"②。

　　在共产国际旨意下,党的五大制定并通过了《土地问题议决案》。但此议决案过于激进,提出必须要在平均地权的原则之下,彻底将土地再行分配,方能使土地问题解决,而欲实现此步骤必须土地国有。还提出"取消地主绅士所有的一切政权及权利"③。由于中共中央仍寄希望于国民党,而国民党对此消极对待,最终使五大通过的《土地问题议决案》成为一纸空文。

　　而经过调查研究、实践锻炼和深入思考,毛泽东此时已成为农民运动的权威,他已认识到广袤农村和数量庞大的农民中蕴藏着中国革命取胜的力量,在五大会前,他曾邀集彭湃、方志敏等各省农民协会负责人开会,议定出一个广泛的重新分配土地的方案。毛泽东把这个方案提交大会,但被大会拒绝了,陈独秀甚至没有把它拿出来讨论。

　　大革命失败后,党的六大总结经验教训,仍坚持城市中心论,但也从各

---

①　《对于农民运动之议决案》(1925 年 1 月),中共中央文献研究室、中央档案馆编:《建党以来重要文献选编(1921—1949)》第 2 册,中央文献出版社 2011 年版,第 239、242 页。

②　李立三:《谈中共四大》(1930 年 2 月 1 日),中共中央党史研究室、中央档案馆编:《中国共产党第四次全国代表大会档案文献选编》,中共党史出版社 2014 年版,第 95 页。

③　《土地问题议决案》(1927 年 4 月 27 日—5 月 9 日),中共中央文献研究室、中央档案馆编:《建党以来重要文献选编(1921—1949)》第 4 册,中央文献出版社 2011 年版,第 194 页。

方面的信息中认识到农民运动在中国革命中具有重要地位。大会提出党目前的工作重点在农村,党在农民运动中的主要任务,"是没收地主阶级的土地,交由农民代表会议(苏维埃)处理",提出建立工农革命军"应当是党在农民运动中,所应特别注意的中心问题",提出要建立和发展根据地,发展红军,在根据地"彻底地实行土地纲领","建立苏维埃的政权机关,引进广大群众参加管理政事"①,等等。毛泽东对此进行了肯定:"不答复中国革命根据地和中国红军能否存在和发展的问题,我们就不能前进一步。一九二八年中国共产党第六次全国代表大会,把这个问题又作了一次答复。中国革命运动,从此就有了正确的理论基础。"②

在此前后,毛泽东带领经三湾改编后的秋收起义部队到达井冈山,并在革命实践中逐步确立了农村包围城市、武装夺取政权的思想,即在中国共产党领导下,以武装斗争为主要形式,以土地革命为中心内容,以农村革命根据地为战略基地的三者密切结合的红色政权建设思想。毛泽东等提出的一系列新的方针政策,使红旗得以在苏区坚持飘扬,以实际效果证明了这条道路是走得通的。另一方面,共产国际也逐渐认识到城市中心论的弊病,在策略上强调向农村中心转移。1931 年 3 月至 4 月召开的共产国际执委会第十一次全会高度赞扬毛泽东开辟的革命道路的历史功绩,强调"中国共产党必须推广(毛泽东的)良好经验"③。有学者认为,因为斯大林和共产国际对于农村包围城市道路的认识,要早于王明"左"倾教条主义统治下的中共中央,这就为中共绝大多数人接受以毛泽东为代表的正确路线打下了一个不可缺少的基础。④ 遵义会议后,以毛泽东为首的新中央胜利完成了纠正

---

① 《政治议决案》(1928 年 7 月 9 日),中共中央党史研究室、中央档案馆编:《中国共产党第六次全国代表大会档案文献选编》(下卷),中共党史出版社 2015 年版,第 863—864 页。

② 《中国革命战争的战略问题》(1936 年 12 月),《毛泽东选集》第一卷,人民出版社 1991 年版,第 188 页。

③ 《共产国际执行委员会主席团关于中国共产党的任务的决议》(1931 年 8 月 26 日),中国人民大学中共党史系、中国革命问题教研室编:《共产国际和中国革命教学参考资料》(下册),1986 年印行,第 470 页。

④ 张喜德:《共产国际对毛泽东农村包围城市道路理论形成的促进作用》,《探索与争鸣》2010 年第 9 期。

王明以城市为中心的"左"倾教条主义错误的任务,实现了全党对以农村为工作中心的统一认识。

在抗日战争中,农村包围城市、武装夺取政权的革命道路得到进一步丰富和发展,党的七大对此进行了确认和部署。

第一,毛泽东指出中国的特殊国情决定了中国必须走农村包围城市、武装夺取政权的道路。之前,毛泽东虽然表述了农村包围城市革命道路的基本思想,但并没有把这种思想概括为农村包围城市。到抗日战争时期,毛泽东比较分析了中国与资本主义国家的国情及其革命战争问题,第一次把农村包围城市作为中国革命道路进行了概括,指出:"中国的特点是:不是一个独立的民主的国家,而是一个半殖民地的半封建的国家……在这里,共产党的任务,基本地不是经过长期合法斗争以进入起义和战争,也不是先占城市后取乡村,而是走相反的道路。"①在党的七大上,尽管已是抗战胜利前夜,国内外局势都朝着有利于抗战胜利的趋势发展,但毛泽东仍反复指出:在中国的现阶段,中国人民的任务还是反对民族压迫和封建压迫,中国的特殊国情并没有改变。在这种情况下,对日军,在反攻作战中一定要注意巩固根据地,继续坚持农村阵地,在此前提下对日展开反攻;对国民党政府,在争取光明前途的同时,也要警惕即使日本侵略者被打败了,中国仍然可能发生内战。

第二,毛泽东明确指出如何包围城市、战胜城市。之前关于中国革命道路的论述,重点放在以农村工作为主,侧重论证以农村根据地促进夺取全国革命的胜利。随着抗日战争中革命力量的空前发展,人们在考虑抗日战争即将胜利的前途时,提出农村能否包围城市以及如何才能最后夺取城市的问题。毛泽东回答说:"乡村能够战胜城市吗? 答复:有困难,但是能够的。"接着他从社会性质、战略空间和时代条件三个方面进行了分析。他指出:一是社会性质仍然是半殖民地,城市虽然带着领导性质,但不能完全统制农村,广大的人力物力在农村而不在城市;二是战略空间,中国是大国,敌

---

① 《战争和战略问题》(1938 年 11 月 6 日),《毛泽东选集》第二卷,人民出版社 1991 年版,第542 页。

人必然发生兵力不足兵力分散的困难；三是时代条件,有了新的政党、军队和人民,这是胜敌的基本力量。接着,他回答了如何包围城市、战胜城市的问题。他说:"用犬牙交错的战争,将城市包围起来,孤立城市,从长期战争中逐渐生长自己力量,变化敌我形势,再配合之以世界的变动,就能把敌人驱逐出去而恢复城市"①。七大召开时已近抗战胜利前夜,共产党及其领导的人民军队取得了空前发展。毛泽东在会上指出,"我们现在的旗子并没有插在北平、武汉,还是插在山上","我们要夺取大城市"。② 他说,"我们的任务需要发展攻势,扩大解放区",因为日军"兵力疲惫,自顾不暇",而我们的力量扩大了,双方实力一消一涨,再加上世界局势的有利变化,这就决定了下一阶段的任务是扩大解放区,要以"进攻为主、防御为辅"。③ 在沦陷区,组织地下军与争取伪军伪警反正,在解放区,动员军队与人民,从各方面准备大反攻。

第三,毛泽东进一步丰富和发展了关于根据地建设的理论。土地革命战争初期,中国共产党建立的农村根据地主要是以军事根据地为主,后来在实践中逐步发展为涵纳政治、军事、经济等多种因素为一体的战略基地。到全民族抗日战争时期,为适应根据地的扩大和长期坚持斗争的需要,根据地建设有了很多新的发展。毛泽东在《中国革命和中国共产党》一文中,对此进行了系统阐述,并作出了新的概括。他指出:"因为强大的帝国主义及其在中国的反动同盟军,总是长期地占据着中国的中心城市,如果革命的队伍不愿意和帝国主义及其走狗妥协,而要坚持地奋斗下去,如果革命的队伍要准备积蓄和锻炼自己的力量,并避免在力量不够的时候和强大的敌人作决定胜负的战斗,那就必须把落后的农村造成先进的巩固的根据地,造成军事

---

① 《抗日民族战争与抗日民族统一战线发展的新阶段》(1938年10月12日),《毛泽东军事文集》第二卷,军事科学出版社、中央文献出版社1993年版,第396、397页。

② 毛泽东:《在中国共产党第七次全国代表大会上的口头政治报告》(1945年4月24日),中共中央党史研究室、中央档案馆:《中国共产党第七次全国代表大会档案文献选编》,中共党史出版社2015年版,第226页。

③ 毛泽东:《在中国共产党第七次全国代表大会上的口头政治报告》(1945年4月24日),中共中央党史研究室、中央档案馆:《中国共产党第七次全国代表大会档案文献选编》,中共党史出版社2015年版,第225页。

上、政治上、经济上、文化上的伟大的革命阵地,借以反对利用城市进攻农村区域的凶恶敌人,借以在长期战斗中逐步地争取革命的全部胜利。"①在党的七大上,毛泽东评价根据地建设时说,"我党的全部新民主主义的纲领已经在解放区实行了并且有了显著的成绩,聚集了巨大的抗日力量"。这一点也为学术界所公认。改革开放以来,学界对敌后抗日根据地的研究长盛不衰,已经从政治、经济、文化、社会动员、组织建设等各个方面进行了深入研究,革命根据地对中国抗战胜利所发挥的重大作用和深远影响已成为学界共识。在党的七大上,以毛泽东为首的中共中央高瞻远瞩,指出"今后应当从各方面发展和巩固这种力量",并且提出,"在推进解放区的各项工作时,必须十分爱惜当地的人力物力,任何地方都要作长期打算,避免滥用和浪费。这不但是为着打败日本侵略者,而且是为着建设新中国",②这就意味着根据地的建设十分成功,它不但成为战胜敌人的革命基地,而且也被纳入中央对新中国建设力量的考量。

中国共产党所开创的中国革命道路的形成和发展是一个历史过程,经历了从以城市为中心到以农村为中心的艰难转变,经历了从土地革命战争时期到全民族抗日战争时期,再到解放战争时期的历史演进,党的全国代表大会的历史,生动展现了中国特色革命道路形成发展的脉络,对革命道路的发展成熟和相关决策的部署起到了重要作用。

二、清晰反映了马克思主义中国化的历史进程

理论是实践的先导,思想是行动的指南。党之所以能够领导全国人民取得民族独立、人民解放的历史成就,是因为有马克思主义指导,并成功实现了马克思主义中国化。这就是马克思主义基本原理同中国具体实际相结

---

① 《中国革命和中国共产党》(1939年12月),《毛泽东选集》第二卷,人民出版社1991年版,第635页。

② 毛泽东:《论联合政府》(1945年4月24日),中共中央党史研究室、中央档案馆编:《中国共产党第七次全国代表大会档案文献选编》,中共党史出版社2015年版,第205页。

合的第一次历史性飞跃,即毛泽东思想。从党的一大宣告中国共产党的成立并确立马克思主义的指导思想地位,到党的七大将毛泽东思想写入党章,经过 24 年的艰辛曲折和七次党的全国代表大会。党的全国代表大会的历史,生动展现了中国共产党对理论探索的历史,是我们观察马克思主义中国化的一个重要窗口。

中国共产党从成立起就把马克思列宁主义写在自己的旗帜上。在党的一大通过的第一个纲领,第一条就是"本党定名为'中国共产党'",目标是消灭私有制、消灭社会阶级,实行社会革命,建立无产阶级专政。

党的二大提出了马克思列宁主义基本原理与中国革命具体实际相结合的重要成果,即反帝反封建的民主革命纲领,第一次将党在民主革命中将要实现的目标同将来进行社会主义革命要实现的长远目标结合起来,不仅明确提出了反对帝国主义、反对封建主义的民主革命任务,并指出了要通过民主革命进一步创造条件,实现社会主义和共产主义。这是中国共产党人运用马克思列宁主义分析认识中国革命的一个重要成果。

党的三大确定了国共合作的方针,使中国共产党走上了更广阔的政治舞台。从创建到党的三大,中国共产党在探索同国民党建立联合战线的过程中,从反对合作到同意合作,从主张"党外联合"到接受"党内合作",是中国共产党人逐步把马克思主义基本原理同中国革命具体实际相结合的成果,反映着党的策略思想的不断深化和提高。

在建党初期,中共就充分认识到马克思主义是认识和分析中国革命形势的思想武器。陈独秀指出,应当"以马克思实际研究的精神研究社会上各种情形,最重要的是现社会的政治及经济状况,不要单单研究马克思的学理",应当发挥马克思实际活动的精神,"把马克思学说当做社会革命的原动力","实际去活动,干社会的革命"。[1] 蔡和森更指出:"马克思主义列宁主义是世界各国共产党是一致的,但当应用到各国去,应用到实际上去才行的。要在自己的争斗中把列宁主义形成自己的理论的武器,

① 《马克思的两大精神》,任建树主编:《陈独秀著作选编》第二卷,上海人民出版社 2009 年版,第 453—454 页。

即以马克思主义列宁主义的精神来定出适合客观情形的策略和组织才行。"①

在实际活动上,党不断总结革命实践中的经验教训,致力于马克思主义同中国实际相结合。从建党伊始,中国共产党人就注意"努力研究中国的客观的实际情形",以便"求得一最合宜的实际的解决中国问题的方案"。②经历了中国工人运动第一次高潮的洗礼后,中国共产党认识到封建主义和帝国主义是中国人民最主要的敌人,在党的二大召开前,1922 年 5 月的第一次全国劳动大会宣言明确提出,国际帝国主义和本国军阀"是我们的敌人","我们要结合全国的农人,并与小资产阶级暂时联络,共同向着那些敌人奋斗"。③ 国共合作实现后,随着工农运动的蓬勃发展,共产党与国民党右派摩擦不断,争夺无产阶级革命领导权的问题逐渐成为党内共识。1924 年 11 月,邓中夏发表《我们的力量》一文,专门论述了中国无产阶级领导权问题,文章指出,"只有无产阶级有伟大集中的群众,有革命到底的精神,只有他配做国民革命的领袖",而中国资产阶级不是全体都是革命的,并且在革命中不能贯彻到底,小资产阶级有革命要求和倾向,"惟势力不能集中,只能为革命的助手",知识分子没有经济基础,"只能附属于有经济实力的各阶级",文章通过对社会各阶级的分析,得出领导中国革命的历史责任必然是由无产阶级承担的结论:"中国将来的社会革命的领袖固是无产阶级,就是目前的国民革命的领袖亦是无产阶级"。④

党的四大在总结革命经验、分析国内外形势的基础上,明确提出无产阶级领导权问题,指出:"中国的民族革命运动,必须最革命的无产阶级有力

---

① 蔡和森:《中国共产党史的发展(提纲)》,中央档案馆编:《中共党史报告选编》,中共中央党校出版社 1982 年版,第 24 页。

② 《〈先驱〉发刊词》(1922 年 1 月 15 日),中共一大会址纪念馆编:《中共一大代表早期文稿选编(1917. 11—1923.7)》(下册),上海人民出版社 2011 年版,第 1136—1137 页。

③ 《第一次全国劳动大会宣言》(1922 年 5 月),中共中央党史研究室、中央档案馆编:《中国共产党第二次全国代表大会档案文献选编》,中共党史出版社 2015 年版,第 47 页。

④ 邓中夏:《我们的力量》(1924 年 11 月),中共中央文献研究室、中央档案馆编:《建党以来重要文献选编(1921—1949)》第 2 册,中央文献出版社 2011 年版,第 186、185 页。

的参加,并且取得领导的地位,才能够得到胜利。"①这是中国共产党把马克思列宁主义同中国革命实践相结合的又一重大成果。

由于共产国际和中共中央对国民党右派攻击的退让,蒋介石逐渐由单纯的军事将领转变为掌控党政军大权的军阀,党内对时局、对陈独秀的领导普遍存在不满情绪,这种情绪也表明中央许多同志对当时的形势有比较清醒的认识,所以党的五大在中国革命的非资本主义前途、无产阶级在民主革命中的领导权和农民问题等提出了许多正确的理论原则,但由于当时中共听命于共产国际,面对共产国际所坚持的国共合作不能破裂的主导意见,面对武汉政府党政军大权均由国民党人掌握的现状,面对缺乏革命武装这一强势力量支持的情况下,五大制定的政策即使再符合实际也只能徒留纸面。

面对大革命失败的惨痛教训和党内对中国革命问题的诸多分歧,党的六大进行了深入总结,对困扰中国共产党人的一系列根本问题,作出了基本正确的回答。在此前后,毛泽东等中共领导人在总结中国革命实践的基础上,提出关于中国革命诸问题的"中国答案",党的六大的一些观点与毛泽东对中国革命的认识是基本一致的,有一些观点成为毛泽东思想的理论来源。可能基于认识相同,毛泽东对党的六大指示的传达特别重视,他要求把党的六大的各项决议案印成单行本,发给部队和地方党组织。1929 年 1 月,毛泽东、朱德率红四军主力向赣南闽西转战途中,还"特依照共产党第六次全国大会的指示"②,发布中国共产党红四军军党部《共产党宣言》。部队在东固短暂停留期间,光是毛泽东亲自传达六大决议,就达三次之多。③

党的六大关于中国革命的分析判断与毛泽东对中国革命认识的一致性体现在三个方面:第一,关于革命形势,六大认为中国的政治经济形势是处在两个革命高潮之间,即低潮时期,但要看到由于中国国内的社会矛盾在向

---

① 《对于民族革命运动之议决案》(1925 年 1 月),中共中央文献研究室、中央档案馆编:《建党以来重要文献选编(1921—1949)》第 2 册,中央文献出版社 2011 年版,第 219 页。

② 金炳镐主编:《民族纲领政策文献选编》第一编,中央民族大学出版社 2006 年版,第 70—72 页。

③ 《萧克回忆录》,人民文学出版社 2018 年版,第 105 页。

前发展,统治阶级内部的冲突也在日益发展,新的广大的革命高潮是不可避免的。毛泽东指出,"现在全国是反革命高涨时期,被打击的中间阶级在白色区域内几乎完全附属于豪绅阶级去了,贫农阶级成了孤军"①,但由于中国白色政权的分裂和战争是继续不断的,"全国革命形势是向前发展的,则小块红色区域的长期存在,不但没有疑义,而且必然地要作为取得全国政权的许多力量中间的一个力量"②。在《星星之火,可以燎原》中,毛泽东指出,革命高潮不可避免地要到来,并且是快要到来。第二,关于中国革命的基本问题。六大认为中国革命的性质是资产阶级民主革命,动力"现在只是中国底无产阶级和农民",领导权归无产阶级,革命对象是驱逐帝国主义,任务是实现中国真正统一、实行土地革命和建立苏维埃,革命的前途是社会主义。毛泽东指出,"我们完全同意共产国际关于中国问题的决议。中国现时确实还是处在资产阶级民权革命的阶段",革命任务是"对外推翻帝国主义,求得彻底的民族解放;对内肃清买办阶级的在城市的势力,完成土地革命,消灭乡村的封建关系,推翻军阀政府"③,"这个革命必须由无产阶级领导才能完成"④。第三,关于革命道路问题,前文已有所论及,在此不作赘述。总的来看,党的六大对中国革命基本问题进行了一系列探索和总结,不仅有效地达成了党内共识、促进了土地革命高涨,而且本身就是马克思主义中国化的成果,他对毛泽东探索中国革命的独特道路起到了重要推动作用。

从党的六大至党的七大之间的 17 年间,中国共产党从土地革命战争时期走入抗战胜利前夕,经历了中央苏区的建立到被迫转略转移,经历了长征和抗日战争,从复杂曲折的斗争实践中取得了丰富经验,自身力量也得到空前增长,毛泽东思想也在这个过程中日益成熟。以毛泽东同志为主要代表

---

① 《井冈山的斗争》(1928 年 11 月 25 日),《毛泽东选集》第一卷,人民出版社 1991 年版,第 70 页。

② 《中国的红色政权为什么能够存在?》(1928 年 10 月 5 日),《毛泽东选集》第一卷,人民出版社 1991 年版,第 50 页。

③ 《井冈山的斗争》(1928 年 11 月 25 日),《毛泽东选集》第一卷,人民出版社 1991 年版,第 77 页。

④ 《中国的红色政权为什么能够存在?》(1928 年 10 月 5 日),《毛泽东选集》第一卷,人民出版社 1991 年版,第 48 页。

的中国共产党人,运用马克思列宁主义的基本原理,分析和研究中国社会和中国革命实际,充分认识了中国民主革命的特点和规律,并把革命实践中一系列独创性经验作了系统的理论概括,形成了完整的科学理论体系。

党的七大把中国共产党对中国革命一系列独创性经验进行概括,正式提出"毛泽东思想"的科学概念,并将其确立为党的指导思想,从而创造性地发展了马克思列宁主义,实现了马克思主义中国化的第一次历史性飞跃。

不同于其他政治组织,理论武装对于马克思主义政党有着特别的意义,但一个政党要不断发展走向胜利,光有理论是不够的,单纯的理论或者单纯的实践都不能使共产党走向成功,理论必须同实践相结合才能发挥威力,所以只有深刻理解马克思列宁主义与中国实际的结合,才能理解中国共产党的存在和成功在中国历史乃至世界历史上的独特意义。毛泽东对此深有体会,1941 年,他在《改造我们的学习》中指出:"中国共产党的二十年,就是马克思列宁主义的普遍真理和中国革命的具体实践日益结合的二十年","马克思列宁主义的普遍真理一经和中国革命的具体实践相结合,就使中国革命的面目为之一新"。毛泽东的这些分析,准确地概括了中国共产党的本质——马克思主义普遍真理与中国革命具体实践相结合,也就是马克思主义的中国化。

三、充分体现了党的建设伟大工程的发展演进

办好中国的事情,关键在党。新中国成立以前,毛泽东就将党的建设誉为取得新民主主义革命胜利的三大法宝之一。他还将党的建设比喻为"伟大的工程",强调要"建设一个全国范围的、广大群众性的、思想上政治上组织上完全巩固的布尔什维克化的中国共产党"。作为一个高度重视自身建设的党,在推进党的建设伟大工程中,中国共产党经受一次次挫折而又一次次奋起,走过了一段很不平凡的历程。其中,党的全国代表大会密切联系党的政治路线,提出加强和改进党的建设的系列重要思想、作出系列重大举措,为党的建设指明方向;通过制定和修正完善党章,把党在推进革命建设

改革事业和党的建设两个伟大工程中取得的重大实践成果、理论成果、制度成果体现在党章中,确立完善管党治党的总章程、总规矩,为中国共产党的自身建设作出重要贡献。

第一,党的全国代表大会提出加强和改进党的建设的系列重要思想、作出系列重大举措,为党的建设指明方向。中国共产党充分认识党的建设对政治路线的保障作用,因而党的全国代表大会制定和确立今后一个时期的大政方针和行动纲领后,又会专门对党的建设提出要求、明确任务、作出部署。从形式载体上看,历次党的全国代表大会或以专门的组织问题决议案,或在政治报告中开辟专门章节,以推动党的自身建设,为政治路线的顺利实现提供组织保证。比如,从党的二大到六大,每次党的全国代表大会都会通过相应的组织问题的决议案。党的二大通过《关于共产党的组织章程决议案》,党的三大通过《中国共产党中央执行委员会组织法》,党的四大通过《对于组织问题之议决案》,党的五大通过《组织问题议决案》,党的六大通过《关于组织问题草案之决议》和《苏维埃政权的组织问题决议案》。又如,毛泽东在党的七大作《论联合政府》报告时,最后一部分为"全党团结起来,为实现党的任务而斗争"。同时,刘少奇作《关于修改党章的报告》,对党的建设作了全面论述。仅从形式载体上分析,就可以看出党的全国代表大会对党的建设的高度重视。

如果继续分析党的全国代表大会通过的组织问题决议案和政治报告涉及党的建设章节的主要内容,则可以发现,中国共产党之所以能够始终站立时代潮头、永葆生机活力,是因为它总能顺应形势发展,对自身建设提出新的目标要求。从党的二大到六大,尚处于幼年时期的中国共产党,由于力量弱小,迫切希望快速发展组织、壮大力量。因而,这一时期党的全国代表大会通过的组织问题决议案,内容多是围绕党提出的革命任务,强调加强党的组织性和纪律性,加快发展党员,这就为中国共产党快速成长为"群众性政党"奠定了基础。比如,党的二大通过的《关于共产党的组织章程决议案》特别强调建立党的组织性和纪律性的重要性。决议案指出:"凡一个革命的党,若是缺少严密的集权的有纪律的组织与训练,那就只有革命的愿望便不能够有力量去做革命的运动。""离开党的支配而做共产主义的活动这完全是个人的活动,不是党的活动,这完全是安那其的共产主义。"①为此,决议案详细制定了 7 项严格的纪律。又如,从党的一大到四大,中国共产党的党员数量一直增长不快,1925 年 1 月四大召开时仍只有党员 994 人。为此,四大着重指出:"组织问题为吾党生存和发展之一个最重要的问题。倘若扩大执行委员会关于组织问题的议决案不能实际地实行,则吾党决不能前进,决不能由宣传小团体的工作进到鼓动广大的工农阶级和一般的革命群众的工作。"②四大结束后,全党迅速贯彻这一精神,8 月,中共中央又发出第五十三号通告,要求各地党组织大量吸收党员,并尽量缩短候补期。此后,中国共产党的党员数量迅猛增加,1926 年 4 月,突破 1 万人,到 1927 年 5 月,已拥有党员近 6 万人,由此开创了党的自身建设史的新局面。

　　党的七大召开时,中国共产党已经在政治上、思想上、组织上完全成熟。因此,党的全国代表大会对党的建设在思想上、组织上、作风上都提出了更高要求。以党的七大为例。七大召开时,中国共产党已拥有党员 121 万人,成为一个全国性群众性的大党。中国共产党有哪些显著标志?如何把党建设得更加坚强有力?这是以毛泽东同志为核心的党的第一代中央领导集体面对的主要问题之一。因此,在党的七大上,毛泽东鲜明提出:"以马克思列宁主义的理论思想武装起来的中国共产党,在中国人民中产生了新的工作作风,这主要的就是理论和实践相结合的作风,和人民群众紧密地联系在一起的作风以及自我批评的作风。"③这三大作风是"我们共产党人区别于其他任何政党的显著标志"。刘少奇则特别强调了党的组织形式和工作方法的问题,他指出:"党坚持基本的组织原则之不可破坏性,但应规定适合于环境的组织形式与工作方法,以促进党的工作的发展,保证党的政治任务

---

　　① 《关于共产党的组织章程决议案》(922 年 7 月),中共中央文献研究室、中央档案馆编:《建党以来重要文献选编(1921—1949)》第 1 册,中央文献出版社 2011 年版,第 162、163 页。

　　② 《对于组织问题之议决案》(1925 年 1 月),中共中央文献研究室、中央档案馆编:《建党以来重要文献选编(1921—1949)》第 2 册,中央文献出版社 2011 年版,第 258 页。

　　③ 《论联合政府》(1945 年 4 月 24 日),《毛泽东选集》第三卷,人民出版社 1991 年版,第 1093—1094 页。

的执行与行动的统一"①。从毛泽东和刘少奇的论述可以看出,这时候的中国共产党已经开始从更高层面上思考提炼中国共产党的特有精神标识,对党的规模扩大后如何巩固党的组织提出了更高要求。

总结历次党的全国代表大会对党的建设提出的任务、要求、举措,可以发现,其中一条最为重要的规律是:党的建设从来都是同党的政治路线密切地联系在一起的。一方面,党的政治路线决定党的建设的目标要求,党的建设服务于党的政治路线;另一方面,加强和改进党的建设为党的路线、方针、政策的制定和贯彻执行提供坚强组织保证。这一点,为中国共产党的自身建设史反复证明。在党的七大上,刘少奇就提出:"党的组织形式与工作方法,是依据党所处的内外环境和党的政治任务来决定的,必须具有一定限度的灵活性。如果环境变更,工作条件改变,党提出了新的政治任务,那末,党的组织形式与工作方法,也必须有所改变;否则,旧的组织形式与工作方法,就要障碍我们党的工作内容的发展与政治任务的执行。"②正是在这个意义上,习近平总书记在回顾总结党的历史时鲜明提出:"党和人民事业发展到什么阶段,党的建设就要推进到什么阶段。这是加强党的建设必须把握的基本规律。"③

第二,党的全国代表大会通过制定和修正完善党章,把党在推进中国革命和党的建设伟大工程中取得的重大实践成果、理论成果、制度成果体现在党章中,确立完善管党治党的总章程、总规矩,为中国共产党的自身建设作出重要贡献。

党章是管党治党的总章程、总规矩,是中国共产党最根本的党内法规。党章对党的性质和宗旨、路线和纲领、指导思想和奋斗目标、组织原则和组织机构、党员义务和权利以及党的纪律等作出根本规定。修改党的章程,是

---

① 中共中央文献研究室、中共中央党校编:《刘少奇论党的建设》,中央文献出版社 1991 年版,第 400 页。

② 中共中央文献研究室、中共中央党校编:《刘少奇论党的建设》,中央文献出版社 1991 年版,第 400 页。

③ 习近平:《在庆祝中国共产党成立 95 周年大会上的讲话》,人民出版社 2016 年版,第 22 页。

党章赋予党的全国代表大会的特殊权力。在党的历史上,除了五大因开会时形势紧急,委托中央政治局制定党章修正案以外,其余历次党章的制定和修改都由党的全国代表大会作出。其中,二大党章、七大党章是民主革命时期两部最为重要的党章,是其他党章修正案的蓝本。

党的二大制定第一个党章,为以后党章的制定和修改提供了基础。党的一大没有制定正式的党章,但它通过的《中国共产党第一个纲领》规定了党员条件、入党程序、党的纪律、领导机构等方面的内容,包含了党章的一些因素。在此基础上,党的二大制定了《中国共产党章程》,完成了党章制定任务。二大党章采用条款式表述,共计 6 章 29 条,分别从党员、组织、会议、纪律、经费、附则 6 个方面,对党员的条件和审批程序、党的组织系统及其构成、党的会议和活动方式、党的组织纪律、党的经费来源及使用等方面作了详细规定。二大党章还规定了党章的修改权和解释权的归属问题和党章的生效问题,明确党章的修改权属全国代表大会,解释权归中央执行委员会,并规定党章自中央执行委员会公布之日起发生效力。二大党章是中国共产党制定的第一部党章,它创建了党章的框架结构和基本体例,为以后党章长期沿用。这是二大党章的特殊历史贡献。

党的二大之后,三大、四大和五大分别对党章作了三次修正。党的三大通过的《中国共产党第一次修正章程》,延续了二大党章的章节体例,增加了 1 个条文,使之由原来的 6 章 29 条变为 6 章 30 条。这次修正突出特点是在二大明确开除党籍的规定之上,增加了党员自请出党的规定。党的四大对党章作了第二次修正,修正后的党章为 6 章 31 条。这次修正的突出特点是规定"支部"为"党的基层组织",为 1926 年提出"一切工作归支部"奠定基础。党的五大没有修正党章。会后,中央政治局根据大会组织问题议决案提出的原则和具体要求,对原有党章进行了修改,通过《中国共产党第三次修正章程决案》。此次修正对四大党章作了较大改动,修正后的党章共 12 章 85 条,包括党员、党的建设、党的中央机关、省的组织、市及县的组织、区的组织、党的支部、监察委员会、纪律、党团、经费、与青年团的关系。此次修正的突出特点是:第一次提出"民主集中制"概念并写入党章,决定设立中央及省监察委员会。党的六大制定了《中国共产党党章》,通过的党章共 15 章 53 条,在五大党章修正案的基础上作了较大的改动。为适应中国革命的新形势,六大党章在发展党员上作了更为严格的规定,并细化了民主集中制。但六大党章存在明显缺陷:一是在发展党员方面强调"唯成分论",二是撤销了监察委员会,三是过分强调共产国际在中共组织和建设中的地位。这些缺陷后来被党在探索实践中逐步纠正。

七大党章系统完备,对党的建设产生深远影响。1945 年 6 月 11 日,党的七大通过了《中国共产党党章》,对六大党章进行了全面和重大的修改。七大党章的显著特点是分为"总纲"和"条文"两部分,在党章历史上第一次增加了"总纲"部分,这是一个重大创新,开创了先例。"总纲"的增加,标志着中国共产党在思想理论上走向成熟。七大召开时,中国共产党已经有了24 年的斗争历史,先后领导国民革命、土地革命战争、抗日战争,对党的性质和宗旨、路线和纲领、指导思想和奋斗目标都有了更为深刻的认识。在此基础上,撰写党章中的"党纲"部分来阐明以上内容,可谓瓜熟蒂落、水到渠成。同时,撰写"总纲"作为整个党章的前提和总则,也为"条文"部分的引出作了良好铺垫,使得整个党章的思想性、理论性大大增强,使得外界可以通过党章这面旗帜快速深入了解中国共产党。

七大党章的"条文"部分共 11 章 70 条。与六大党章相比,在体例上改动较大,有些章节作了合并,增加了"奖励与处分""党的地下组织""党的监察机关"三章,删除了六大党章中"审查委员会"和"与共产青年团的互相关系"两章,分别将六大党章中"党的组织系统"改为"党的组织机构",改"支部"为"党的基础组织",改"党团"为"党外组织中的党组",改"党的财政"为"经费"。

七大党章意义深远,囊括了多个"第一"。第一次专门写了作为党章的核心或灵魂的"总纲"部分,这是为以前历次党章及其修正案所没有,而为以后历次党章所坚持的;第一次明确规定了党的性质:中国共产党"是中国工人阶级的先进的有组织的部队,是它的阶级组织的最高形式";第一次明确规定中国共产党以毛泽东思想"作为自己一切工作的指针";第一次将中国革命发展进程的两个阶段即"两步走"写进了党章;第一次把民主和集中结合起来,定义民主集中制为"在民主基础上的集中和集中领导下的民主";第一次在党章中明确规定了党员的权利和义务;第一次在党章中写入"奖励"的内容;第一次对党的基层组织的组织范围、权利和任务作了明确规定;第一次在党的中央组织中设置了中央委员会主席一职;等等。所有这些,反映出党对民主革命时期党的建设的规律性的认识,标志着党走向成熟,表明七大党章是党在民主革命时期最完备、作用最好的一部党章,是一部保证党能够领导中华民族和中国人民获得胜利和解放的党章,是一部对后来的党章和党的建设产生深远影响的党章。

第二节　启　　示

"明镜所以照形,古事所以知今。"习近平总书记指出,我们回顾历史,不是为了从成功中寻求慰藉,更不是为了躺在功劳簿上、为回避今天面临的困难和问题寻找借口,而是为了总结历史经验、把握历史规律,增强开拓前进的勇气和力量。回顾党的全国代表大会的历史,可以对新时代党的全国代表大会的进一步发展和完善提供以下启示。

一、必须充分发挥党的全国代表大会的道路引领作用

纵观中国共产党百年历史,党先后带领中国人民探索和开辟了新民主主义革命道路、社会主义革命和建设道路、中国特色社会主义道路,实现了中华民族从站起来、富起来到强起来的伟大飞跃。在这个过程中,党的全国代表大会起到了重要作用。在党的历史上,大部分党的全国代表大会都能顺应时代和发展要求,总结中国的革命建设和改革事业的历史经验,正确分析世情国情党情,制定出符合实际的政策,推动中国道路不断取得新的胜利。回首党的全国代表大会的道路引领作用,我们可以得到以下几点启示:

　　第一,必须把马克思主义基本原理与中国具体实际相结合。早在1843年10月,马克思在考察巴黎工人运动时,就提出必须掌握革命理论同革命实践相统一的原理。他在《〈黑格尔法哲学批判〉导言》中深刻批判了德国哲学界"我们是当代的哲学同时代人,而不是当代的历史同时代人"①的观点。马克思强调,现代大工业使得人类历史联系日益紧密,各个国家在新的历史环境中,寻找自己新的发展空间。但德国只是用抽象的思维活动伴随现代各国的发展,而没有积极参与这种发展的实际斗争,在黑格尔主义笼罩下的德国保守派一无所能,只是在柏拉图遗留的哲学理念的思辨中陶醉。

　　要成为历史的同时代人,在规划道路时,就不能教条于理论,而应当立足现实,实现理论与实践相统一。把马克思主义基本原理同中国革命的具体实际相结合,制定符合中国国情的路线方针政策,是中国共产党在对革命建设改革探索中得出的一条最基本的经验。党的历次全国代表大会都坚持理论与实践的统一,并据此进行决策部署。例如,党的七大,对新民主主义革命道路在政治、经济、文化各方面的纲领和外交政策的基本原则作了全面具体的说明,强调要允许资本主义在新民主主义社会中得到比较大的发展,为中国共产党夺取新民主主义革命在全国的胜利指明了方向。对于理论与实践的统一问题,习近平总书记指出:"只有把科学社会主义基本原则同本国具体实际、历史文化传统、时代要求紧密结合起来,在实践中不断探索总结,才能把蓝图变为美好现实。"②党的十九大,在分析总结十八大以来国内外形势变化和我国各项事业发展的基础上,对新时代如何坚持走中国特色社会主义道路谋篇布局,举旗定向,提出新时代坚持和发展中国特色社会主义的14条基本方略。明确指出:"中国特色社会主义道路,是实现社会主义现代化的必由之路,是创造人民美好生活的必由之路。"

　　第二,必须建立广泛的统一战线,并牢牢把握统一战线的领导权。统一战线是民主革命时期党战胜敌人的三大法宝之一。对此,毛泽东指出:"中

①　《马克思恩格斯选集》第1卷,人民出版社2012年版,第7页。
②　习近平:《在纪念马克思诞辰200周年大会上的讲话》,人民出版社2018年版,第27页。

国无产阶级应该懂得:他们自己虽然是一个最有觉悟性和最有组织性的阶级,但是如果单凭自己一个阶级的力量,是不能胜利的。而要胜利,他们就必须在各种不同的情形下团结一切可能的革命的阶级和阶层,组织革命的统一战线。……这是现代中国革命的历史所已经证明了的根本规律之一。"①但是光建立统一战线并不能保证革命的成功,必须要坚持中国共产党对统一战线的领导。毛泽东评价说:"没有中国共产党的坚强的领导,任何革命统一战线也是不能胜利的。"②在民主革命时期,党的五大在革命危急之时,缺乏对统一战线领导权的清醒认识,没有提出夺取统一战线领导权的有力措施,是大革命失败的重要原因。党的七大,明确提出了抗日民主统一战线在胜利前景下的两种前途,提醒和警醒了全党和全国人民,最终党带领中国人民夺取新民主主义革命在全国的胜利。在社会主义建设和改革开放新时期,统一战线工作为中国的社会主义建设和发展作出了重大贡献,这一点在历次党的全国代表大会报告中都有所体现。在新时代,党中央提出要继续坚持统一战线政策,党的十九大报告指出:统一战线是党的事业取得胜利的重要法宝,必须长期坚持。关于如何开展工作,习近平总书记指出,做好新形势下的统战工作,必须掌握规律、坚持原则、讲究方法,最根本的是要坚持党的领导,实行的政策、采取的措施都要有利于坚持和巩固党的领导地位和执政地位。

第三,必须始终坚持独立自主和开放包容有机统一。从建党伊始到现在,中国革命、建设和改革道路的形成与发展,首先是中国共产党带领全国各族人民独立自主和开拓创新的产物,同时又是积极借鉴和吸纳人类文明成果和各国成功经验的结果。在中国革命、建设、改革的道路探索过程中,在这方面有过很多的经验和教训。在民主革命时期,党既受到共产国际和苏俄的帮助,但同时又受其消极影响,长期不能完全自主。党的一大至六

---

① 《中国革命和中国共产党》(1939年12月),《毛泽东选集》第二卷,人民出版社1991年版,第645页。

② 《目前形势和我们的任务》(1947年12月25日),《毛泽东选集》第四卷,人民出版社1991年版,第1257页。

大，都不同程度受到共产国际和苏俄的影响，其中一些方针政策脱离了中国实际。直到七大，党才完全独立自主筹备党的全国代表大会。在七大会前，毛泽东评价说："共产国际对中国革命总的来说是功大过小，犹如玉皇大帝经常下雨，偶尔不下雨还是功大过小。没有共产国际的成立和帮助，中国无产阶级的政党是不能有今天的。他们需要我们，我们也需要他们。"①进入改革开放新时期后，中国实行改革开放的国策，在独立自主的基础上，积极学习吸收国外政治经济文化科学等各方面先进制度和经验，使中国的发展走上了快车道。党的十八大以来，以习近平同志为核心的党中央秉持"多彩、平等、包容"的世界文明理念，坚持"亲诚惠容"的外交理念，积极推进"一带一路"倡议，着力推动构建新型大国关系，继续加强与发展中国家团结合作，为中国道路的不断拓展创造了愈益优化的外部环境。中国道路受到越来越多的国家与人民的认同，愈益展现出巨大的时代价值和世界意义。在党的十九大报告中，习近平总书记提出要坚持推动构建人类命运共同体，指出："中国人民的梦想同各国人民的梦想息息相通，实现中国梦离不开和平的国际环境和稳定的国际秩序。"

第四，必须认识到道路的艰难曲折，要以不懈奋斗的精神不断前进。一部中国共产党历史，就是一部中国共产党冲破各种艰难险阻，以不懈奋斗的战斗姿态夺取中国革命建设改革事业胜利的历史。习近平总书记指出，"中国走过的历程，中国人民和中华民族走过的历程，是中国共产党和中国人民用鲜血、汗水、泪水写就的，充满着苦难和辉煌、曲折和胜利、付出和收获"。② 党的七大上，毛泽东以愚公移山的故事来形容党所面临的重大挑战和必胜信心。指出中国共产党早就下定决心，要挖掉帝国主义、封建主义这两座大山，尽管任务很重，但"我们一定要坚持下去，一定要不断地工作，我们也会感动上帝的。这个上帝不是别人，就是全中国的人民

① 《对〈关于若干历史问题的决议〉草案的说明》（1945 年 4 月 20 日），《毛泽东文集》第三卷，人民出版社 1996 年版，第 283 页。
② 习近平：《在庆祝中国共产党成立 95 周年大会上的讲话》，人民出版社 2016 年版，第 5 页。

大众。全国人民大众一齐起来和我们一道挖这两座山,有什么挖不平呢?"①进入改革开放新时期后,虽然和平与发展是时代的主旋律,但苏东剧变和意识形态领域的挑战给中国的改革开放事业带来了很多挑战。党的十八大以来,在国际上,世界经济复苏乏力、局部冲突和动荡频发、全球性问题加剧,在国内,经济进入高质量发展阶段。面对国内外形势的深刻复杂变化,以习近平同志为核心的党中央带领全国人民取得了辉煌成就,推动党和国家事业发生历史性变革。已有多位学者指出,21 世纪最大的历史事件将是中国的崛起。但中国的发展之路面临着国内外诸多前所未有的挑战,习近平总书记指出:"当前,改革发展稳定任务之重、矛盾风险挑战之多、治国理政考验之大都是前所未有的。"②面对这些挑战,党的十九大报告指出,改革开放之初,我们党发出了走自己的路,建设中国特色社会主义的伟大号召,目前已经取得了光辉业绩,面对接下来的艰难险阻,党要团结带领人民有效应对重大挑战、抵御重大风险、克服重大阻力、解决重大矛盾,"必须进行具有许多新的历史特点的伟大斗争,任何贪图享受、消极懈怠、回避矛盾的思想和行为都是错误的",全党要充分认识这场伟大斗争的长期性、复杂性、艰巨性,发扬斗争精神,提高斗争本领,不断夺取伟大斗争新胜利。

党的全国代表大会作为全党的最高权力机关,在作出重大决策部署上具有无可替代的重要地位,因此,要高度重视发挥党的全国代表大会的道路引领作用,把中国道路筑成实现中国梦的科学大道。

二、必须充分认识党的全国代表大会对党的理论创新的促进作用

中国共产党百年马克思主义中国化的历程孕育了许多宝贵经验,包括

① 《愚公移山》(1945 年 6 月 11 日),《毛泽东选集》第三卷,人民出版社 1991 年版,第 1102 页。
② 习近平:《在纪念马克思诞辰 200 周年大会上的讲话》,人民出版社 2018 年版,第 24 页。

解放思想、实事求是,坚持一切从中国国情出发,坚持把马克思主义植根于中华优秀传统文化,坚持吸收借鉴人类文明优秀成果,坚持从群众中来、到群众中去,等等。但从党的全国代表大会与马克思主义中国化之间的关系来解析,又可以得出许多独特的经验启示。

第一,坚持党的指导思想与时俱进。政党的指导思想就是政党的精神旗帜和行动指南,是"可供人们用来衡量党的运动水平的里程碑"[①]。马克思主义中国化贯穿于党的历史全过程,而党的全国代表大会则是其中一个个重要的节点。一方面,党的全国代表大会对中国革命、建设、改革的基本理论问题进行艰辛探索,这种探索是"把马、恩、列、斯的方法用到中国来","用马克思主义的立场、方法来解决中国问题"[②]的过程,其结果是使马克思主义理论实现了从普遍到具体、从一般到特殊、从共性到个性的转化。另一方面,也是更为重要的方面,特殊的国情决定中国的革命、建设、改革会遇到马克思、恩格斯、列宁以及各国无产阶级政党所没有遇到过的复杂的具体问题,也必然会产生一系列独创性经验。而党的全国代表大会将它们进行总结、概括、提炼,进而升华为理论,再将这些理论系统化为一个科学的理论体系,上升为党的指导思想,成为全党的精神旗帜和行动指南。这就是党的全国代表大会推进马克思主义中国化的历史逻辑、理论逻辑和实践逻辑。因此,在条件成熟的基础上,把马克思主义中国化主要成果确立为党的指导思想,是党的全国代表大会最为核心的历史任务。

第二,坚持关注和回答时代课题。习近平总书记强调:"与时代同步伐,与人民共命运,关注和回答时代和实践提出的重大课题,是马克思主义永葆生机活力的奥妙所在。"[③]总结19次党的全国代表大会与马克思主义中国化的历史进程,一条基本规律是以问题为导向,不断推进理论创新。党

[①] 《给威廉·白拉克的信》(1875年5月5日),《马克思恩格斯选集》第3卷,人民出版社2012年版,第355页。

[②] 《如何研究中共党史》(1942年3月30日),《毛泽东文集》第二卷,人民出版社1993年版,第408页。

[③] 《深刻感悟和把握马克思主义真理力量,谱写新时代中国特色社会主义新篇章》,《人民日报》2018年4月25日。

的全国代表大会只有以马克思主义为指导,认真研究解决重大而紧迫的时代课题,才能制定正确的路线方针政策,才能真正把握住历史脉络、找到发展规律、推动理论创新。正如习近平总书记所指出的:"理论的生命力在于不断创新,推动马克思主义不断发展是中国共产党人的神圣职责。"①归结起来,在百年历史中,中国共产党在理论探索上主要解决了这样几个大的问题:什么是马克思主义、怎样对待马克思主义,什么是社会主义、怎样建设社会主义,建设什么样的党、怎样建设党,实现什么样的发展、怎样发展,新时代坚持和发展什么样的中国特色社会主义、怎样坚持和发展中国特色社会主义。中国特色社会主义进入新时代后,我们应着力"聚焦我国改革开放和社会主义现代化建设面临的重大现实问题、全局性战略问题、人民群众关心关注的热点难点问题,为解决问题提供新理念、新思路、新办法。……不断深化对共产党执政规律、社会主义建设规律、人类社会发展规律的认识,发展 21 世纪马克思主义、当代中国马克思主义,续写马克思主义中国化新篇章"②。

第三,坚持以人民为中心。人民是历史的创造者,是决定党和国家前途命运的根本力量。为人民谋幸福,是中国共产党人的初心,也是党的全国代表大会推进马克思主义中国化的价值取向。习近平总书记指出:"马克思主义是人民的理论,第一次创立了人民实现自身解放的思想体系。马克思主义博大精深,归根到底就是一句话,为人类求解放。"③群众路线是毛泽东思想三个活的灵魂之一。坚持群众路线,就必须坚持一切为了群众,一切依靠群众,从群众中来,到群众中去。邓小平反复强调:要把人民拥护不拥护、赞成不赞成、高兴不高兴、答应不答应作为制定方针政策和作出决断的出发点和归宿。"三个代表"重要思想中的一个重要方面就是要代表中国最广大人民的根本利益。科学发展观核心也是以人为本。党的十八大以来,

① 习近平:《在纪念马克思诞辰 200 周年大会上的讲话》,人民出版社 2018 年版,第 27 页。
② 《深刻感悟和把握马克思主义真理力量,谱写新时代中国特色社会主义新篇章》,《人民日报》2018 年 4 月 25 日。
③ 习近平:《在纪念马克思诞辰 200 周年大会上的讲话》,人民出版社 2018 年版,第 8 页。

习近平总书记反复强调要坚持以人民为中心的发展思想,要求"全党同志一定要永远与人民同呼吸、共命运、心连心,永远把人民对美好生活的向往作为奋斗目标"。人民性是贯穿马克思主义中国化主要成果的显著特征,是党的创新理论成果既一脉相承又与时俱进的重要体现。毛泽东思想、邓小平理论、"三个代表"重要思想、科学发展观和习近平新时代中国特色社会主义思想,都是在为人民谋幸福的实践中形成的,也是在为人民谋幸福的实践中得到丰富和发展的。党的全国代表大会把它们确立为党的指导思想,既顺应了人民期待,又为人民认识世界和改造世界提供了强大的思想武器。

第四,坚持汇聚全党力量。无论党的全国代表大会的成功召开,还是马克思主义中国化的不断推进,都需要全党上下心往一处想,劲往一处使。以十九大报告的起草为例,习近平总书记反复强调:"起草好党的十九大报告,是发扬党内民主、集中党内智慧的过程,是解放思想和统一思想有机结合的过程。"在报告的起草过程中,中央部署了 21 个重大理论和实践问题,组成 80 个调研组,深入 1817 个基层单位开展实地调研,形成 80 份专题调研报告。在报告征求意见过程中,各地区、各部门、各方面共提出修改意见 2027 条,扣除重复意见后为 1773 条。习近平总书记还主持多场座谈会,听取各方面对于报告的修改意见和建议。① 这种调查、研究、论证,再调查、再研究、再论证的过程,实现了民主基础上的集中和集中指导下的民主相结合,实现了解放思想和统一思想相结合,实现了发挥领袖作用和集中群众智慧相结合。这样凝聚全党智慧的大会必然是成功的大会。

党的历史一再证明:党的全国代表大会与马克思主义中国化的历史进程紧密相连。党的全国代表大会开得好,党的理论探索就进步,党的建设就坚强有力,党的事业就发展;党的全国代表大会开得不好,党的理论探索就停滞甚至倒退,党的建设就脆弱乏力,党的事业就受挫。同样,党的理论探索方向对、步伐快,党的全国代表大会就开得好,思想建党、理论强党的目标

---

① 参见吴晶、胡浩、施雨岑:《面向新时代的政治宣言和行动纲领——党的十九大报告诞生记》,《人民日报》2017 年 10 月 28 日。

就能实现,党的事业发展就有了强大思想武器;党的理论探索方向错、步伐慢,党的全国代表大会就开得不好,思想建党、理论强党的目标就不能实现,党的事业发展就失去了正确的思想指引。中国特色社会主义进入新时代,中国共产党人必须更好地发挥党的全国代表大会的作用,保持和发扬马克思主义政党与时俱进的理论品格,以更宽广的视野、更长远的眼光思考和把握国家未来发展面临的一系列重大战略问题,汇聚全党力量,不断把马克思主义中国化的伟大进程推向前进。

三、必须高度重视党的全国代表大会对党的建设新的伟大工程的推动作用

中国共产党百年史,就是一部不断加强自身建设的历史。结合党的全国代表大会走过的历程,总结党在自身建设中取得的经验和教训,对于我们在新时代坚持党的领导、加强党的建设、全面从严治党,具有重要的现实启迪意义。

第一,必须常怀忧患意识,提高管党治党的自觉性。生于忧患、死于安乐,忧患意识始终贯穿了党领导革命建设改革的全过程,也正是基于忧患意识,我们党始终强调党要管党、党要治党、从严治党,始终注重加强自身建设。在党的七大上,面对大好形势,正如毛泽东所言,"中国共产党从来没有现在这样强大过"。但他在七大作"结论"时,出人意料地强调在看到"光明"的同时"更要准备困难",他还一口气列举了可能出现的"十七条困难"。关于党内情况,他指出可能会"跑掉、散掉若干万党员",将来如果形势不好,"蒋介石、斯科比两面夹攻,到处打枪,有些党员就向后转开步走,跑掉了,散掉了"。"我们准备散掉三分之一,或者更多一些"。可能"党内出现悲观心理、疲劳情绪"。可能"党的领导机关发生意见分歧",党内"议论纷纷,莫衷一是,不满意等等"。改革开放后,面对外来文化和市场经济的考验,1987年党的十三大报告首次提出"必须从严治党"。1992年党的十四大把"坚持从严治党"载入党章的总纲部分。2012年党的十八大后,在过往从严治党的基础上,习近平总书记提出"全面从严治党",以"零容忍"的态

度和刮骨疗毒、壮士断腕的坚强决心强力反腐,赢得了党心民心。党的十八大以来,习近平总书记反复告诫全党:"如果管党不力、治党不严,人民群众反映强烈的党内突出问题得不到解决,那我们党迟早会失去执政资格,不可避免被历史淘汰。这决不是危言耸听。"他一再强调,党面临的"赶考"远未结束,还在继续。这种强烈的忧患意识,体现了我们党永不自满、永不懈怠的精神,是党加强自身建设的一个重要动力。当前,我们正在进行具有许多新的历史特点的伟大斗争,党肩负的历史重任前所未有,面临的挑战和考验前所未有。只有树立我们党一以贯之的忧患意识,不断提高管党治党自觉性,认真落实管党治党责任,把严的要求贯彻全过程,做到真管真严、敢管敢严、长管长严,才能进一步把党建设好。

　　第二,必须始终保持党的先进性和纯洁性。作为马克思主义政党,从诞生之日起,就始终把保持党的先进性和纯洁性作为党的建设的根本任务和重要目标。中国共产党的先进性和纯洁性不是天然生就的,而是在极其艰难困苦的环境中锻炼出来的,执政之后又在不断与各种错误倾向的斗争中巩固和发展起来的。七大把党在长期奋斗中形成的优良传统和作风概括为理论和实践相结合、和人民群众紧密联系在一起、自我批评的三大作风,成为党保持先进性和纯洁性的重要法宝。改革开放后,作为执政党,党的先进性和纯洁性面临着"四大考验"与"四种危险"。党的十八大提出要"牢牢把握加强党的执政能力建设、先进性和纯洁性建设这条主线",把纯洁性建设首次纳入党的建设的主线。在庆祝中国共产党成立95周年大会上,习近平总书记又强调:"先进性和纯洁性是马克思主义政党的本质属性,我们加强党的建设,就是要同一切弱化先进性、损害纯洁性的问题作斗争,祛病疗伤,激浊扬清。全党要以自我革命的政治勇气,着力解决党自身存在的突出问题,不断增强党自我净化、自我完善、自我革新、自我提高能力,经受'四大考验'、克服'四种危险',确保党始终成为中国特色社会主义事业的坚强领导核心。"[1]党的十九大重申了党的先

---

[1]　习近平:《在庆祝中国共产党成立95周年大会上的讲话》,人民出版社2016年版,第22—23页。

进性和纯洁性建设要纳入党的建设的主线,指出党的长期执政能力建设、先进性和纯洁性建设,是一个我们必须长期坚持、始终放在重要位置解决的问题。

第三,必须坚持思想建党和制度治党同向发力。重视思想建党,是中国共产党自身建设的重要经验和独特优势;重视制度治党,是源于党的自身建设史上正反两方面经验的深刻总结。党的七大上,刘少奇回顾总结了建党24年的党建经验:由于党采取"首先着重在思想上、政治上进行建设,同时也在组织上进行建设"的"毛泽东同志的建党路线",即使工人成分还不占大多数,"也能够建成并已经建成一个工人阶级的马克思列宁主义政党",这其中,"要把思想教育和思想领导放在党的领导的第一位"。① 党的十八大以来,全面从严治党突出"严"的要求,制度治党驶入快车道。中国共产党现在是拥有9100多万名党员、460多万个党组织的大党,并且是14亿人口大国的执政党,管好治好如此规模的政治组织,不靠思想教育当然不行,但光靠思想教育也不行;不靠制度化管理不行,但光靠制度化管理也不行。因此,必须坚持思想自律和制度他律的有机统一,思想建设最终要落实到制度建设上,靠相应的制度来保证其长期、稳定地进行。习近平总书记在党的十九大报告中指出,坚持全面从严治党,必须以党章为根本遵循,把党的政治建设摆在首位,思想建党和制度治党同向发力。思想建党和制度治党同向发力,是对党的建设历史经验的深刻总结和理论创新,丰富发展了马克思主义党建学说,具有重大理论价值和实践意义。在新时代,推动全面从严治党向纵深发展,必须牢牢抓住思想建党和制度治党同向发力这个关键,不断推进党的建设新的伟大工程。

第四,必须坚持以改革创新精神全面推进党的建设。以改革创新精神加强党的建设,是党的建设的宝贵经验总结,也是时代发展的必然要求。在新民主主义革命时期,毛泽东在深入分析中国革命实际的基础上,创造性地发展和丰富了马克思主义建党学说,提出了思想建党、支部建在连上、关于

---

① 《论党》(1945年5月14日),《刘少奇选集》(上卷),人民出版社1981年版,第330—331页。

坚持"五湖四海""德才兼备""任人唯贤"的用人方针;关于理论联系实际、密切联系群众、批评和自我批评的工作作风;关于正确处理党内矛盾的原则和方法;等等。这使我们党从根本上区别于一切非无产阶级的政党,而成为最先进最有战斗力的党。这些基本原则和方针,在改革开放新时期,仍然是中国共产党所遵循的,并在新的历史条件下有所发展和创新。1980 年,邓小平提出要"改革党和国家的领导制度","改革不合时宜的组织制度、人事制度"。党的十六大、十七大、十八大,都明确提出了必须以改革创新精神全面加强党的建设。党的十八大以来,以习近平同志为核心的党中央坚持以改革创新精神推进党的建设,提出一系列新思想,作出一系列新部署,实施一系列新举措,从而不断提高党的建设科学化水平,使党的建设新的伟大工程全面推进到一个新阶段。党的十九大通过的《中国共产党章程》再次强调,要"以改革创新精神全面推进党的建设新的伟大工程"。以改革创新精神全面推进党的建设新的伟大工程的目的,就是要不断增强党的创造力、凝聚力、战斗力,为实现"两个一百年"奋斗目标和中华民族伟大复兴的中国梦提供根本保证。

四、必须以更加科学和民主的态度加强党的全国代表大会的制度建设

作为全党的最高领导机关,党的全国代表大会召开的成效对中国共产党的发展壮大有着重要影响。我们必须不断总结经验教训,以更加科学和民主的态度加强党的全国代表大会的制度建设,推动党的全国代表大会更加民主化制度化,以使其在新时代实现中国梦的征途中发挥更加重要的作用。

回顾党的全国代表大会的历史,我们可以看到,建立健全党的全国代表大会制度的过程,是逐步实现党的全国代表大会制度科学化、制度化、规范化的过程。根据形势变化和实际需要,党的全国代表大会召开的间隔时间、党代表的选举产生办法、大会议程、大会职权、选举产生中央领导集体的办法,等等,都经历过多次修改完善。这些修改完善,对大会的成功召开、对凝聚党心民心、对党的发展壮大起到了重要作用。例如,自党的十二大起,历

次党的全国代表大会都能如期召开,党的全国代表大会越发规范化和科学化,在党和国家政治生活中稳定地发挥着重要作用。党的十五大还正式提出要完善党的代表大会制度的任务。党的十六大提出,以完善党的代表大会制度为重点,建立健全党内民主制度。关于党的代表的任期,党中央还以党内法规的形式进行了规定,2008年7月,党中央颁布《中国共产党全国代表大会和地方各级代表大会代表任期制暂行条例》,对党代表的产生和终止、权利和职责、开展工作的方式和履行职责的保障作出了明确规定。再例如,党的八大提出实施党的代表大会常任制。毛泽东对此指出:"就可以每年开一次","就可以经常展开批评,民主生活可以发展","不开这样的代表大会,许多意见就听不到"。[1] 邓小平认为代表大会常任制的最大好处,是使代表大会可以成为党的充分有效的最高决策机关和最高监督机关。每年开会一次可减轻选举工作负担;党代表还便于经常地集中各方面意见和经验,有更大代表性,而且闭会期间,也可以按照适当方式,监督党的机关工作,使党内民主得到重大的发展。[2] 党的十七大提出,选择一些县(市、区)试行党代表大会常任制。党的十八大对近年来正在进行和进行了试验的有关党的全国代表大会的制度建设进行了部署,如提高工人、农民代表比例,落实和完善党的代表大会代表任期制,试行乡镇党代会年会制,深化县(市、区)党代会常任制试点,实行党代会代表提案制,等等。随着中国特色社会主义进入新时代,党的全国代表大会制度必将在新时代以更新的面貌,以更加科学和健全的机制,发挥更加重要的作用。

　　民主集中制就是坚持民主基础上的集中和集中指导下的民主相结合,是党的根本组织原则和领导制度,是党内政治生活正常开展的重要制度保障。在长期的革命、建设和改革实践中,党坚持不懈地丰富发展民主集中制的理论和实践,依靠和通过民主集中制,集中全党的智慧力量,不断从胜利走向胜利。在长期历史实践中,党的全国代表大会制度既积累了贯彻民主

---

[1] 毛泽东:《在中共七届七中全会第一次会议上的讲话》,《党的文献》2006年第5期。
[2] 参见《关于修改党的章程的报告》(1956年9月16日),《邓小平文选》第一卷,人民出版社1994年版,第233页。

集中制的成功经验;也经历了如"文化大革命"期间民主集中制遭到严重破坏的教训。党的五大后修改和通过的党章,第一次正式提出党内实行民主集中制的组织原则。此后,历次党的全国代表大会通过的党章都明确规定,民主集中制是党的根本组织原则。在总结历史经验的基础上,1982 年召开的党的十二大规定:党的各级委员会实行集体领导和个人分工负责相结合的制度。在大会通过的新党章中,明确地提出了加强党的建设的三项基本要求,其中一条就是坚持民主集中制,这是为了使"党内充分发扬民主,在民主的基础上实行高度的集中,加强组织性纪律性,保证全党行动的一致,保证党的决定得到迅速有效的贯彻执行"。回顾历次成功的党的全国代表大会,其代表选举、大会讨论、中央领导集体的选举等,都始终坚持民主集中制,充分发扬党内民主,广泛听取党员意见,大会决议集中全党智慧,体现全党意志。党的十八大以来,党内民主集中制受到党中央更高重视,2013 年11 月颁布的《中央党内法规制定工作五年规划纲要(2013—2017 年)》,改变过去把民主集中制放在党内组织建设或者政治建设中论述的惯例,专门单列,强调"抓紧建立健全民主集中制的具体制度,着力构建党内民主制度体系,切实推动民主集中制具体化、程序化,真正把民主集中制重大原则落到实处"①。在党的十九大报告中,习近平总书记指出,要把党的政治建设摆在首位,要"完善和落实民主集中制的各项制度,坚持民主基础上的集中和集中指导下的民主相结合,既充分发扬民主,又善于集中统一"。

习近平总书记指出:"历史告诉我们,没有先进理论的指导,没有用先进理论武装起来的先进政党的领导,没有先进政党顺应历史潮流、勇担历史重任、敢于作出巨大牺牲,中国人民就无法打败压在自己头上的各种反动派,中华民族就无法改变被压迫、被奴役的命运,我们的国家就无法团结统一、在社会主义道路上走向繁荣富强。"②习近平总书记的这段讲话,高度概括了中国共产党进行不懈奋斗、理论探索、自身建设所得出的根本经验。党

---

① 《中央党内法规制定工作五年规划纲要(2013—2017 年)》,《人民日报》2013 年 11 月 28 日。
② 习近平:《在庆祝中国共产党成立 95 周年大会上的讲话》,人民出版社 2016 年版,第 4—5 页。

的全国代表大会,是中国共产党在重要历史关头统一思想、凝聚力量的大会,是提出全局性、战略性、前瞻性的行动纲领的大会,是事关党和国家事业继往开来、事关最广大人民根本利益的大会。党的历史一再证明,党的全国代表大会开得好,党的事业就发展,党的理论探索就进步,党的建设就坚强有力;反之亦然。

2021年是中国共产党成立一百周年。在百年接续奋斗中,党团结带领人民开辟了伟大道路,建立了伟大功业,铸就了伟大精神,积累了宝贵经验,创造了中华民族发展史、人类社会进步史上令人刮目相看的奇迹。回望过往的奋斗路,眺望前方的奋进路,我们要进一步坚定道路自信、理论自信、制度自信、文化自信,更加紧密地团结在以习近平同志为核心的党中央周围,不忘初心、牢记使命,锐意进取、埋头苦干,为实现中华民族伟大复兴的中国梦、实现人民对美好生活的向往继续奋斗!

参 考 文 献

一、经典著作

1.《马克思恩格斯选集》第 1 卷、3 卷,人民出版社 2012 年版。

2.《马克思恩格斯文集》第 2 卷、4 卷、10 卷,人民出版社 2009 年版。

3.《列宁选集》第 3 卷、4 卷,人民出版社 2012 年版。

4.《列宁全集》第 11 卷,人民出版社 1987 年版。

5.《斯大林选集》(上卷),人民出版社 1979 年版。

6.《毛泽东选集》第一至四卷,人民出版社 1991 年版。

7.《毛泽东文集》第二卷,人民出版社 1993 年版。

8.《毛泽东文集》第三、五卷,人民出版社 1996 年版。

9.《毛泽东军事文集》第二卷,军事科学出版社、中央文献出版社 1993 年版。

10.《周恩来选集》(上卷),人民出版社 1984 年版。

11.《邓小平文选》第三卷,人民出版社 1993 年版。

12.《邓小平文选》第一、二卷,人民出版社 1994 年版。

13.《刘少奇选集》(上卷),人民出版社 1985 年版。

二、档案资料、个人文集、年谱

1. 中共中央文献研究室、中央档案馆编:《建党以来重要文献选编(1921—1949)》第 1—22 册,中央文献出版社 2011 年版。

2. 中共中央党史研究室第一研究部编(译):《共产国际、联共(布)与中国革命档案资料丛书》第 1—21 卷,北京图书馆出版社、中央文献出版社、中共党史出版社 1997 年、

1998 年、2002 年、2007 年、2012 年版。

3. 中共中央党史研究室、中央档案馆编:《中国共产党第一次全国代表大会档案文献选编》,中共党史出版社 2015 年版。

4. 中共中央党史研究室、中央档案馆编:《中国共产党第二次全国代表大会档案文献选编》,中共党史出版社 2014 年版。

5. 中共中央党史研究室、中央档案馆编:《中国共产党第三次全国代表大会档案文献选编》,中共党史出版社 2014 年版。

6. 中共中央党史研究室、中央档案馆编:《中国共产党第四次全国代表大会档案文献选编》,中共党史出版社 2014 年版。

7. 中共中央党史研究室、中央档案馆编:《中国共产党第五次全国代表大会档案文献选编》,中共党史出版社 2015 年版。

8. 中共中央党史研究室、中央档案馆编:《中国共产党第六次全国代表大会档案文献选编》(上、下卷),中共党史出版社 2015 年版。

9. 中共中央党史研究室、中央档案馆编:《中国共产党第七次全国代表大会档案文献选编》,中共党史出版社 2015 年版。

10. 中共一大会址纪念馆编:《中共一大代表早期文稿选编(1917.11—1923.7)》(上、下册),上海人民出版社 2011 年版。

11. 中共中央党史资料征集委员会编:《共产主义小组》(上),中共党史资料出版社 1987 年版。

12.《"一大"前后——中国共产党第一次代表大会前后资料选编》(二),人民出版社 1980 年版。

13.《"二大"和"三大"——中国共产党第二、三次代表大会资料选编》,中国社会科学出版社 1985 年版。

14. 广东革命历史博物馆编:《中共"三大"资料》,广东人民出版社 1985 年版。

15. 中共四大史料编纂委员会编:《中国共产党第四次全国代表大会》,中共党史出版社 2004 年版。

16. 中共武汉市委党史研究室、中共五大会址纪念馆编著:《中国共产党第五次全国代表大会》,中共党史出版社 2007 年版。

17.《中国共产党第九次全国代表大会文件汇编》,人民出版社 1969 年版。

18. 中共中央文献研究室编:《三中全会以来重要文献选编》,人民出版社 1982 年版。

19.《中国共产党第十九次全国代表大会文件汇编》,人民出版社 2017 年版。

20. 张文红主编:《国际共产主义运动历史文献·共产主义者同盟文献》(2),中央编译出版社 2011 年版。

21. 中国社会科学院近代史研究所翻译室编译:《共产国际有关中国革命的文献资料(1919—1928)》第 1 辑,中国社会科学出版社 1981 年版。

22. 中共中央马克思恩格斯列宁斯大林著作编译局译:《苏联共产党代表大会、代表会议和中央全会决议汇编》第 1 分册,人民出版社 1964 年版。

23. 中国人民大学中共党史系、中国革命问题教研室编:《共产国际和中国革命教学参考资料》(下册),1986 年印行。

24. 李玉贞主编:《马林与第一次国共合作》,光明日报出版社 1989 年版。

25. 中央档案馆编:《中共党史报告选编》,中共中央党校出版社 1982 年版。

26. 金炳镐主编:《民族纲领政策文献选编》第一编,中央民族大学出版社 2006 年版。

27. 任建树主编:《陈独秀著作选编》第二、三卷,上海人民出版社 2009 年版。

28.《瞿秋白文集·政治理论编》第五、六卷,人民出版社 1995 年、1996 年版。

29.《邓中夏文集》,人民出版社 1983 年版。

30.《刘少奇论党的建设》,中央文献出版社 1991 年版。

31. 王健英编:《中国共产党组织史资料汇编——领导机构沿革和成员名录》,红旗出版社 1983 年版。

32. 中共中央组织部、中共中央党史研究室、中央档案馆编:《中国共产党组织史资料》第八卷,中共党史出版社 2000 年版。

33. 中共中央文献研究室编:《毛泽东年谱(1893—1949)》(修订本)(上、中、下卷),中央文献出版社 2013 年版。

34.《董必武年谱》编纂组:《董必武年谱》,中央文献出版社 1991 年版。

35. 中共中央文献研究室编:《任弼时年谱(1904—1950)》,中央文献出版社 2004 年版。

36. 习近平:《在庆祝中国共产党成立 95 周年大会上的讲话》,人民出版社 2016 年版。

37. 习近平:《在纪念马克思诞辰 200 周年大会上的讲话》,人民出版社 2018 年版。

38. 习近平:《在庆祝中国共产党成立 100 周年大会上的讲话》,人民出版社 2021 年版。

三、传记、回忆录

1. 中共中央文献研究室编:《刘少奇传(1898—1969)》,中央文献出版社 2008 年版。

2. 中共中央文献研究室编:《任弼时传》(修订本),中央文献出版社 2004 年版。

3. 中共中央党史研究室第一研究部编:《中共六大代表回忆录》,中共党史出版社 2014 年版。

4. 中共中央党史研究室第一研究部编:《七大代表忆七大》(上、下),上海人民出版社 2006 年版。

5.中央文献研究室第二编研部、周恩来思想生平研究会编著：《邓颖超自述》，解放军出版社 2014 年版。

6.李维汉：《回忆与研究》，中共党史出版社 2013 年版。

7.张国焘：《我的回忆》第一至三册，东方出版社 1991 年版。

8.伍修权：《我的历程（1908—1949）》，解放军出版社 1984 年版。

9.《郑超麟回忆录》（上），东方出版社 2004 年版。

10.罗章龙：《椿园载记》，东方出版社 1989 年版。

11.《关山渡若飞——王若飞百年诞辰纪念集》，中共党史出版社 1996 年版。

12.［苏］A.B.巴库林：《中国大革命武汉时期见闻录》，郑厚安、刘功勋、刘佐汉译，中国社会科学出版社 1985 年版。

13.《萧克回忆录》，人民文学出版社 2018 年版。

14.中国人民政治协商会议全国委员会文史资料研究委员会编：《文史资料选辑》第 71 辑，中华书局 1980 年版。

四、党史基本著作、个人专著、论文集

1.中共中央党史研究室著：《中国共产党历史》第一卷（1921—1949）（上、下册），中共党史出版社 2011 年版。

2.中共中央党史研究室著：《中国共产党的九十年》（新民主主义革命时期），中共党史出版社、党建读物出版社 2016 年版。

3.本书编写组编著：《中国共产党简史》，人民出版社、中共党史出版社 2021 年版。

4.华岗：《中国大革命史（一九二五—一九二七）》，文史资料出版社 1982 年版。

5.黄峥：《刘少奇研究》，中央文献出版社 2008 年版。

6.张秋实：《瞿秋白与共产国际》，中共党史出版社 2004 年版。

7.杨奎松：《"中间地带"的革命：国际大背景下看中共成功之道》，山西人民出版社 2010 年版。

8.王健英：《民主革命时期中共历届中央领导集体述评》（上、下卷），中共党史出版社 2007 年版。

9.顾海良总主编：《马克思主义中国化史》，中国人民大学出版社 2015 年版。

10.张静如主编：《中国共产党思想史》，青岛出版社 1991 年版。

11.上海革命历史博物馆（筹）编：《上海革命史研究资料——纪念建党 70 周年》，生活·读书·新知三联书店 1991 年版。

五、其　　他

1.王珂：《党的代表大会研究综述》，《中共济南市委党校学报》2013 年第 6 期。

2. 陈清泉:《陆定一与共产国际(续)》,《人物》1997 年第 3 期。

3. 曹瑛:《在延安参加整风运动和七大》,中共中央党史研究室编:《中共党史资料》第 58 辑,中共党史出版社 1996 年版。

4.《中国共产党历史概述(卡拉乔夫同志在中国研究组会议上作的报告)》,马贵凡译,中共中央党史研究室、中央档案馆编:《中共党史资料》第 81 辑,中共党史出版社 2002 年版。

5.《关于党的第四次全国代表大会——彭述之给中共旅莫支部全体同志的信》,中共中央党史资料征集委员会、中共中央党史研究室编:《中共党史资料》1982 年第 3 辑,中共中央党校出版社 1982 年版。

6. 罗章龙:《参加中共六大》,中共中央党史研究室、中央档案馆编:《中共党史资料》第 77 辑,中共党史出版社 2001 年版。

7.《罗易对大革命失败的回忆》,《国外中国近代史研究》第 7 辑,中国社会科学出版社 1985 年版。

8. 谢荫明:《中共一大党纲研究》,《中共党史研究》2000 年第 5 期。

9. 陈自才:《中共一大纲领若干问题再研究》,《党史研究与教学》2015 年第 1 期。

10. 田子渝:《评析中共一大、二大政纲的重要发展》,《北京党史》2016 年第 4 期。

11. 姚宏志:《新世纪以来中共二大研究述评》,《中共党史研究》2014 年第 7 期。

12. 田子渝、杨荣:《列宁民族殖民地问题的理论传入我国的时间与最初影响》,《江汉论坛》2010 年第 8 期。

13. 张喜德:《共产国际对毛泽东农村包围城市道路理论形成的促进作用》,《探索与争鸣》2010 年第 9 期。

责任编辑：吴继平　吴广庆

封面设计：徐　晖

图书在版编目（CIP）数据

民主革命时期党的历次全国代表大会研究/李颖　杨凯　陈郝杰 著. —北京：
　　人民出版社,2021.8
　ISBN 978－7－01－023511－0

Ⅰ.①民⋯　Ⅱ.①李⋯　②杨⋯　③陈⋯　Ⅲ.①中国共产党全国代表大会-
史料　Ⅳ.①D220

中国版本图书馆 CIP 数据核字（2021）第 116073 号

民主革命时期党的历次全国代表大会研究

MINZHU GEMING SHIQI DANG DE LICI QUANGUO DAIBIAO DAHUI YANJIU

李　颖　杨　凯　陈郝杰　著

人民出版社 出版发行

（100706　北京市东城区隆福寺街 99 号）

中煤（北京）印务有限公司印刷　新华书店经销

2021 年 8 月第 1 版　2021 年 8 月北京第 1 次印刷
开本：710 毫米×1000 毫米 1/16　印张：20
字数：301 千字

ISBN 978－7－01－023511－0　定价：58.00 元

邮购地址 100706　北京市东城区隆福寺街 99 号
人民东方图书销售中心　电话 （010）65250042　65289539